权威·前沿·原创

皮书系列为
“十二五”“十三五”国家重点图书出版规划项目

中国社会科学院创新工程学术出版资助项目

中国新媒体发展报告 No.11（2020）

ANNUAL REPORT ON THE DEVELOPMENT OF NEW MEDIA IN CHINA No.11 (2020)

中国社会科学院新闻与传播研究所
主　编／唐绪军　黄楚新
副主编／吴信训

社会科学文献出版社
SOCIAL SCIENCES ACADEMIC PRESS (CHINA)

图书在版编目（CIP）数据

中国新媒体发展报告. No.11，2020 / 唐绪军，黄楚新主编. -- 北京：社会科学文献出版社，2020.7（2021.2 重印）
（新媒体蓝皮书）
ISBN 978-7-5201-6744-4

Ⅰ.①中… Ⅱ.①唐… ②黄… Ⅲ.①传播媒介-发展-研究报告-中国-2020 Ⅳ.①G219.2

中国版本图书馆 CIP 数据核字（2020）第 092922 号

新媒体蓝皮书
中国新媒体发展报告 No.11（2020）

中国社会科学院新闻与传播研究所
主　　编 / 唐绪军　黄楚新
副 主 编 / 吴信训

出 版 人 / 王利民
组稿编辑 / 邓泳红
责任编辑 / 吴　敏

出　　版 / 社会科学文献出版社 · 皮书出版分社（010）59367127
地址：北京市北三环中路甲 29 号院华龙大厦　邮编：100029
网址：www.ssap.com.cn
发　　行 / 市场营销中心（010）59367081　59367083
印　　装 / 天津千鹤文化传播有限公司

规　　格 / 开　本：787mm×1092mm　1/16
印　张：29.5　字　数：489 千字
版　　次 / 2020 年 7 月第 1 版　2021 年 2 月第 3 次印刷
书　　号 / ISBN 978-7-5201-6744-4
定　　价 / 128.00 元

“新媒体蓝皮书”编委会

欲了解中国新媒体发展最新动态，请关注“新媒体蓝皮书”微信公众号，以及新媒体蓝皮书的官方微博新浪微博“@中国新媒体发展报告蓝皮书”。

主要编撰者简介

唐绪军　中国社会科学院新闻与传播研究所所长，研究员，所学术委员会主任，兼任中国社会科学院研究生院教授、教授委员会委员、新闻学与传播学系主任、博士生导师、系学位评定委员会主任，《新闻与传播研究》主编，中国记协第八届理事会常务理事、国家新闻出版署报业专家顾问团顾问，享受政府特殊津贴。

黄楚新　中国社会科学院新媒体研究中心副主任兼秘书长，中国社会科学院新闻与传播研究所新闻学研究室主任，研究员，博士生导师。任中国记协新媒体专业委员会委员，首都互联网协会新闻评议专业委员会评议员，《新闻与写作》《青年记者》《中国报业》《中国广播》等杂志学术顾问。已出版学术专著4部，包括《新媒体：融合与发展》《新媒体：微传播与融媒发展》《嬗变与重构——中国IPTV发展现状与走势》等，在《新闻与传播研究》《国际新闻界》《现代传播》等杂志发表多篇学术论文。主持国家社科基金及中央网信办等多个科研项目。

吴信训　上海大学中国艺术产业研究院院长，教授，博士生导师。上海市社会科学创新研究基地（文化繁荣与新媒体发展研究方向）及上海发展战略研究所吴信训工作室首席专家，全国“十佳”广播电视理论工作者，享受政府特殊津贴，中国传媒经济与管理学会常务副会长兼秘书长。

摘　要

《中国新媒体发展报告 *No. 11*（2020）》是由中国社会科学院新闻与传播研究所主持编撰的关于新媒体发展的最新年度报告，分为总报告、热点篇、调查篇、传播篇和产业篇五个部分，全面分析中国新媒体发展状况，解读新媒体发展趋势，总结新媒体发展问题，探析新媒体的深刻影响。

2019 年是互联网正式进入我国 25 周年。随着我国互联网基础设施不断完善，互联网用户数量快速增加，互联网产品和服务极其丰富，新媒体发展已成为传媒业的主导力量。新媒体产业借助大数据、人工智能等新技术赋能其他产业，互联网巨头大力布局产业互联网，给新媒体带来了新机遇。2019 年，我国新媒体在网络协同和数据智能的双重驱动下，用户数量、产业规模、应用和服务的数量与质量都得到了快速发展，5G、区块链、海外布局等进一步促进我国新媒体发展。

本书总报告全面概括了 2019 年以来，随着 5G 商业化正式开启，以数据为关键生产要素的数字经济为我国经济社会发展提供了强劲动力。新媒体成为社会治理专业化与智能化的重要帮手，网络治理能力现代化水平不断提升。当前，我国网络和新媒体发展呈现以下特点：全媒体传播体系建设不断推进，新技术带动互联网应用边界不断扩张，新冠肺炎疫情成为政务新媒体建设实践场和成效检验场，加速推进产业互联网发展和生活服务数字化转型。新信息技术和新媒体平台在支持服务疫情防控和复工复产中的作用力凸显，信息化驱动引领作用不断增强。电商直播成为现象级网络销售方式，短视频内容呈高质量转型，针对新技术新应用新热点的互联网专项治理成果显著，网络安全坚持安全可控和开放创新并重，互联网企业出海取得阶段性成果，新媒体出海成为讲好中国故事的重要手段。

本书收入了全国研究新媒体的数十位著名专家学者撰写的分报告，深入探讨了社交媒体与新冠肺炎疫情传播心态、县级融媒体中心建设、直播电商元年、智能媒体发展、主流媒体 Vlog、互联网舆论场发展、网民新闻阅读习惯变化、网络广告、移动短视频、新媒体版权、新媒体产业等重要问题。同时，还对我国地方网信传播参与社会组织动员进行了实证研究。

本书认为，2019 年以来，随着新媒体不断发展，一些问题不容忽视：数字经济全球化带来的网络安全风险加剧，数字化治理能力仍待提升，网络社会治理共同体建设亟待加强。

关键词： 新媒体　“5G +”　互联网　网络治理

目 录

Ⅰ 总报告

B.1 "5G+"：中国新媒体发展的新起点 …… 唐绪军 黄楚新 王 丹 / 001

一 总体概况与发展态势 …… / 002

二 热门盘点和焦点透视 …… / 009

三 传播分析与影响解读 …… / 017

四 未来展望与政策建议 …… / 023

Ⅱ 热点篇

B.2 社交媒体疫情信息接触与公众心理调研 …… 赵曙光 李园园 牛丽丽 刘晨菲 / 029

B.3 2019年中国媒体融合发展报告 …… 黄楚新 刘美忆 / 050

B.4 2019年县级融媒体发展现状、问题及对策研究报告 …… 钱晓文 周鸿秀 张 荡 / 073

B.5 2019年中国直播电商元年发展报告 …… 欧阳日辉 / 087

B.6 2019年中国网民新闻阅读习惯变化的量化研究 …… 匡文波 / 105

B.7 2019年中国互联网舆论场发展研究报告 …… 刘鹏飞 曲晓程 / 120

B.8 2019年主流媒体 Vlog 叙事框架及优化路径研究 …… 李明德 乔 婷 / 144

Ⅲ 调查篇

B.9 2019年网络强国战略下的中国社会治理发展报告 ………… 侯 锷 / 166
B.10 2019年中国移动短视频发展报告 ………………………… 于 烜 / 184
B.11 2019年中国网络音频发展报告 …………… 殷 乐 郑夏育 / 200
B.12 2019年中国城市海外社交媒体账号发展报告
……………………………………… 王 畔 卢永春 杨 阳 / 215
B.13 2019年西方传媒转型发展研究报告 …………… 漆亚林 刘静静 / 233
B.14 2019年智能媒体发展报告 ……………………………… 雷 霞 / 248
B.15 2019年社交媒体对外传播新路径：以李子柒走红 YouTube 为例
…………………………………………………………… 季芳芳 / 261

Ⅳ 传播篇

B.16 2019年中国新媒体版权保护研究报告 ………… 朱鸿军 宋晓文 / 273
B.17 2019年传统媒体手机新闻客户端创新升级发展报告
…………………………………………………… 刘友芝 李子纯 / 287
B.18 2019年政务新媒体短视频发展报告
……………………………… 郭 淼 马 威 段晓薇 李思璇 / 309
B.19 2019年网信传播参与社会组织动员的实证研究
——以 2019 年新疆维吾尔自治区党委网信办
“我为新疆代言” 网络公益行动为例 …… 狄多华 侯 锷 / 331
B.20 新时代地方新闻网站构建主流舆论新生态的实践
——以中国江西网为例 ……………………… 王宣海 刘 毅 / 342

Ⅴ 产业篇

B.21 2019年新媒体产业发展报告 ………………………… 郭全中 / 352

B.22 2019年智能音频场景化应用研究报告 …………………………………… 孟 威 夏 涌 谢巧巧 / 372

B.23 2019年中国网络广告发展报告 …………………………… 王凤翔 / 386

B.24 2019年网络视频直播发展研究报告 ………………………… 王建磊 / 399

B.25 2019年中国数字报纸发展报告 …………………………… 李 珠 / 414

Abstract …………………………………………………………………… / 434

Contents …………………………………………………………………… / 436

皮书数据库阅读**使用指南**

总 报 告

General Report

B.1

"5G+"：中国新媒体发展的新起点

唐绪军　黄楚新　王 丹*

摘　要： 2019年，5G商业化正式开启，以数据为关键生产要素的数字经济为我国经济社会发展提供强劲动力。新媒体成为社会治理专业化与智能化的重要帮手，网络治理能力现代化水平不断提升。当前，我国网络和新媒体发展呈现出以下特点：全媒体传播体系建设不断推进，新技术带动互联网应用边界不断扩张，新冠肺炎疫情成为政务新媒体建设实践场和成效检验场，加速推进产业互联网发展和生活服务数字化转型。新信息技术和新媒体平台在支持服务疫情防控和复工复产中的作用力凸显，信息化驱动引领作用不断增强。电商直播成为现象级网络销售方式，短视频内容呈高质量转型，针对新技

* 唐绪军，中国社会科学院新闻与传播研究所所长，研究员，所学术委员会主任，博士生导师；黄楚新，中国社会科学院新闻与传播研究所新闻学研究室主任，传媒发展研究中心主任，研究员，博士生导师；王丹，中国外文局当代中国与世界研究院助理研究员。

术新应用新热点的互联网专项治理成果显著，网络安全坚持安全可控和开放创新并重，互联网企业出海取得阶段性成果，新媒体出海成为讲好中国故事的重要手段。随着新媒体不断发展，一些问题不容忽视：数字经济全球化带来的网络安全风险加剧，数字化治理能力仍待提升，网络社会治理共同体建设亟待加强。

关键词： 5G　电商直播　数字治理　媒体融合　全媒体传播体系

一　总体概况与发展态势

（一）数字化成为推进国家治理现代化的核心驱动力

党的十九届四中全会提出，要创新行政管理和服务方式，加快推进全国一体化政务服务平台建设。建立健全运用互联网、大数据、人工智能等技术手段进行行政管理的制度规则。推进数字政府建设，加强数据有序共享，依法保护个人信息。[①] 这是从国家治理的战略高度肯定数字化、技术化和平台化对推进国家治理体系和治理能力现代化的重要作用。数字治理能力作为推进国家治理体系和治理能力现代化的重要内容，在国家治理中的重要性不断凸显，成为促进政府管理和社会治理模式创新的新引擎。

国家治理体系和治理能力体现了一个国家制度完备情况和具体执行力。在类似新冠肺炎疫情的突发公共卫生事件应对上，尤其体现出一个国家的治理能力现代化水平。习近平总书记强调，这次疫情是对我国治理体系和能力的一次大考。[②] 新冠肺炎疫情成为政务新媒体建设实践场和成效检验场。数字技术助

① 《中共中央关于坚持和完善中国特色社会主义制度　推进国家治理体系和治理能力现代化若干重大问题的决定》，新华网，2019 年 11 月 5 日。

② 《中共中央政治局常务委员会召开会议　研究加强新型冠状病毒感染的肺炎疫情防控工作　中共中央总书记习近平主持会议》，新华网，2020 年 2 月 3 日。

力治理现代化，在此次抗击疫情中发挥了支撑与支柱作用。

在制度建设方面，我国根据疫情发展实情迅速反应，制定了有关数字治理的专项文件，确保疫情期间党、国家、社会各项事务有效运转，推动了相关抗疫制度建设更加科学、有效与完善。例如，2020 年 2 月 26 日，国务院应对新型冠状病毒肺炎疫情联防联控机制综合组印发《关于开展线上服务进一步加强湖北疫情防控工作的通知》，就发挥与规范网络诊疗等问题进行了明确规定，有效缓解了线下诊疗压力；① 2 月 18 日，工业和信息化部办公厅发布《关于运用新一代信息技术支撑服务疫情防控和复工复产工作的通知》，就企业加强互联网应用能力、提升生产管理水平等进行了指导；② 4 月 7 日，国家发展改革委、中央网信办联合印发《关于推进"上云用数赋智"行动　培育新经济发展实施方案》，引导产业互联网加速发展；③ 4 月 29 日，市场监管总局发布《个人健康信息码》系列国家标准，针对全国个人健康信息码的码制、展现方式、数据内容等不一致问题进行规范。④

在制度执行力方面，我国注重利用数字治理相关文件以数字化手段加强疫情防控，推动复工复产，提升执政科学化水平和国家管理效能。在疫情监测分析、实时信息发布、大数据精准防控、协调物资分配、服务便民生活等方面的数字化应用发挥出主力军作用，创新了政府管理手段。数字治理成为广应用、高成效的国家治理模式，在新媒体时代大大促进了公共服务与社会发展。

同时，数字化手段在乡村治理中的运用成为农业农村发展的重要方向，数字治理为长效脱贫注入强大力量。2019 年 5 月，中共中央办公厅、国务院办公厅印发《数字乡村发展战略纲要》，明确将数字乡村作为乡村振兴的战略方向，在农业农村经济社会发展中应用网络化、信息化、数字化促进农业农村现

---

① 《关于开展线上服务进一步加强湖北疫情防控工作的通知》，http：//www. gov. cn/xinwen/2020－02/27/content_ 5483977. htm，2020 年 2 月 27 日。

② 工业和信息化部办公厅：《关于运用新一代信息技术支撑服务疫情防控和复工复产工作的通知》，http：//www. gov. cn/zhengce/zhengceku/2020－02/19/content_ 5480843. htm，2020 年 2 月 18 日。

③ 《国家发展改革委、中央网信办印发〈关于推进"上云用数赋智"行动　培育新经济发展实施方案〉的通知》，http：//www. cac. gov. cn/2020－04/10/c_ 1588063906057671. htm，2020 年 4 月 10 日。

④ 《市场监管总局发布〈个人健康信息码〉系列国家标准》，中国新闻网，2020 年 5 月 1 日。

代化转型。[①] 同年 12 月，农业农村部、中央网信办制定了《数字农业农村发展规划（2019－2025 年）》，对加快农业农村生产经营数字化改造、管理服务数字化转型、关键技术装备创新进行了详细规定。[②] 将“信息技术网络”与“乡村扶贫服务网络”结合起来的“乡村网格化”管理成为不少乡村疫情防控、脱贫振兴的有效方式。基于乡村大数据平台的人员、民政、医疗等民生信息联通与共享，对精准进行农村产业规划与实施具有重要作用。

（二）5G 研发建设与场景应用同步进入高速推进期

2019 年，中国正式步入 5G 商用元年。作为新一代信息技术，5G 是推动移动物联网快速发展，促进产业数字化升级、经济社会转型和社会治理模式创新的主要动力。5G 作为支撑经济社会数字化、网络化、智能化转型的关键新型基础设施，不仅在助力疫情防控、复工复产等方面作用突出，而且在稳投资、促消费、助升级、培植经济发展新动能等方面潜力巨大。[③] 当前，全球各国纷纷布局 5G 市场。根据全球移动供应商协会（GSA）2020 年 3 月发布的报告数据，全球 35 个国家的 63 家运营商已经推出了一项或多项支持 3GPP 标准的 5G 服务。[④] 2019 年 11 月，世界 5G 大会在北京召开，来自全球信息通信领域的专家就 5G 技术研发、网络建设与创新应用等问题展开了专项研讨，会议同时促成了 5G 领域的多项企业合作。随着 5G 商用牌照的正式发放和 5G 商用套餐的正式上线，我国 5G 商用建设如火如荼。

习近平总书记强调“要推动 5G 网络、工业互联网等加快发展”“加快 5G 网络、数据中心等新型基础设施建设进度”，这为我国推进 5G 网络发展指明了方向，提供了根本遵循。相关政策支持与法规保障是 5G 发展的基石，我国中央和地方层面均密集出台了 5G 产业发展相关意见或行动计划，为加速 5G

---

① 《中共中央办公厅　国务院办公厅印发〈数字乡村发展战略纲要〉》，http：//www. xinhuanet. com/politics/2019－05/16/c_ 1124504231. htm，2019 年 5 月 16 日。

② 高云才：《〈数字农业农村发展规划（2019－2025 年）〉出台》，《人民日报》2020 年 1 月 21 日。

③ 《工信部召开加快 5G 发展专题会》，http：//www. xinhuanet. com/info/2020－03/07/c_ 138852856. htm，2020 年 3 月 7 日。

④ 《GSA：截至 2020 年 3 月全球推出商用 5G 服务运营达 63 家》，http：//www. 199it. com/archives/1021020. html，2020 年 3 月 16 日。

产业发展营造了良好的政策环境。据不完全统计，自 2019 年至 2020 年 4 月，中央和各地方共发布了 50 余项与 5G 相关的指导意见或行动方案。① 2020 年 3 月 24 日，工信部发布《关于推动 5G 加快发展的通知》，从网络建设部署、技术应用场景、技术研发力度等五个方面对推进 5G 发展进行了工作指引。②

当前，我国 5G 网络建设进入快车道，同时带动相关投资、加快消费升级、促进就业增长。据工信部数据，截至 2020 年 3 月底，我国已建成 5G 基站 19.8 万个，套餐用户规模超过 5000 万。截至 4 月 20 日，已有 95 款 5G 终端获得入网许可。③ 中国信通院发布的《5G 经济社会影响白皮书》预测，到 2030 年，在直接贡献方面，5G 将带动的总产出、经济增加值、就业机会分别为 6.3 万亿元、2.9 万亿元和 800 万个；在间接贡献方面，5G 将带动的总产出、经济增加值、就业机会分别为 10.6 万亿元、3.6 万亿元和 1150 万个。④

5G 等新型基础设施建设有效对冲经济下行风险、拉动经济增长，5G 与垂直行业的融合应用更是促进产业转型升级的直接动力。"5G+医疗健康""5G+工业互联网""5G+车联网"等"5G+"模式是未来产业发展的关键所在。"5G+"意味着 5G 技术应用于垂直细分行业，带动各行业技术升级与产业转型、催生新产业模式，同时促进自身技术产业化。可以说，5G 融合应用体系的不断完善正在推动经济社会高质量转型。新冠肺炎疫情的出现加速了 5G 场景应用的速度与广度。例如，安徽、山东、浙江等省利用"5G+热成像"实现了远距离无接触式体温检测和数据分析监测；四川、辽宁、湖北等省通过"5G+医疗"提供了远程会诊、远程影像、远程门诊等服务，实现了专家资源

---

① 《工信部明确要加快 5G 商用步伐　2020 年全国各省市 5G 产业发展政策汇总一览》，https：//www.askci.com/news/chanye/20200304/1416101157603.shtml，2020 年 3 月 4 日；《2020 年 3 月国内各省市 5G 相关政策一览》，http：//www.china-mic.cn/m/view.php? aid=24122，2020 年 4 月 16 日；《2020 年 4 月国内各省市 5G 相关政策一览》，http：//www.china-mic.cn/m/view.php? aid=25423，2020 年 4 月 29 日。

② 工业和信息化部：《关于推动 5G 加快发展的通知》，http：//www.miit.gov.cn/n1146290/n1146402/c7832340/content.html，2020 年 3 月 24 日。

③ 《我国已建成 5G 基站 19.8 万个》，http：//m.news.cctv.com/2020/05/03/ARTIMVc469wTJ4ti9xuf7Ju7200503.shtml，2020 年 5 月 3 日。

④ 《中国信通院发布〈5G 经济社会影响白皮书〉》，http：//www.caict.ac.cn/xwdt/ynxw/201804/t20180426_157297.htm，2017 年 6 月 13 日。

与患者需求的异地对接；广东、北京、四川等地通过“5G+无人车”完成了无人车智慧消毒、物品配送等工作，创新了防疫工作方式。

在新媒体时代，媒体的快速发展需要通信技术的有力支撑，因此，“5G+媒体”融合应用时间较早、模式多样，影响也较为深刻。5G技术的应用使媒体行业的超高清视频直播、大量数据实时传输、视场角VR和自由视角发展等需求得以落地，推动新闻作品制作流程、展示形式和产品样态不断多元化发展。2019年11月，我国首个国家级5G新媒体平台——中央广播电视总台“央视频”5G新媒体平台正式上线。这是我国媒体“国家队”基于“5G+4K/8K+AI”等新技术重新整合优质资源，打造视听新媒体的实践。[①] 新冠肺炎疫情期间，火神山、雷神山医院建设的“云直播”体现了5G技术在视频直播中的重要支撑作用，5G技术使亿万网友观看流畅清晰的视频画面并实时进行留言交互成为可能。

目前，5G对媒体视频业务的影响较为集中，主要体现为在画面分辨率、视场角、数据传输、实时交互等方面提升用户观看体验。根据中国联通联合华为发布的《5G+8K电视技术白皮书》数据，到2022年，超高清（或4K）的视频点播IP流量将占全球IP视频流量的22%，超高清占视频点播IP流量的比重将高达35%。[②] 2019年2月，《超高清视频产业发展行动计划（2019~2022年）》的发布对超高清视频产业的发展目标、重点任务及保障措施进行了明确规划，从政策层面对产业发展提供了保障。广东、四川、江苏等省也配套出台了相关政策规划地方超高清视频产业发展。超高清视频相关业务成为当前我国媒体和互联网行业积极布局的主要产业方向。

（三）互联网治理重点转向新技术与新应用

2019年以来，我国互联网治理工作呈现出传统专项治理与新应用新技术治理并抓的特点，法治环境更加健全、治理方式持续创新。一方面，在传媒改

---

① 《我国首个国家级5G新媒体平台——中央广播电视总台“央视频”5G新媒体平台11月20日正式上线》，http://m.cnr.cn/news/20191121/t20191121_524866329.html，2019年11月21日。

② 《联通联合华为发布〈5G+8K电视技术白皮书〉》，http://www.ttacc.net/a/news/2019/0305/55801.html，2019年3月5日。

革、平台治理、网络市场监管等领域坚持严管细管，不断规范新媒体发展和互联网市场秩序；另一方面，针对新技术应用产生的新现象新问题快反应、高专业、强治理，大幅提升管网治网的系统性、有效性和科学性，促进我国网络综合治理体系不断完善。

在新闻传播领域，国家不断出台媒体细分行业新规定提高治理效果，同时进一步强调新闻媒体把握正确舆论导向，巩固壮大主流思想舆论的中心战略任务。2019 年 9 月，中共中央印发《中国共产党宣传工作条例》（以下简称《条例》），其通知指出：宣传工作是党的一项极端重要的工作，是中国共产党领导人民不断夺取革命、建设、改革胜利的优良传统和政治优势。制定颁布《条例》，体现了国家对宣传工作的高度重视，也强调了新媒体时代媒体工作政治属性的重要意义。①

同时，网络视听新规频出，网络知识产权保护强化，新闻采编队伍严格。2019 年 7 月，广电总局召开电视剧内容管理工作专题会议，对宫斗剧、抗战剧、谍战剧和"老剧翻拍"等剧集内容和形式进行了重点规范；② 2019 年 11 月，网信办、文旅部、广电总局印发《网络音视频信息服务管理规定》，对网络音视频信息服务提供者、使用者和相关部门的各主体职责进行了明确。③ 在知识产权保护方面，2019 年 11 月，中办、国办印发《关于强化知识产权保护的意见》，提出建立健全全国知识产权大数据中心和保护监测信息网络，研究建立跨境电商知识产权保护规则等举措加强网络知识产权保护；④ 2019 年 12 月，国家版权局等部门通报"剑网 2019"专项行动成果。专项行动期间，各级版权执法监管部门删除侵权盗版链接 110 万条，查处网络侵权盗版案件 450 件，其中查办刑事案件 160 件、涉案金额 5. 24 亿元。⑤ 2019 年 10 月，全国

① 《中共中央印发中国共产党宣传工作条例》，《人民日报》2019 年 9 月 1 日。

② 《电视剧内容管理工作专题会议召开》，http：//www. nrta. gov. cn/art/2019/7/12/art_ 114_ 46716. html，2019 年 7 月 12 日。

③ 《三部门发布〈网络音视频信息服务管理规定〉》，http：//www. gov. cn/xinwen/2019 - 11/29/content_ 5457086. htm，2019 年 11 月 29 日。

④ 《中共中央办公厅　国务院办公厅印发〈关于强化知识产权保护的意见〉》，http：//www. gov. cn/zhengce/2019 - 11/24/content_ 5455070. htm，2019 年 11 月 24 日。

⑤ 《"剑网 2019"专项行动查办刑事案件涉案金额达 5. 24 亿元》，http：//www. xinhuanet. com/legal/2019 - 12/26/c_ 1125392601. htm，2019 年 12 月 26 日。

“扫黄打非”办通报了7起“秋风2019”专项行动典型案件。连续多年开展的“秋风”专项行动着重对新闻从业者不法行为进行查处，规范媒体记者职业行为，维护新闻传播秩序。

2019年，未成年人群体的网络保护步入法治化轨道，表现为政策制定与平台履责并行，共同加强对未成年人特定群体的网络治理。2019年4月30日，《未成年人节目管理规定》正式实施；2019年8月，国家网信办发布《儿童个人信息网络保护规定》；2019年10月，国家新闻出版署印发《关于防止未成年人沉迷网络游戏的通知》……在国家政策提供制度保障的同时，网络游戏、网络视频等互联网平台也发挥主体责任，通过上线“青少年模式”或“青少年防沉迷系统”等举措贯彻科技向善的理念。

随着新技术新应用的快速迭代发展，我国加大了对信息安全、个人信息保护、新型侵权等领域出现问题的治理力度。促进隐私保护与网络应用协同发展是我国在用户个人信息保护领域的治理理念。因此，我国通过不断加快制定相应规范步伐、严惩个人信息泄露等举措加强网络用户的个人信息保护。2019年7月，国家网信办发布《关于督促40款存在收集使用个人信息问题的App运营者尽快整改的通知》，详细列明了在个人信息收集使用方面存在问题的App名称及版本，并限期整改。[①] 2019年11月，国家网信办、工信部等四部门联合印发《App违法违规收集使用个人信息行为认定方法》，明确了认定App违法违规收集使用个人信息行为的标准。[②] 2020年2月，中央网信办发布《关于做好个人信息保护利用大数据支撑联防联控工作的通知》，[③] 提出在做好疫情防控工作的同时也保护好个人信息安全。而针对在网络实践中产生的暗刷流量、人工生成内容著作权侵权、小程序侵权等新型问题，我国在治理个案实践中不断积累经验。

---

① 《关于督促40款存在收集使用个人信息问题的App运营者尽快整改的通知》，http：//www.cac.gov.cn/2019－07/19/c_ 1124770732.htm，2019年7月19日。

② 《关于印发〈App违法违规收集使用个人信息行为认定方法〉的通知》，http：//www.cac.gov.cn/2019－12/27/c_ 1578986455686625.htm，2019年12月30日。

③ 《关于做好个人信息保护利用大数据支撑联防联控工作的通知》，http：//www.gov.cn/xinwen/2020－02/10/content_ 5476711.htm，2020年2月10日。

二　热门盘点和焦点透视

（一）媒体融合的价值取向不断凸显

自2014年媒体融合上升为国家战略以来，传统媒体融合新媒体发展不断深化。2018年8月，习近平在全国宣传思想工作会议上强调，做好新形势下宣传思想工作，必须自觉承担起举旗帜、聚民心、育新人、兴文化、展形象的使命任务……推动宣传思想工作不断强起来，促进全体人民在理想信念、价值理念、道德观念上紧紧团结在一起，为服务党和国家事业全局作出更大贡献。① 这一论断明确了新时代媒体融合工作的核心任务和价值目标。经过多年融合发展实践，媒体融合的核心价值不断凝聚和凸显，即以传播主流意识形态和主流价值观为主要任务，强化传统媒体在新兴传播领域的话语权，实现强信心、聚民心、暖人心、筑同心的传播效果。作为媒体国家队，中央广播电视总台自组建后，确立了"台网并重、先网后台、移动优先"的实施战略。与新媒体平台合作已经深入传统媒体从业者工作理念，传统媒体与新媒体融合姿态越来越好、速度越来越快、主动性越来越强、形式越来越多样、合作越来越深入。2019年以来，融合发展切实成为媒体全行业自觉。

根据《2019年度微博辟谣数据报告》，2019年，微博站方共有效处理不实信息77742条，新增谣言案例470例。② 新冠肺炎疫情期间，中国互联网联合辟谣平台、新华社客户端"求证"互动平台、"共青团中央"微信公众号"疫情谣言粉碎机"功能、腾讯新闻较真平台等多机构设置新媒体辟谣平台，从侧面显示了新媒体信息传播的假新闻频发的弊端。另外，随着视频成为用户获取信息的主流方式，视频信息传播可能存在的导向性、煽情性、内容浅显等特征有解构主流话语体系的风险。因此，传统媒体融合新媒体发挥核实事实、

① 《习近平出席全国宣传思想工作会议并发表重要讲话》，http：//www. xinhuanet. com/2018－08/23/c_ 129938245. htm，2018年8月23日。

② 新浪微博虚假消息辟谣官方账号，https：//weibo. com/weibopiyao？is_ all＝1。

实施价值导向的作用格外重要。2019 年 8 月，《新闻联播》正式入驻短视频平台抖音、快手。2019 年 12 月，央视新闻正式入驻视频弹幕网站 bilibili。2019 年国庆期间，近 6000 家媒体在微博上发布了近 28 万条国庆相关视频内容，被用户广泛关注和消费，整体播放量超过 86 亿人次。[①] 传统媒体入局短视频等新媒体平台，有助于营造清朗网络空间，强化主流媒体的新媒体声音。而央视记者与电商主播通过“云直播”销售湖北特色产品的尝试，在推动湖北复工复产的同时，也是主流媒体提升网络传播影响力的有效途径。2020 年 4 月 6 日，央视主持人朱广权联合网红达人李佳琦，以“小朱配琦”组合进行直播带货，据央视报道，这场公益直播累计观看人次达到 1.2 亿，共售出总价值约 4014 万元的湖北商品。[②] 2020 年 5 月 1 日晚，被网友誉为“央视 boys”的央视主持人康辉、撒贝宁、朱广权、尼格买提首次合体直播带货，此次活动全平台总销售额超 5 亿元。[③]

建设性新闻是媒体顺应信息技术发展要求，进行融合发展的一种新型新闻内容和新闻报道方式探索。建设性新闻指的是媒体着眼于解决社会问题而进行的新闻报道，是传统媒体在公共传播时代重塑自身社会角色的一种新闻实践或新闻理念。它强调两个重点：积极和参与。[④] 建设性新闻是以正面报道为主或者通过报道予以解决方案从而给人以正能量的报道形式，与媒体融合的核心价值理念高度一致。而拥有政府和社会资源优势的传统媒体与拥有新兴传播技术的新媒体在建设性新闻上可以发挥各自优势，把建设性新闻的倡导与实践作为传统媒体与新兴媒体融合的一个切入点，有助于加快媒体在内容建设上的深度融合。[⑤] 例如，在新冠肺炎疫情期间，人民日报客户端、快手和新世相联合推出纪实短片《凌晨 4 点的武汉》，通过还原武汉一线人员的抗疫日记给人们以正能量。

---

① 《微博发布 2019 年 Q3 财报：月活近 5 亿，营收 33.18 亿人民币》，http://finance.sina.com.cn/money/smjj/smgq/2019-11-16/doc-iihnzhfy9643463.shtml，2019 年 11 月 14 日。

② 《“谢谢你为湖北拼单”首场公益直播销售额超 4000 万元》，http://gongyi.cctv.com/2020/04/08/ARTIKkTZ4NB7T0CqqqioKAFp200408.shtml，2020 年 4 月 8 日。

③ 《五一国美小程序直播集齐“央视 boys”，四人带货超 5 亿》，http://news.cctv.com/2020/05/02/ARTIupH4xqk6XIXLCo6wv4ss200502.shtml，2020 年 5 月 2 日。

④ 唐绪军：《建设性新闻：社会治理的媒体担当》，《新闻与写作》2020 年第 2 期。

⑤ 唐绪军：《建设性新闻与新闻的建设性》，《新闻与传播研究》2019 年第 S1 期。

党的十九届四中全会指出，要建立以内容建设为根本、先进技术为支撑、创新管理为保障的全媒体传播体系。[①] 这从内容、技术、管理三个层面为媒体融合全方位发展指明了方向。传统媒体融合新媒体发展需要面对管理和经营上的市场考验。近年来有不少纸媒关停并转就是市场因素直接作用的结果，媒体面对快速更迭的传媒市场，需要及时更新经营理念和方式，通过实践不断调整商业模式提高盈利水平。当前，一些媒体通过捆绑数字订阅的方式取得了一定成效。根据国际期刊联盟（FIPP）发布的《2019 全球数字订阅报告》，新闻数字媒体内容收费的规模呈现上升趋势。相较于 2018 年，2019 年全球数字订阅用户数同比翻倍，接近 2000 万。财新以 30 万付费订阅用户名列全球第 15 位。[②] 2019 年 10 月，南方周末与财新携手推出"财新南周通"联名卡，用户购买一张联名卡便可以享有双方的会员权益。此举创新了数字订阅模式，打通了媒体间的商业联合。

（二）电商直播打造"带货经济"新高地

2019 年，网络直播经过 2018 年的平台洗牌期迎来了产业化发展黄金期，这其中主要得益于电商直播和互联网巨头入局注入的强劲动力。根据中国互联网络信息中心发布的《第 45 次中国互联网络发展状况统计报告》，截至 2020 年 3 月，电商直播用户规模达 2.65 亿，占网购用户的 37.2%。[③] 2019 年，淘宝直播首次成为"双十一"的主流消费方式。2019 年"双十一"期间，超过 10 万个淘宝商家开通直播。开场 8 小时 55 分，淘宝直播引导成交额已破 100 亿元，超过 50% 的商家通过直播获得新增长。[④] 根据艾媒咨询数据，2019 年，中国直播电商行业的总规模达到 4338 亿元，预计到 2020 年规模将

---

① 《中共中央关于坚持和完善中国特色社会主义制度　推进国家治理体系和治理能力现代化若干重大问题的决定》，http://www.xinhuanet.com/politics/2019-11/05/c_1125195786.htm，2019 年 11 月 5 日。

② 《财新入围〈2019 全球数字订阅报告〉榜单 15 强》，http://www.caixin.com/2019-12-23/101497066.html?NOJP，2019 年 12 月 23 日。

③ CNNIC：《第 45 次中国互联网络发展状况统计报告》，http://www.cnnic.net.cn/hlwfzyj/hlwxzbg/hlwtjbg/202004/P020200428596599037028.pdf

④ 《2019 天猫"双十一"成交额达 2684 亿元　电商直播成为消费新趋势》，http://www.xinhuanet.com/2019-11/12/c_1125219252.htm，2019 年 11 月 12 日。

翻一番。[①] 2019 年，电商直播正式站上风口，网络直播进入功能多元拓展和产业体系化发展阶段。

当前，网络直播主要为移动直播形式，也就是用户通过手机移动终端接收视频内容。直播功能已经成为移动产品的刚需功能，不仅是视频直播平台，电商平台、社交平台甚至网络音乐平台等均添加直播模块，发力打造直播生态圈。其中，电商直播成为引领行业发展的主动力，发展态势迅猛。

电商直播主要是指主播通过视频直播的方式推荐商品从而达成购买行为，完成网上交易的形式。与传统电商相比，电商直播是一种“边看边买”的模式，强调主播与用户间的同步感、即时感和在场感。在直播中，主播通过现场讲解、测评等实时推荐商品，并且通过直播评论区与用户随时互动，第一时间解决用户的疑虑或问题，营造接近于线下的购物体验。因此，主播在电商直播中具有重要的主体地位，主播与用户通过现场讲解、实时评论一对一互动，可以营造出人与人之间的熟悉和信任关系，对主播的信任感、喜爱度等都直接影响用户的购买行为。电商直播的伴随性特征也使用户可以一边观看直播一边从事线下行为，在一定程度上减弱了用户的时间占用感。目前，电商直播的主流形式有以价格优惠为主的秒杀、专业领域达人推荐和线下店铺直播等。

电商直播的主播头部力量集中较为明显，以薇娅、李佳琦等为代表的专业带货主播已实现团队化运作。为不断增加优质主播数量，优化电商直播主播格局，各平台通过多种形式以扩展主播队伍、提供新用户链接方式等加速发展。2019 年，淘宝直播开启“启明星计划”，通过明星入驻增加直播间流量和订单量。2020 年 3 月，淘宝直播发布年度战略，为主播生态注入 500 亿“资源包”，未来一年培养 10 万名月入过万的中小主播。[②] 同时，一些拥有大量粉丝数和交易额的淘宝网红店也在继续本身业务类型的基础上，开辟各类型产品推广的直播专场，利用自身店铺流量和固有可信度、影响力进行流量变现。2020 年 4 月，罗永浩走进直播间，成为带货主播。有数据统计，仅 3 个小时，他带

① 《直播电商行业数据分析：2020 年中国直播电商市场规模预测达 9610 亿元》，https://www.iimedia.cn/c1061/68996.html，2020 年 2 月 14 日。

② 《帮助 100000 名中小主播月入过万：淘宝直播重磅战略来了》，http://i.wshang.com/Post/Default/Index/pid/263275.html，2020 年 3 月 30 日。

货23件，支付交易总额1.1亿元。[①]

电商直播的火爆带动了直播行业快速发展，"直播+"经济应运而生。直播旅游、直播综艺、直播电竞、直播演唱会，直播与商务场景、生活场景、娱乐场景的紧密结合使直播新场景不断拓展，直播边界不断外延。而资本的集中入局也加快了垂直领域直播的发展，加速了直播生态体系的构建。2020年上半年，海外购物平台洋码头完成D轮数亿元融资，加速拓展海淘直播业务；[②] 二手奢侈品直播电商渠道品牌"妃鱼"完成数千万美元的A轮融资；[③] 在线亲子早教平台"卡比早教"完成数千万元天使轮融资；[④] 等等。在直播热潮下，健身直播、文玩直播、直播电商服务机构等各垂直领域直播平台均备受资本追捧。

电商直播的发展也带来了传统产业链的变革，倒逼上游制造业和企业传统经营模式改变。快节奏、产品密集的电商直播背后需要强大的供应链支撑，而直播的方式实现了供应链和用户的直接对接，改变了商品生产上新频率、缩短了产品销售流程，直接将来自用户的销售数据反馈到生产端，推动了产品的优化生产。直播也被越来越多的企业纳入营销战略，更多企业老板走进直播间，参与线上销售，甚至有企业通过成立专业公司的形式培养一批网络主播，进行产品推广与企业品牌塑造。

（三）短视频平台成为"种草流量"聚合地

2019年，短视频依然是移动互联网用户获取信息的主流方式，受到用户青睐。根据中国互联网络信息中心发布的《第45次中国互联网络发展状况统计报告》，截至2020年3月，我国短视频用户规模为7.73亿，较2018年底增

---

① 《罗永浩直播卖货首秀：交易总额破1.1亿，4800万人观看》，https://baijiahao.baidu.com/s?id=1662859958565850532&wfr=spider&for=pc，2020年4月2日。

② 《洋码头宣布完成数亿元D轮融资　加速构建海淘直播生态》，https://t.cj.sina.com.cn/articles/view/1891330474/70bb69aa00100jzz4?from=tech&subch=internet，2020年1月18日。

③ 《二手奢侈品直播电商渠道品牌"妃鱼"完成数千万美元A轮融资》，https://36kr.com/newsflashes/204181，2020年2月28日。

④ 《"史河科技"完成3500万元Pre A+轮融资；"卡比早教"获数千万元天使轮融资；以及今天值得关注的早期项目》，https://36kr.com/p/666621550149767，2020年4月15日。

长 1.25 亿，占网民整体的 85.6%。[①] 根据 Quest Mobile 发布的《2020 中国移动互联网春季大报告》，2020 年 3 月，短视频用户总使用时长 131 亿小时，同比增长 80%。[②] 随着用户规模与用户时长的不断增长，短视频彰显出发展活力。当前，短视频已经不仅仅是短视频平台的产品形式，更成为社交平台、电商平台和新闻移动端的标配。但是，依托于早期的用户流量积累，抖音、快手两个平台依然保持着短视频赛道的头部两强位置。

在内容运营层面，当前，短视频平台呈现向发布高质量内容转型的趋势，专注打造多元、垂直、专业的精细化内容。随着头部账号纷纷机构化运营和影视、广告团队等专业力量的进入，短视频内容制作将会不断精致化和专业化，由此带来更加激烈的竞争。而短视频平台也在通过与专业领域团队合作、吸引专业领域人才入驻等方式从加强内容专业性层面提升用户黏性。2020 年 2 月，快手科技与清华大学主办的在线教育平台“学堂在线”达成战略合作意向，实现教学内容的社会化共享。抖音、西瓜视频、今日头条等字节跳动旗下产品也通过联合教育机构，例如与长江商学院、北大光华管理学院、中欧商学院等合作，加强平台的专业化内容吸引力。[③] 根据抖音发布的《2019 年抖音数据报告》，抖音已成中国最大知识、艺术、非遗传播平台，2019 年抖音万粉知识创作者发布 1489 万个视频，每条知识视频触达近 10 万人次。[④]

在商业模式层面，短视频的娱乐、生活分享流量正在向种草流量转化，成为重要的广告和引流方式。通过点击短视频账号的商品橱窗就能直接跳转到第三方电商平台链接，购买视频中的商品，流量变现效果显著。无论是抖音还是快手均在强化平台的社交功能以盘活私域流量，通过电商、打赏等途径加速打造闭环生态系统，“视商”化趋势明显。随着短视频平台不断完善购物车、商品管理、商品橱窗功能，平台自身的电商能力不断提升。而短视频平台也在通过尝试“源头带货”等形式，帮助主播在商品工厂、原厂地等产品源头建立

---

① CNNIC：《第 45 次中国互联网络发展状况统计报告》，http：//www.cnnic.net.cn/hlwfzyj/hlwxzbg/hlwtjbg/202004/P020200428596599037028.pdf。

② Quest Mobile：《2020 中国移动互联网春季大报告》，http：//www.questmobile.com.cn/research/report-new/90，2020 年 4 月 21 日。

③ 《抖音与长江商学院达成合作》，https：//www.tmtpost.com/nictation/4337754.html，2020 年 4 月 28 日。

④ 《2019 年抖音数据报告》，http：//www.199it.com/archives/993771.html，2020 年 1 月 7 日。

直播基地，直接展现产品源头，优化产品供应链，强化价格优势，增强用户对产品的信任感，提升交易变现能力。目前，由于时长较短、展示商品有限、即时互动较弱等特点，短视频多为种草流量，成为直播带货的流量入口，自身流量变现模式和能力有待进一步提升。

在Vlog（视频日志）成为媒体、博主等进行新闻报道、生活分享的热门形式的同时，Plog（图片日志）正在社交平台和电商平台引领新一轮内容分享热潮。Plog是指在图片上配上相应的文字，以带有文字的图片记录与分享内容的形式。与Vlog相比，Plog具有制作简单、进入门槛更低、观看用时短等特点，制作Plog仅需要用户使用图片编辑应用在照片上编辑文字，便能创造出具有个性化的Plog在个人账号进行分享。Plog具有风格多样化特征，用户可根据个人意愿在图片上添加表情、滤镜、贴图等不同元素以丰富图片内容。Plog既有文字与图片的信息量又具美观性，因此受到用户追捧。目前，用户在微博、小红书、淘宝微淘、绿洲等移动平台上使用Plog较为广泛。微博上特别设有“Plog超话”，截至2020年5月5日，话题阅读量达9900万人次。根据美图发布的《2020女性Plog行为研究报告》，在女性Plog行为背后的心理画像中，记录与分享生活的生活派占比最高，为52%，追逐时尚热点潮流生活方式的潮流族占比紧随其后，为23%。女性用户最爱浏览、发布的内容类别均为美妆。[①] 因此，Plog也成为当前淘宝卖家、美妆或时尚博主、网红等网络意见领袖进行商品推广的重要方式。

（四）新媒体智库致力于政务服务与前沿科技研究

党的十九大报告对加强中国特色新型智库建设提出了新的要求和使命，这也为新媒体智库的发展指明了方向。当前，我国新媒体智库主要有两类：第一类是以研究新媒体为主要内容，提供相关领域信息服务的智库；第二类是以新媒体机构为主体成立的智库。新媒体智库为媒体融合发展、传统媒体转型、新媒体平台建设等新媒体领域发展提供重要的理论支撑和智力支持。我国新媒体智库建设多头发展、实力强劲。

---

① 美图：《2020女性Plog行为研究报告》，http://www.199it.com/archives/1002893.html，2020年2月4日。

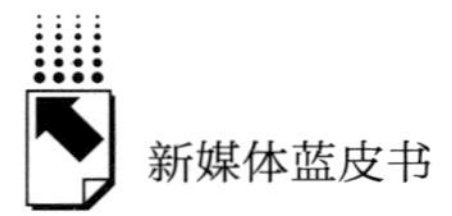

2019 年 11 月，科技部印发通知，决定批准建设“媒体融合与传播国家重点实验室”“媒体融合生产技术与系统国家重点实验室”“超高清视音频制播呈现国家重点实验室”等 4 个国家重点实验室。[①] 从国家层面为新媒体领域研究工作提供支持。无论是媒体“国家队”还是“地方队”均把新媒体智库建设作为重要的业务多元化发展路径，进行转型探索。2019 年 9 月，人民日报社宣布成立智慧媒体研究院，首批推出人工智能媒体实验室、全媒体智慧云等项目；[②] 2019 年 12 月，新华社智能化编辑部建成运行；同月，暨南大学与南方报业传媒集团联合发起成立“未来媒体研究院”。在地方，2019 年 11 月，山东广电推出全媒体服务产品“闪电智库”，旨在加强数据舆情报告、融媒场景应用等政务服务功能；[③] 同年 12 月，江苏智能媒体产业研究院在苏州成立；2020 年 1 月，广电总局广科院与广东台合作成立“超高清 5G 融媒体研究院”，就视频领域的技术发展进行专项研究，培养融媒体人才。[④] 在垂直领域，新媒体智库也通过细分领域精准化研究发挥着重要作用。2019 年 8 月，中国新闻出版传媒集团有限公司与浙江瀚叶股份有限公司签署合作备忘录，双方宣布将共建“全民阅读与融媒体智库”。2020 年 1 月，全民阅读与融媒体智库发布了《2019 主题新媒体号研究报告》等研究成果，在有声读书、数字出版等领域精耕细作。[⑤]

新媒体智库的主要研究内容围绕新媒体发展工作大局、新媒体领域重大现实问题和新媒体发展的重点热点议题开展，通过推出具有决策咨询价值的研究成果打造具有知名度的研究品牌。人民网新媒体智库作为依托人民网成立的互联网智库，专注于进行新媒体咨询、大数据平台建设和融媒体技术应用等研

---

① 《科技部关于批准建设媒体融合与传播等 4 个国家重点实验室的通知》，http://www.gov.cn/xinwen/2019-11/13/content_5451486.htm，2019 年 11 月 13 日。

② 《人民日报智慧媒体研究院成立》，http://media.people.com.cn/n1/2019/0920/c40606-31363153.html，2019 年 9 月 20 日。

③ 《山东广电转型升级再出发　推出全媒体服务产品“闪电智库”》，http://jinan.iqilu.com/jnms/2019/1129/4385752.shtml，2019 年 11 月 29 日。

④ 《广电总局广科院与广东台合作成立“超高清 5G 融媒体研究院”》，http://www.nrta.gov.cn/art/2020/1/6/art_114_49397.html，2020 年 1 月 6 日。

⑤ 《全民阅读与融媒体智库 2020 年首期研究成果在京发布》，http://book.sina.com.cn/news/whxw/2020-01-12/doc-iihnzahk3552547.shtml，2020 年 1 月 12 日。

究，并通过定期发布《新媒体智库报告》专项报告、《2019 融媒体中心建设观察报告》等专题调研报告等提升品牌知名度。① 2019 年 12 月，南方都市报社联合互联网公司发布了《2019 机构媒体音频发展现状与路径探索报告》，对互联网音频行业发展进行了专题研究。

在合作交流方面，新媒体智库主要通过构建研究网络、搭建相关研讨会议平台等加强智库间、学界与业界间、国内外的交流对话。2019 年 10 月，人民网、中国社会科学院新媒体研究中心等共同主办第三届互联网大数据与社会治理南京智库峰会，会议就网络综合治理这一时代课题进行了深入探讨。② 2019 年 11 月，中国社会科学院学部主席团主办、社科院新闻所承办"建设性新闻：理念与实践"论坛，来自中国、美国、英国、荷兰、意大利等国内外专家学者就新闻的"建设性"展开了对话。③ 人才队伍是新型智库核心竞争力所在，新媒体智库需要培养新型媒体人才。在新媒体时代，职业记者必须是"专家"——信息采集与核实的专家。新媒体研究人员需要既具科学精神又有人文关怀，既具备分析、沟通等基础研究能力又有研究专长。④

三　传播分析与影响解读

（一）网络空间命运共同体建设注重造福全人类

网络空间命运共同体建设强调世界各国共享网络发展经验、共担网络安全风险、共享网络发展利益，共同推进网络空间全球治理，让互联网发展成果更好造福人类。作为网络大国，中国不断深化网络强国建设，通过持续分享互联网研究的理论成果、治理经验和发展模式等践行网络空间建设的国际责任，网

① 刘鹏飞：《媒体建设特色新型智库的契机与路径》，《青年记者》2019 年第 15 期。

② 《第三届互联网大数据与社会治理南京智库峰会举行》，http：//yuqing. people. com. cn/n1/2019/1031/c430607 - 31431621. html，2019 年 10 月 31 日。

③ 《总结建设性新闻的中国经验 中国社会科学论坛"建设性新闻：理念与实践"在京举行》，http：//www. cssn. cn/zx/bwyc/201911/t20191118_ 5043824. shtml，2019 年 11 月 18 日。

④ 《2019 年"锡报讲坛"第二讲聚焦"职业新闻人"新媒体时代记者必须是"专家"》，http：//epaper. wxrb. com/paper/wxrb/html/2019 - 03/07/content_ 740005. htm，2019 年 3 月 7 日。

络建设与发展的中国方案对世界影响和全球借鉴的意义越来越深刻。

分享与合作是中国积极参与互联网全球治理和网络空间命运共同体建设的关键词。随着共建“一带一路”走深走实，数字丝绸之路的引领作用不断凸显，中国与国际社会的网络空间合作不断深化。截至2019年9月，我国已与16个国家签署了关于加强“数字丝路”建设合作的谅解备忘录，与19个国家签署了双边电子商务合作谅解备忘录。① “一带一路”互联互通水平不断提升，建有34条跨境陆缆和多条国际海缆，联通亚非欧等世界各地，网络空间共建更加便利。② 数字贸易快速发展催生“丝路电商”新经济形态。2019年，通过海关跨境电子商务管理平台零售进出口商品总额达1862.1亿元，增长了38.3%。③

在全球信息基础设施建设层面，中国在不断加强本国新型基础设施建设的同时，积极参与其他国家的基础设施和服务体系建设，与世界共享网络基础设施建设的经验。2020年4月，世界数字经济组织与中国电信集团达成了战略合作协议，将充分通过中国创新业务团队与优质信息通信产品服务，共同推进全球数字经济发展。④ 中国积极打造全球互联网对话交流平台，促进互联网领域的国际合作与沟通。每年在乌镇召开的世界互联网大会就是中国搭建的全球互联网经验沟通、领先科技成果分享与资源聚合平台。2019年10月，第六届世界互联网大会举办，世界互联网大会组委会发布《携手构建网络空间命运共同体》概念文件，分享全球互联网共建的中国智慧，倡导世界各国携手构建网络空间命运共同体。⑤ 中国致力于努力扮演好网络空间发展的贡献者、网

① 《“数字丝路”建设将成全球发展新引擎　我国已与16个国家签署合作谅解备忘录》，http://news.cnstock.com/news，bwkx－201909－4428355.htm，2019年9月9日。

② 《陈肇雄〈学习时报〉撰文：培育壮大数字经济新引擎》，http://www.miit.gov.cn/n1146285/n1146352/n3054355/n3057829/n7872916/c7623165/content.html，2020年1月10日。

③ 《CNNIC：中国网民破9亿，网络购物用户达7.10亿》，http://cn.dailyeconomic.com/tech/2020/04/30/7094.html，2020年4月30日。

④ 《世界数字经济组织与中国电信合作共推全球信息基础设施建设》，http://news.rfidworld.com.cn/2020_04/584287a6b5113a6f.html，2020年4月30日。

⑤ 《世界互联网大会组委会发布〈携手构建网络空间命运共同体〉概念文件》，http://www.wicwuzhen.cn/web19/release/release/201910/t20191016_11198729.shtml，2019年10月16日。

络空间开放的推动者、网络空间安全的捍卫者、国际网络空间治理的建设者的角色。①

随着网络空间命运共同体建设的不断推进，其不同时期强调的内容重点也在发生变化。习近平主席在致第六届世界互联网大会的贺信中指出，发展好、运用好、治理好互联网，让互联网更好造福人类，是国际社会的共同责任。②这对现阶段网络空间命运共同体建设的重点进行了明确，那就是国际社会共同发挥好互联网的功用和价值，让互联网成果世界共享。互联网是一把"双刃剑"，在加快全球经济模式转型升级、提升社会数字治理成效、促进文明间的平等交流与对话的同时，也会滋生网络安全威胁和网络霸权，这就需要国际社会共同积极推进全球网络空间治理体系变革，构建网络安全、利益、发展共同体，造福全人类。

（二）网络安全坚持安全可控和开放创新并重

2019 年以来，国内外网络安全问题形势依然严峻。传统网络安全威胁与新型网络安全问题交织，网络空间治理的国际规则具有易碎性和不确定性，新一代信息技术使网络安全风险叠加并不断演变，数字经济全球化带来的网络安全风险加剧，网络空间国际秩序的维护面临诸多挑战。据日本警察厅数据，日本警方 2019 年查获的网络犯罪案件为 9519 起，比上年增加 479 起，创历史新高；③ 据媒体报道，4400 万巴基斯坦移动用户的详细信息被泄露；④ 在新冠肺炎疫情时期，在俄罗斯主要问题不是街头犯罪而是网络犯罪。据俄罗斯内务部消息，2020 年第一季度，俄境内 IT 犯罪数量较上年同期增长 83.9%。⑤ 国内方

① 《第六届世界互联网大会开幕　黄坤明宣读习近平主席贺信并发表主旨演讲》，https：//www. wicwuzhen. cn/web19/news/media/201910/t20191020_ 11219746. shtml，2019 年 10 月 20 日。

② 《习近平向第六届世界互联网大会致贺信》，http：//news. cctv. com/2019/10/20/ARTIkY76gnuxYvSoWeuvBCn3191020. shtml，2019 年 10 月 20 日。

③ 《日本 2019 年日均遭遇网络攻击 4192 起　创历史新高》，http：//www. most. gov. cn/gnwkjdt/202004/t20200407_ 152924. htm，2020 年 4 月 7 日。

④ 《4400 万巴基斯坦移动用户的详细信息在网上泄露》，https：//www. chinaz. com/2020/0506/1132313. shtml，2020 年 5 月 6 日。

⑤ 《疫情期间 俄境内 IT 犯罪数量较上年大幅增长 83.9%》，http：//www. chinaru. info/qjeluosi/jreluosi/60428. shtml，2020 年 4 月 24 日。

面，2019 年，国家安全机关发现并处置的网络攻击窃密活动中，涉及境外 APT（Adavanced Persistent Threat，是指针对明确目标的持续的、复杂的网络攻击）组织数量多达近百个。其中一组织全年针对我国“两会”、“一带一路”高峰论坛以及新中国成立 70 周年等重大活动的定向攻击达 4000 多次。① 2019 年 2 月，抖音 App 遭人拿千万级外部账号密码恶意撞库攻击，其中上百万账号密码与外部已泄露密码吻合。② 根据国家互联网应急中心发布的《2019 年我国互联网网络安全态势综述》，2019 年累计发现我国重要数据泄露风险与事件 3000 余起，2019 年监测到各类网络黑产攻击日均 70 万次。③ 根据《2019 年度区块链安全复盘总结暨区块链十大安全事件》，2019 年全年区块链安全事件 177 起，造成的经济损失高达 76.79 亿美元，较 2018 年增长了 60% 左右。④

我国以安全可控作为网络安全工作的第一要义，全面推进网络空间法治化建设，相继出台相关法律和规定，以严管严控为原则完善网络空间治理体系。2019 年 4 月 1 日起正式施行的新版《中央企业负责人经营业绩考核办法》，将网络安全纳入央企负责人业绩考核指标。⑤ 2019 年 5 月，网络安全等级保护制度 2.0 标准正式发布，2.0 标准针对新技术提出了新的安全拓展要求，有效提升安全防护能力，夯实网络安全基础。⑥ 2019 年 10 月，十三届全国人大常委会第十四次会议表决通过了《中华人民共和国密码法》，我国密码管理和科技工作有了法律保障。⑦ 2020 年 4 月，国家网信办、发改委等 12 个部门联合发

---

① 《国家安全部披露多起境外 APT 窃密案例》，http://www.chinanews.com/gn/2020/04-14/9156723.shtml，2020 年 4 月 14 日。

② 《抖音协助警方抓获盗热门 App 密码嫌疑人》，http://www.xxsb.com/content/2019-06/21/content_54570.html，2019 年 6 月 21 日。

③ 《国家互联网应急中心（CNCERT）发布〈2019 年我国互联网网络安全态势综述〉报告》，http://www.cac.gov.cn/2020-04/20/c_1588932297982643.htm，2020 年 4 月 20 日。

④ 《2019 年区块链安全事件 177 起，经济损失高达 76.79 亿美元》，http://www.qklw.com/lives/20200213/53639.html，2020 年 2 月 13 日。

⑤ 《国务院国资委印发〈中央企业负责人经营业绩考核办法〉》，http://www.sasac.gov.cn/n2588025/n2588164/n4437287/c10661308/content.html，2019 年 3 月 8 日。

⑥ 张汉青：《网络安全等级保护制度 2.0 标准正式发布》，http://dz.jjckb.cn/www/pages/webpage2009/html/2019-05/16/content_53487.htm，2019 年 5 月 16 日。

⑦ 《中华人民共和国密码法》，http://www.npc.gov.cn/npc/c30834/201910/6f7be7dd5ae5459a8de8baf36296bc74.shtml，2019 年 10 月 26 日。

布了《网络安全审查办法》，聚焦关键信息基础设施安全保障。[①]

我国网络安全产业呈开放创新发展趋势，网络安全产业备受资本市场青睐。根据赛迪数据，我国网络安全行业市场规模 2020 年将达到 749.2 亿元，同比增长 23.2%。[②] 我国网络安全产业投融资火爆，行业发展彰显潜力。2020 年 2 月，云端安全服务提供商 Netskope 获 3.4 亿美元融资；[③] 2020 年 3 月，为企业保障数字业务安全的业务安全公司人人云图获得 5000 万 A 轮融资；[④] 同月，云应用访问安全解决方案供应商易安联获得近亿元的 A + 轮融资；[⑤] 2020 年 4 月，互联网安全解决方案提供商“六方云”获得数千万元 B 轮融资。[⑥]

（三）互联网出海步入新机遇时期

2019 年，我国互联网出海迎来新一轮高潮，互联网企业出海取得阶段性成果。根据腾讯数据，截至 2019 年 11 月，7000 家国内互联网企业在海外发行了超过 23000 个移动应用。[⑦] 目前，互联网企业海外发展主要集中在产品出海和海外投资两方面，业务类型焦点主要为电商、游戏、社交和短视频等内容平台。互联网巨头仍然是企业海外布局的“领头羊”，并呈现出体系化与生态化发展趋势。

字节跳动依靠抖音海外版 TikTok 在海外高速增长，2019 年全系实现全球日活 7 亿，其中抖音 3.2 亿，业务遍及 150 个国家或地区。[⑧] 2020 年第一季

---

① 《网络安全审查办法》，http：//www. cac. gov. cn/2020 – 04/27/c_ 1589535450769077. htm，2020 年 4 月 27 日。

② 《CCID 数据：2020 年中国网络安全市场将超 700 亿元》，http：//www. iewzx. com/zixun/jingji/2020/0416/50073. html，2020 年 4 月 16 日。

③ 《网络安全创业公司 Netskope 获 3.4 亿美元融资，由红杉资本领投》，https：//pe. pedaily. cn/202002/451138. shtml，2020 年 2 月 11 日。

④ 《业务安全公司人人云图完成 5000 万 A 轮融资》，https：//news. pedaily. cn/202003/452653. shtml，2020 年 3 月 13 日。

⑤ 《网络安全服务商“易安联”完成近亿元 A + 轮融资》，https：//news. pedaily. cn/202003/452116. shtml，2020 年 3 月 2 日。

⑥ 《互联网安全解决方案提供商“六方云”获得数千万元 B 轮融资》，https：//pe. pedaily. cn/202004/454213. shtml，2020 年 4 月 22 日。

⑦ 《11 组关键词看产业变革，腾讯发布〈蓄势：产业互联网 2019 回顾与 2020 展望报告〉》，https：//baijiahao. baidu. com/s? id = 1655629114403122849&wfr = spider&for = pc，2020 年 1 月 13 日。

⑧ 《中信证券：从 Tiktok 看字节跳动出海策略》，http：//www. 199it. com/archives/1034442. html，2020 年 4 月 14 日。

度，抖音及海外版 TikTok 在全球 App Store 和 Google Play 共获得 3.15 亿次下载，成为全球下载量最高的移动应用。[①] 2020 年，在成立八周年之际，字节跳动宣布组织全面升级——公司 CEO 张一鸣亲自领导公司全球战略与发展，彰显出企业海外布局战略规划与扩张的决心。[②] 以 TikTok 为首，字节跳动搭建起海外新闻应用 TopBuzz、印度版头条 dallyhunt、短视频应用 vigo video 等产品矩阵，通过海外产品生态的构建增加用户黏性，不断开拓市场。

根据中国音像与数字出版协会发布的《2019 年中国游戏产业报告》，2019 年中国自主研发游戏海外市场营销收入 115.9 亿美元，同比增长 21%。尤其令人振奋的是，相当数量不同类型自主研发游戏在全球上百个不同地区的下载榜和畅销榜进入头部，呈现出多品类、多区域、广覆盖的良好发展态势。[③] 得益于 *PUBG Mobile*、*Call of Duty Mobile* 及《英雄联盟》新模式《云顶之弈》等游戏业务的成绩，腾讯的海外业务取得重大进展。2019 年第四季度，腾讯海外游戏收入同比增长超过 1 倍，占整体网络游戏收入的 23%。截至 2019 年底，全球前十最受欢迎的智能手机游戏（按日活跃用户数计算）中有五款由腾讯开发。[④]

2020 年 5 月，阿里巴巴以 16.8 亿新加坡元的价格收购了新加坡一座写字楼 50% 的股权，用于加强其在新加坡的业务。[⑤] 此前，阿里巴巴曾投资东南亚电商平台 Lazada 和 Tokopedia。阿里巴巴不断下沉至东南亚和印度等地的市场，构建全球化生态。在投融资方面，在共建“一带一路”等引领下，印度、东南亚、中东、拉美等新兴市场成为当前我国互联网出海的重点。2020 年 2 月，腾讯和红杉资本参投印度商家记账服务平台 Khatabook

---

① 《抖音及海外版 TikTok 全球下载量突破 20 亿次》，https://36kr.com/p/687251491362951，2020 年 4 月 30 日。

② 《字节跳动 CEO 张一鸣统领全球业务　中国区高层调整》，https://www.yicai.com/news/100545797.html，2020 年 3 月 12 日。

③ 《中国音数协游戏工委：2019 年中国游戏产业报告摘要版》，http://www.199it.com/archives/984109.html，2020 年 3 月 16 日。

④ 《腾讯：2019 年总收入 3772.89 亿元　同比增长 21%》，http://www.199it.com/archives/1022279.html，2020 年 3 月 18 日。

⑤ 《阿里巴巴海外“安家”：84 亿新加坡买楼，与世界 500 强做邻居》，https://baijiahao.baidu.com/s?id=1665998807062208706&wfr=spider&for=pc，2020 年 5 月 7 日。

7000 万美元融资；① 同月，京东在印尼的子公司 JD. id 表示其估值已经超过 10 亿美元，成为印尼市场第六家独角兽企业；② 2020 年 4 月，西语短视频社区产品 RisApp 获得 A 轮数千万元人民币融资，投资者为北京奇虎科技有限公司。③

在新冠肺炎疫情的影响下，中国在线医疗等生活服务与办公应用平台出海取得了一定成效，中国互联网出海适逢窗口期，获得发展新机遇。2020 年 4 月，英国《金融时报》刊登题为《新冠肺炎疫情如何让全世界开始在阿里巴巴上购物》的报道，文章指出，疫情期间，阿里巴巴旗下的跨境零售平台速卖通（Ali Express）在西班牙和意大利的流量分别同比增长 20% 和 14%。④ 2020 年 4 月，包含视频会议、聊天等功能的跨境办公应用阿里钉钉发布海外版，支持多种文字和语言，疫情期间向全球用户免费。⑤ 在远程教学和在线办公领域，阿里钉钉、腾讯会议、腾讯同传、字节跳动的飞书等应用得到了联合国的推荐。互联网出海是中国方案和中国经验“走出去”的有效途径，是通过内容和渠道“两条腿”提升我国话语权的有效方式，对提升中国文化软实力和国际影响力具有重要作用。

四　未来展望与政策建议

（一）未来展望

1. 新基建带动数字经济迎来全面提速提质阶段

随着国家积极布局加快新型基础设施建设，新基建将为数字经济发展提供

---

① 《京东印尼加入“独角兽俱乐部”；腾讯和红杉资本参投印度 Khatabook 7000 万美元融资》，https：//baijiahao. baidu. com/s？ id = 1659417343257915939&wfr = spider&for = pc，2020 年 2 月 24 日。

② 《京东印尼获得东南亚版滴滴 Gojek 的资金，总估值超过 10 亿美元》，http：//www. forbeschina. com/city/47246，2020 年 2 月 25 日。

③ 《西班牙语短视频 RisApp 获奇虎数千万人民币投资》，https：//www. thepaper. cn/newsDetail_ forward_ 7201293，2020 年 4 月 30 日。

④ 《英媒：疫情让全世界开始在阿里巴巴上购物》，https：//oversea. huanqiu. com/article/ 9CaKrnKqJOp，2020 年 4 月 29 日。

⑤ 《阿里钉钉发布海外版 DingTalk Lite，疫情期间全球免费》，https：//www. jiemian. com/ article/4227370. html，2020 年 4 月 8 日。

技术支撑，直接带动数字经济增长，并促进数字经济相关产业升级。数据被正式纳入生产要素范围也将使数据资产成为数据经济发展的新动能，激发新型数字业态和模式，数据成为数字经济发展的关键要素，拉动数字经济增长。

2. 网络安全建设注重严管严控与开放创新并举

没有网络安全就没有国家安全，因此，网络安全工作的严管严控趋势是毋庸置疑的。网络安全工作要做到有法可依，针对在线服务应用、智能家居、5G 等新技术安全、远程应用软件等新热点新应用新问题尽快完善相关配套规定，为网络发展提供制度保障。面对数据分享与保护等新领域工作，做好安全风险与行业发展之间的平衡。

3. 直播和短视频仍处于黄金发展赛道

当前，互联网企业纷纷入局直播赛道，直播功能成为社交、电商等移动应用标配。“直播 +”造就出万物皆可直播的景象，直播和短视频赛道红利显著。在短视频方面，抖音、快手两家公司仍将占据两强位置，随着两家公司打造闭环生态加快流量变现，二者的用户重合度将会不断提升。同时，直播、短视频等领域的网络监管将会快速跟进并不断严格化，直播和短视频将会持续发挥公益价值、社会价值。

4. “5G +”加速产业互联网变局

新冠肺炎疫情加速了我国产业互联网发展进程，传统产业数字化发展共识进一步凝聚，产业互联网化实践加速推进。未来，5G、云计算、大数据、人工智能、区块链等技术将与产业发展紧密融合，产品研发得到升级，产业链得到优化，催生新的产品类型、商业模式和管理服务。2020 年 2 月，国际电联（ITU）已启动 6G 研究工作，IPv6（互联网协议第 6 版）的产业实践也在加速产业变革。

5. 互联网巨头积极布局超级 App 生态

2020 年 3 月，蚂蚁金服宣布支付宝从金融支付平台全面升级为数字生活开放平台，聚焦服务业数字化。疫情期间，生鲜电商、在线办公、无接触服务等新数字化服务模式在培养用户使用习惯的同时，加速了生活服务数字化转型，也让平台经济快速发展。中国互联网巨头纷纷抢占新赛道，强化超级 App 功能，新技术带动互联网应用边界不断扩张。

6. 互联网出海面临新阶段发展机遇和挑战

2020 年 5 月，原央视国际频道主持人杨锐加盟科技信息服务平台钛媒体，昭示钛媒体国际战略布局。① 根据当代中国与世界研究院发布的《中国国家形象全球调查报告 2018》，中国产品、互联网企业塑造的中国科技形象在国际上表现亮眼。② 面对国内互联网市场红利消退的现状，在后疫情时代，越来越多的互联网企业开始瞄准国际市场。与早期互联网出海不同，此阶段的互联网企业出海更加注重社会融入度和体系化，在具备技术保证和跨文化考虑的前提下进行业务布局。同时，当今世界正经历百年未有之大变局，在国际环境影响下，互联网企业面临因信息安全或其他层面的问题而受到打压的风险。

7. 微传播价值与媒体融合价值回归本质

新冠肺炎疫情期间公众旺盛的信息需求及信息过剩现状，引发人们关于微传播、媒体融合、融媒体价值导向问题的思考。随着微传播、移动传播成为主流信息传播方式，媒体融合不断深入，新传播技术不断更迭，新闻传播工作的价值本质问题值得关注。新媒体工作需要将出发点和落脚点落在对人的关注上。因此，建设性新闻将是未来媒体业务发展的重点。

8. "耳朵经济"迸发市场发展活力

根据 Analysys 易观数据，2019 年音频市场规模达到 87.72 亿元，相比 2018 年增长 56.5%。③ 根据市场研究机构 IDC 发布的数据，2019 年中国智能音箱市场出货量达到 4589 万台，同比增长 109.7%。④ 随着智能家居和产品的发展、5G 等新技术的推动、智能语音交互系统的落地，音频内容使用场景会得到迅速拓展，中国数字音频市场迎来发展新契机。

同时，数字音频的伴随性和收听性属性，在满足儿童、中老年等特定人群

---

① 《央视主持人杨锐离职，加盟钛媒体》，https://www.thepaper.cn/newsDetail_forward_7304174，2020 年 5 月 8 日。

② 《中国国家形象全球调查报告 2018》，http://www.accws.org.cn/achievement/201912/P020191203506190462412.pdf，2019 年 12 月 3 日。

③ 《2020 年中国音频产业生态发展分析：听，耳朵里有新世界！》，http://www.woshipm.com/it/3791867.html，2020 年 4 月 30 日。

④ 《2019 中国智能音箱数据出炉：寡头垄断市场，阿里勇夺第一》，https://xw.qq.com/cmsid/20200320A0I98B00，2020 年 3 月 20 日。

需求上具有优势。疫情期间，在线音频平台荔枝 App 上的曲艺相声和读物朗诵等内容版块受到中老年人的热捧。[①] 2020 年 4 月，腾讯音乐娱乐集团投资线下公播公司瑞迪欧，双方就公播音乐与数字音乐消费进行探索。无线耳机产业的发展与在线音频互相促进，数字音频成为智能互联时代的重要入口，消费场景和模式不断多元化。

9. 网络文化呈“破圈化”发展趋势

新传播技术赋予传统文化源源不断的生机与活力，“互联网 + 文化”“智能 + 文化”等催生网络文化新业态。文创产品不断融合经济价值与文化价值进行创新，文化产业发展势头强劲。根据国家统计局数据，2019 年全国文化及相关产业企业营业收入 86624 亿元，比上年增长 7.0%。[②] 网络文化内容和平台不断“出圈”，线上线下影响力提升。一方面，围绕网络文学 IP，网络文学阅读、数字出版、影视作品、相关游戏等文化产品产业链成熟发展。《后浪》演讲的“刷屏”也表明以 bilibili 为代表的网络文化平台不断主流化。另一方面，网络文学等网络文化出海成绩瞩目，成为提升中华文化国际影响力的重要方式。

10. 数字社会治理共同体建设不断推进

我国数字社会治理体系不断完善，随着政务新媒体建设的不断优化、政务数据的有序共享、社会数据的合理利用、互联网平台的有效协同、公众的积极参与，多元共治的数字治理模式不断形成。数字社会治理注重融合治理方式，做到线上线下融合治理、国内国外全盘化治理。数字治理手段不断得到理念认同和实际应用，助力提升国家治理体系和治理能力现代化水平。

（二）八大政策建议

2020 年是全面建成小康社会和“十三五”规划收官之年，是中国新媒体发展把握技术与时代形势开启新征程的新起点。新冠肺炎疫情的全球流行在一定程度上加速了全球传播秩序变革的步伐。后疫情时代，中国需要抓住新一轮

---

① 《赖奕龙：“耳朵经济”未来 3 至 5 年将进入黄金期》，http：//www.gd.xinhuanet.com/newscenter/2020－04/20/c_ 1125881650.htm，2020 年 4 月 20 日。

② 《2019 年全国规模以上文化及相关产业企业营业收入增长 7.0%》，http：//www.gov.cn/xinwen/2020－02/15/content_ 5479165.htm，2020 年 2 月 15 日。

信息技术发展与新媒体全球传播新机遇，通过新媒体分享中国经验和智慧，为全球用户提供信息传播与沟通连接服务，提升中国的国际影响力。因此，我们提出以下政策建议。

第一，集中力量发展数字经济，积极探索智能经济新模式，发挥多主体作用，共同挖掘与共享数据价值，建立数据市场基本秩序，研究规范数据权属、数据竞争、数据保护等问题。

第二，系统配套新基建相关政策拉动经济转型，填补新技术新应用新业务带来的监管真空，强化关键信息基础设施保护，持续加强网络综合治理体系构建，发挥网络平台治理对国家治理体系和治理能力现代化的助推作用，让互联网更好造福国家和人民。

第三，推进“5G+”网络建设与应用落地，加强5G应用和网络、终端、基础软硬件间的协同，面向新需求新场景加快研发推广5G新应用，提升人工智能、物联网、区块链等新一代信息技术在新媒体传播领域的研究应用，推进出台“5G+媒体”系列行业关键技术标准与具体领域专项指南。

第四，继续支持与推进媒体融合发展，确定移动端为新媒体建设与传播重点，规范县级融媒体建设实践，积极进行联合订阅等媒体多元化经营模式探索和创新，建立全媒体传播体系。

第五，优化数字政府和新型智慧城市建设，使互联网这个最大变量成为事业发展的最大增量，协同线上线下融合治理，凝聚建设数字化社会共识，做好疫情相关新媒体实践与理论研究工作，加快外向型高端新媒体智库建设，增加新媒体智库研究品牌产品，推动媒体智库与国际知名智库交流与合作，培养具备信息挖掘和核实能力的“专家型”人才。

第六，进一步强化传统主流媒体的微传播话语权，倡导建设性新闻的研究与实践，紧抓移动直播与短视频发展红利，创新视频产品生产和展示形态，不断发掘直播和短视频等视频行业的社会意义，持续发挥视频平台的公益、市场等多元价值。

第七，加强网络空间国际治理合作，增进全球数字经济治理、人工智能治理等互联网全球治理议题共识，积极参与数字经济、新传播技术等领域国际规则制定，提升新媒体领域与场域的国际话语权，消弭“数字歧视”，推进全球数字技术使用更加公平、均衡、合理。

第八，利用互联网出海搭载传播中华文化与价值观，将文明交流互鉴理念贯穿于新媒体国际传播实践，强化网络文明交流合作机制，通过新媒体手段讲好中国与国际社会共同抗疫、命运与共的故事，推动构建全球微传播新秩序。

参考文献

唐绪军：《理念更新是主流媒体融合发展的关键》，《当代传播》2019 年第 6 期。

黄楚新、郑智文：《回望 2019：中国传媒业的新变化、新问题及新趋势》，《传媒》2020 年第 1 期。

漆亚林：《一体化的全媒体：媒体融合进入 3.0 时代》，《现代视听》2019 年第 2 期。

于运全：《扎实推进具有重要国际影响力的一流智库建设》，《对外传播》2019 年第 11 期。

热 点 篇

Hot Topics

B.2
社交媒体疫情信息接触与公众心理调研

赵曙光 李园园 牛丽丽 刘晨菲*

摘 要： 伴随新冠肺炎“病毒疫情”暴发的是“信息疫情”。本研究采用问卷调查的形式，随机选取了3070位调查对象，考察了用户的社交媒体疫情信息传播模式、疫情期间的心理健康状况以及二者之间的相互作用机制。研究发现社交媒体的疫情信息使公众陷入沉浸传播，公众在疫情期间出现群体性抑郁与泛在焦虑，社交媒体“沉浸”与心理状况呈倒“U”形分布。社交媒体的传播行为与心理状况形成了互相加速的“陀螺”，越沉浸于社交媒体疫情信息，二次传播越频繁，公众心理健康状况越差，反之亦然。

---

* 赵曙光，南京大学新闻传播学院教授、博士生导师，南京大学紫金传媒研究院（北京）副院长，中国新闻史学会传播学研究委员会副会长，主要从事媒介经济、数据挖掘等研究；李园园、牛丽丽、刘晨菲系南京大学紫金传媒研究院（北京）助理研究员。

关键词： 社交媒体　疫情信息　沉浸传播　加速陀螺

一　研究背景

世界卫生组织称，我们不仅面临着新型冠状病毒快速传播的疫情，也面临着社交媒体的“信息疫情”。《麻省理工科技评论》刊文认为，新型冠状病毒是第一个真正的社交媒体“信息疫情”（infodemic）。根据《南方周末》报道，2006 年的一项研究曾指出，SARS 期间被隔离者中，29% 的人表现出创伤后应激障碍，31% 的人有抑郁症状。中国台湾地区的一项调查则指出，经历 SARS 后，约 9.2% 的人对生活持有更悲观的看法，精神病的患病率为 11.7%。方舱医院的一位主任告诉湖北省心理咨询师协会会长肖劲松：“我们 70% 的工作都在处理心理问题。”如果说高铁等交通工具的发展使得新冠肺炎疫情的传播速度比 SARS 期间更快，社交媒体的发达则使得此次疫情信息传播模式比 SARS 期间不仅更快而且更加复杂。为了探究社交媒体疫情信息的传播模式及疫情期间公众的心理状况，分析社交媒体的疫情信息传播对公众心理的影响，我们组织开展了社交媒体疫情信息传播与公众心理的专题调研。

二　文献综述

（一）社交媒体疫情信息的传播模式

随着智能手机和 5G 网络的发展，移动社交媒体已经成为人们日常生活中不可或缺的一部分。“社交媒体”的概念最早出现于 2007 年安东尼·麦菲尔德（Antony Mayfield）所著的电子书《什么是社会化媒体》。作者认为，社交媒体是一种给予用户极大参与空间的新型在线媒体，具有参与、公开、交流、对话、社区化、连通性等特征。其最显著的特点就是定义的模糊性、快速的创新性和各种技术的“融合”。社交媒体是基于互联网的应用程序，它使个人之间能够交流和共享用户生成的内容，及时了解正在发生的事件和最新进展。[①②]在线社交网络能够同时跨越广泛的范围并从不同的角度进行新信息的传播。[③] Azzimonti 和 Fernandes 认为在 Web2.0 或“社交媒体”的世界里，个人不仅在消费信息，而且在生产信息。[④] 通过社交媒体，更普遍的是通过互联网，新闻会传播给越来越多的人，并且他们将获得的信息转述、转播、转载给他人，即二次传播。二次传播是相对于首次传播而言，是指新闻或事件在首次传播之后，经过另一媒介的又一次被传播。事件经历传播的次数越多，说明事件与广大人民群众的关系越密切，后续影响也越大。

世界卫生组织认为 2019 年新型冠状病毒的暴发是严重的世界威胁。正如世界经济论坛《全球风险报告》在 2017 年所预见的那样，全球风险是相互关联的，特别是 COVID－19 疫情（由最近发现的人类冠状病毒引起的传染病）表明了信息传播在去中介化的新闻周期中的关键作用。信息传播可以强烈地影响人们的行为并能改变政府所部署的对策的有效性。“infodemic” 一词是用来概括在病毒暴发管理过程中错误信息危害的现象，因为它甚至可以通过影响社会反应来加速疫情的进程。[⑤⑥] YouTube 和 Twitter 等社交媒体平台可以使用户直接访问大量内容，并可能放大谣言和可疑信息。Cinelli 等对新型冠状病毒暴发以来 Twitter、Instagram、YouTube、Reddit 和 Gab 5 个社交媒体的内容进行对比分析，数据包含超过 800 万条评论和帖子，时间跨度为 45 天。[⑦] 作者分析了用户对 COVID－19 主题的参与和兴趣，为每个平台提供了话语随时间在全球

---

① Kaplan, A. M., Haenlein, M., “Users of the World, Unite! The Challenges and Opportunities of Social Media,” *Business Horizone*, 2009, 53 (1).

② Zubiaga, A., Hoi, G. W. S., Liakata, M., Procter, R., Tolmie, P., “Analysing how People Orient to and Spread Rumours in Social Media by Looking at Conversational Threads,” *Plos One*, 2015, 11 (3).

③ Guille, A., Hacid, H., Favre, C., Zighed, D. A., “Information Diffusion in Online Social Networks: A Aurvey,” *Sigmod Record*, 2013, 42 (2).

④ Azzimonti, M., Fernandes, M., *Social Media Networks, Fake News, and Polarization*, Social Science Electronic Publishing, 2018.

⑤ John Zarocostas, “How to Fight an Infodemic,” *The Lancet*, 2020, 395 (10225).

⑥ Mendoza, M., Poblete, B., Castillo, C., “Twitter Under Crisis: Can we Trust what We RT?” *Social Media Analytics*, SOMA, KDD workshop, ACM, 2010.

⑦ Cinelli, M., Quattrociocchi, W., Galeazzi, A., Valensise, C. M., Brugnoli, E., Schmidt, A. L., et al., “The Covid－19 Social Media Infodemic”, 2020.

范围内演进的评估。结果发现5个社交媒体都显示出相似的用户活动分布，但在YouTube和Twitter等主流平台上可以看到大量的帖子和评论，互动量较大。各个社交媒体平台上的主题非常相似，讨论的主题从与其他病毒的比较、祈求上帝保佑到种族主义、战斗。各个社交媒体用户和互动机制不同，每个平台帖子数量的最大增加值日期也不同。之后分析了所有渠道的可疑信息传播，发现Gab是错误信息扩散更容易的平台。

（二）新冠肺炎疫情期间的公众心理状况

疫情期间，公众的心理健康状况快速成为国内外研究学者的关注焦点。Cuiyan Wang等人为了解中国普通民众在COVID－19暴发初期受到的心理影响，以及焦虑、抑郁和压力水平，采用雪球取样技术进行在线调研，研究发现超过一半的受访者在COVID－19暴发初期的心理受到中度至重度的影响，约1/3的受访者处于中度至重度的焦虑状态。①

疫情对不同人群的心理健康影响的程度不同，产生心理影响的表现方式也有所差异。有研究发现公众因COVID－19而表现出的心理症状包括焦虑引起的恐慌性购买行为和对参加社区活动的偏执态度。由于压力和自主权减少以及对收入、工作和安全等方面的担忧，无法进入学习场所、工作场所和家庭的学生、工人和游客均会出现不同的心理症状。② 临床和非临床医务人员也会受到心理困扰，因为他们的工作时间更长，并且容易感染该病毒，这可能会导致他们出现焦虑、抑郁和压力等症状，同时也将对卫生系统在危机期间提供服务的能力产生负面影响。③ 有报告显示，被确诊或被隔离的人员，他们可能会为此感到羞耻，心理困扰更严重，从而患病率更高，隔离期更长，容易产

① Wang, Cuiyan, Pan, Riyu, Wan, Xiaoyang, Tan, Yilin, Xu, Linkang, Ho, Cyrus S., Ho, Roger C., "Immediate Psychological Responses and Associated Factors during the Initial Stage of the 2019 Coronavirus Disease (COVID－19) Epidemic among the General Population in China," *International Journal of Environmental Research and Public Health*, 2020, 17 (5).

② Worthington B., "Coronavirus Pandemic Fears Prompt Government to Activate Emergency Response and Extend Travel Ban," Available at https://www.abc.net.au/news/2020－02－27/federal－government－coronaviruspandemic－emergency－plan/12005734, last accessed March 20, 2020.

③ Maunder, R. G., "Was Sars a Mental Health Catastrophe?" *General Hospital Psychiatry*, 2009, 31 (4).

生创伤后应激障碍，而这种症状的患病率同样与抑郁症状相关。① Jianbo Lai 等人的研究发现，在武汉和其他地区，部分医院为 COVID－19 患者配备发热诊所或病房，而这些医院里的工作人员承受着巨大的心理压力，特别是武汉地区的护士和直接从事 COVID－19 患者诊断、治疗和护理的一线保健工作者。②

即使流行病已经结束，公众的心理影响也会持续很长时间。这次疫情凸显了公众心理适应力的脆弱性，以及需要国家提供心理干预。③ 为了预防和解决公众在较长时间内的心理问题，有的大学会提供心理咨询服务。清华大学与多家机构和单位联合开展了“抗击疫情，心理援助”紧急公益项目，在线为一线医护人员和公众提供心理援助和一对一的心理咨询。陕西师范大学出版了全国第一本《新型冠状病毒感染的肺炎疫情下心理健康指导手册》，供读者免费阅读，让公众更加安心。④

根据最近针对灾难对医护人员心理健康影响的系统评价，已确定导致心理疾病的常见风险因素包括缺乏社会支持和沟通、适应不良和缺乏培训。⑤ 隔离这一主要干预措施能够最大程度实现防疫抗疫目标，但家人和朋友获得支持的机会减少，影响正常的社会支持系统会导致孤独，从而加剧出现焦虑和抑郁症状的风险。⑥

---

① Hawryluck L., Gold W. L., Robinson S., Pogorski S., Galea S., Styra R., “SARS Control and Psychological Effects of Quarantine, Toronto, Canada,” *Emerging Infectious Diseases*, 2004, 10 (7).

② Lai, Jianbo, Ma, Simeng, Wang, Ying, Cai, Zhongxiang, Hu, Jianbo, Wei, Ning, Wu, Jiang, Du, Hui, Chen, Tingting, “Factors Associated With Mental Health Outcomes Among Health Care Workers Exposed to Coronavirus Disease 2019,” *JAMA Network Open*, 2020, 3 (3).

③ Ho, Cyrus Sh., Chee, Cornelia Yi., Ho, Roger Cm., “Mental Health Strategies to Combat the Psychological Impact of COVID－19 Beyond Paranoia and Panic,” *Annals of the Academy of Medicine, Singapore*, 2020, 49 (1).

④ Wang, Chuanyi, Cheng, Zhe, Yue, Xiao－Guang, et al., “Risk Management of COVID－19 by Universities in China,” *Journal of Risk and Financial Management*, 2020, 13 (2).

⑤ Naushad V. A., Bierens J. J., Nishan K. P., Firjeeth C. P., Mohammad O. H., Maliyakkal A. M., et al., “A Systematic Review of the Impact of Disaster on the Mental Health of Medical Responders,” *Prehospital and Disaster Medicine*, 2019, 34 (6).

⑥ Smith, E. M. J., “Ethnic Minorities: Life Stress, Social Support, and Mental Health Issues,” *The Counseling Psychologist*, 1985, 13 (4).

（三）社交媒体的疫情信息传播对公众心理的影响

伴随新冠肺炎疫情暴发的是“信息疫情”的暴发。社交媒体的潜力已经远远超出了朋友之间交流的最初功能，成为风险沟通中一个日益重要的工具，及时和准确地把信息传播给全球公民，使他们对特定的危机做出更明智的选择。[①] 但社交媒体也存在局限性，信息上传和更新的便利也带来了信息真实性和可靠性问题。[②] 突发公共卫生事件给人们造成的生理损害可能在短时间内会恢复，但对心理的影响会持续很长时间。

媒体对这一流行病的广泛报道会影响公众对传染病威胁的身体和心理反应，这不可避免地加剧了人们的忧虑，同时又成为鼓励采取预防措施的关键工具。有人提出，对社交媒体数据（如网志文本或文档）的分析可能是识别公众情绪的有用方法。有研究提供了通过媒介间接暴露于灾难和短期创伤后应激障碍症状之间联系的证据，这种联系是通过分析代表性样本的数据和回顾性/前瞻性收集的社会调查数据确定的。这些数据的收集和心理健康状况的评估是在灾难发生后的几个月到几年之间进行的。[③] 公众长期的情绪状态能够反映心理健康状况，Hyekyung 等人使用社交媒体数据（尤其是 Twitter）监测公众情绪，探讨 Sewol 灾难后普通民众的情绪变化。该研究收集 2011 年 1 月 1 日至 2013 年 12 月 31 日和 2014 年 3 月 1 日至 2014 年 6 月 30 日的每日 Twitter 帖子，使用自然语言处理和文本挖掘技术，通过对关键词的出现、人为灾难相关关键词和自杀相关关键词的分析，考察了情感话语对灾难的反应。结果发现灾难会立即引起公众的情绪反应，包括针对灾难后发生的各种社会和政治事件的愤怒，虽然 Twitter 关键词的频率在 Sewol 灾难后的一个月内波动很大，但与自杀相关的关键词在普通人群中很常见。由此表明在灾难中，无论是直接受影响的

---

① Ng, K. H., Lean, M. L., “The Fukushima Nuclear Crisis Reemphasizes the Need for Improved Risk Communication and Better Use of Social Media,” *Health Physics*, 2012, 103 (3).

② Al – Surimi, K., Khalifa, M., Bahkali, S., El – Metwally, A., Househ, M., “The Potential of Social Media and Internet – based Data in Preventing and Fighting Infectious Diseases: from Internet to Twitter,” *Advances in Experimental Medicine and Biology*, 2016 (972).

③ Schlenger W. E., Caddell J. M., Ebert L., Jordan B. K., Rourke K. M., Wilson D., et al., “Psychological Reactions to Terrorist Attacks: Findings from the National Study of Americans' Reactions to September 11,” *JAMA*, 2002, 288 (5).

人还是普通民众，都受到创伤事件的影响。

Cajochen 等人发现，与其他使用有关社交媒体对心理健康影响的研究一样，[①] 研究需要更好地了解社交媒体使用的质量和数量对创伤反应的影响，及其传播的网络，[②] 特别是基于这些媒体的动态性和互动性，这对于处理伴有威胁事件的谣言和“假新闻”而言特别重要。失眠是创伤后疾病的重要先兆，创伤后疾病包括创伤后应激障碍、抑郁或药物依赖。[③] 有研究表明需要注意与社交媒体使用相关的潜在问题，这样的使用很可能会降低其他关系的形成，而这些关系可能会导致个人在生活中承受更大的压力，[④] 包括大规模创伤带来的心理健康挑战。[⑤]

三　研究方法

（一）测量工具

本次调查主要采用了抑郁—焦虑—压力量表（DASS－21）和多维度社会支持感知量表（MSPSS）。

抑郁—焦虑—压力量表采用四点计分，包括 3 个分量表，共 21 个题目，分别考察个体对抑郁、焦虑和压力这三种负面情绪体验的程度。每个分量表的 7 项题目得分之和乘以 2 为该分量表得分，得分范围为 0～42 分，得分越高说明抑郁、焦虑和压力程度越严重。各分量表的划分标准略有不同，具体如下：

---

① Cajochen, C., Frey, S., Anders, D., Spati, J., Bues, M., Pross, A., et al., “Evening Exposure to a Light－emitting Diodes (led) －backlit Computer Screen Affects Circadian Physiology and Cognitive Performance,” *Journal of Applied Physiology*, 2011, 110 (5).

② Monfort, E., & Afzali, M. H., “Traumatic Stress Symptoms after the November 13th 2015 Terrorist Attacks among Young Adults: the Relation to Media and Emotion Regulation,” *Comprehensive Psychiatry*, 2017 (75).

③ Sinha, & Smit S., “Trauma－induced Insomnia: A Novel Model for Trauma and Sleep Research,” *Sleep Medicine Reviews*, 2016 (25).

④ Shakya, Holly B., & Christakis, Nicholas A., “Association of Facebook Use with Compromised Well－being: A Longitudinal Study,” *American Journal of Epidemiology*, 2017, 185 (3).

⑤ Goodwin, R., Lemola, S., Ben－Ezra, M., “Media Use and Insomnia after Terror Attacks in France,” *Journal of Psychiatric Research*, 2018 (98).

抑郁量表正常为 0 ~ 9 分，轻度为 10 ~ 13 分，中度为 14 ~ 20 分，重度为 21 ~ 27 分，非常严重为 28 + 分；焦虑量表正常为 0 ~ 7 分，轻度为 8 ~ 9 分，中度为 10 ~ 14 分，重度为 15 ~ 19 分，非常严重为 20 + 分；压力量表正常为 0 ~ 14 分，轻度为 15 ~ 18 分，中度为 19 ~ 25 分，重度为 26 ~ 33 分，非常严重为 34 + 分。本调查即采用该量表对调查对象的心理健康状况进行测量。

多维度社会支持感知量表采用七点计分，包括 3 个维度，即家人支持、朋友支持和其他支持，共 12 个题目。量表的总分为每个题目的得分之和，得分范围为 12 ~ 84 分，得分越高说明社会支持水平越高。

（二）样本分布

本次调查，剔除无效样本后，共收集到 3070 份有效数据。其中，女性调查对象占比为 51.5%，年龄在 29 ~ 38 岁的调查对象占比为 48.5%，与家人/朋友合住的调查对象占比为 79.5%，身体健康的调查对象占比为 90.6%。

四　社交媒体的疫情信息使公众陷入沉浸（Flow）传播

公众在疫情期间不只是作为信息的被动接收者，在不同的时间段内频繁地接触疫情相关信息，同时作为主动的信息发送者，不断地进行信息的二次和多次传播，使公众集中关注疫情相关信息，并且过滤掉所有不相关的知觉，进入一种社交媒体的疫情信息沉浸（Flow）状态。

（一）浏览疫情信息已成为公众必点的“早餐”

每天早上醒来第一件事就是关注疫情信息，查看疫情数据。超过五成调查对象浏览疫情信息的时间在早 6：00 ~ 12：00，以求掌握疫情的最新情况（见图 1）。

（二）频繁浏览疫情信息融入公众日常生活

新冠肺炎疫情牵动人心，相关信息吸引了公众的目光。整体上看，有 81.4% 的调查对象每天花费 1 ~ 4 小时浏览疫情相关信息（见图 2）。公众花费大量时间浏览疫情相关信息，甚至根本停不下来通过社交媒体跟进最新消息，反复刷屏、频繁浏览疫情信息已成为公众生活的常态。

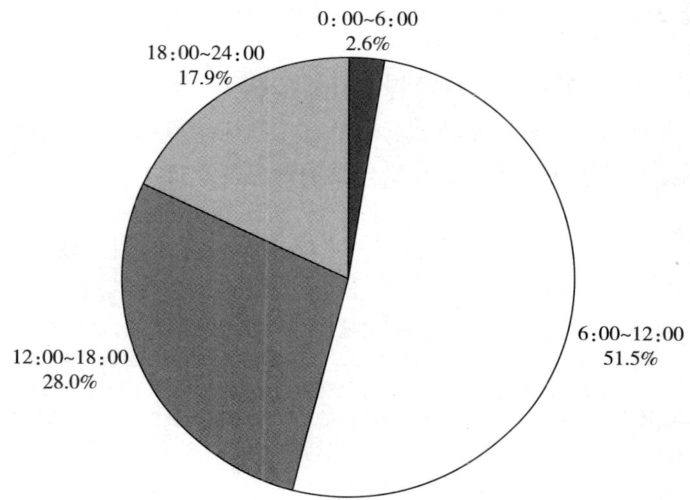

图 1　浏览疫情信息的时间段

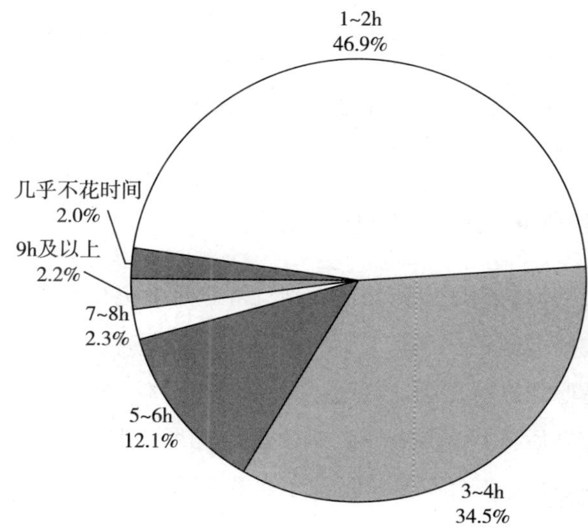

图 2　浏览疫情信息花费的时间

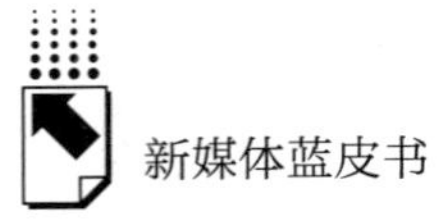

（三）公众时刻关注着全国及各地区的疫情动态变化

“总是”或“经常”浏览疫情相关信息的调查对象至少占七成（见图3）。相较而言，公众最关注疫情整体的动态变化，其次是与自身安全或利益相关的信息，包括疫情的防护知识、因疫情导致的延迟复工复学等信息。

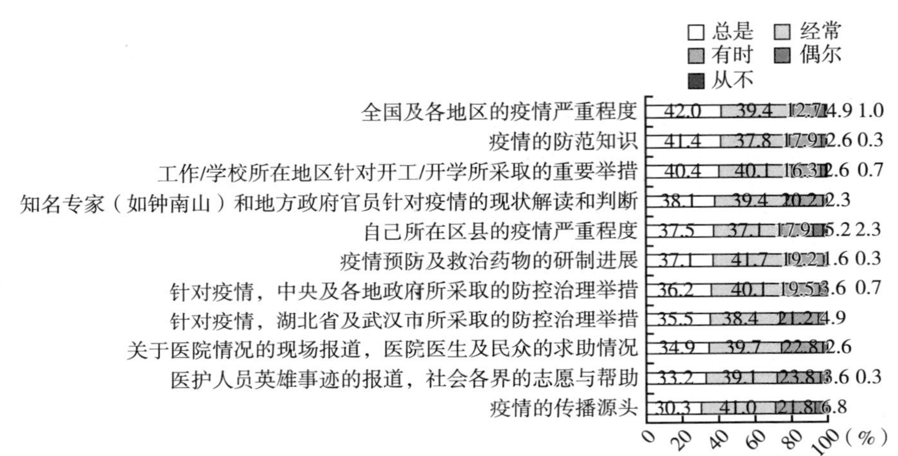

图3　疫情信息的关注情况

（四）自我强化的疫情信息人际传播

疫情的发展如何，到底应该如何做到日常生活中防控疫情等相关信息往往是公众倾向于传播分享的内容。疫情之下，公众最牵挂的是自己的家人和朋友，越亲近，越愿意进行传播。超过八成的调查对象“总是”或“经常”在得知疫情最新信息后将其告知家人，其次是告知朋友和同事（见图4）。亲友之间的传播互相强化、互相循环，形成了自我加强的状况。

（五）公众更倾向于通过强连接平台传播疫情信息

关于疫情信息特别是疫情政策讨论，往往成为敏感话题。公众往往倾向于选择熟人社交平台或者说是“强连接”平台，而不是“弱连接”平台。超六

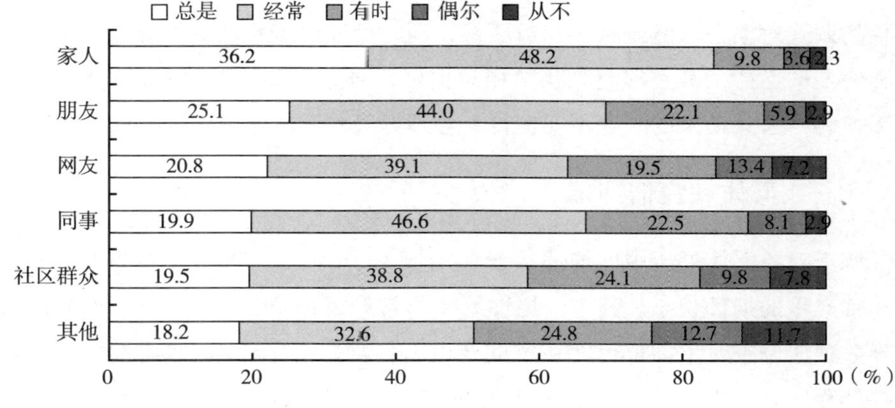

图4　二次传播不同对象的频率

成的调查对象“总是”或“经常”以微信聊天的方式将疫情信息告知他人，其次是通过朋友圈分享（见图5）。

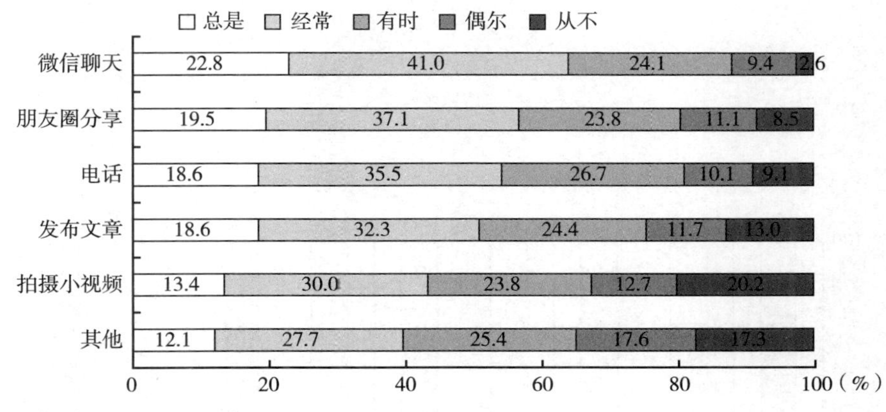

图5　二次传播不同方式的频率

五　疫情期间的群体性抑郁与泛在焦虑

“突如其来”的疫情叠加社交媒体的沉浸（Flow）传播使公众的心理健康状况处于不良状态，不安、焦虑、沮丧、低落、压力和无措的情绪深深地影响着人们的生活。在疫情期间，家人和朋友的陪伴变得十分重要，与家人/朋友同住的调查对象心理健康状况相对更好；同时可能由于女性更能感受到来自家人和朋友的支持，其心理健康状况相对更好；身边有确诊/疑似病例及一线医护工作者给公众带来的心理不安使得其心理健康状况较差。

（一）群体性疫情抑郁

调查对象整体处于中度抑郁状态（均值 18. 15 分），近 1/4 的调查对象处于非常严重的抑郁状态。其中，男性处于非常严重抑郁状态的占比为 24. 8%；近半数独居调查对象抑郁程度在重度及以上；身边有确诊/疑似病例的调查对象抑郁程度处于重度及以上的占比为 66. 7%。近三成身边有一线医护工作者的调查对象处于非常严重的抑郁状态（见图 6）。面对海量信息的冲刷，疫情带来的紧张、恐惧、怀疑等情绪不断发酵，加上隔离在家使得负面情绪更加难以排解，群体性抑郁情绪由此产生。

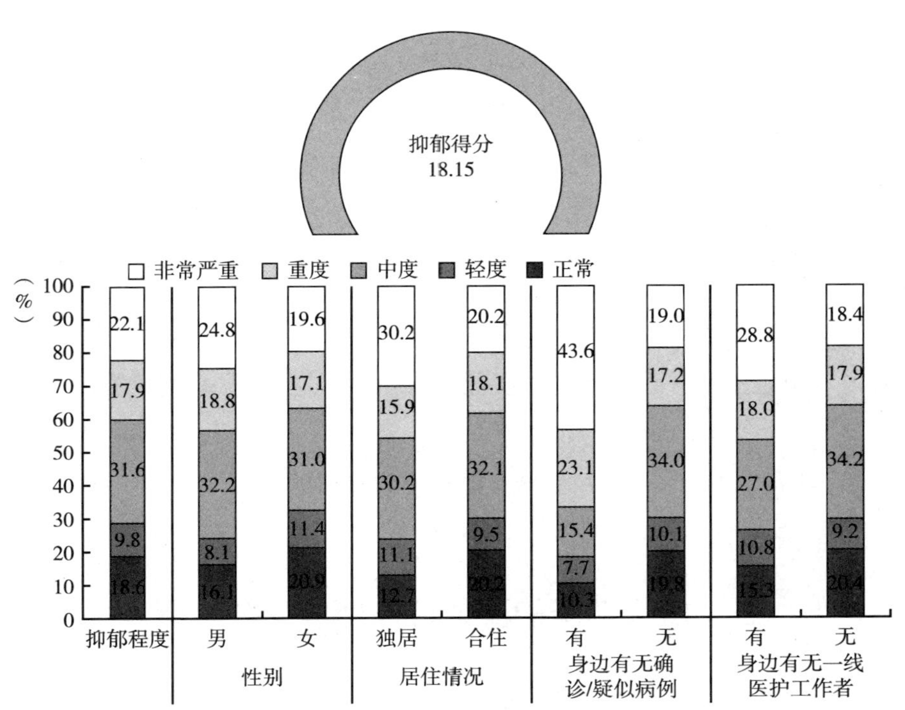

图 6　公众的心理健康状况—抑郁情况

（二）泛在的疫情焦虑情绪

调查对象整体处于重度焦虑状态（均值 17.75 分），近半数的调查对象处于非常严重的焦虑状态。其中，处于非常严重状态的男性占比超五成；超半数的独居调查对象处于非常严重的焦虑状态；近八成身边有确诊/疑似病例的调查对象焦虑程度处于重度及以上水平；60.3% 身边有一线医护工作者的调查对象处于重度及以上焦虑状态（见图 7）。疫情相关的信息使公众的负面情绪不断升温，泛焦虑情绪充斥在人们的心中。

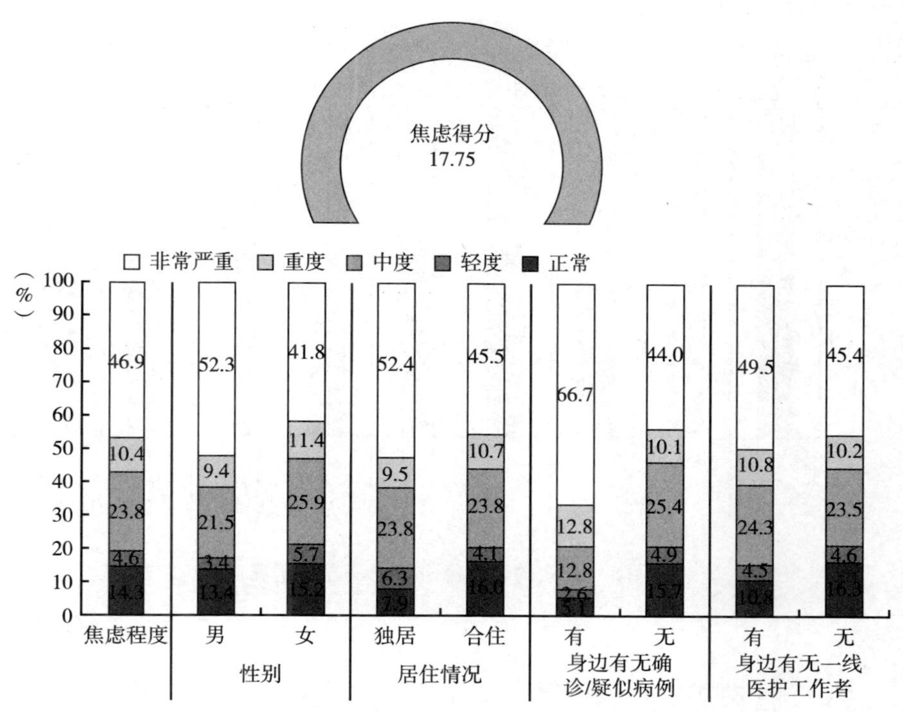

图 7　公众的心理健康状况—焦虑情况

（三）中度疫情压力感知

调查对象整体处于中度压力状态（均值 19.69 分），处于重度及以上压力状态的调查对象超三成，其中，男性占比为 34.9%，独居调查对象占比为

33.3%；36.2%身边有确诊/疑似病例的调查对象处于重度及以上的压力状态；36.0%身边有一线医护工作者的调查对象处于重度及以上的压力水平（见图8）。长期处于高度压力状态对于公众而言不仅是情绪方面的表现，久而久之也会对其生理健康产生潜在的威胁。

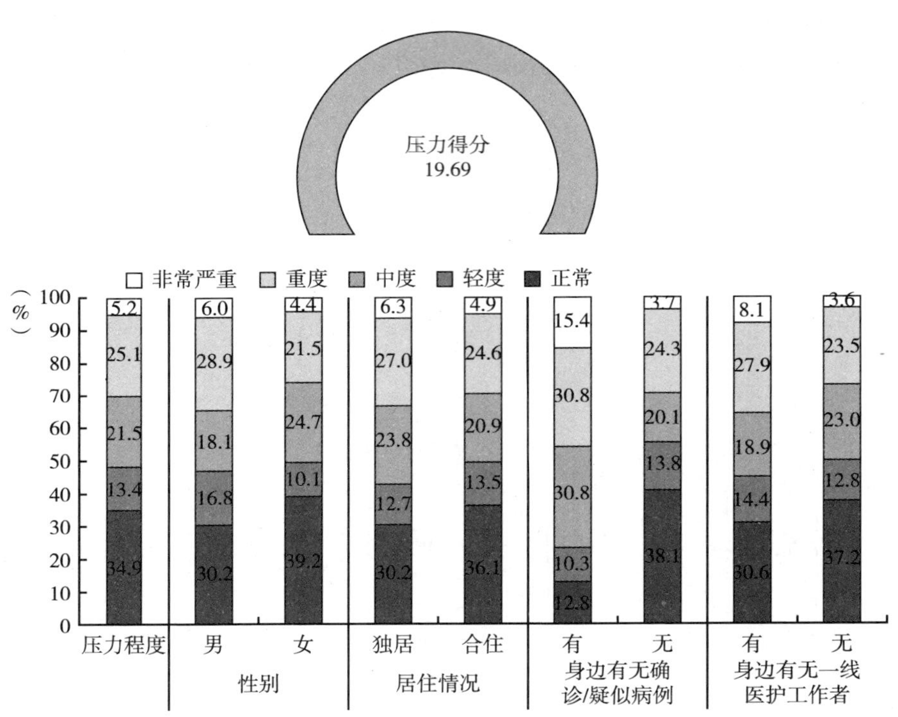

图8　公众的心理健康状况—压力情况

六　社交媒体“沉浸”与心理状况的倒“U”形分布

总体而言，公众的心理状况受到社交媒体疫情信息传播的严重影响。过度沉浸于疫情信息流的公众产生了强烈的负面情绪，主要表现在焦虑、抑郁和压力等方面。高强度的自我保护意识不仅是对新冠肺炎疫情的“敬畏”，同时也是对我国科研团队的期许，敬畏心理和高度期望一时难以实现的叠加，增加了公众的抑郁、焦虑和压力程度。

（一）公众心理随"沉浸"时长呈倒"U"形分布，在5～6时达到顶峰

探究调查对象关注疫情信息的不同时长对心理健康状况的影响，结果发现心理健康水平随疫情浏览时长的增加呈倒"U"形分布，疫情信息浏览时长在1～2时的调查对象的抑郁、焦虑、压力得分均是最低的，心理健康状况最好。随着浏览时长的增加，疫情信息带来的负面情绪在不停蓄积，心理健康状况逐渐变差，浏览信息时长在5～6时达到顶峰，此时心理健康状况最差。但是随着继续追踪，对疫情信息有了一定的承受能力，同时更加全面地了解疫情信息避免了单纯负面情绪的滋生，心理健康状况逐渐向好（见图9）。

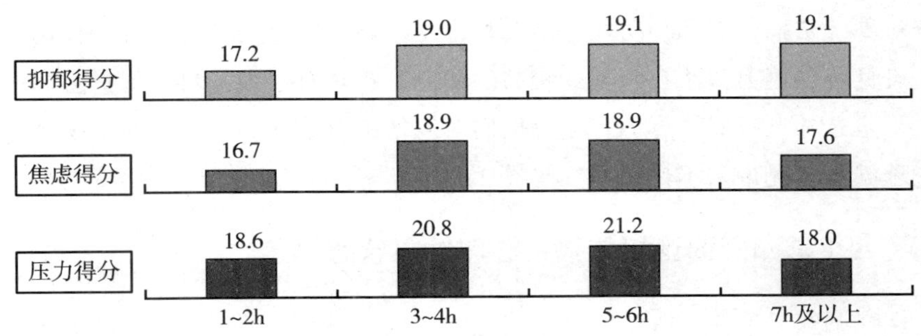

图9　不同浏览时长的心理健康状况

（二）倾向于夜间浏览疫情信息的公众心理健康水平处于相对良好状态

探究调查对象关注疫情信息的不同时间段对心理健康状况的影响，结果发现在18：00～24：00浏览疫情信息的调查对象，其抑郁、焦虑、压力得分均是最低的，从这一浏览疫情信息的时间段来看，或许这类人群并不是十分关注疫情的相关信息，也或许不会过多受到疫情信息所带来的负面影响。其他三个时间段的得分相差不大（见图10）。

（三）更关注自我安全相关信息的公众心理健康水平更差

探究调查对象关注疫情信息的不同对心理健康状况的影响，结果发现关注

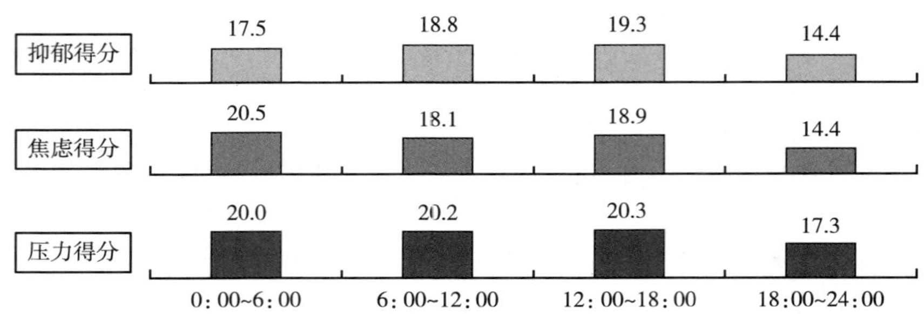

图 10　不同浏览时间段的心理健康状况

疫情防范知识频率更高的网民，其抑郁、焦虑、压力得分均是最高的，得分分别为 18.8 分、18.3 分、20.3 分。其次是关注疫情预防及救治药物研制进展的调查对象。防范知识和预防及救治药物都是对新冠肺炎疫情起到抑制作用的信息，可见公众更为关注自我救助相关的信息，且具有较强的自我保护意识，然而，正是这种自我保护意识，使得他们对疫情抱有极强的警惕心和威胁感，给其心理健康状况带来不良影响（见图 11）。

（四）越偏好弱连接传播，心理健康状态越差

探究调查对象在了解疫情最新信息后二次传播对象的不同对心理健康状况的影响，结果发现相较于将疫情最新信息传播给家人和朋友，将疫情最新信息传播给社区群众、网友的抑郁、焦虑和压力得分更高（见图 12）。偏好于选择强连接传播的公众容易形成良好的信息互动，这种互动不仅成为排解情绪的渠道，而且变相提供了一定的心理支持，带来了积极的影响；相反，越是选择弱连接传播的公众，心理健康状态越差。

七　“门口的陌生人”：疫情期间的社会支持模式变化

与常态状况相比，疫情期间的公众从来自弱连接的“陌生人”的支持强度增加，公众从家人、朋友和其他人身上得到的社会支持差异不大。同时，由于疫情隔离的需求，居住情况成为影响社会支持的重要因素，地理位置的差异带来的距离感使得独居者的各项社会支持得分均明显更低。

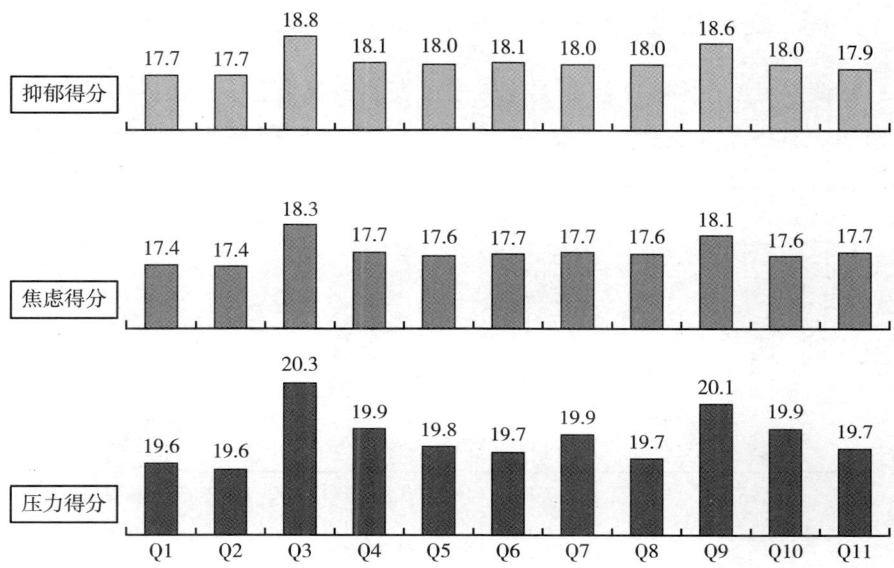

图 11　对不同疫情信息高度关注者的心理健康状况

注：Q1，全国及各地区的疫情严重程度；Q2，疫情的传播源头；Q3，疫情的防范知识；Q4，知名专家（如钟南山）和地方政府官员针对疫情的现状解读和判断；Q5，针对疫情，湖北省及武汉市所采取的防控治理举措；Q6，针对疫情，中央及各地政府所采取的防控治理举措；Q7，关于医院情况的现场报道，医院医生及民众的求助情况；Q8，医护人员英雄事迹的报道，社会各界的志愿与帮助；Q9，疫情预防及救治药物的研制进展；Q10，自己所在区县的疫情严重程度；Q11，工作/学校所在地区针对开工/开学所采取的重要举措。

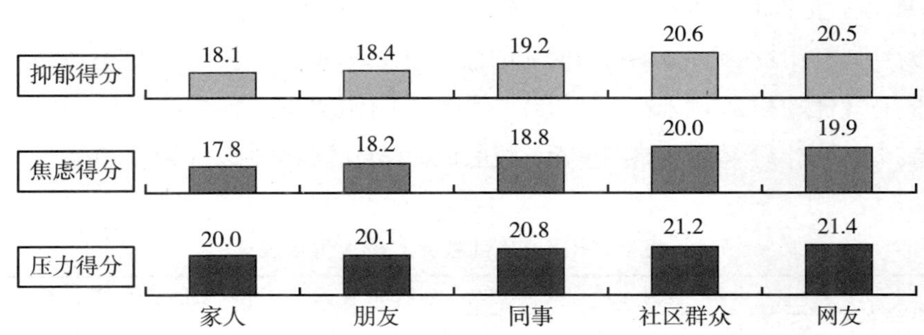

图 12　对不同对象进行高频率二次传播者的心理健康状况

（一）公众得到来自家人、朋友、他人的社会支持相差不大

从调查对象在多维度社会支持感知量表的表现来看，社会支持总得分为65.5分，其中家人支持、朋友支持、其他支持得分相差不大，分别为22.2分、21.5分和21.8分（见图13）。

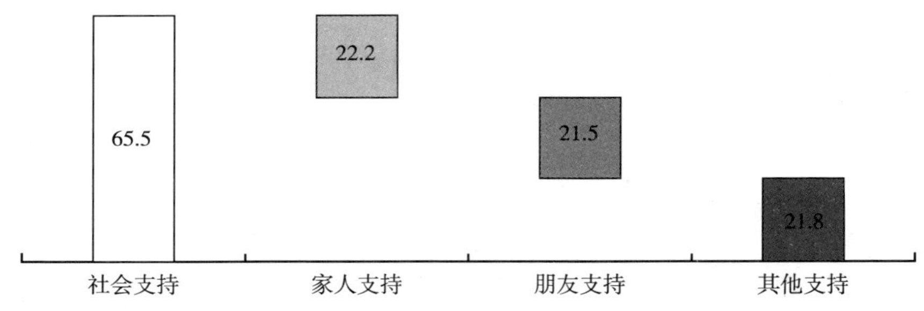

图13　社会支持评价

（二）独居者社会支持明显更差

社会支持从不同维度来看，家人、朋友和其他支持都跟总体表现保持一致，相差不大。从性别来看，女性在家人、朋友和其他支持上的得分均略高于男性。从居住情况来看，与家人/朋友合住的调查对象在家人、朋友和其他支持上的得分均高于独居者，差值在1~2分。考虑到疫情期间多数人被困家中，独居者与家人、朋友、他人的沟通更多的依赖于电子设备，这种地理位置的差距带来的距离感导致社会支持的各项评分均较为明显的低于与家人/朋友合住者。从调查对象身边是否有一线医护工作者来看，身边有一线医护工作者的调查对象在家人支持、朋友支持和其他支持上得分均略高于无一线医护工作者的调查对象（见表1）。

表1　不同维度的社会支持评价情况

社会支持	性别		独居/合住		身边有无一线医护人员	
	男	女	独居	合住	有	无
家人支持	21.8	22.5	20.6	22.5	22.7	21.8
朋友支持	21.2	21.9	20.1	21.9	22.1	21.2
其他支持	21.5	22.1	20.3	22.2	22.7	21.5

八 “加速陀螺”：社交传播行为与心理恶化互相强化

探究社交媒体疫情信息的传播与心理健康状况的相关关系发现，越沉浸于社交媒体疫情信息，二次传播越频繁，公众可能更抑郁、焦虑、感受到压力，越感到抑郁、焦虑和压力越偏好于再传播行为，社交媒体的传播行为与心理状况形成了互相加速的“陀螺”。

在此相关关系中，二次传播对象得分和二次传播方式得分均与焦虑总得分、抑郁总得分、压力总得分和社会支持总得分呈显著正相关。其中，二次传播对象得分为不同对象的传播频率之和，二次传播方式得分为不同方式的传播频率之和，两者均代表调查对象对疫情信息进行二次传播行为的频率。因此，由相关关系可知，二次传播对象、二次传播方式得分越高，社会支持得分越高，即二次传播的频率越高，得到的社会支持越多（见图 14）。除此之外，二次传播对象、二次传播方式得分越高，抑郁、焦虑、压力得分越高，即调查对象进行二次传播的频率越高，其抑郁、焦虑、压力情绪越严重。

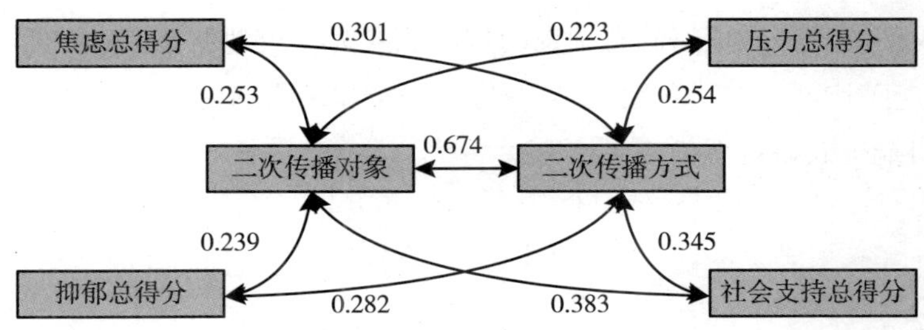

图 14 社交传播行为与心理状况相关关系

九 结论与局限

疫情期间，公众的社交媒体疫情信息传播及心理健康状况如何？本研究通过问卷调查随机选取3070位调查对象，考察其社交媒体疫情信息传播模式、疫情期间的心理健康状况以及二者之间的相互作用机制。结果发现公众频繁接触疫情相关信息，同时不断地进行信息的二次传播，使公众集中关注疫情信息，并且过滤掉所有不相关的知觉，进入一种社交媒体的疫情信息沉浸（Flow）状态。社交媒体的疫情信息传播，往往涉及社会管理等政策性讨论，公众倾向于选择熟人社交平台或者说是“强连接”平台，而不是“弱连接”平台。疫情叠加社交媒体的沉浸（Flow）传播使公众心理出现群体性疫情抑郁、泛在的疫情焦虑情绪和中度疫情压力感知。公众心理状态随社交媒体“沉浸”时长呈倒“U”形分布，越关注疫情防范知识的公众，其抑郁、焦虑、压力的状态越糟糕。这可能意味着自我保护意识越强的公众对疫情抱有极强的警惕心和威胁感，社交媒体的“沉浸”越容易影响其心理状况。与常态状况相比，疫情期间的公众从来自弱连接的“陌生人”的支持强度增加，公众从家人、朋友和其他人身上得到的社会支持差异不大。社交媒体的传播行为与心理状况形成了互相加速的“陀螺”。

本研究的缺陷在于：受时间和成本的制约，本研究的调查未能将湖北等疫情严重的地区与其他疫情相对较轻的地区进行比较。同时，随着疫情的发展和各项政策的出台，社交媒体疫情信息传播与公众心理状态在不同的时间维度具有很大的差异，本研究未能对社交媒体的疫情信息传播进行连续性的纵向追踪分析。在研究方法层面，问卷调查的方法能较为系统地测量公众的心理状态，但是，对于社交媒体疫情信息传播内容的分析如果能够借助大数据的方法开展研究，可能会获得更有价值的结论。

参考文献

Al - Surimi, K., Khalifa, M., Bahkali, S., El - Metwally, A., Househ, M., “The Potential of Social Media and Internet - based Data in Preventing and Fighting Infectious Diseases: from Internet to Twitter,” *Advances in Experimental Medicine and Biology*, 2016 (972).

Azzimonti, M., Fernandes, M., *Social Media Networks, Fake News, and Polarization*, Social Science Electronic Publishing, 2018.

Cajochen, C., Frey, S., Anders, D., Spati, J., Bues, M., Pross, A., et al., "Evening Exposure to a Light - emitting Diodes (led) - backlit Computer Screen Affects Circadian Physiology and Cognitive Performance," *Journal of Applied Physiology*, 2011, 110 (5).

Cinelli, M., Quattrociocchi, W., Galeazzi, A., Valensise, C. M., Brugnoli, E., Schmidt, A. L., et al., "The Covid - 19 Social Media Infodemic," 2020.

Goodwin, R., Lemola, S., Ben - Ezra, M., "Media Use and Insomnia after Terror Attacks in France," *Journal of Psychiatric Research*, 2018 (98).

B.3
2019年中国媒体融合发展报告

黄楚新　刘美忆*

摘　要： 2019年，我国媒体融合进一步向纵深发展，媒体行业呈现出新气象和新业态，5G技术推动媒体行业发生重大革新，全媒体格局重塑行业生态系统。县级媒体积极探索融媒体中心建设并取得显著成效，短视频依托庞大的用户规模和流量基础不断完善商业模式，主流媒体积极打造新型融媒体矩阵并丰富重大主题报道实践，广电媒体打造“广电+报业”模式加速转型升级。然而，纸媒面临更加严峻的生存状况，县级融媒体中心体制机制僵化等问题突出，行业内容乱象挑战媒介伦理和社会公德底线，制约了媒体融合的效果和进程，媒体行业亟须正确认识融合过程中存在的问题并寻找对策和出路。

关键词： 新媒体　传统媒体　媒体融合　县级融媒

市场下沉、智能媒体、跨界合作成为2019年媒体融合发展新趋势。党和国家积极部署新媒体发展格局，制定并出台相关法律法规、方针政策，为新媒体发展提供政策支持和保障。2019年，互联网用户规模增速逐步放缓，媒体行业在用户红利和流量红利的推动下积极开拓下沉市场，并持续从内容生产、内容分发等方面加强内容建设和技术革新，粉丝经济异军突起，成为行业流量变现新途径。传统媒体面对严峻的生存危机积极求生，通过跨界合作、融合转

---

* 黄楚新，中国社会科学院新媒体研究中心副主任、秘书长，中国社会科学院新闻与传播研究所新闻学研究室主任，传媒发展研究中心主任，研究员，博士生导师，研究方向为新媒体；刘美忆，中国社会科学院大学新闻系与传播学系博士研究生，研究方向为新媒体。

型实现优化升级。媒体行业严管严控愈发常态化，网络空间综合治理体系逐步健全，社会各界应协力探索媒体融合的对策和出路，并在实践中强化融合的深度和广度。

一 国内外媒体融合概况与发展态势

（一）国外媒体融合发展现状

2019 年，全球互联网用户增长逐步放缓且趋于稳定，传媒行业探索新的发展战略。根据玛丽·米克尔发布的《2019 年互联网趋势报告》，2018 年全球用户规模达 38 亿，互联网普及率超过全球半数人口，第一季度全球互联网行业营收增长率放缓至 11%。[①] 随着移动用户使用设备时长逐渐增加，互联网公司不断探索创新从而维系用户忠诚度，音乐媒体平台 Spotify 推出免费增值服务，吸引并推动用户付费订阅，目前累计已有 1.24 亿付费用户，拉丁美洲的 Rappi 主打数字化按需配送平台，东南亚 Shopee 通过移动优先战略社交商务平台，印度 Reliance Jio 推出 5G 技术布局电信业务。移动游戏也成为新媒体行业发力点，Fate/Grand Order、Mario Kart Tour 等互动游戏风靡全球，其中竞技游戏 Fortnite 通过提供免费游戏引擎增长 2.5 亿用户。根据 App Annie 发布的《2020 年移动市场报告》，2019 年移动游戏占全球游戏市场的 56%，[②] 移动终端越来越成为游戏的主要载体。

面对新媒体带来的冲击，传统媒体并非逐渐消亡，而是在融合中逐渐探索新的出路。一方面，传统媒体变革新闻内容生产方式，将社交媒体纳入新闻报道的重要来源，2018 年传统媒体引用 Facebook 和 Twitter 的新闻报道占比 5%，内容包括国际政治、突发事件等；另一方面，在地方新闻生态系统中，新媒体无法取代传统媒体的特殊地位，皮尤研究中心通过调研发现，由于内容更为本土化，

① 《2019 年度互联网女皇报告发布》，https：//tech. sina. com. cn/i/2019 - 06 - 12/doc - ihvhiqay5023579. shtml，2019 年 6 月 12 日。

② App Annie：《2020 年移动市场报告》，http：//www. 199it. com/archives/998993. html，2020 年 1 月 17 日。

美国41%的用户偏向于从电视上获取地方新闻,① 该比例远远超过互联网、报纸和广播。为了转型升级，传统媒体着力探索新闻付费模式并取得了一定效果，根据路透新闻研究院发布的《2019 数字新闻报告》，由于用户更愿意将预算投入娱乐节目而并非新闻产品，全球范围内付费新闻用户仅呈现小幅度增长，美国付费用户规模自 2017 年之后趋于平稳，付费用户增长主要集中于北欧国家，其中 Schibsted 着力打造优质小众品牌和混合订阅模式，覆盖挪威和瑞典约 80% 的消费者,② 多数用户更倾向于只订阅一项新闻产品，因此从长远来看，新闻付费模式只能作为传媒公司多元化战略的方向之一。

用户新闻获取途径也逐渐发生变化，基于社交媒体的新闻传播更加私密化，巴西、马来西亚等国家用户倾向于使用 WhatsApp 等平台讨论和分享新闻，即便如此，Facebook 作为重要社交平台的地位仍不可撼动。基于智能设备的新闻聚合平台发展迅猛，Apple News 和 Upday 逐渐成为获取新闻的重要途径，其中 Apple News 以 27% 的 iPhone 市场占有量超过《华盛顿邮报》。除此之外，视频、语音、可穿戴设备成为媒体行业增长点和发展方向，大数据、人工智能等新兴技术逐步应用于多元场景和多重领域，借以分析和洞察用户偏好和多元化需求，引发新媒体行业发生重大变革。数据平台 Qualtrics 与 FabFitFun 展开合作，通过采集和分析数据提升用户体验。不仅如此，大数据和人工智能还促进医疗行业、在线教育和远程办公的发展，用户可通过 zoom、zapier 等在线协助工具提高工作效率。

然而随着新媒体的普及和发展，其负面作用凸显。近年来，恐怖主义等网络意识形态通过互联网不断渗透，极端化观点不断被发酵和放大，诸多云数据服务商、电信公司和数据公司受到网络攻击。2018 年，剑桥分析公司非法泄露 8700 万 Facebook 用户信息，个人隐私泄露等通信安全问题逐渐引起广泛关注，2018 年 5 月 25 日《通用数据保护条例》法案正式生效，2019 年 8 月澳大利亚出台《通用数据保护条例》，英国数据保护机构 ICO 修订《数据共享行为守则》，以治理数据安全等问题。

---

① 《皮尤研究中心：地方新闻我们还是爱从电视上看》，http：//www. 199it. com/archives/860979. html，2019 年 4 月 12 日。

② "Digital News Report 2019 Out Now," https：//reutersinstitute. politics. ox. ac. uk/risj – review/digital – news – report – 2019 – out – now.

（二）国内媒体融合现状

2014 年媒体融合上升为国家战略，经过五年的发展，媒体融合的深度和广度不断拓展并取得显著成效。2019 年，党和国家积极部署新媒体发展格局，制定和出台相关法律法规、方针政策，为新媒体发展提供良好的政策保障和社会环境。2019 年 1 月 25 日，习近平强调“要运用信息革命成果，推动媒体融合向纵深发展”,① 2 月 25 日，媒体融合会议提出要顺应全媒体的发展趋势。因此，深度融合不仅是我国现实所需，是媒体行业生存的路径，更是新闻舆论工作未来发展方向。

在深度融合的时代背景下，全媒体格局势在必行，将重塑整个媒体行业生态系统并推动媒体融合进程。新媒体在发展过程中衍生了由全程、全息、全员、全效媒体组成的“四全媒体”，其主导的全媒体格局深刻影响了传播主体、渠道、方式等各个环节。为了做好当下舆论工作并积极应对挑战，主流媒体要因时而动、与时俱进，积极提高自身传播力、影响力和竞争力。② 2019 年 9 月 19 日，人民日报社成立智慧媒体研究院，并推出全媒体智慧云等新项目；中央广播电视总台先后成立创新发展研究中心、时政新闻中心、技术局、国际传播规划局、民族语言节目中心等部门，加快媒体融合的进程，为其他省市级、县级媒体提供示范。

媒体行业在融合的过程中逐渐探索新的业态和内容。根据 QuestMobile 数据，截至 2019 年 11 月，我国互联网 MAU 规模达 11.35 亿，用户增长率降低至 0.7%。③ 互联网用户规模依然可观，然而增长率逐步放缓，这将推动新媒体行业寻找新出路。拼多多通过将消费者偏好与厂商对接开拓下沉市场，打造新型经济形态 C2M 模式，并通过增加游戏的形式刺激用户线上购物，吸引并维系用户。2019 年拼多多约有 4.43 亿买家。美团点评不再局限于团购和外卖，而是拓展住宿、餐饮、零售、出行等多项基于本地的业务，借助大数据和

---

① 《习近平在中共中央政治局第十二次集体学习时强调 推动媒体融合向纵深发展 巩固全党全国人民共同思想基础》，央视网，2019 年 1 月 25 日。

② 《加快推动媒体融合发展　构建全媒体传播格局》，新华网，2019 年 3 月 15 日。

③ 《QuestMobile 2019 中国移动互联网八大战法》，http://www.questmobile.com.cn/research/report-new/79，2020 年 1 月 13 日。

用户搜索将消费者与本地小微企业匹配，既降低了生产成本，又开拓了庞大的本地潜在用户。除此之外，2019 年《政府工作报告》提出发展“互联网 + 教育”，其中 K12 逐步从线下转为线上并迅速发展，催生了学而思网校、作业帮、猿辅导等在线教育平台。

移动设备的普及和新兴技术的涌现也推动移动支付的发展。扫码支付、生物识别、ETC 等网络支付方式不断涌现，基于人脸识别的“刷脸”支付迅速推广，截至 2019 年 6 月，我国移动支付用户规模达 6.33 亿，① 支付宝旗下蚂蚁森林、蚂蚁庄园、支付宝运动也以游戏的形式提升用户活跃度，并为环保等公益行动做贡献。微信不再局限于单一的社交平台，而是借助微信小程序实现社交平台交易化，用户可浏览商品并完成在线支付，不仅如此，音视频、社交、电商等平台也纷纷开通直播功能，通过将平台、直播和电商三者结合以增加营收。每日优鲜、京东到家等将线上客户端与线下派送相结合，纷纷拓宽多渠道配送、闪送等服务。

2019 年人工智能第三次被写入我国《政府工作报告》，“智能 + ”进程逐步推进，人工智能研发应用进一步加快，人工智能技术落地并逐步运用于多个领域和场景，近年来，其产业规模逐渐进入爆发期并突破千亿元。② 2019 年 8 月，百度 Apollo 在长沙完成无人驾驶试点，标志人工智能的场景化研发和运用进入新的阶段。在未来，我国人工智能产业创新能力将进一步提升，人工智能与产业互联网结合将持续赋能“智能 + ”，人工智能经济新时代即将来临。

二　媒体融合发展现状与热点议题

2019 年，县级融媒体中心建设进入爆发期，5G 的商用和民用进程加快，移动智能化设备相继问世，短视频依托庞大的用户规模和流量基础成为发展风口，主流媒体通过积极打造新型融媒体矩阵，丰富重大主题报道和融媒体作品的融合实践，媒体融合现状持续向上向好。

---

① 中国互联网络信息中心：《第 44 次中国互联网络发展状况统计报告》，http：//www.cnnic.net.cn/hlwfzyj/hlwxzbg/hlwtjbg/201908/t20190830_ 70800.htm，2019 年 8 月 30 日。

② 《2019 年中国人工智能年度专题研究报告》，艾媒网，2020 年 1 月 15 日。

（一）打通媒体融合“最后一公里”，县级融媒全面系统展开

2019 年县级融媒体中心建设在全国范围内如火如荼地展开，并成为年度媒体融合议题重中之重。作为媒体融合的“最后一公里”，县级媒体不仅向群众传递党的方针和政策，还向党反映群众的所求所需，承担着情感枢纽和沟通桥梁的双重作用，在此现实基础上，县级融媒是媒体融合的方式和途径，媒体融合也是县级融媒的最终目的和意义。为促进县级融媒体中心建设，党和国家出台多项政策文件并加大财政支持力度，2020 年将基本实现全国县级融媒体中心全覆盖。2019 年，相关部门发布多项、密集政策文件指导融媒体中心建设；1 月 15 日，广电总局等部门出台文件对县级融媒体中心平台建设作出规范，4 月 11 日，针对建设中存在的网络安全、运行维护、监测监管等问题出台多项政策并开始实施。不仅如此，2019 年，财政部增加地方公共文化体系建设专项资金预算至 147. 1 亿元，同比增长 14. 0% ,① 该政策将为经济发展相对落后的县级媒体提供融合转型的资金支持。

在国家政策和资金保驾护航下，2019 年县级媒体在借鉴“长兴模式”“邳州模式”等融合经验的基础上，结合经济、文化、资源等实际情况系统展开融媒体中心建设的探索，从而对当地群众提供本土化综合服务，目前福建、甘肃、天津、贵州、江西等九个省（直辖市）县级融媒体中心已全部建成并挂牌成立（见表 1）。

表 1　部分省（市）县级融媒体中心建设现状

省(市)	时间	县级融媒体中心建设现状
北京	2018 年 8 月	16 个区级融媒体中心建成并挂牌
福建	2018 年 12 月 17 日	84 个县(市、区)融媒体中心全部建成并挂牌
天津	2019 年 3 月	16 个区级融媒体中心全部建成并挂牌
甘肃	2019 年 4 月	10 个市辖区、69 个县(市)融媒体中心全部建成并挂牌
贵州	2019 年 5 月	88 个县(市、区)融媒体中心全部建成并挂牌

① 《财政部关于下达 2019 年中央补助地方公共文化服务体系建设专项资金预算的通知》，http：//whs. mof. gov. cn/zxzyzf/ggwh/201905/t20190505_ 3245237. html，2019 年 4 月 12 日。

续表

省(市)	时间	县级融媒体中心建设现状
江西	2019 年 6 月	100 个县(市、区)融媒体中心全部建成并挂牌
新疆	2019 年 7 月	全区 85 个县级融媒体中心全部建成并挂牌
上海	2019 年 9 月	16 个区级融媒体中心全部建成并挂牌
黑龙江	2019 年 9 月	63 家县级融媒体中心全部建成并挂牌

通过搭建平台实现资源共享成为县级媒体融合中心建设的重要途径。央媒充分利用资源优势搭建融合平台，为县级媒体中心建设提供技术、平台和人才等援助和指导，2019 年 2 月 19 日，总台推出“全国县级融媒体智慧平台”，9 月 10 日，新华社成立县级融媒体专线。不仅如此，省级、市级媒体建立融媒体云平台，实现各级媒体联合运作、资源共享，有力推动县级媒体的融合进程。浙报集团在“媒立方”的基础上打造融媒体智能传播云平台“天目云”，助力磐安、仙居、浦江、常山等地县级融媒体中心顺利挂牌，同时整合多方资源成立互联网数据平台“富春云”；湖北广电通过“长江云”打造一体化新型全媒体传播体系，推动省、市、县三级联动和同频共振；四川广电、电信、索贝和华为联合打造省级技术云平台“熊猫云”，运用云计算、AI、5G 等技术实现全省“一盘棋”；江西媒体融合智慧平台“赣鄱云”打造全省一张网，助力 60 个县市媒体挂牌成立融媒体中心。

各大县级媒体在国家战略部署、财政支持和省市级搭建平台的支持下攻坚克难，努力突破人才、技术等方面的局限，不仅整合报刊、广电等多种形态媒体资源，建设统一管理、调度、指挥的“中央厨房”，还打通媒体内部机制体制，改革人才薪酬机制，提高融媒体业务管理和运营的效率，并因地制宜探索立足本土的融媒模式。江苏邳州打造“银杏传媒”品牌，遵循移动先行战略推出客户端“邳州银杏甲天下”，浙江长兴打造融合平台“融媒眼”并推出服务本土的移动客户端“掌上长兴”。除此之外，县级媒体还通过广泛开展跨界合作，探索“融媒 +”“新闻 +”“媒体 +”等模式以增强创收能力。2018 年，长兴传媒营收 2. 32 亿元，浏阳融媒体总收入达 1. 86 亿元，县级媒体逐渐通过延长产业链反哺主业，告别单一盈利模式带来的局限，提高服务本地群众的能力。

（二）5G技术迅速落地，技术革新领跑新媒体行业

随着第五代移动通信技术（5G）逐步落地，国家出台相关政策文件为5G发展保驾护航。2019年5月8日，工信部提出开展提速降费的专项行动，提升网络供应和消费水平；2019年《政府工作报告》提出，要进一步推进提速降费工作展开，拉动消费者和企业信息消费，带动国民经济增长和升级；① 10月22日，工信部提出扩大宽带开放试点范围，鼓励和支持民营企业进入电信运营行业，促进电信行业向主体多元的方向发展，② 并于2020年1月向中国广电颁发5G使用许可，同意其在北京等16个城市部署5G网络，各地积极推进5G基础设施建设，截至2019年底，北京已建立5G基站17357个。

在政策支持下，5G提速降费进程逐步加快，5G移动智能化设备相继问世，其商用将推动新媒体行业发生深刻变革。5G具有大容量、高速率、低时延、多连接等特征，不仅助力VR、AR产业提升用户体验，还进一步推动工业互联网等产业优化升级，并通过医疗、金融、教育、电商、物流等产业持续赋能"智能+"，推动提速降费进程从而持续惠民。

5G为媒体行业发展提供技术支持，从内容生产、传播渠道等方面推动行业革新，并加快广播电视媒体优化升级，加速台网融合和智慧广电建设。2019年1月31日，中宣部提出"发展广电5G"的重点工作目标；6月6日，工信部向中国广电等四家运营商发放了5G牌照，我国广电网络将进入"有线+无线"时代；12月18日，广电总局提出积极推进、培育和研发5G高新视频模式及产品，从而深度赋能广电5G。2019年上半年，贵州作为首批5G广电建设试点与63个市县签订协议开展"雪亮工程"；1月29日，山东广电与华为建立"5G联合创新应用实验室"；2月27日，四川广电与华为签署5G、超高清产业等领域战略合作协议；5月17日，河南广电与华为联合建立"5G+4K"全媒体生态格局；11月19日，安徽整合有线电视网络，逐步布局超高清视频产业和信息产业；11月20日，中央广播电视总台借助5G、4K/8K等新兴技术，遵循移动优先的战略并推出我国首个5G新媒体平台"央视频"，进

① 《政府工作报告》，中国政府网，2019年3月16日。

② 《工信部：进一步扩大宽带接入网业务开放试点范围》，凤凰网，2019年10月22日。

而发挥总台作为国家级主流媒体的优势，推动主流价值观的传递。华数传媒也加快向智慧广电运营产业转型，并与华为、阿里云、当虹科技等签署 5G、4K、VR 直播战略协议，通过布局超高清产业链增强行业竞争力。

（三）短视频成为发展风口，MCN 助力行业革新

短视频赶超搜索引擎和网络新闻，成为仅次于即时通信的互联网应用。截至 2019 年 6 月，我国短视频用户规模达 6.48 亿，用户使用率为 75.8%。[①] 当前，我国短视频行业呈现出两超多强的格局，抖音、快手并驾齐驱，火山、西瓜等紧随其后，各大短视频平台不断垂直细分影视、综艺、游戏、动漫等内容领域，深耕内容生产和运营，通过大数据、云计算、人工智能等技术了解用户偏好并进行个性化推送，从而深度赋能内容生产、运营以及推动等各个环节，如优酷研发人工智能平台“鱼脑”，为内容策划、生产、分发等提供技术支持。

作为 2019 年新媒体行业发展风口，短视频吸引新增网民的效果十分显著。根据《2019 年中国网络视听发展研究报告》，短视频新网民短视频使用率为 53.2%，[②] 其中搞笑幽默、生活技能、娱乐明星、时尚美妆等类型更容易吸引用户注意力。为提高差异化竞争力，短视频行业不断探索与电商、文旅、电竞、教育等行业的跨界合作，以文化旅游为例，抖音等短视频平台与各大城市合作推出网红景点、城市和美食，催生了“打卡经济”，并通过文化旅游业带动当地经济发展，根据抖音发布的 2019 年度数据，截至 2020 年 1 月 5 日，抖音 DAU 规模超过 4 亿，其中“大唐不夜城不倒翁”以 23 亿人次播放量位列播放量网红景点第一。[③] 2019 年视频日志（Vlog）成为最热门短视频传播方式。具有生活化、真实化、个性化特征的 Vlog 一方面引领新型社交传播方式，打破了短视频内容同质化的局限，另一方面 5G 技术高速度、低延迟等优势赋能短视频内容生产，降低了拍摄、剪辑的难度和创作者门槛，同时流畅的速度和高清的画质也极大地提升了用户体验。

---

① 中国互联网络信息中心：《第 44 次中国互联网络发展状况统计报告》，http：//www.cnnic.net.cn/hlwfzyj/hlwxzbg/hlwtjbg/201908/t20190830_70800.htm，2019 年 8 月 30 日。

② 《2019 年中国网络视听发展研究报告》，腾讯网，2019 年 7 月 19 日。

③ 《2019 年抖音数据报告》，http：//www.199it.com/archives/993771.html，2020 年 1 月 7 日。

根据艾媒关于短视频行业调研数据，短视频市场规模在爆发期后增速逐步放缓，但整体规模仍然可观，预计2020年将突破300亿元。庞大的用户规模和营销潜力推动短视频不断拓展市场规模并完善商业模式，在内容生产方面，UGC具有创作门槛低、贴近生活、内容多元化等优势，PGC制作更精良和专业，质量相对更高，两者优势互补衍生的PUGC模式兼具多元化和专业化，将成为未来短视频行业提升内容建设的出路；在运营方面，MCN内容进一步场景化、垂直化，营销模式进一步多元化、专业化，数据平台、管理体系和交易平台进一步规范化、立体化，2020年将出现超过5000家MCN机构，从而推动短视频内容生产及推广运营成熟化，形成盈利闭环。① 不仅如此，短视频还加快布局海外市场，今日头条收购Musical. ly并将其纳入抖音海外版TikTok，YY推出的短视频产品Likee在东南亚大受欢迎，快手海外版Kwai多次位列巴西应用排行榜首，阿里向印度短视频平台Vmate投资过亿元，这意味着短视频行业竞争呈现白热化趋势。

（四）新型主流媒体转型升级，融媒体作品叫好叫座

打造智能化媒体平台逐渐成为传媒业新趋势。2019年9月，为打造一流新型主流媒体，广电总台在上海建立并启用首个区域总部和5G+4K+AI媒体应用实验室；9月19日，人民日报社联合百度成立人工智能媒体实验室，通过人工智能构建媒体新生态；11月20日，总台推出综合移动客户端“央视频”；11月26日，新华社联合蚂蚁区块链发布“媒体大脑3.0融媒中心智能化解决方案”，赋能策采编发多个新闻生产流程。2020年1月14日，全国第一家广播电视媒体融合发展创新中心落户湖北，该中心聚焦融合模式、技术革新、理论应用等维度，是我国广电媒体积极探索媒体融合创新的重要实践。

近年来，主流媒体纷纷借助新兴技术实现转型升级，并打造优质融媒体作品，从而提升传播力和影响力。2019年新中国70华诞成为媒体融合的练兵场，央视新闻采用5G、4K超高清全景直播打造“多视角全景看盛典”专题，推出《全景中国》《共和国70周年发展成就巡礼》《日出东方》等栏目和专

① 《2019中国短视频创新趋势专题研究报告》，艾媒网，2019年9月11日。

题，并通过 PC 端、移动客户端等 6 个平台实现全媒体矩阵同步直播；湖南卫视推出《美好新时代　中国新篇章》《为了新中国》等融媒专题，浙江卫视打造《一起翱翔》《中国共产党为什么能》等融媒报道，江苏卫视推出《时代最强音》《追梦七十载》等融媒体作品，浙江卫视策划互动融媒产品《70 年，70 城，70 秒》……主流媒体不仅展开跨平台融合，还深入探索跨区域联动合作。2020 年春晚，总台采用 5G + 8K 技术实现多机位移动拍摄，并联合快手与观众进行互动，打造立体化融合视听盛宴。“长三角”省市级媒体围绕国庆 70 周年、长三角旅游等主题开展一体化联动专题报道，上海广电还与 11 家省级卫视联合制作新闻纪录片《长江之恋》。

当下，新媒体平台越来越成为主流媒体舆论宣传阵地，特别是短视频平台，既能吸引流量，又能转变传统新闻严肃的叙事风格。2019 年，央视先后入驻快手、抖音、Bilibili、喜马拉雅等多个音视频平台，7 月 29 日推出短视频节目《主播说联播》，通过轻松的风格和热门的方式受到观众的喜爱和称赞；11 月 9 日，央视新闻发布短视频“康辉的第一支 Vlog”，播放量高达 4112 万人次，随后更新的“大国外交最前线”等系列 Vlog 同样受到观众喜爱；疫情期间，“央视频”直播雷神山、火神山医院 24 小时现场施工。不仅如此，省市级主流媒体也纷纷入驻抖音，如山东广电“闪电新闻”、上海广电“看看新闻”、黑龙江“龙视新闻”、青岛台“蓝睛”、苏州广电“新闻夜班车”等。

（五）跨界合作推动深度融合，“广电 ＋报业”加快转型升级

中宣部等出台相关政策推动全国有线电视网络整合的进程，并计划 2020 年基本实现整合的工作目标。2020 年 1 月 3 日至 4 日，全国广电工作会议提出要逐步加快广电事业创新发展进程，建设“智慧广电”工程，构建智慧广电发展体系，从而推动广电媒体深度融合发展。① 2019 年作为整合的关键节点，全国广电集团加快“全国一网”的进程，积极提升 5G 等新兴技术的运用水平，打通并整合多种媒体资源，建设立体化全媒体融合矩阵，探索行业融合新

① 国家广播电视总局：《加快广播电视高质量创新性发展　2020 年全国广播电视工作会议召开》，http：//www. nrta. gov. cn/art/2020/1/4/art_ 2079_ 49384. html，2020 年 1 月 4 日。

模式，加快行业转型和优化升级。

2019 年 12 月 19 日，江西新闻、长江云、河南日报等 19 家媒体成立全国首个省级主流融媒体共同频道“省际联播”，实现省级融媒体互利共赢、信息共享和联动传播，[①] 覆盖用户超过 1 亿。12 月 18 日，山东广电一方面加强与短视频平台合作，打造 MCN 机构 Lightning - TV，入驻并与抖音展开战略合作，推出“光芒计划”，为内容生产者提供流量、资金、技术、运营等支持，发起的抖音话题“这就是山东”总播放量达 10.6 亿人次；另一方面积极打造移动传播矩阵，推出“闪电新闻”客户端，打通内容生产、分发等传播流程，自主研发“中央厨房”，并推出媒体融合管理平台“畅媒”，同时加强优质内容建设，推出新闻栏目《山东新闻联播》、问政节目《问政山东》等，并通过客户端、电视实现大屏和小屏联动，为广电媒体融合转型提供借鉴意义。2019 年 4 月 28 日，浙江广电与联通等电信运营商举办 5G + 联合行动；5 月 17 日，芒果 TV 与电信展开“5G + 4K + VR”视频产业合作；6 月 13 日，东方明珠通过持有东方有线 51% 股权完成上海广电台网一体化整合，这意味着广电集团将在推广和应用 5G 技术的过程中逐步实现自身转型升级。

2004 年，牡丹江广电和报业实现跨媒体整合，随后佛山、芜湖、大连等媒体也开始探索广电媒体整合；2016 年，银川日报社和银川广电整合为银川新闻传媒集团，率先实现全国省会级城市跨媒体整合运营。随后，超过 20 家地市级媒体完成“广电 + 报业”跨媒体整合。2018 年 6 月 16 日，北京延庆融媒体中心成立国内第一家“广电 + 报业”模式的融媒体平台；2019 年 4 月 28 日，珠海整合广电、报业等媒体资源挂牌成立国内首家全媒体国有传媒企业；8 月 14 日，浙江绍兴挂牌成立首家“广电 + 报业”模式市级媒体；10 月 9 日，淮北日报和淮北广电整合为淮北传媒中心；[②] 12 月 9 日，湖州日报和湖州广电整合成立湖州市传媒集团。“广电 + 报业”的整合不仅助力主流媒体做好舆论工作，还有利于推进媒体内部体制机制改革，从而推动传统媒体在深度融合的过程中实现转型升级。

---

① 《省级主流融媒体共同频道“省际联播”上线》，新华网，2019 年 12 月 21 日。

② 《“广电 + 报业”合并大势所趋！至少 20 家媒体掀起改革潮》，https：//new. qq. com/omn/20191210/20191210A0RBAB00. html，2019 年 12 月 10 日。

然而，传统媒体改革创新的道路并非一帆风顺，而是摸着石头过河的探索过程。2019 年，黑龙江大庆日报社、大庆广电在整合 9 年后再度分离，这意味着“融合”并非形式上的“整合”，“报业 + 广电”并非传统媒体整合的唯一出路，要打通媒体内部体制机制，并因地制宜、因时而动，从而实现深度融合。

三　媒体融合存在的问题和挑战

当下，媒体融合虽然取得了一定成效，但依然存在诸多问题和弊端，制约了融合的效率和进程。2019 年以来，多家报刊宣布停刊休刊，传统媒体生存进入寒冬期，转型升级成为求生的必然之路。县级融媒体中心建设进入爆发期，然而体制僵化、内容同质化、人才短缺等问题严重影响了县级融媒的传播效果。媒体行业内容乱象频频出现，挑战媒介伦理和社会公德底线。

（一）诸多纸媒停刊休刊，求生之路任重道远

在媒体融合的浪潮中，多家报纸停刊、休刊，其中不乏历史悠久的纸媒，仅 2019 年元旦，就有《新商报》《黑龙江晨报》《新知讯报》等十余家报纸宣布休刊，一时间“纸媒消亡论”再次甚嚣尘上，随着媒体深度融合进程加快，纸媒生存现状将会更加严峻。在这种背景下，融合转型、优化升级成为媒体求生的必然之路。

由于转型延误、经营不善等多种原因，《三晋都市报》《发展导报》等纸媒选择停刊休刊，彻底告别历史舞台。然而，部分纸媒通过停刊休刊寻找其他发展道路，面对新媒体的冲击实现绝地求生。青年报社旗下《生活周刊》内容并入《青年报》，《郴州新报》转型为《文明周刊》，《本溪晚报》与《本溪日报》融合，天津海河传媒旗下《城市快报》在休刊后与《每日新报》合并，采用免费发行和订阅两种途径，实际上，天津海河传媒自成立后就加快了“关停并转”的步伐，先后关停《渤海早报》等报刊、网站和客户端，整合各类媒体资源并采用企业化运作模式和全岗竞聘用人机制。《赣州晚报》《安阳晚报》《成都晚报》等报刊在休刊后并入融媒体或新媒体矩阵，青年报社旗下《法制晚报》打通媒体资源，推出“北京头条”融媒体客户端；大连《新商

报》停刊后依托资源、人才及媒体公信力，针对市场“痛点”推出《老友时代》，发挥服务群众的职能功能并向深耕老龄化产业转型。

为了深化供给侧结构性改革，诸多传统媒体纷纷加快转型升级的进程。浙江日报报业集团出台新三年发展规划，全面改版《浙江日报》，升级浙江新闻客户端，挖掘新闻深度并创新推出“同走新闻路”等融媒体报道，《钱江晚报》从体制机制、薪酬绩效等多方面着手进行改革，抓住短视频风口推动浙江在线市场化视频化转型，采用智能化技术赋能内容生产、分发和传播等流程，在产业经营上以效益为导向激发生产活力，推进管理体系和薪酬绩效管理体系改革，[①] 提高资源配置效率。

《南方都市报》逐步从媒体机构向智库型数据公司转变，着力打造数据中台、内容运营平台和用户运营平台，以“流量 + 用户”替代传统的计件式考核机制，重建并推动内容生态转型。[②] 重庆日报报业集团重新布局产业结构，拓宽并发力印刷、物流、电商、文旅等业务以实现创收，并与阿里集团签订协议拓宽电商扶贫渠道，打造“两会”“新中国成立70周年”等重大主题报道专版，既承担了相应的社会责任，又收获了商业利益，2019 年，重庆日报报业集团营收 19.5 亿元，同比增长 6%。[③] 因此，停刊休刊不是传统媒体使命的终结，而是时代发展和体制机制改革带来的阵痛。在未来，传统媒体应做到因时而动、顺势而为，主动转型升级，与时俱进，加快融合创新进程（见表2）。

表 2　2019 年以来部分宣布休刊/停刊的纸媒

休刊/停刊时间	刊物名称	所属报社/单位	备注
2019 年 1 月 1 日	《新商报》	大连报业集团	转型《老友时代报》
2019 年 1 月 1 日	《法制晚报》	北京青年报社	转向打造“北京头条”客户端

① 《浙报集团“三年规划”实施一年：浙江日报全面改版，反腐败导刊抖音粉丝破 200 万》，凤凰网，2019 年 12 月 24 日。

② 《南都在“智媒赋能治理”高峰论坛上表示，将对内容生产进行重新定义——从媒体机构向数据公司转型》，中国新闻出版广电网，2019 年 12 月 10 日。

③ 《重庆报业集团 2019 年总营收 19.5 亿元，文旅融合成创新经营新支撑》，凤凰网，2019 年 12 月 26 日。

续表

休刊/停刊时间	刊物名称	所属报社/单位	备注
2019 年 1 月 1 日	《生活周刊》	青年报社	内容并入《青年报》周日版
2019 年 1 月 1 日	《哈密广播电视报》	哈密日报社	打造新媒体平台
2019 年 1 月 1 日	《春城地铁报》	昆明报业集团	云南首份地铁纸媒
2019 年 1 月 1 日	《黑龙江晨报》	黑龙江日报报业集团	新中国第一张晨报
2019 年 1 月 1 日	《新知讯报》	宁夏日报社	前身《宁夏科技报》
2019 年 1 月 1 日	《赣州晚报》	赣南日报社	并入赣南报业融媒体矩阵
2019 年 1 月 1 日	《今晨 6 点》	烟台日报传媒集团	山东省内唯一跨地区发行的地市级都市报
2019 年 1 月 1 日	《重庆时报》	重庆时报社	前身为《现代工人报》
2019 年 1 月 1 日	《亳州新报》	亳州报业集团	
2019 年 1 月 1 日	《华商晨报》	华商传媒集团	更名《华商新报》
2019 年 3 月 30 日	《成都晚报》	四川日报报业集团	向互联网新媒体转型
2019 年 7 月 5 日	《绍兴广电 · 生活周报》	绍兴广播电视报社	绍兴本地生活类周报
2019 年 7 月 27 日	《三晋都市报》	山西日报报业集团	山西省第一张省级综合性都市类报纸
2019 年 7 月 27 日	《发展导报》	山西日报报业集团	综合性经济类报纸
2019 年 12 月 31 日	《生活日报》	大众报业集团	山东省第一张都市生活类晨报
2019 年 12 月 31 日	《七都晚刊》	文山日报社	文山州委机关报《文山日报》的子报
2020 年 1 月 1 日	《本溪晚报》	本溪日报社	内容与《本溪日报》融合
2020 年 1 月 1 日	《拉萨晚报》	拉萨晚报社	曾为拉萨市委机关报
2020 年 1 月 1 日	《浙中新报》	金华日报社	被称为“义务晚报”
2020 年 1 月 1 日	《百色早报》	右江日报社	融入《右江日报》及百色新闻网
2020 年 1 月 1 日	《上海金融报》	上海金融报社	全国唯一都市金融报
2020 年 1 月 1 日	《城市快报》	天津海河传媒	并入《每日新报》
2020 年 1 月 1 日	《北方时报》	黑龙江日报报业集团	黑龙江省委主办省级报纸
2020 年 1 月 1 日	《自贡晚报》	今日晚报社	前身为《今日晚报》
2020 年 1 月 1 日	《天府早报》	四川日报报业集团	整合为《华西社区报》
2020 年 1 月 1 日	《吉安晚报》	井冈山报社	都市类民生报
2020 年 1 月 1 日	《退休生活》	黑龙江省委老干部局	全国第一家老年期刊
2020 年 1 月 1 日	《mina》中文版	主妇之友出版社	日本知名少女时尚杂志

（二）体制僵化且理念落后，县级融媒同质化严重

县级融媒体中心建设取得很大进展，然而融合的进程中显露出诸多问题和不足，严重影响县级融媒体中心建设的速度和效果。

首先，县级媒体属于事业单位，长期依靠广告“二次售卖”营收或是通过国家财政拨款维持运转，事业编制造成经营理念落后，县级机构各自为政、难以协调统筹，缺乏统一的领导班子和正式的机构来部署工作。另外，人才引进机制和薪酬绩效机制不完善，人才短缺和技术落后限制了融合的进程，新媒体的发展对广电、报纸等传统媒体造成巨大的冲击，并挤占了县级媒体的市场份额。不仅如此，传统媒体新闻生产周期长，难以适应新媒体时代信息更迭的速度，单一的“二次售卖”限制了县级媒体的良好运转和发展。

其次，一些县级媒体的融合仅限于传统媒体建立“两微一端”等平台，普遍存在多而不精、良莠不齐、徒有其表等问题，仅仅是媒介形式上的“整合”而不是“融合”，并未进行深入的融合化运作，未实现从相加到相融的实质性转变；部分县级媒体一味追求融合的速度，并未制定完善的战略计划指导融合转型，为之后融媒体中心管理带来诸多隐患。另外，许多县级融媒体内容同质化现象严重，缺乏原创优质内容和节目，沦为“搬运工”和“僵尸号”，难以凭借自身优势与实力雄厚的新媒体平台展开竞争，随着拼多多等新媒体逐渐抢占下沉市场，县级媒体面临内容匮乏、用户流失和行业竞争等多重压力。中央深改委第五次会议强调，县级融媒体中心要做到建设和管理同步，并承担相应的社会责任。[①] 县级媒体要确保融媒体中心建设的质量，明确其目的和意义，才能更好地服务本地群众。除此之外，作为媒体融合的“最后一公里”，县级媒体的战略作用之一就是发挥政治导向作用，坚守基层舆论阵地，维护主流意识形态，同时利用媒体资源推进基层舆论工作的展开，这也是县级媒体今后需要重视的发展方向。

最后，县级媒体融合既没有固定模板，也没有标准答案，更不能照搬照抄其他县级媒体的发展模式。[②] 欲速则不达，县级要实现真正相“融”，就应当

① 《习近平主持召开中央全面深化改革委员会第五次会议》，新华网，2018 年 11 月 15 日。

② 黄楚新：《县级媒体融合的意义和路径》，《传媒》2019 年第 2 期。

扎根本土，因地制宜，结合当地情况强化服务群众的能力，打造微信公众号、移动客户端等平台，提供综合服务，依托媒体拓宽党建、养老、政务等业务，为群众提供多元化、本土化服务。河南项城结合实际情况，打造“一中心八平台”融媒体矩阵并实现统一指挥调度，通过“移动先行”战略打造移动客户端“项城云”，借助媒体资源与房产、农业等实体行业展开合作，延长“媒体+”产业链并增加盈利，进而为升级转型提供资金支持，并为其他县级媒体初步建设和优化升级提供借鉴。

（三）行业乱象层出不穷，挑战媒介伦理底线

在媒体融合的背景下，由于把关不足，部分媒体为了吸引流量和注意力而无视媒体伦理道德，行业乱象层出不穷，严重扰乱行业秩序，对社会公德和主流价值观造成严重损害。2018 年，抖音平台出现侮辱英烈邱少云的内容，随后网信办等部门责令其严肃整改并清除违法违规内容，此前，“暴走漫画”“斗鱼”某主播也因侮辱英烈并发表不当言论被平台封禁。2019 年 1 月 29 日，“咪蒙”旗下公众号发布《一个出身寒门的状元之死》文章，以“毒鸡汤”的形式宣扬煽情主义、传递焦虑情绪和极端价值观，此前其屡次因发布不良内容及不当言论被禁言，2 月初，微博、微信、知乎、头条等多家平台先后对“咪蒙”系账号进行查处和封禁。9 月，爆红一时的人工智能换脸软件“ZAO”因侵犯用户隐私、内容版权、霸王条款等问题被工信部约谈并下令整改。近年来，网络游戏不断进入用户的视野并占据用户越来越多的时间和精力，其中不乏低俗、暴力、恶搞、歪曲历史甚至违规违法的内容，并存在实名制认证漏洞和支付安全漏洞，吸引甚至诱导未成年用户沉迷其中并投入大量金钱，对青少年身心健康造成不良影响。

因此，加强互联网内容建设、营造清朗的网络空间刻不容缓。2019 年 9 月 16 日，习近平在主持国家网络安全宣传周时强调，既要坚持安全可控，又要注重开放创新，① 不断加强内容质量并传递正能量。为营造良好网络空间，维护网络内容生态，保障网民的合法权益，网信办出台《网络信息内容生态治理规定》并于 2020 年 3 月 1 日正式实施。同时，媒体在追求流量和商业价

① 《习近平对国家网络安全宣传周作出重要指示》，新华网，2019 年 9 月 17 日。

值时，应当遵循行业标准、社会规范和伦理道德的底线，加强内容审核和自查自纠，谨防“咪蒙”“暴走漫画”等类型自媒体卷土重来。另外，网信办、工信部等部门针对内容乱象、侵权等问题，接连开展“剑网2019”“护苗2019”等专项行动，不仅整治、规范网络版权秩序，还强化了对违法违规内容及平台的查处和整改。

另外，有关部门和媒体行业应加强对未成年用户的监管和保护。2019年，抖音、快手等53家平台在网信办的指导下先后推出“青少年防沉迷系统”，针对青少年平台使用问题形成统一的行业规范。11月，国家新闻出版署针对未成年人沉迷网络游戏的现状发布相关文件，引导游戏行业承担相应的社会责任并规范游戏行业秩序。腾讯推出“成长守护平台”，限制未成年游戏用户的使用。6月26日，人民网等游戏运营商发起《游戏适龄提示倡议》，对游戏内容、类型、年龄、付费模式等进行分级和限制。7月，根据《未成年人网络保护条例》，斗鱼关停未成年直播间，加强对未成年用户的监督和保护。

四　媒体融合发展趋势及未来展望

随着互联网用户规模增速逐步放缓，媒体行业积极开拓下沉市场，并着力探索“直播+”模式，构建多元内容生态。粉丝经济将生产和消费融为一体，成为流量变现新途径。各界合力加强行业监管和治理，建立健全网络空间综合治理体系，从而推动媒体融合向纵深发展，构建现代化立体传播生态系统。

（一）用户红利逐渐消退，行业争夺下沉市场

用户下沉成为2019年新媒体行业发展新趋势。根据CNNIC发布的第44次互联网报告数据，截至2019年6月，我国网民规模达8.54亿，互联网普及率达61.2%，增幅降低至1.6%，[①] 这意味着互联网从增量时代步入存量时代，人口红利逐渐减退，用户规模增速逐渐变缓，媒体行业马太效应愈发凸显，争

① 中国互联网络信息中心：《第44次中国互联网络发展状况统计报告》，http：//www.cnnic.net.cn/hlwfzyj/hlwxzbg/hlwtjbg/201908/t20190830_ 70800.htm，2019年8月30日。

夺存量市场的博弈更加激烈，今日头条、美团点评、滴滴成为新一代互联网巨头。为了在激烈的行业竞争中求生，媒体行业逐渐开拓新的市场，将目光投向三线以下城镇。

首先，互联网持续向高龄和低龄两端群体渗透，50 岁以上互联网用户占比 13.6%，老年群体规模和消费能力逐渐增长，其商业潜力可能成为未来互联网红利最大份额。其次，三线以下城镇市场前景十分广阔，尚未被行业巨头瓜分，国家统计局数据显示，五线城市及农村人口占全国人口比例为 50.9%，虽然城乡二元化结构导致二者收入和消费存在较大差距，但农村居民人均收入和消费增幅逐渐超过城镇，因此下沉市场将成为行业增量的“金矿”；随着新农村建设和城乡一体化进程加快，五线以下城镇及乡村基础设施、商业配套日益完善，有望成为新媒体行业未来的蓝海，其中电商、短视频、阅读、游戏等行业增长较快。不仅如此，初中及以下学历群体规模庞大，其中手机网民约 3.78 亿，由于时间自主性更大、非职场社交和信息需求更高，其娱乐、消费甚至认知深受互联网影响，① 为开拓下沉市场奠定现实基础和用户基础。年轻群体依然是互联网主力军，Z 世代（出生于 1995 ~ 2005 年）人口达 2.6 亿，根据 QuestMobile《2019 小镇青年消费洞察报告》，截至 2019 年 11 月，三线及以下城市“90 后”用户超 2 亿，同比增长 10.1%，② 其中社交、视频和小说成为其沉浸度最高的三类应用。

拼多多、趣头条等新媒体平台纷纷布局下沉市场，与互联网头部企业逐渐展开角逐，阿里通过“天天工厂”降低成本，加大对下沉市场供给，拼多多通过社交裂变、低价、拼团等多项战略继续发力下沉市场，趣头条基于社交关系主打娱乐内容，从而获取并维系用户忠诚度。为了抢占流量高地并站稳脚跟，新媒体行业应该采用互联网思维和“用户为王”思维，通过垂直细分内容领域经营用户，借助大数据、人工智能等技术进行个性化推送从而满足用户多元化需求。

---

① 企鹅智库：《2019 中国互联网趋势报告》，https：//tech. qq. com/a/20190301/009080. htm#p = 3，2019 年 3 月 1 日。

② 《QuestMobile 2019 小镇青年消费洞察报告：2 亿青年每月 128 小时都在干嘛?》，http：//www. questmobile. com. cn/research/report – new/80，2020 年 2 月 12 日。

（二）平台探索“直播 +”模式，构建多元内容生态系统

截至 2019 年 6 月，网络直播用户规模达 4.33 亿，用户增长保持稳定，中国直播电商行业的总规模达到 4338 亿元，[①] 直播行业在爆红后重新洗牌，努力构建多元化、差异化竞争格局，并与短视频、社交、电商、综艺、政企、教育、文旅等平台展开合作，逐渐形成“直播 +”商业模式。2019 年，熊猫直播关闭，虎牙直播募资 5.5 亿元拓展内容生态和电竞业务，YY 深耕二次元等内容领域，花椒直播与六间房合并，打造“直播 + 社交”泛娱乐平台，并推出《巅峰之战》等综艺栏目；平台加速布局海外市场，斗鱼在美国上市，触手、YY、虎牙等纷纷推出海外直播平台。

随着新媒体的发展，传统电商市场已经达到饱和，“直播 + 电商”凭借实时性、互动性等优势极大地提升了用户体验，KOL 带货模式更是提高了商业转化率，为行业带来巨大的商业红利，成为直播行业增长新动力，2019 年“双十一”期间，淘宝直播交易额达 200 亿元。[②] 不仅如此，三线以下城市用户规模大，用户可支配时间更多，变现潜力更大，成为直播行业未来挖掘的下沉市场。除此之外，许多乡镇通过电商直播促进当地农产品外销，推动扶贫工作展开。

短视频、社交平台也纷纷通过与直播平台跨界合作或推出直播服务进军直播行业。随着 5G 等技术革新，直播行业将迎来发展机遇和残酷竞争的双重挑战。Bilibili 以“视频 + 直播”模式主打泛二次元文化社区，继 2020 跨年晚会后推出 Live Star 年度盛典，买下《英雄联盟》直播版权并签约知名主播。淘宝凭借平台巨大的流量基础，通过“短视频 + 直播”的方式加强与用户的互动和交流，2019 年“双十一”期间，淘宝开设直播会场，知名主播李佳琦和薇娅等通过直播间进行带货，其中李佳琦直播观看人次高达 3682 万，最终交易额达到 2684 亿元。10 月 10 日，知乎拓展“知识 + 直播”模式，以直播的方式推行知识付费。音视频行业也开始探索直播服务，快手推出游戏直播客户

---

① 《2020 ~ 2021 年中国直播电商行业运行大数据分析及趋势研究报告》，艾媒网，2020 年 2 月 12 日。

② 《2019 ~ 2020 年中国在线直播行业研究报告》，艾媒网，2020 年 2 月 20 日。

端电喵，荔枝、喜马拉雅等平台也相继推出直播业务，通过互动增加用户黏性，拓宽自身业务范围，从而吸引流量增长并实现变现。

（三）粉丝经济异军突起，拓宽流量变现新途径

在智能媒体时代，粉丝不仅是媒体的内容消费者，还深度参与互联网经济，将生产和消费融为一体，成为生产型消费者。粉丝经济是互联网时代的产物，一方面，在我国全面深化改革的关键时期，媒体融合成为发展潮流，媒体供给侧结构性改革成为必然趋势，消费水平逐渐升级，用户需求呈现多元化趋势，宽松稳定的社会环境为粉丝经济发展提供现实土壤并增添活力。另一方面，新媒体的发展和智能设备的普及为用户提供硬件和平台支撑，用户规模增长则为粉丝经济发展提供了流量基础，而流量红利则为新媒体行业商业变现奠定了现实根基。在此基础上，粉丝直接参与内容生产、运营、分发等诸多环节，[①] 提高媒体资源商业转化率，推动内容产品多元化和用户体验人性化。

2020 年 1 月 6 日，AdMaster 联合微博发布《粉丝经济 4.0 时代白皮书》，提出随着粉丝主体、消费力和创造力的更迭，“粉丝消费”将升级为“粉推经济”。粉丝经济依托移动技术实现赋能。在 Web1.0 时代，粉丝基于门户网站和搜索引擎，通过个人喜好对“偶像”和品牌呈现出单向、自发、个体的追捧；Web2.0 时代，粉丝通过社交网络实现与偶像互动；Web3.0 时代，移动设备和新型技术开启个性化服务和智能推送，粉丝不再置身事外，而是通过追随式参与带动消费；在粉丝经济 4.0 时代，智能化媒体发展并逐渐普及，粉丝的参与程度和话语权愈发凸显，不仅成为明星、品牌及 IP 的追随者和推动者，还通过策划、应援及运营推广实现深度参与，甚至影响着企业的经济利益和未来发展，成为营销闭环中重要的组成部分，催生了《创造 101》《偶像练习生》等偶像养成节目。数据显示，73% 的粉丝会通过购买产品、支持作品和购买推荐产品的途径付费支持偶像，粉丝群体年龄呈现降低的趋势，助推经济的能力却逐渐增长。[②] 媒体行业逐渐推动平台、产品和内容转型升级，如海尔推出

---

① 黄楚新、郭海威：《新媒体环境下的粉丝经济》，《新闻论坛》2019 年第 4 期。

② 《AdMaster & 微博：粉丝经济 4.0 时代白皮书》，http://www.199it.com/archives/982550.html，2020 年 1 月 6 日。

C2B 反向定制模式，鼓励粉丝参与产品研发设计，网易严选借助粉丝经济探索跨品牌社群运营的商业模式，OPPO 通过与粉丝互动强化口碑营销和运营，从而打造适应粉丝经济的产业链，通过运营和消费维系用户忠诚度，并推动商业模式走向成熟。

（四）媒体行业严管严控常态化，加强网络空间综合治理

2020 年 1 月 19 日，中央政法工作会议提出要将防控新型网络安全风险作为重中之重，从遏制网络犯罪、构筑大数据安全等方面提升网络社会综合治理能力，不断健全网络社会综合防控体系。[①] 在未来，网络空间严管严控将越来越常态化，建立健全网络空间综合治理体系势在必行。

首先，网信办等网络监管部门打出组合拳，出台一系列法律法规、政策文件，加大对网络空间的监管及治理力度，营造清朗的网络空间，建设良好的网络生态，整治和规范行业传播秩序。为维护平台用户信息安全等权益，促进网络音视频信息服务健康有序发展，2019 年 11 月，网信办、国家广电总局等部门联合印发《网络音视频信息服务管理规定》,[②] 加强对平台的监督、查处和规范。

其次，媒体行业要制定规范准则进行自律和他律，加强自身监管和治理力度。2019 年 1 月 9 日，中国网络视听节目服务协会针对短视频平台管理和内容审核发布相关规范，除此之外，新媒体平台从多方面加强自身监管，抖音响应号召与网警部门推出“网警一键举报”机制，12 月发布《抖音对违规使用商品分享功能账号的处罚通告》，对短视频平台电商购物违规行为作出整改；2020 年 3 月，抖音制定直播内容审核机制，针对违规直播账号和内容进行专项整治并出台《抖音直播行为规范》，查处、封禁并下架大量违规直播内容。

最后，网络综合治理不仅需要政府部门出台相关法律文件，加大监管力度，还需要行业加强自律，承担相应的社会责任，网民也应该提高自身媒介素

---

① 中共中央网络安全和信息化委员会办公室：《2020 年防控新型网络安全风险将成为重中之重》，http：//www. cac. gov. cn/2020 －01/19/c_ 1580973813671081. htm，2020 年 1 月 19 日。

② 中华人民共和国工业和信息化部：《工业和信息化部关于开展 App 侵害用户权益专项整治工作的通知》，http：//www. miit. gov. cn/n1146295/n1652858/n1652930/n3757020/c7506353/content. html，2019 年 10 月 31 日。

养，同时社会给予监督，只有多元主体共同参与，才能建立健全网络空间综合治理体系。

传统媒体和新媒体不是非此即彼、你强我弱的关系，而是你中有我、我中有你的关系。媒体融合并非一蹴而就的过程，而是一个由量变到质变的累积过程，要在实践中认识并把握媒体融合的本质及规律，催化融合质变，放大一体效能。[①] 在未来，党和国家将加强战略布局，为媒体融合提供政策支持和规范，媒体行业将持续推动内容建设和技术革新。社会各界应协力制定科学的媒体融合综合评估体系，从内容生产、传播分发、传播效果等诸多方面进行科学考量，发现融合实践过程中存在的问题，寻找出路和对策，实现媒体融合实践可持续发展，推动媒体融合从相加到相融再到纵深发展，构建智能化、现代化、立体化传播体系。

除此之外，媒体行业要坚持正确的政治方向，体现鲜明的政治立场、价值立场，坚持主流意识形态，始终坚持反映党的主张和人民的心声，坚守社会公德和主流价值观，[②] 传递正能量，做有深度、有温度，有党性、有人性的媒体。

参考文献

《2019 年度互联网女皇报告发布》，新浪网，2019 年 6 月 12 日。

《QuestMobile 2019 中国移动互联网八大战法》，http：//www. questmobile. com. cn/research/report－new/79，2020 年 1 月 13 日。

《2019 中国短视频创新趋势专题研究报告》，艾媒网，2019 年 9 月 11 日。

国家广播电视总局：《加快广播电视高质量创新性发展　2020 年全国广播电视工作会议召开》，http：//www. nrta. gov. cn/art/2020/1/4/art_ 2079_ 49384. html，2020 年 1 月 4 日。

黄楚新：《县级媒体融合的意义和路径》，《传媒》2019 年第 2 期。

---

① 《人民日报新知新觉：不断探索媒体融合新路径》，人民网，2020 年 1 月 21 日。

② 《坚定不移推动媒体融合向纵深发展 深入学习贯彻习近平新时代中国特色社会主义思想》，人民网，2020 年 1 月 21 日。

B.4

2019年县级融媒体发展现状、问题及对策研究报告

钱晓文　周鸿秀　张　荡*

摘　要： 2019 年是全国县级融媒体建设的关键一年和高速发展的一年，从数量上来看，呈现“井喷式”发展；从质量上看，逐步迈入深化阶段，成效显著。总体上看，县级融媒体建设的主要特征有：一是建设模式的多元化，主要有中央媒体＋县级融媒体、企业＋县级融媒体以及多政级融媒体中心合作建设等三种模式；二是功能融合的深层化；三是媒体技术的智能化。与此同时，也存在员工管理机制落后、内容同质化严重、“造血”能力不足等问题。本文针对这些问题及其成因，提出了优化县级融媒体建设的若干对策。

关键词： 县级融媒体　建设模式　智媒化

2019 年是全国县级融媒体建设的关键一年，同时也是承上启下的一年。自 2018 年 8 月习近平总书记提出加强建设县级融媒体以来，全国各地县域纷纷加大媒体融合力度、积极探索县级融媒体建设路径，成效显著。已经启动县级融媒体中心建设的县域，积极运用新型模式、引入新技术、进一步改革体制机制，逐渐步入建设的深化阶段；2018 年暂未启动县级融媒体中心建设的县

* 钱晓文，上海师范大学影视传媒学院教授、硕士生导师，新闻学学科带头人，研究方向为媒介融合与传媒转型等；周鸿秀、张荡系上海师范大学影视传媒学院 2019 级新闻学硕士研究生。

域，纷纷融合县域内各渠道媒介资源，挂牌建设县级融媒体。2019 年的县级融媒体建设从数量上来看，呈现“井喷式”发展；从质量上来看，逐步迈入深化阶段。从当前建设进度来看，县级融媒体中心全国全覆盖的目标预计将在 2020 年底基本实现。

2019 年 1 月 15 日中共中央宣传部和国家广播电视总局联合发布《县级融媒体中心省级技术平台规范要求》《县级融媒体中心建设规范》，4 月 9 日发布实施《县级融媒体中心网络安全规范》《县级融媒体中心运行维护规范》《县级融媒体中心监测监管规范》等三项规范，至此我国县级融媒体的发展正式步入有章可循阶段。同时，2019 年全国至少 9 个省份已完成全省县级融媒体中心建设全覆盖，甘肃、贵州、江西、福建、天津、北京、上海等地陆续完成县（市、区）级融媒体中心的挂牌与运行。① 县级融媒体建设已经在我国全面系统地铺开并进入关键阶段。对 2019 年县级融媒体建设的现状和问题进行总结分析、展望县级融媒体建设的未来发展趋势具有重大现实意义。

一 2019年县级融媒体建设的主要特征

2019 年是我国县级融媒体高速发展的一年。综合而言，其特征主要表现为建设模式的多元化、功能融合的深层化及媒体技术的智能化。

（一）建设模式多元化

部分县域由于对县级融媒体概念认知不清，早期建设过程中照搬照抄“中央厨房”模式，出现了许多“不适用”的问题。随着学界研究、业界实践的不断深入，2019 年各县域在建设模式上不同程度地因地制宜、积极探索，创造出了众多新颖有效、切实可行的建设路径，县级融媒体建设模式呈现多元化特点。总的来说，主要有中央媒体 + 县级融媒体、企业 + 县级融媒体以及多政级融媒体中心合作建设三种模式。

---

① 黄楚新：《2019 县级融媒体呈井喷式增长》，《中国新闻出版广电报》2019 年 12 月 17 日。

1. 中央媒体 + 县级融媒体模式

县级融媒体建设有其先天的资金与技术不足问题，而中央媒体不仅在资金和技术上占有绝对优势，同时又有“中央厨房”的成功先例，二者合作建设是当下最为有效的方式。当前中央媒体与县级融媒体合作共建的途径主要有两种：一种是中央媒体直接与县级融媒体签订合作协议。例如，新华社新闻信息中心与广西广播电视信息网络股份有限公司共同签署的县级融媒体中心建设合作框架协议，该协议就双方将共同组建县级融媒体中心建设服务团队、开展县级融媒体中心系统平台和客户端建设、供稿服务、人员培训等方面的合作进行了详细阐述。同时，新华社的县级融媒体专线、“现场云”等优质新闻信息产品与先进技术也可以通过广西“广电云”快速直达各县级融媒体中心生产平台，高效整合技术、内容及服务等各方面的资源，为广西各县（市、区）融媒体中心的建设提供全方位服务。① 这种方式可以简单直接地解决县级融媒体建设中技术、资金及人员欠缺等问题。另一种途径是中央媒体成立专门用于帮助县域开展县级融媒体建设的项目，如新华社成立的县级融媒体专线项目。新华社开辟了一条专门为县级融媒体中心服务的新型供稿线路。该线路依托新华社各项内部资源，如新闻信息内容、技术服务等，设立了 11 个栏目，打造了包含文字、图像及音视频等全媒体制作元素的供稿系统，通过 FTP、RSS 等互联网接口连接县级融媒体用户内容生产系统，助力各县级融媒体中心的内容生产。②

2. 企业 + 县级融媒体模式

县级融媒体与中央媒体的合作共建模式固然有其优势所在，但依然存在因服务数量有限、内容同质化严重而造成的县级融媒体中心缺乏竞争力的问题，而企业 + 县级融媒体模式一定程度上可以弥补它的不足。企业 + 县级融媒体模式指县级融媒体和民营技术企业合作完成融媒体中心建设。这些企业以其掌握的云计算、人工智能等先进技术，为县级融媒体的建设提供智慧化转型方案。③ 如歌华传媒集团旗下歌华有线公司和北京市委宣传部、北京市广播电视

① 《广西广电网络公司与新华社新闻信息中心签订融媒体建设合作框架协议》，《中国有线电视》2019 年第 12 期。

② 《新华社县级融媒体专线上线　服务县级融媒体中心建设》，新华网，2019 年 9 月 10 日。

③ 魏莹：《智慧广电参与县级融媒体中心建设的思路与模式》，《传媒》2019 年第 17 期。

局合作承建的融媒体平台“北京云”，以及浙江广电集团与索贝深度合作打造的“中国蓝云”等。县域媒体利用科技企业在大数据、5G、云计算、融合媒体、人工智能等领域的优势核心技术与其展开合作，不仅大幅提升了县级融媒体的建设效率、促进了县级融媒体的智媒化发展，而且加深了县域媒介的市场化程度。

3. 多政级合作建设模式

多政级合作建设是指县级融媒体和不同政级的融媒体中心合作共建，主要包括县域和省级融媒体中心合作、县域和市级融媒体中心合作以及县级自主建设融媒体中心三种形式。多政级合作建设模式是2019年各县域融媒体建设中使用最为普遍的模式。县域和省级融媒体中心合作是以省级融媒体中心为主导，省域内的各县充分利用省级融媒体中心的云端资源，共享省、市、县三级在内容、数据、技术、平台、用户等方面资源的一种建设方式，典型案例就是湖北的“长江云”。县域和市级融媒体中心合作模式本质上同县域和省级融媒体中心合作模式类似，但该模式赋予了县级融媒体更多的自主权，更加具有活力。县级自主建设融媒体中心模式指由县域内原有的媒体牵头建立的县级融媒体中心，主要包括：报业系统主导的建设方案，如由郑州报业集团、浙江日报报业集团等主导建设的县级融媒体中心；由广电系统主导的建设方案，如江西分宜县以原县广播电视台为主体，整合县域内原广播站、电视台、政府网站和“两微一端”等互联网传播渠道，成立的由县财政全额拨款、县委宣传部对口管理的分宜县融媒体中心，以及除上述两种系统之外的力量主导的县级融媒体中心建设方案。①

不同的县级融媒体建设模式没有优劣之分，关键在于不同地域的县域要根据自身实际情况进行选择，并结合自身特色做出创新。中央媒体 + 县级融媒体建设模式能够紧跟中央政策，最大程度借力；企业 + 县级融媒体建设模式可以最大程度保证自主，增强自身市场竞争力；多政级合作建设模式，能够有效打通省、市、县三级的行政阻隔，形成各方面资源共享，进行统一调配，是最经济的建设模式。

---

① 陈立新：《县级融媒体中心建设核心是加强制度的顶层设计》，《传媒》2019年第2期。

（二）功能融合深层化

县级融媒体是“四级办”的神经末梢，是最接近人民群众的媒介，是打通舆论的“最后一公里”，特定的位置使它成为多种功能的汇聚点。随着县级融媒体的建设逐渐步入深层阶段，县级融媒体中心也具备了承担多种社会职能的能力。从2019年县级融媒体发展实践中可以发现，县级融媒体中心已从单一的新闻媒体机构逐渐走向具有政务服务功能、民生服务功能和智慧城市功能的多功能融合体。

1. 政务服务功能

县级融媒体凭借自身党媒的身份与各党政部门合作，整合各党政部门的信息内容资源、技术平台资源，主动融入政府部门政务服务的工作，打造“指尖上的政务服务”。群众可以直接在县级融媒体平台享受申报审批、注册办证、网上投诉、社保办理等服务。比如“掌上敦煌”App聚合全市6个党建政务网站、39个部门乡镇微信公众号，群众可以在这样一个平台享受各种政务服务。[①] 县级融媒体的政务服务功能，既方便了群众，也为县级融媒体增加了大量本地用户的流量。

2. 民生服务功能

人民群众除了需要新闻信息和政务服务外，也需要本地的衣、食、住、行、玩、购等信息内容。县级融媒体立足于服务本地用户，增加民生服务功能，一方面真正迎合了本地受众的生活需求，另一方面有助于县级融媒体自我“造血”能力的提升。此外，部分县级融媒体创新出了“县级融媒体＋文创”“县级融媒体＋少儿”“县级融媒体＋电商”等形式。例如，长兴传媒集团不断探索媒体跨界经营路径，先后创新了“媒体＋会展”“媒体＋少儿”“媒体＋活动”“媒体＋服务”等盈利模式，促进了产业联动发展。安吉新闻集团联合全国县级广电台成立了“长城”旅游联盟，探索“媒体＋互联网＋旅游”产业发展模式，自主研发全国县级台共建共享的“游视界”平台，覆盖15个

① 张婧、钱丽：《敦煌市努力打造县级融媒体中心建设的“敦煌模式”》，敦煌文明网，2019年3月26日。

省173个县（市），至今已有70多个县的特产、旅游项目上线交易。[①] 这在一定程度上丰富了群众的精神文化生活，起到了提升用户黏性的作用。

3. 智慧城市功能

随着5G、区块链技术的发展，物联网时代的到来，建设智慧型城市成为发展趋势。县级融媒体作为新兴技术的汇集点，在智慧城市建设方面具有天然优势。如浙江安吉的融媒体平台推出“智慧安吉”栏目，联通了全县视频监控网络，能及时将突发情况传播出去；智慧城管建设，使县级融媒体中心可以对井盖、路灯等公共设施实行物联网化管理，设施一旦出现问题能及时报修。

（三）媒介技术智能化

县级融媒体的智能化建设是2019年县级融媒体发展最大的亮点。云技术、人工智能技术、大数据技术及5G直播技术等的运用，一方面提高了新闻从业人员的业务能力，另一方面大大提升了县级融媒体的传播力。

1. 平台“云”转型，数据“联”共享

县级融媒体在信息化、网络化的过程中，出现了硬件资源利用率过低、系统维护资金负担较重的问题，而进行平台“云”转型可以有效解决这个问题。在融媒体中心的建设中，软硬件资源可以通过云技术进行共享，信息也可以按需求提供给特定计算机和其他设备，浙江广电的“中国蓝云”建设就是典型案例。[②]

云端的互联，也带来了大数据的形成和共享。运用大数据技术收集各种文字、图片、视频等内容资料后进行数据分析，可以挖掘新的内容产品并进行数据化的呈现，能够大大优化媒介内容的质量。县级融媒体平台的“云”转型和大数据技术的运用使其在内容制作上更加科学、传播效率上更加高效，对其流量的提高和深入群众中心目标的实现具有重大意义。

2. 报道自动化，传播直播化

人工智能技术在县级融媒体中的运用最为普遍，如机器人写作、机器人

---

① 殷陆君、李振军：《建设县级融媒体中心　更好地引导服务群众——基于浙江省湖州市县级媒体的调研》，《传媒》2019年第2期。

② 魏莹：《智慧广电参与县级融媒体中心建设的思路与模式》，《传媒》2019年第17期。

主播、AR 新闻、算法推荐传播等。运用机器人写作，可以使媒体在股市突破整数关口和上市公司财报发布等财经信息变动、体育赛事结果出现等方面实现新闻稿件的自动化编写，能够大大缓解新闻从业者的工作压力，如新华社的快笔小新；机器人主播可以自己播报新闻，如新华社和搜狗联合出品的 AI 主播新小浩和新小萌，拟人化的机器程序可以模仿人类主持人进行新闻播报；AR 新闻可以将虚拟影像和现实影像融合，使真实的环境和虚拟世界实时叠加到同一画面或空间中；算法推荐可以通过对用户的喜好进行记录，生成用户画像并针对其喜好进行内容推送。人工智能化传播是县级融媒体的未来发展趋势。

除了人工智能助力县级融媒体传播，直播也成为县级融媒体传播的新趋势。四川省江油融媒体中心的《民生直通车》融媒体直播版自开播起，在短短的 11 个月中创造了节目点击量从起初“1 万 +”到“30 万 +”“40 万 +”，最高达到“52 万”的好成绩。[①] 直播因强互动性成为增加县级融媒体用户流量的重要途径。

3. 5G 互联，移动优先

2019 年是 5G 元年，5G 技术的发展和基于 5G 技术的物联网带来了人、机、物的互联。对于县级融媒体中心的建设来说，这是一次突破互联网巨头媒体垄断的机会。县级融媒体可以开发基于物联网技术的应用体验，运用“移动优先”原则，使县级融媒体 5G 化。有学者认为，县级融媒体必将是未来媒体发展的中心，[②] 基于此，县级融媒体也必将是 5G 技术应用最广泛的阵地。

万物皆媒是指未来的媒体不再局限于以人为主导，机器和各种包含有人工智能的物体都具有智媒化的可能；人机合一是指人的智能和机器的智能将相互融合、共同作用，颠覆现有的媒体业务模式；自我进化则意味着人机合一的新媒介将具有自我进化的能力，机器可以洞察人心，甚至可以改变人对机器的使用。[③] 智媒化的发展必将是县级融媒体发展的重要利器，也是媒体发展的方向所在。

---

① 陈爱民：《〈民生直通车〉融媒体直播的启示》，《中国广播电视学刊》2019 年第 9 期。

② 胡正荣：《打造 2. 0 版的县级融媒体中心》，《新闻界》2020 年第 1 期。

③ 彭兰：《智媒化：未来媒体浪潮——新媒体发展趋势报告（2016）》，《国际新闻界》2016 年第 11 期。

二　县级融媒体建设中的问题及成因

县级融媒体发展至今成绩喜人，但依然存在很多问题，主要体现在以下几个方面：管理机制落后，平台人才缺乏；内容同质化严重，用户黏性低；经营不善，造血能力不足，难以生存；社会影响力不足、“四力”难以有效达成等。

（一）管理机制落后，平台人才缺乏

人才是县级融媒体发展的基石，是建设县级融媒体的头等大事，但在实践中却常常容易被忽视。从源头来看，县级融媒体需要的是具备图片处理、视频剪辑、数据可视制作等多样化技术的新型融媒体专业人才，然而大部分新闻传播院校对于学生新技术运用的培养不足，跟不上技术发展的需要，同时单位对于员工新技术培养不够重视，相关培训不到位，这就在源头上导致新媒介人才稀有；在人才招聘上，很多县级融媒体中心仍存在编内人员和编外人员同岗不同酬的弊病，导致出现对年轻优秀骨干人才吸引力不足、一流人才看不上的困境；在员工管理中，一方面僵化的晋升制度很难激起员工的工作积极性，另一方面县级融媒体中心大多由过去的几家传统媒体合并而成，每家都原有一套班子和人马，有互不相通的工作流程、机构设置、岗位分工、绩效考核、人员隶属，融合后没有妥善安排好，导致仅仅只是形式上的融合，实质上仍是不同媒体机构各自为政、互不相干；① 在人才维护过程中，部分县级融媒体中心的记者编辑缺乏职称评定通道和晋升机制，导致人才流失现象严重，跳槽、公务员考试成为流失的两种主要方式，并且流失员工中优秀人才占比较高。②

（二）内容同质化严重，用户黏性较低

县级融媒体是内容生产单位，内容是其立身之本，但从 2019 年各县级融

---

① 陈立新：《县级融媒体中心建设核心是加强制度的顶层设计》，《传媒》2019 年第 2 期。

② 陈国权：《中国县级融媒体中心改革发展报告》，《现代传播》（中国传媒大学学报）2019 年第 4 期。

媒体发展实践来看，很多县级融媒体的内容很难吸引用户，主要存在以下问题：第一，内容同质化严重，不同平台互抄新闻内容。部分县级融媒体跟风随流，不考虑自身的实际情况，盲目建设新闻 App，大肆拓展微信、微博、抖音、今日头条、快手等平台渠道，但在实际操作运营中由于各种现实原因不能妥善运营各个平台账号，出现不根据平台特色运营、各平台互抄内容的现象，造成了严重的资源浪费，同时也使用户感到乏味。第二，内容制作粗糙，一味追逐流量。部分企业化运营的县级融媒体为谋求流量实现创收生产了大量不实新闻、标题党新闻、煽情新闻和碎片化新闻等，让用户不知所云。这些都严重影响了县级融媒体的公信力，造成用户黏性较低。

究其原因，有以下三点。首先，部分县级融媒体在建设之初未做好本地市场调研，在没有进行统一科学规划和统一工作部署之前就盲目进行各种平台、渠道的建设，以完成政治任务的态度机械地建设县级融媒体中心、填充低质内容。其次，原来不同传统媒体的融合不到位。很多县级融媒体中心认为融媒体中心建设就是报纸、电视台、新闻网站等的简单合并，没有认识到融合后平台联动和内容整合的重要性，导致仅仅只是把同样的内容在不同平台进行传播，没有充分运用好融合资源。最后，本地化意识薄弱。县级融媒体最大的特点就是与群众地理位置的接近性，充分利用这个优势可以使县级融媒体的内容与其他大流量的新媒体内容区分开并获得传播优势，① 但不少县级融媒体传播内容并不贴近本地用户需求。

（三）企业化运营和“造血”能力堪忧

县级融媒体的经济来源主要有上级财政专项扶持和项目扶持两种，② 但国家的财政支持只能保证基本生存，难以保障媒体的长远发展，县级融媒体必须要有自我“造血”功能方可长久。基于这样一个现实情况，很多县级融媒体为提高自我创收能力，盲目进行“企业化运营”，但是结果往往不尽如人意，甚至弄巧成拙，使得很多县级融媒体并没有获得经济效益反而陷入生存艰难的

① 陈立新：《县级融媒体中心建设核心是加强制度的顶层设计》，《传媒》2019 年第 2 期。

② 殷陆君、李振军：《建设县级融媒体中心更好地引导服务群众——基于浙江省湖州市县级媒体的调研》，《传媒》2019 年第 2 期。

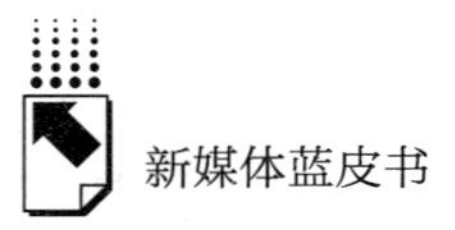

困境。

不可否认，企业化运营是县级融媒体发展的必然途径，但县级融媒体在进行企业化改革过程中应结合自身实际情况合理操作。很多县域经济发展水平相对落后，商业规模小、层次低，县级融媒体缺少广告资源，没有足够的经济体量来维持市场化经营且不可能获得持续的政策性经济支持，盲目跟风进行企业化运营只会导致资金浪费，融媒体中心发展也将难以为继。[①]

（四）“四力”难以达成，社会影响不足

县级融媒体建设的初衷是基于其与最广大人民群众的地理接近性，作为基层传播阵地，对接中央传媒，行使上情下达、打通舆论传播的“最后一公里”等功能，提高主流媒体的传播力、引导力、影响力、公信力。但当前部分县域对县级融媒体中心的建设更多地聚焦于内容生产端的技术创新、社会功能的融合、盈利变现方式的探索等方面，对于人民群众真正需求的满足以及媒体公信力的追求缺乏足够的重视，传播“四力”难以达成，县级融媒体在群众心目中的地位不高，这不是县级媒体改革的本意。这种现象的出现，一方面是随着县级融媒体建设的深化，其身份从单一新闻传播机构转变为融合有政务服务、民生服务以及智慧城市功能的混合体，功能的多样化弱化了其主要功能的主导性地位；另一方面是随着经济力量的不断汇入，县级融媒体的目标定位发生偏差，出现了本末倒置的现象。

三　县级融媒体建设的优化对策

针对以上县级融媒体发展中遇到的问题，本文认为需要从以下四个方面着手解决：在定位上要牢记使命不忘初心，坚持“更好引导群众、服务群众”的主旨；在管理上要完善人才管理机制；在内容上要加强本地化操作；在运营上要拓展多元化创收。

---

① 陈国权：《中国县级融媒体中心改革发展报告》，《现代传播》（中国传媒大学学报）2019年第4期。

（一）定位上：要牢记使命不忘初心

针对传播“四力”难以达成、社会影响不足的问题，需要从县级融媒体中心的定位上寻求解决之道。首先，县级融媒体具有公益属性和媒体使命，这就要求县级融媒体在运营过程中要时刻牢记自身的使命，不盲目市场化，以免丢失自身公益属性。技术赋权使县级融媒体“能者多劳”，但县级融媒体的建设应以习近平总书记在全国宣传思想工作会议上强调的“扎实抓好县级融媒体中心建设，更好引导群众、服务群众”为宗旨，把更好引导舆论的职能建设作为主要建设目标。中央应加强对全国各县级融媒体的思想引导，发布明确的文件，规定县级融媒体的事业属性，引导各县级融媒体平衡好新闻传播、政务服务、社会服务等功能之间的关系，明确舆论引导主体的首要地位。其次，最大限度地向群众公开政务信息，反映群众诉求、倾听百姓心声、满足人民需要，以赢得人民群众的信任和支持。县级融媒体中心是连接国家和群众的关键一环，要尽力做好国家政策阐释工作。最后，中央应在财政上给予县级融媒体最大的支持，使县级融媒体的经济压力减到最小，可以专心致力于县级融媒体中心舆论引导的本职工作。

（二）管理上：完善人才机制是关键

从源头到后期的人才维护过程，县级融媒体都存在各种问题，究其根源：当前县级融媒体对于人才的培养和管理没有一个宏观完整可行的机制，学校教育与融媒体中心的对接不够完善，融媒体中心的人才管理模式不够科学。为解决这一问题，首先，县级融媒体应加强与高校的合作，做到专门人才专门培养，消除高校和融媒体中心的隔板，让学生进入融媒体中心实习，从实践中了解自身的不足。融媒体中心也要经常安排员工入校学习最新技术和知识，特别是当下的5G技术在媒体中的运用尚还处于探索期，县级融媒体如果能率先掌握这项技术在媒体方面的运用，将使其获得难得的发展机遇。其次，优化人才管理机制。在体制机制改革、薪酬体系、人员引进培养等方面，可以有针对性地探索整体的组织架构设计以打破老旧的部门壁垒、创新工作机制、重塑内容生产流程，对媒体融合业务及专业技术人员缺乏、从业者工作积极性不高、奖励激励制度欠缺等实际问题采取针对性策略。[①] 最后，重视新技术运用和思维创新，要求每个记者都会操作无人机等新技术。[②]

（三）内容上：本地化操作是秘诀

针对内容同质无特色、用户黏性较低的问题，加强本地化操作是“秘诀”。第一，县级融媒体中心在内容选题规划上要高度本地化、内容呈现上要具有贴近性和通俗性、内容生产理念上要具有引导性和服务性、内容生产过程中要具有高度参与性和互动性。[③] 第二，选择性建设当地多媒体渠道。媒体融合不代表所有媒体平台渠道的同时使用，需要有选择地根据本地实际情况进行建设，同时要注重不同平台的联动合作以谋取最大融合效果。第三，加强不同平台的特色化建设。不同平台的用户有不同的喜好偏向，要认清不同平台间的差异，比如电视台中老年用户多、微信年轻用户居多、抖音适合娱乐化传播等，有针对地推送内容，进行不同平台的差异化建设。第四，要增进对用户需求的了解，根据用户需求进行内容生产，提高县级融媒体的传播力、影响力。

（四）运营上：多元化创收是“造血”王道

要真正解决县级融媒体的“造血”问题，需要在对自身实际情况清楚认知的前提下进行多元化创收。融媒体建设应运用好“体制内市场”。“体制内市场”是指包括网站代运维护、品牌设计、活动策划、智库报告等在内的各种国家项目的市场，政府在寻找这些项目执行者上比较慎重，在考虑政治导向、公信力、品牌力等要素的同时还有可行性上的考量，县级融媒体中心相比民营企业具有更大的竞争优势。“体制内市场”容量巨大，县级融媒体中心要善于借助多元化经营模式，充分运用好政府的资源，占领这块市场。[④] 比如邳州广电的“政企云”，为政府、事业单位、国企等客户提供宣传、信息发布、

---

① 李向荣：《开放合作，共同推进县级融媒中心的建设》，《传媒》2019 年第 2 期。

② 李莹：《互联网时代如何打造智慧型县级融媒体中心——以长兴传媒集团为例》，《传媒》2019 年第 1 期。

③ 万晓娣：《县级融媒体中心内容生产特征与趋势研究》，《青年记者》2019 年第 29 期。

④ 文琼瑶、章震：《重新连接：县级融媒平台要凝聚基层民众——专访暨南大学新闻与传播学院院长范以锦》，《新闻与写作》2019 年第 11 期。

数据、托管、活动、技术等服务，一年创收500多万元；长兴传媒集团的经营收入中，政务合作、活动营销、产业运营、商业广告比例为3∶3∶2∶2，其中前三项就主要来自政务。①

四 总结与展望

舆论引导的建设目标将更加清晰。县级融媒体是国家媒体融合战略布局的下半场，是融合战略继中央级、省级融媒体中心建成后的进一步深化，其首要目标是打通舆论引导的“最后一公里”。随着移动互联网技术的发展、智能手机的普及，县域人民群众受到海量信息的冲击，国家基层舆论场有不稳倾向，县级融媒体作为新时代下的县域新闻媒体，其本质仍是党和国家的喉舌，应该为也必须为党和国家的舆论引导服务。部分县域在建设融媒体过程中，短期内没有平衡好作为新闻机构和运营主体之间的关系，在进一步深化过程中，其舆论引导的建设目标需要更加清晰。

内容建设将更加贴近当地人民群众的生活。县级融媒体建设初期，部分县域媒介思维仍停留在旧有层面，简单将“中央厨房”系统、新媒介平台渠道的拓展等同于融媒体的建设，按“中央厨房”模式重塑了策采编发全流程并定期发送内容，但内容仍多为会议报道、领导日常等，虽有融媒体的“壳”，但缺乏真正的“核”，导致县级融媒体的用户逐渐流失。这些县级融媒体需要重新意识到内容的重要性，积极寻求有吸引力的原创内容，制作真正贴近当地人民群众、受人民群众喜爱的内容。无论媒介技术怎么改变，内容永远都是新闻媒介的核心，县级融媒体在进一步的建设中，也需要秉持这一理念。

技术建设将更加智能化。随着技术的提升，智能化在各行各业成为现实并迅速发展为建设共识，新闻传播也不例外。县级融媒体建设正值人工智能技术大范围应用时期，县域受众也在头部互联网公司的技术素养培训下逐渐适应并追逐新技术带来的全新体验，快手、拼多多等在县域内的火爆现象就是明显的例子。同时，智能化新技术的应用也极大地提高了新闻工作人员内容制作传播

① 陈国权：《中国县级融媒体中心改革发展报告》，《现代传播》（中国传媒大学学报）2019年第4期。

的效率，提升了县级融媒体的传播力。面对这样的媒介生态环境，县级融媒体建设必将走向智能化发展道路。

参考文献

黄楚新：《2019 县级融媒呈井喷式增长》，《中国新闻出版广电报》2019 年 12 月 17 日。

《广西广电网络公司与新华社新闻信息中心签订融媒体建设合作框架协议》，《中国有线电视》2019 年第12 期。

《新华社县级融媒体专线上线　服务县级融媒体中心建设》，新华网，2019 年 9 月 10 日。

魏莹：《智慧广电参与县级融媮体中心建设的思路与模式》，《传媒》2019 年第 17 期。

陈立新：《县级融媒体中心建设核心是加强制度的顶层设计》，《传媒》2019 年第 2 期。

B.5
2019年中国直播电商元年发展报告

欧阳日辉*

摘　要： 信息创造价值。直播创造的信息，通过电子商务变现了价值。社交电商接过创新接力棒后，直播电商用四年时间成为社交电商中最有活力的模式，2019 年迎来了直播电商元年。本报告从交易规模、商业模式、MCN 机构、直播场景、主播画像和用户画像等方面描述了直播电商的发展情况，归纳了发展特点，总结了存在的问题，在研判发展趋势的基础上，提出加强行业标准和规范建设、规范行业竞争秩序、明确经营者责任义务、压实平台监管责任和义务等政策建议。

关键词： 直播电商　直播带货　产业链

“直播带货”成为 2019 年电商领域的新风口、新模式、新动能，丰富了电商业态。在抗击新冠肺炎疫情中，全民直播时代加速到来，“云复工”“宅经济”“在家经济”“零接触”等助推了直播电商发展，迎来了新的高潮。

一　2019年直播电商元年

2019，无直播，不电商。直播电商的前身是 2014 ~ 2015 年的网红电商，2016 年关键意见领袖（Key Opinion Leader，KOL）开始直播带货。直播电商

* 欧阳日辉，经济学博士，教授，中央财经大学中国互联网经济研究院副院长、桂林旅游学院数字经济研究院院长、永州众智数字经济研究院院长，主要研究领域为数字经济、金融科技、电子商务。

用四年时间，实现跨越式发展，成为电商平台和商家的标配模式，淘宝、快手、抖音等平台竞争加剧，传统直播平台悄然试水，市场规模取得突破性增长，商业模式和产业链渐趋成熟，行业全覆盖，应用场景丰富，迎来了直播电商元年。

（一）从社交电商到直播电商

理解直播电商，要从社交电商说起。中国消费者非常热衷于使用社交媒体，[①] 社交电商从 2011 年开始探索，经历了微商、内容电商、社区拼团、短视频电商等业态，实现流量经营和变现，提供直达消费者的新渠道。中国互联网协会测算，2019 年，社交电商交易额 22247 亿元，同比增长 76%，处于爆发式增长阶段。[②] 互联网红利消退背景下，直播与短视频行业高速成长，中国互联网络信息中心（CNNIC）数据显示，截至 2019 年 6 月，网络直播用户规模达 4.33 亿，占网民整体的 50.7%。[③] 各大直播平台高速发展，抖音日活已破 4 亿（截至 2020 年 1 月 5 日），快手日活突破 3 亿（截至 2020 年 2 月 21 日），在电商、电竞、综艺、文化、旅游、教育等行业积极探索“直播 +”模式，拓展发展新空间。

直播电商始于 2016 年。经历了 2014 年之前的传统货架式电商，2015 ~ 2016 年网红通过图文展示结合推荐技术兴起了内容型电商。2016 年，淘宝（3 月）、蘑菇街（3 月）、京东（9 月）先后开启直播；2018 年，抖音（3 月）、快手（6 月）逐步上线电商和直播功能；2019 年唯品会（3 月）、微信（8 月）、网易考拉（8 月）、苏宁（8 月）、拼多多（11 月 27 日）、小红书（11 月 28 日）等纷纷试水。直播平台不断电商化，电商平台不断直播化，成为总体趋势。

2020 年 3 月 31 日，中国消费者协会发布《直播电商购物消费者满意度在线调查报告》。报告中提出，直播者通过网络的直播平台或直播软件来推销相关产品，使受众了解产品各项性能，从而购买产品的交易行为，

① 卜览等：《2019 年中国数字消费者趋势》，www.mckinsey.com.cn，2019 年 9 月。

② 中国互联网协会社交电商工作组、创奇社交电商研究中心等：《2020 进入社交电商大发展时代——〈2020 中国社交电商行业发展报告〉春季版》，2020 年 3 月 24 日。

③ 中国互联网络信息中心：《第 44 次中国互联网络发展状况统计报告》，2019 年 8 月 30 日。

可以统称为直播电商。[1] 根据这个定义，直播电商包括三种形式：①直播者为原有的电商企业利用直播推销产品；②娱乐型社交直播平台上，直播者通过直播方式向其他平台的电商企业引流；③直播者在平台上有自建或者合作商户，直播者通过直播将受众吸引到其他非平台商户交易，甚至有直播者将受众引流到没有工商注册或平台注册的个人处进行私下交易。本报告沿用这个界定。

直播电商在形式上是直播 + 电商或者电商 + 直播，直播为工具，电商是基础，直播与电商结合，所见即所得。通过直播为电商带来流量，从而达到为电商销售的目的。相较于传统电商，直播电商不仅让消费方式呈现消费线上化 + 消费专业化 + 消费娱乐化 + 消费情感化 + 消费内容化，更是将消费的核心由“商品”拓展到“主播 + 商品”，将消费者对主播的信任转化为消费力，在产品呈现形式、时间成本、社交属性、消费体验、转化率和售卖逻辑多个维度都具有显著的优势。[2]

淘宝直播是我国直播电商发展的缩影和典型案例。2019 年，淘宝直播朝着产业化方向发展，[3] 以独立 App 形式上线，年初提出了三年 5000 亿元的市场创造目标，推出“启明星计划”以吸引更多主播，着力打造个人 IP 形象。2019 年，淘宝直播已积累 4 亿用户，直播机构超过 600 家，创造了 400 万个就业岗位，全年 GMV 突破 2000 亿元，其中“双十一”当天直播 GMV 突破 200 亿元。连续三年，淘宝直播的成交增速均超过 150%，带货同比增速接近 400%，“淘宝直播打开了新经济的大门”[4]，引爆了 2019 年中国直播电商元年，如图 1 所示。

---

① 中国消费者协会：《直播电商购物消费者满意度在线调查报告》，http：//www. cca. org. cn/jmxf/detail/29533. html，2020 年 3 月 31 日。

② 宁浮洁、丁浙川、周洁：《直播电商三国杀，从“猫拼狗”到“猫快抖”——新零售研究之直播电商系列 1》，2020 年 1 月 5 日。

③ 用淘宝直播运营负责人赵圆圆的话来说：“到了 2019 年，大家才意识到，原来电商直播是一个相对独立而且完整的行业。”2019 年，很多平台和商家才正视直播带货的重要性，从战略层面调整和规划直播电商。

④ 《2020 淘宝直播新经济报告》，https：//www. sohu. com/a/384587424_ 665157，2020 年 3 月 31 日。

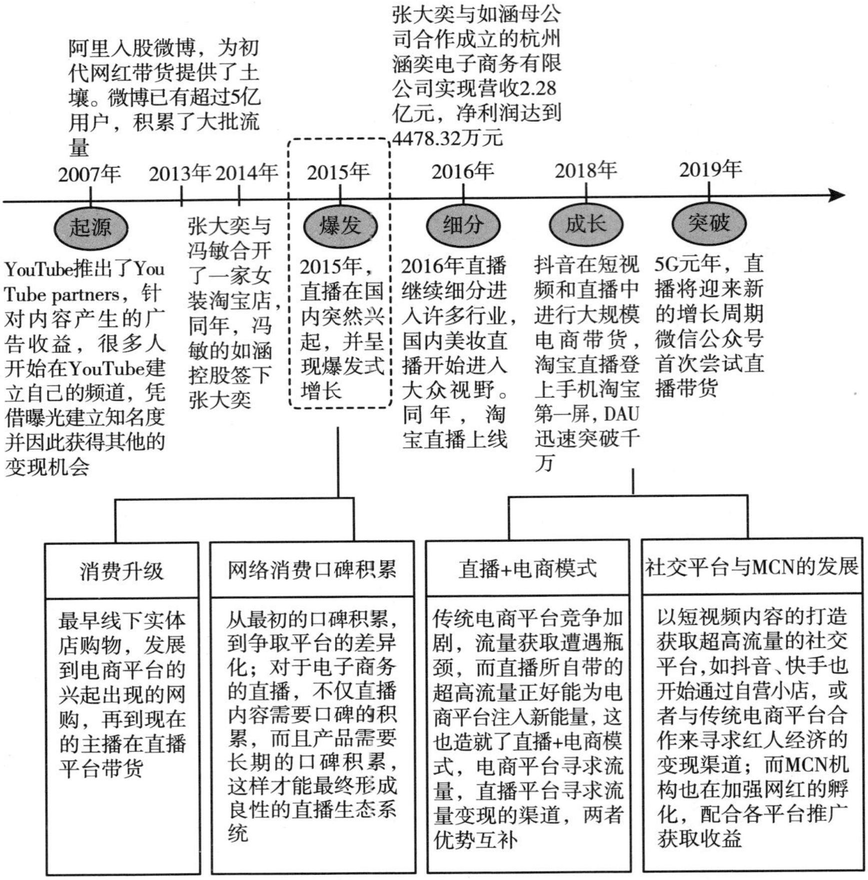

阿里入股微博，为初代网红带货提供了土壤。微博已有超过5亿用户，积累了大批流量

张大奕与如涵母公司合作成立的杭州涵奕电子商务有限公司实现营收2.28亿元，净利润达到4478.32万元

2007年 | 2013年 | 2014年 | 2015年 | 2016年 | 2018年 | 2019年

起源：YouTube推出了YouTube partners，针对内容产生的广告收益，很多人开始在YouTube建立自己的频道，凭借曝光建立知名度并因此获得其他的变现机会

张大奕与冯敏合开了一家女装淘宝店，同年，冯敏的如涵控股签下张大奕

爆发：2015年，直播在国内突然兴起，并呈现爆发式增长

细分：2016年直播继续细分进入许多行业，国内美妆直播开始进入大众视野。同年，淘宝直播上线

成长：抖音在短视频和直播中进行大规模电商带货，淘宝直播登上手机淘宝第一屏，DAU迅速突破千万

突破：5G元年，直播将迎来新的增长周期微信公众号首次尝试直播带货

消费升级	网络消费口碑积累	直播+电商模式	社交平台与MCN的发展
最早线下实体店购物，发展到电商平台的兴起出现的网购，再到现在的主播在直播平台带货	从最初的口碑积累，到争取平台的差异化；对于电子商务的直播，不仅直播内容需要口碑的积累，而且产品需要长期的口碑积累，这样才能最终形成良性的直播生态系统	传统电商平台竞争加剧，流量获取遭遇瓶颈，而直播所自带的超高流量正好能为电商平台注入新能量，这也造就了直播+电商模式，电商平台寻求流量，直播平台寻求流量变现的渠道，两者优势互补	以短视频内容的打造获取超高流量的社交平台，如抖音、快手也开始通过自营小店，或者与传统电商平台合作来寻求红人经济的变现渠道；而MCN机构也在加强网红的孵化，配合各平台推广获取收益

图1　淘宝直播电商的发展历程

资料来源：宁浮洁、丁浙川、周洁：《直播电商三国杀，从“猫拼狗”到“猫快抖”——新零售研究之直播电商系列1》，2020年1月5日。

（二）直播电商交易规模爆发式增长

2019年，直播电商元年的重要标志是交易规模呈现爆发式增长。根据光大证券测算，2019年直播电商总规模预计达4400亿元；2020年3月，微播易发布的《2020直播电商行业研究报告》估算，2019年直播电商总规模

4400 亿元，同比增长 214%。iiMedia Research（艾媒咨询）数据显示，2019 年中国直播电商行业的总规模达到4338 亿元，预计到2020 年规模将翻一番。综合各家的测算，本报告援引市场认可度比较高的艾媒咨询的估算，如图 2 所示。

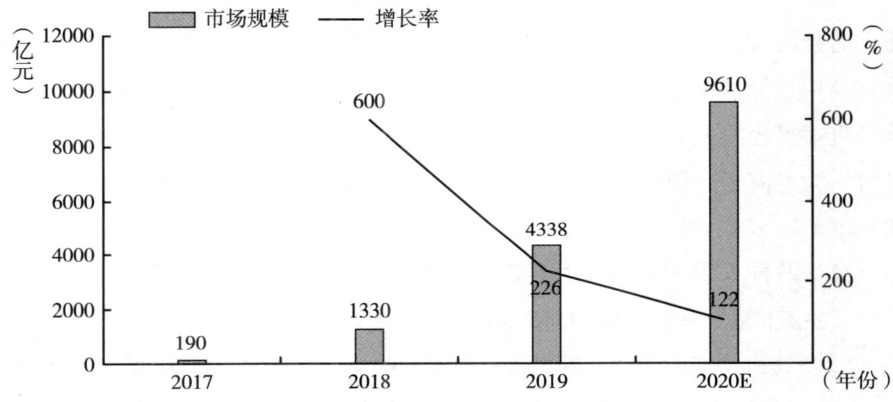

图 2　2017～2019 年中国直播电商交易规模

资料来源：《中国直播电商报告：2020 年市场规模将达 9610 亿，档口直播将成重要发展趋势》，https：//www. iimedia. cn/c460/69068. html，2020 年 2 月 17 日。

2019 年成为直播电商元年，“双十一”是重要推手。2019 年天猫“双十一”成交 2684 亿元，其中，直播 GMV 突破 200 亿元。直播电商成为“双十一”新趋势之一，超过 10 万个商家开通直播，开场 1 小时零 3 分钟，淘宝直播引导的成交额已超越 2018 年“双十一”全天；开场 8 小时 55 分，直播引导成交已破 100 亿元，超过 50% 的商家通过直播获得新增长。① 淘宝直播中有超过 10 个亿元直播间，超过 100 个千万元直播间。② QuestMobile 的监测数据显示，具有高互动性特征的直播成为获取流量和增加用户黏性的新渠道，“双十一”当天手机淘宝 App 内观看直播的用户规模为 4133 万，同比增长 130. 5%；

① 张璇、殷晓圣：《2019 天猫“双十一”成交额达 2684 亿元 电商直播成为消费新趋势》，新华网，2019 年 11 月 12 日。

② 裴培、高博文、焦杉：《网红直播带货能走多远？效率为先，生态为本》，国金证券，2019 年 11 月 24 日。

观看直播用户日均使用时长53.3分钟。[1] 直播带货的价值被进一步放大，从规模和业态上夯实了直播电商。

（三）直播电商模式多样化

目前，平台布局直播电商主要有两种模式：第一种是电商平台（淘宝直播、蘑菇街等）打造自己的直播运营体系，通过开通直播间，引入内容创作者，利用直播推销产品，探索电商新业态，这是“电商+直播”模式。第二种是直播平台（抖音、快手等）与电商平台融合发展，平台接入第三方电商平台，为电商平台引流，进而布局自己的直播+电商的运营模式，这是“直播+电商”模式。[2]

在这两种大模式下，直播电商不断创新，已发展出以下带货模式。[3]

1. 主流模式：多数主播的选择，对GMV贡献最大

（1）达人模式：主播在某个领域积累专业知识，成为消费KOL，如李佳琦。

（2）秒杀模式：主播凭流量优势获得对品牌商的议价能力，低价回馈粉丝。

（3）店铺自播模式：主播对店铺在售产品逐一介绍，依靠商品引起观众互动。

2. 特定地点：受限于特定地理位置

（1）基地走播模式：依托供应链构建直播基地，主播去基地开直播。

（2）产地直播模式：农产品为主，主播到产地直播，高性价比。

（3）海外代购模式：主播在海外给粉丝导购，商品随镜头变化。

3. 垂直类型：适用于特定商品类型

（1）砍价模式：主播向买家砍价、协商一致后粉丝购买，如玉石。

（2）博彩模式：直播赌石、珍珠开蚌，博彩属性高，内容趣味性强。

（3）专家门诊模式：生病才会找医生，获取稳定流量难，但转化率比较高。

---

① 《QuestMobile 2019“双11”洞察报告》，https://www.useit.com.cn/thread-25432-1-1.html，2019年11月21日。

② 《中国直播电商报告：2020年市场规模将达9610亿，档口直播将成重要发展趋势》，https://www.iimedia.cn/c460/69058.html，2020年2月17日。

③ 《QuestMobile 2019直播+X洞察报告》，http://www.199it.com/archives/974037.html，2019年11月17日。

（四）MCN 机构快速增长

MCN（Multi - Channel Network，多频道网络）是一种多频道网络的产品形态，起源于美国的 YouTube 平台，相当于内容创作者和 YouTube 之间的中介。国内 MCN 与美国 MCN 机构的商业运作模式截然不同，是在经纪模式基础上的公会角色，聚集网红主播，为网红提供包含包装、营销、推广、变现等服务，并从与网红、与平台的合作中分成，从广告主提供的广告费以及粉丝的相关消费中获得收入。①

随着直播行业的发展，受规模化聚集效应驱使，加之 MCN 机构准入门槛较低，在平台方的政策扶持与资本加持下，自 2017 年开始，MCN 机构数量增长迅猛，2017 ~2019 年分别增长 304.8%、241.2% 和 150%。根据艾媒研究院测算，2019 年，我国 MCN 机构猛涨至上万家量级，达 14500 家，同比增长 150%；预计到 2020 年，将突破 28000 家，如图 3 所示。② MCN 机构推助直播电商朝着专业化方向发展。

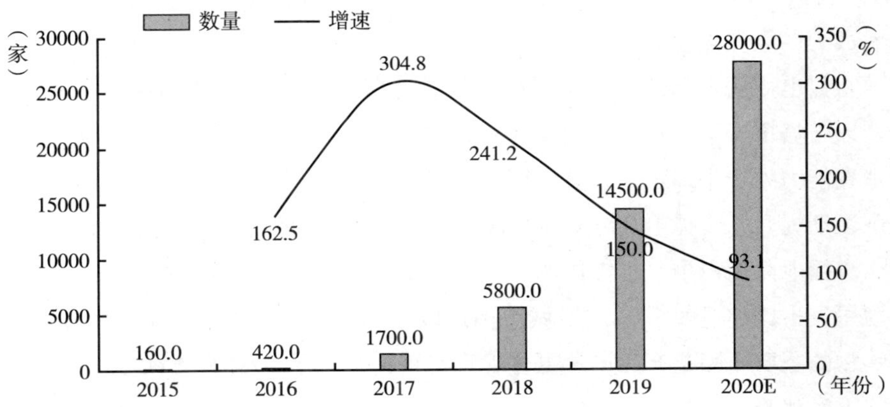

图 3　2015 ~2020 年我国 MCN 机构数量

资料来源：《2020 ~ 2021 中国 MCN 行业发展现状、发展环境及机构数量分析》，https：//www. iimedia. cn/c1020/68921. html，2020 年 2 月 12 日。

① 宁浮洁、丁淅川、周洁：《直播电商三国杀，从“猫拼狗”到“猫快抖”——新零售研究之直播电商系列 1》，2020 年 1 月 5 日。

② 《2020 ~2021 中国 MCN 行业发展现状、发展环境及机构数量分析》，https：//www. iimedia. cn/c1020/68921. html，2020 年 2 月 12 日。

例如，2019 年淘宝直播生态中的服务商数量也迎来一轮激增。截至 2020 年 2 月，淘宝直播 MCN 机构数量已经超过 1000 家，服饰基地达到 100 家，珠宝基地 17 家，代播服务商从 2019 年年中的 0 家快速增长到 200 余家。①

（五）直播带货主播画像和用户画像

达人、商家和普通人都可以成为带货主播。例如，2019 年末淘宝直播开播账号数量比 2018 年翻一番，日均开播主播同比增长超过 100%，日均开播商家数量同比增长接近 10%，截至 2020 年 2 月至少有 100 种职业转战淘宝直播间。①从年龄来看，“80 后”“90 后”占比超八成，是淘宝主播的核心力量；年龄最大的主播 109 岁，最小的为“00 后”。②从性别来看，女性主播是主力军，占比超过 65%，男性主播增速较快，从 2018 年末的占比 16.8% 上升到 30%。② ③从职业来看，直播带货不只是明星网红的专利，企业高管、村播、地方领导（县长）等直播带货越来越普遍，2019 年“双十一”期间，有 2 万名村播、40 位县长通过淘宝直播带货。③ 2020 年疫情期间，县长直播带货助农成为一大亮点。

直播电商用户总体特征是，25～35 岁消费者是直播电商的用户主力，二线及以下城市层级用户更易接受并偏好直播带货的形式，性别差异不明显，用户消费能力处于中高水平，重度用户的规模持续扩大。消费者认可直播电商的程度逐渐提升，直播电商缩短用户决策周期，刺激用户消费。艾媒咨询数据显示，直播电商用户中，男性比例占 58%，高于女性；“80 后”“90 后”是购物主力军，占比超过 80%；二线城市用户以 42% 的占比领先；受访用户选择直播购物的主要原因是产品展示更直观真实（占 58%）、采购环节更加便捷（占 43%）和优惠的价格（占 37%）。④

① 《2020 年淘宝直播新经济报告》，https://www.sohu.com/a/384587424_665157，2020 年 3 月 31 日。

② 《2020 年淘宝直播新经济报告》，https://www.sohu.com/a/384587424_665157，2020 年 3 月 31 日。

③ 《2019～2020 年中国在线直播行业研究报告》，https://www.iimedia.cn/c400/69017.html，2020 年 2 月 20 日。

④ 《2020～2021 年中国直播电商行业用户画像及行为洞察》，https://www.iimedia.cn/c1020/69178.html，2020 年 2 月 20 日。

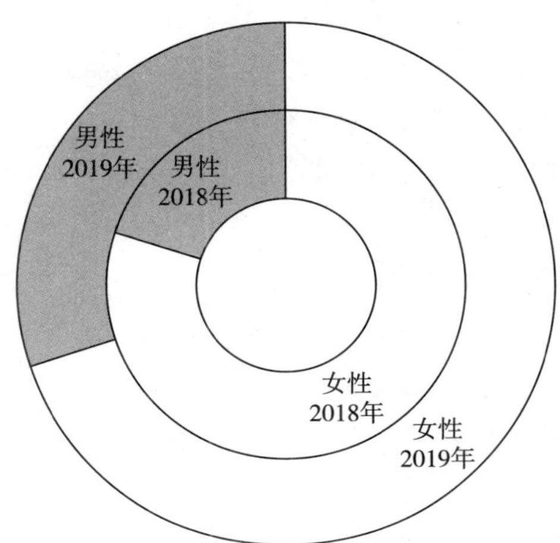

图 4　2019 年淘宝主播性别的画像

资料来源：《2020 年淘宝直播新经济报告》，https：//www.sohu.com/a/384587424_665157，2020 年 3 月 31 日。

调查数据显示，喜欢直播电商的受访者占比为 42.6%，42.4% 的消费者每周观看直播时长为 1～3 个小时，24.9% 的消费者每周观看直播时长为 4～6 个小时；使用淘宝直播的消费者占比 68.5%，经常使用淘宝直播的消费者占比 46.3%，处于绝对领先优势；抖音直播和快手直播使用用户占比分别为 57.8% 和 41.0%，经常使用的忠实用户占比分别为 21.2% 和 15.3%；受访者对于直播电商行业现状的整体感知满意度为 79.2 分，对于购物体验的整体满意度为 81.9 分。[①]

（六）覆盖全部行业和丰富的场景

万物皆可直播，是直播电商追求的梦想。截至 2019 年末，淘宝直播消费者每天能观看的直播内容时长超 35 万个小时，相当于 7 万场春晚；淘宝直播间，覆盖了全球 73 个国家的工厂、田间、档口、商场、街头、市场；[②] 品牌

① 中国消费者协会：《直播电商购物消费者满意度在线调查报告》，http：//www.cca.org.cn/jmxf/detail/29533.html，2020 年 3 月 31 日。

② 《2020 年淘宝直播新经济报告》，https：//www.sohu.com/a/384587424_665157，2020 年 3 月 31 日。

商家、特色商家、中小商家直播渗透率快速提升；覆盖了全部行业，直播中最火的是美妆、零售、衣服等，家电、汽车、生活电器等在2019年下半年异军突起，房地产行业也试水直播。

在跨境电商领域，直播带货引流作用开始显现。从天猫国际2019年近3个月对比2018年同期的统计数据来看，直播为天猫国际引导浏览商品人数从2018年的855万增长到2019年的3503万，引导购买商品人数从2018年的44.5万增长到2019年的236万，支付金额更是从2018年的6159万元增长到2019年的4.7亿元，呈现爆发性增长。在数码家电与大家居行业，商家开始将导购直播与客服直播结合，2019年下半年同比2018年增长4066.8%与4131.4%。①

二　2019年直播电商发展特点

2019年作为直播电商的元年，呈现以下特点。

（一）消费升级+内容场景化+技术支撑创新购物场景

互联网等数字技术的应用，促进我国电商发展模式不断升级，以满足消费升级需要，迎接消费升级时代。直播比文字、图片、短视频等传递的信息更便捷、更及时和更全面，直播电商能够制造一种让消费者融入其中的购物场景，消费者与主播（卖家）直接沟通，链接速度更快、成本更低、群体更广、转化率更高。

（二）完善的产业链打造多方共赢的利益连接体

直播电商行业产业链一般包括供应方、网红/MCN、消费者和平台四个环节。理想状态下，直播间就是直播机构+MCN机构+商家+供应链四合一的产物，低价爆量打造四方共赢模式。“网红带货是比纯流量生意更复杂的业

① 中国国际商会、德勤中国研究中心、阿里研究院：《进口普惠驱动消费升级：中国进口消费市场研究报告》，2019年11月。

态”①，高性价比、“爆量”、“选品能力”和“优惠”，四方共赢的直播带货模式具备效率和长期性，品牌商、工厂以及产业基地等提供用于直播中销售的产品，网红和MCN通过专业化运营提高转化率，平台方则负责连接上游、中游和下游消费者。直播电商四方形成了以CPS为主的佣金分配方式。② 在直播电商产业链中，除了平台、主播、商家之外，线下直播基地和线上SaaS渠道受益的幅度也很大。

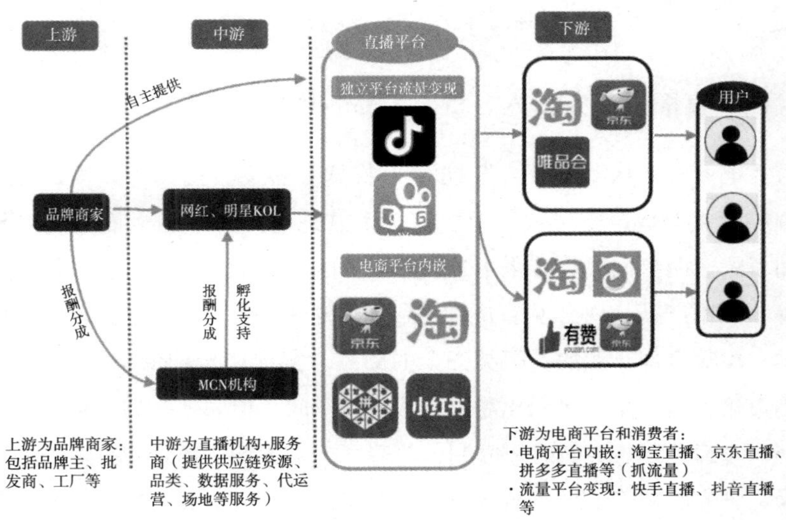

图5　直播电商打造四方共赢模式

资料来源：宁浮洁、丁浙川、周洁：《直播电商三国杀，从“猫拼狗”到“猫快抖”——新零售研究之直播电商系列1》，2020年1月5日。

① 裴培、高博文、焦杉：《网红直播带货能走多远？效率为先，生态为本》，国金证券，2019年11月24日。

② CPS（Cost Per Sales），按实际销售额付费，四方依据实际销售收取佣金。比如，在阿里内部渠道直播的场景，阿里妈妈和创作平台分别分成10%和20%，余下70%由MCN机构和达人分享。直播分享到微博等站外渠道，阿里妈妈、创作平台、微博直播分别分成10%、20%、20%，余下的50%归达人和MCN机构。

（三）有效变现模式推动直播电商高速成长

直播的变现模式主要有广告、打赏、内容付费和电商导购等，如何快速、持续和有效变现，一直是直播行业发展的痛点。直播电商从爆发到突破仅用四年时间，既解决了传统电商存在的部分痛点，接过电商创新的接力棒，又通过电商整合了其他变现途径，找到了比较稳定的商业模式。传统电商增长乏力，也在探索新模式，从 2011 年微商出现，到 2019 年终于找到了直播电商这个新的业态。

（四）直播电商完善人、货、场高效连接

直播电商实现从“货找人”向“人找货”转变，重构人、货、场连接模式。围绕“人、货、场”这三个要素，主播是连接用户和电商平台、品牌主的中间桥梁，明星网红、客服小二、门店导购员、全球买手、农村伯伯、政府官员等，试用产品、现身说法介绍产品，代替消费者完成了尽调，减少用户决策时间；覆盖全部行业的、门类齐全的商品，实行“全网低价”“全网限量”的营销策略，满足用户多元化需求；从工厂车间、田间地头到百货商场，在全球任何国家或地区，突破时空限制，营造了丰富的购物场景，打通线上线下不断融合，将商品精确地推荐给相应的潜在客户。通过提高人货场链接效率，直播电商为内容电商找到了一条创新发展之路，从搜索到体验的跨越，极大地提高了用户转化率。

（五）形成垄断竞争市场但格局未定

垄断竞争市场是介于完全竞争和完全垄断两个极端市场结构中间的状态。在垄断竞争市场中，竞争程度较大，垄断程度较小，比较接近于完全竞争。直播平台的集中度比较高，头部、腰部和尾部平台占据了 80% 以上的业务，根据华经咨询测算，2019 年直播电商市场达 4400 亿元，其中，淘宝直播内容生态完整、布局早、GMV 体量超 2000 亿元，快手宽口径 GMV 超千亿元，抖音约 400 亿元。①

① 汪立亭等：《直播电商大时代：平台构建新生态，品牌发展新机遇》，2020 年 2 月 29 日。

中消协调查数据显示，使用淘宝直播的消费者占比 68.5%，经常使用淘宝直播的消费者占比 46.3%，处于绝对领先优势；抖音直播和快手直播使用用户占比分别为 57.8% 和 41.0%，经常使用的忠实用户占比分别为 21.2% 和 15.3%。[①] 淘宝直播、快手和抖音虽然在市场中领先，但竞争依然十分激烈，各有优势（见表 1）。

表 1　三大直播平台比较

	淘宝直播	抖音直播	快手直播
战略	机构、主播分层管理。直播间打造私域闭环，流量运营转变为流量 + 用户运营	2018 年品牌升级，更新 Slogan 为“记录美好生活”；2020 年与火山小视频合并	2019 年 8 月推出大屏模式，单列沉浸式下拉；8 月推出极速版
内容	成立初期着眼于横向布局，大量引入海外直播；2017 年以来转向纵向升级，做 PGC 栏目；台网联动；造节——330 盛典 双百计划（2018）、“启明星”计划（2019）、“百千亿”计划、“十万场”计划、“村播”计划	“美好生活”计划（2018）——“DOU”计划、“美好挑战”计划、社会责任计划 “创作者成长计划”（2019）——优化流量扶持更多创作工具、更完善的服务后台 “云梯计划”（2020）——100 亿流量扶持创作者双端成长方案开放长视频权限；关联商品推荐	“双 10 计划”（2019）——通过超级快接单和“创作者激励计划”分别获得 10 亿元分成 “媒体号 UP 计划”、政务媒体类“POWER”计划、“MCN 快成长计划”、“光合计划”、“百城千县计划”（2019） 2020 春晚独家互动合作伙伴，除夕 10 亿红包 + 集卡分 1 亿 +666 场活动
产品	推出“直播通”主播高效选货平台 线下产业带转型、农产品上线等；打造品牌营销矩阵，主播层面助力与品牌深度合作、品牌层面搭建直播的上升通道	外链：2018 年 3 月上线淘宝外链，5 月上线店铺系统/商品橱窗；2018 年 12 月 28 日至 2019 年 1 月 5 日推出“好物联盟”招募计划，放开粉丝门槛限制。 联手淘宝：2019 年 6 月与淘宝签订 70 亿元框架协议，其中 60 亿元广告，10 亿元电商佣金。 蓝 V：长期成长计划	外链：2018 年 6 月与有赞合作，增加“快手小店”入口；相继接入淘宝、天猫、拼多多、京东等 电商价值联盟：与阿里妈妈、京东联盟、拼多多在流量、数据、内容、社交等领域合作（2018） 商家号：2019 年 8 月对商家号产品功能和服务体系升级；推出“本地合作人招募计划”

① 中国消费者协会：《直播电商购物消费者满意度在线调查报告》，http：//www.cca.org.cn/jmxf/detail/29533.html，2020 年 3 月 31 日。

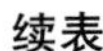
续表

	淘宝直播	抖音直播	快手直播
基建	服务平台:阿里V任务/阿里妈妈/淘宝联盟;站外"达人定投计划"(2018)在淘宝联盟上线,商家发起计划,充值并锁定金额,便可通过站外达人进行多种形式种草超级代播服务商加速计划(2020)	服务平台:星图——2018年7月正式推出,2019年8月升级,拓展长视频、直播定制等,引人更多垂类的营销需求 服务商:2018年12月公布10个购物车运营服务商,用于平台与明星达人和企业账号对接 技术:2019年推出"识图"功能	电商服务市场、快合拍—代运营服务平台 快手营销平台——2019年10月升级为"磁力引擎"超级快接单、创作者平台——开放对公结算、数据中心等系统 消费者保护:"雷霆行动"、"商家成长奖励金"和"靠谱货计划",保障消费者利益

资料来源：汪立亭等：《直播电商大时代：平台构建新生态，品牌发展新机遇》，海通证券，2020年2月29日。

目前少量主播形成了话语垄断，网红带货呈现马太效应。比如，淘宝直播的薇娅和李佳琦头部网红的带货能力超强，2019年"双十一"期间，薇娅、李佳琦二人的热度（粉丝关注度、导购成交等指标综合考量）是第二梯队的10倍以上，第三名在热度上呈断崖式下跌；淘宝直播每晚的GMV，薇娅占30%，李佳琦占20%，剩下的50%才是各路主播抢滩的市场。① 快手的主播分布相对比较平均。

三　直播电商发展中存在的问题

直播电商在高速发展的过程中，也暴露出了一些问题和"短板"。

（一）市场秩序亟待规范

部分企业同时掌握IP著作权和直播平台经营，运用上下游垄断地位，进行不正当竞争，排斥竞争对手。比如，抖音与淘宝"相爱相杀"，快手与淘宝相互需要又暗中较量。直播电商市场方面，内容同质化、夸大宣传、头部主播

① 裴培、高博文、焦杉：《网红直播带货能走多远？效率为先，生态为本》，2019年11月24日。

难以复制、品牌商与主播双方的博弈等。艾媒咨询数据显示，直播电商发展不足之处主要是直播时间过长（29.20%）、内容同质化（24.82%）、夸大宣传（21.90%）和产品丰富性欠缺（16.06%）。[①] 中消协的调查数据显示，满意程度最低的是宣传环节，消费者“吐槽”直播电商最为突出的关键词是“夸大其词”；“假货太多”“鱼龙混杂”“货不对板”是消费者对商品质量方面的集中反馈；主播夸大和虚假宣传、有不能说明商品特性的链接在直播间售卖，这两点被提到的次数比较多。[②] 直播带货虚假宣传引发的商品安全、售后维权等问题凸显。2019 年“双十一”前期，李佳琦“不粘锅事件”[③] 成为直播带货野蛮生长的一个缩影。

（二）缺乏明确的准入门槛和行为界定

网络主播利用直播宣传、销售商品，其行为属于广告代言人，应遵循《广告法》和《消费者权益保护法》。在缺乏这项界定前提下，商业逐利特性必然使得电商主播出现“铤而走险”现象。网红在卖货利益驱动下，夸大商品功能、未体验就宣传、价格虚高、诱导购买等行为导致消费者权益受到损害。更有甚者，部分商家或主播以直播形式销售处方药、使用误导性信息销售与国家药品标准规定成分不符的药品，造成了较大的安全风险和隐患。

（三）参与主体的责任界定缺乏标准

作为一种新兴的电子商务营销方式，直播带货交易模式突破了现有的规章制度和监管界定，平台、主播、厂商等主体的责任界定并不明确。消费者在商品出现质量问题时，通过主播或平台或厂商维权的通路缺乏标准，导致出现维权困难。直播电商中，黑灰产业从业者提供直播卖货粉丝数量、观看人数、点赞数等“数据优化”服务仍屡见不鲜。

---

① 《中国直播电商报告：2020 年市场规模将达 9610 亿，档口直播将成重要发展趋势》，https：//www.iimedia.cn/c460/69068.html，2020 年 2 月 17 日。

② 中国消费者协会：《直播电商购物消费者满意度在线调查报告》，http：//www.cca.org.cn/jmxf/detail/29533.html，2020 年 3 月 31 日。

③ 不粘锅事件：知名电商主播李佳琦在直播间推销不粘锅，但直播煎蛋过程中出现粘锅现象，引发粉丝质疑和社会对网红直播带货的探讨。

（四）监管对直播平台的定位有待精准

中消协将直播电商分为两类：一类是传统的电商平台开辟直播区域，如京东直播、淘宝直播等；另一类是抖音、快手、斗鱼等娱乐型社交直播的平台新增电商业务。[①] 在监管过程中，常常运用电商的相关法律法规实施第二类直播的平台监管。另外，在直播平台的内容审核方面，当前短视频、直播内容监管标准过严，一定程度上制约了新经济业态的发展，建议在内容监管方面包容审慎。

四　直播电商发展趋势与政策建议

直播电商是否为电商行业下一个风口？大部分人仍持观望态度。[②] 本报告认为，随着5G商业化，以及物联网、区块链和AR等数字技术的应用，特别是在2020年疫情的影响下，具有互动购物体验、转化率高、娱乐性强等优势的直播电商，将成为电子商务的新动能，并促进电子商务从销售端向生产端延伸。直播电商将出现以下趋势。

（1）直播电商向直播经济迈进。直播电商的线上购物体验超越过去传统的超市货架式电商，与“云逛街”逐渐接近，[③] 打通线上线下，实现线上线下双向导购，打通设计、生产、流通、消费和服务全环节，向直播经济进化。

（2）全民皆主播，万物皆可直播。工厂直播、商户直播、档口直播和线下直播基地将崛起，不靠主播靠货品和服务，MCN机构向服务商及品牌赋能方向转型。通过手机直播可以在任何时间、任何场景展示产品，MCN机构以“人”为主的网红经济模式有望向“服务”回归，打造直播电商的“品牌孵化

① 中国消费者协会：《直播电商购物消费者满意度在线调查报告》，http：//www. cca. org. cn/jmxf/detail/29533. html，2020年3月31日。

② 《百度或将入局直播电商？2020中国直播电商行业发展现状、趋势分析》，https：//www. iimedia. cn/c1020/70613. html，2020年4月7日。

③ 范佳瓅、孔蓉：《直播电商：一切刚刚开始，未来无限可能——电商行业专题之三》，2019年11月14日。

基地"[①]。新冠肺炎疫情助推B端直播+行业火爆发展，企业转型线上直播，特别是中小微企业打造企业专属直播间，成为战"疫"自救和数字化营销转型的重要手段。

（3）直播电商不断向货源靠近，基于C2M的生产模式赋能旗下主播。[②]为了将"人—货—场"做到极致，数字化的柔性供应链将是竞争的关键，具备小批量、多款式、快速返单能力的柔性供应链才能满足消费者对商品质量、价格、物流速度的需求，形成"直播机构+MCN+商家+供应链"四合一的直播电商生态。

（4）直播电商将在商品市场和服务市场齐头并进。直播电商竞争更加激烈，京东、拼多多、腾讯、百度等大平台不会放弃这个领地，围绕主播、商家和MCN机构有可能掀起补贴大战，直播电商从垄断竞争市场向竞争市场演进。在产品市场不断细分领域，在教育、旅游、娱乐、体育、金融等服务领域，直播电商将呈现垂直化趋势，细分市场将成为竞争的主战场，细分领域或现新市场机会。

基于直播电商的未来发展趋势，针对存在的问题，本报告提出如下建议。

第一，加快直播电商的法律法规和行业标准规范建设。提高重点商品领域直播销售门槛，完善食品、医药等特殊商品的电商直播的标准规范。

第二，规范行业竞争秩序。建议按照《电子商务法》《广告法》《反不正当竞争法》《互联网直播服务管理规定》等法律法规，对直播电商的经营模式进行整顿规范。建立健全直播带货诚信评价机制，提高违法直播带货成本。重点查处假冒伪劣、侵犯知识产权、侵害消费者权益的直播带货行为。

第三，明确经营者责任义务。在直播内容监管方面包容审慎，强化对主播的主体责任要求，明确直播平台责任，达到治标治本、促进市场健康发展的目的。

第四，压实平台监管责任和义务。对电商直播平台和社交直播引流平台实施精准监管，引导直播平台履行好主体责任。电商平台和社交平台都应建立对

① 宁浮洁、丁浙川、周洁：《从直播电商的春秋战国，看MCN的进阶之道——新零售研究之直播电商系列2》，2020年3月。

② 裴培、高博文、焦杉：《网红直播带货能走多远？效率为先，生态为本》，2019年11月24日。

商户、主播、MCN 机构的合法性审核制度，不断完善风控、功能限制和禁止、保证金扣除等具体平台监管机制和规则，进一步完善直播带货售后保障体系。

第五，平台、行业协会和监管部门都要建立大数据监管体系，市场监管、文化、广电、网信和网络安全等部门形成协同监管体系。

参考文献

〔美〕沃尔特·李普曼：《舆论》，常江、肖寒译，北京大学出版社，2018。

《QuestMobile“6·18”电商大报告》，http：//www.questmobile.com.cn/research/report－new/51，2019 年 6 月 27 日。

《QuestMobile 2019 直播 + X 洞察报告》，http：//www.199it.com/archives/974037.html，2019 年 11 月 17 日。

《中国直播电商报告：2020 年市场规模将达 9610 亿，档口直播将成重要发展趋势》，https：//www.iimedia.cn/c460/69068.html，2020 年 2 月 17 日。

199IT：《2019 年抖音数据报告》，http：//www.199it.com/archives/993771.html，2020 年 1 月7 日。

B.6
2019年中国网民新闻阅读习惯变化的量化研究

匡文波*

摘　要： 本研究进行了问卷样本规模为3万人的实证调查，分析证实，新媒体是获取新闻信息的主要渠道。手机媒体是最重要的新闻信息来源；只从传统媒体中获取新闻信息者极少；以微信、抖音为代表的社交媒体是获取新闻信息最重要的新媒体类型；腾讯微信是用户最多、最广泛的新闻信息获取平台。通过量化数据分析可以看出，我国网民在接收新闻信息时，倾向于通过移动端从微信、微博、抖音等新媒体渠道获取信息，电视、纸媒等传统媒体在信息传播方面占有率大大下降。在用户信任度方面，微信群被认为是更新速度最快、最值得信任的信息传播平台。相比之下，用户对其他传播渠道的信任度普遍不高，纸媒、电视等一般被视为“权威”的传统媒体。值得注意的是，抖音所代表的短视频平台在用户获取新闻信息的过程中重要性增加，是除微信群外最多用户选择的渠道。随着5G时代的到来，用户对音视频内容的接收将大幅增加，而对文字内容的接收则会相应减少。

关键词： 新媒体　网民　手机媒体　阅读习惯

---

* 匡文波，中国人民大学新闻学院教授、博士生导师，中国人民大学新闻与社会发展研究中心新媒体研究所所长。

一 智能手机成为网民最主要的新闻信息获取平台

（一）手机替代了电脑，就像人的一个新器官

智能手机赶上了移动互联网的浪潮，从此具备了电脑无法提供的功能，是颠覆性的。随着技术的不断发展，手机一步步侵蚀电脑残存的“功能领地”。实际的发展是，手机替代了电脑，手机像器官一样成为人的身体的一部分。软件的手机版即我们通常所说的App，其功能甚至比PC版软件还要多，如地图导航、打车、电子商务，人们也能够随时随地地协同办公。人们离不开智能手机，手机就像人的一个新器官。

2019年，被称作5G元年。2020年如期而至。可以预见的是，未来十年，随着5G的普及，智能手机将进一步迭代升级，展现出相较于电脑的“先进性”与“丰富性”。

2017年，中国以19亿部手机的产量位居世界第一，其中智能手机14亿部，而印度手机以1100万部超越越南，成为世界第二大手机生产国。

2020年1月30日，Canalys发布的全球智能手机出货量数据显示，尽管2019年第三季度和第四季度全球出货量增长，但2019年全球出货量相较于2018年还是下滑2%至13.7亿部。

Canalys的报告显示，排名2019年全球智能手机市场出货量和市场份额前五的厂商分别为三星、华为、苹果、小米、OPPO。

三星出货量2.98亿部，同比增长2%，市场份额为21.8%，继续保持第一的位置。

华为出货量2.40亿部，同比增长17%，市场份额为17.6%，位居第二。

苹果出货量1.98亿部，同比下降7%，市场份额为14.5%，位居第三。

小米出货量1.25亿部，同比增长4%，市场份额为9.2%，位居第四。

OPPO出货量1.20亿部，同比增长4%，市场份额为8.8%，位居第五。

5G手机为通信相关行业带来了多维度的增长机会，也带来了诸多技术考验。结构堆叠方案、信号强度优化、频段兼顾……5G手机落地仅一年不到，其高技术门槛对智能手机行业的洗牌效应已初步显现。

根据 Strategy Analytics 发布的数据，2019 年全球 5G 手机出货 1870 万部，其中，中国智能手机品牌占据全球市场近一半的份额，优势尽显。

5G 引发的技术变革超出了通信行业本身，在芯片、虚拟现实、摄影摄像、物联应用等方面的技术创新都将提升智能手机的使用体验，满足消费者在高速率、广连接、低延时 5G 时代的交互需求。

强大的手机制造业，为中国智能手机的普及提供了物质保障。

（二）互联网和智能手机的普及，使得新媒体成为主要的科普渠道

2019 年 4 月 1 日至 12 月 31 日，我们在北京、上海、广州、深圳 4 个一线城市，武汉、西安、长春 3 个二线城市，保定、岳阳、韶关 3 个三线城市，开展了关于“科普类新媒体使用”的网络问卷调查，问卷的样本规模为 30000 人，有效回收样本 20138 人。并且对其中 100 名网民做了深度访谈。

1. 年龄分布

有效回收样本 20138 人。其中，18 ~ 30 岁共 6218 人，30 ~ 45 岁共 6117 人，45 ~ 60 岁 4065 人，60 岁及以上共 3738 人（见图 1）。

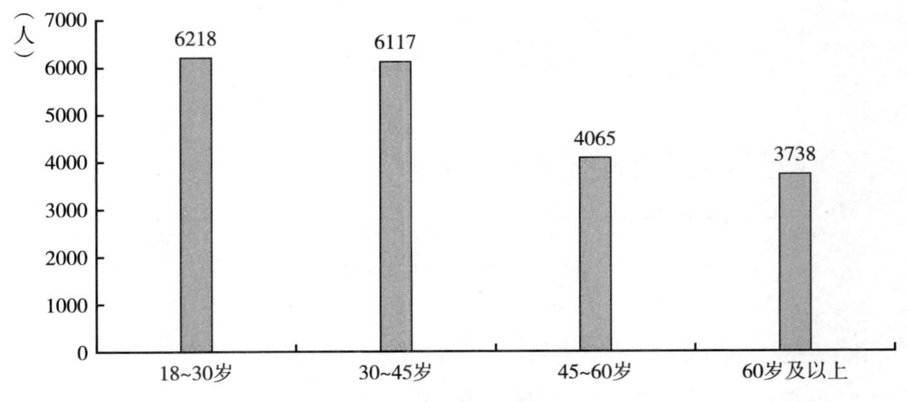

图 1　问卷样本年龄分布

2. 职业分布

职业：白领 10185 人，蓝领（体力工作者）9953 人（见图 2）。

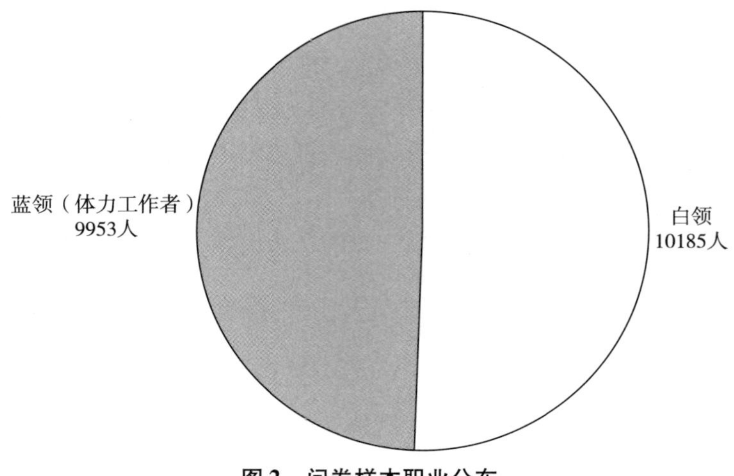

图2　问卷样本职业分布

3. 地域分布

城市：北上广深6151人，二线城市7025人，三线城市6962人（见图3）。

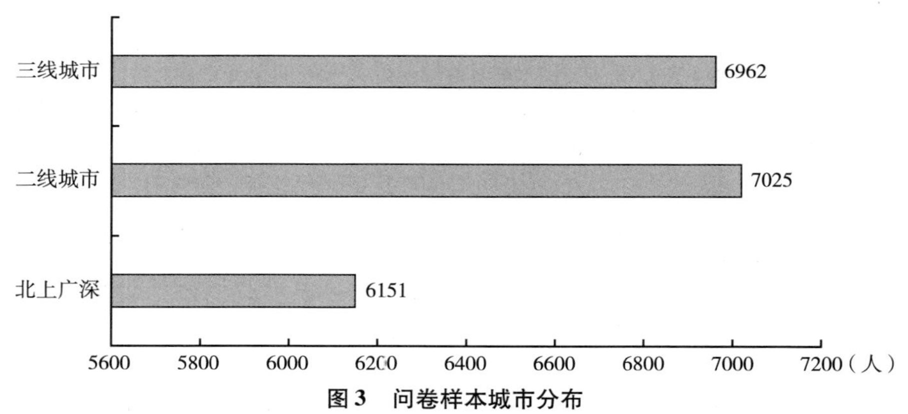

图3　问卷样本城市分布

4. 你每天阅读以下哪些媒体来获取新闻信息（多选）

A. 微博　B. 微信群　C. 今日头条　D. 纸媒　E. 电视　F. 抖音　G. 其他

回答统计：A. 微博24.03%；B. 微信群77.25%；C. 今日头条24.61%；D. 纸媒0.68%；E. 电视6.06%；F. 抖音39.02%；G. 其他6.24%（见图4）。

5. 为了获取新闻信息，你阅读新闻使用最多的终端（多选）

A. 智能手机　B. 笔记本电脑　C. 台式或一体机　D. 纸媒　E. 电视

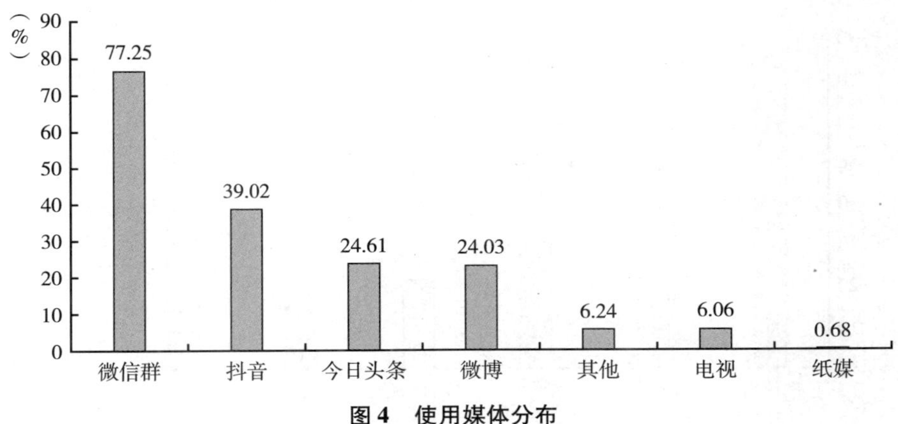

图 4　使用媒体分布

F. 其他

回答统计：A. 智能手机 99. 82% ；B. 笔记本电脑 50. 03%；C. 台式或一体机 27. 23%；D. 纸媒 0. 48%；E. 电视 7. 86%；F. 其他 7. 36%（见图 5）。

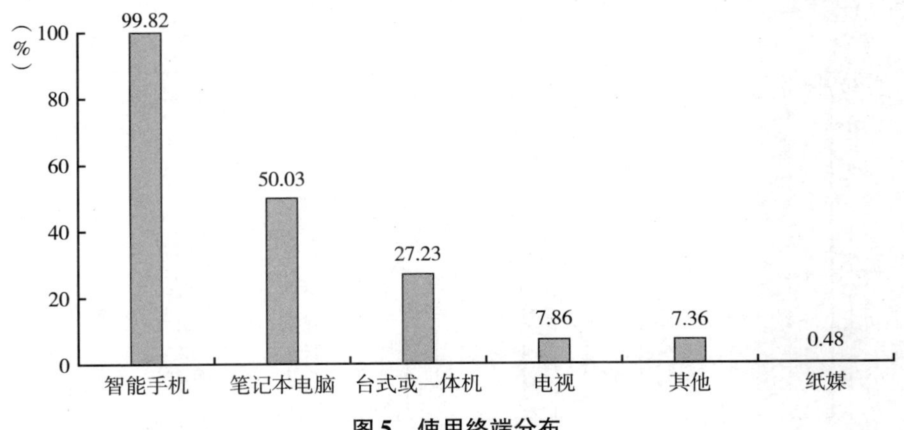

图 5　使用终端分布

6. 遇到新闻热点，你会选择以下媒体了解相关信息（多选）

A. 微博　B. 微信群　C. 今日头条　D. 纸媒　E. 电视　F. 抖音　G. 其他

回答统计：A. 微博 32. 13%；B. 微信群 69. 21%；C. 今日头条 21. 72%；D. 纸媒 1. 31%；E. 电视 9. 65%；F. 抖音 31. 02%；G. 其他 9. 72%（见图 6）。

7. 你对以下哪些媒体的新闻信息信任度高（多选）

A. 微博　B. 微信群　C. 今日头条　D. 纸媒　E. 电视　F. 抖音　G. 其他

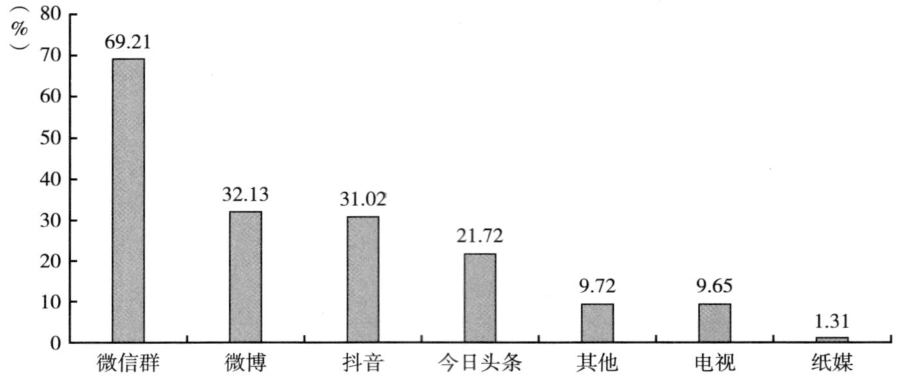

图 6　选择了解新闻热点的媒体

回答统计：A. 微博 29.53%；B. 微信群 75.25%；C. 今日头条 23.02%；D. 纸媒 11.32%；E. 电视 12.61%；F. 抖音 27.11%；G. 其他 19.01%（见图 7）。

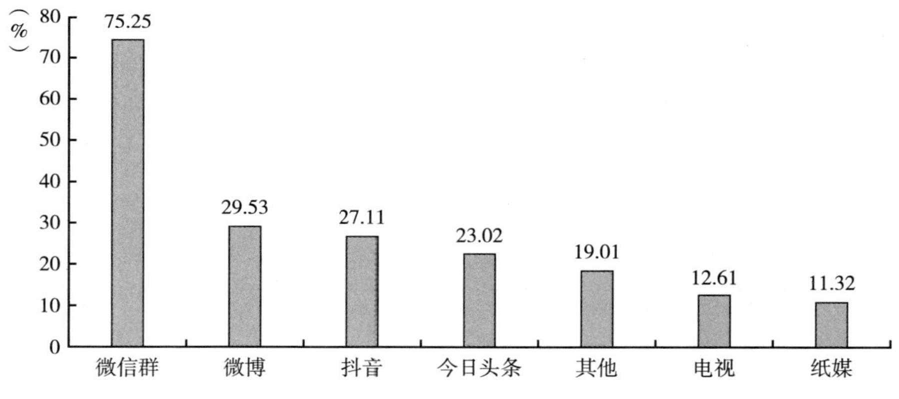

图 7　信任度高的新闻媒体

8. 更新速度最快的媒体

A. 微博　B. 微信群　C. 今日头条　D. 纸媒　E. 电视　F. 抖音　G. 其他

回答统计：A. 微博 33.53%；B. 微信群 72.05%；C. 今日头条 33.02%；D. 纸媒 0.01%；E. 电视 7.11%；F. 抖音 7.11%；G. 其他 1.67%（见图 8）。

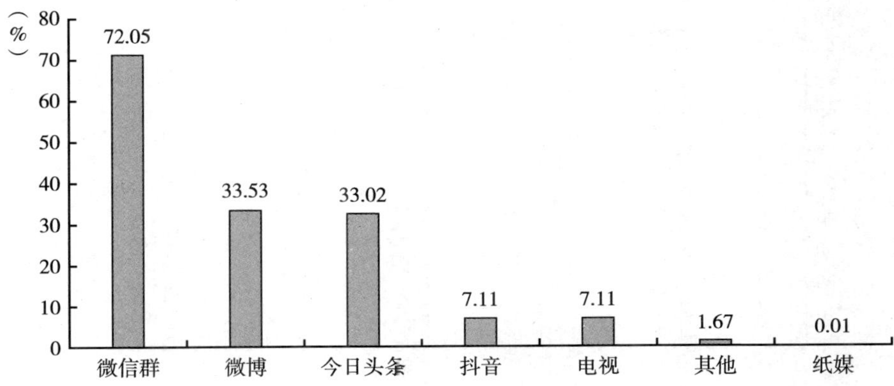

图 8　更新速度快的媒体

9. 5G 时代，你在获取新闻信息时，对以下哪些媒体的使用会增加（多选）

被调查者回答微信、抖音、QQ、微博、今日头条的使用率会增加，分别是 90. 02%、71. 22%、14. 51%、16. 72%、19. 42%（见图 9）。

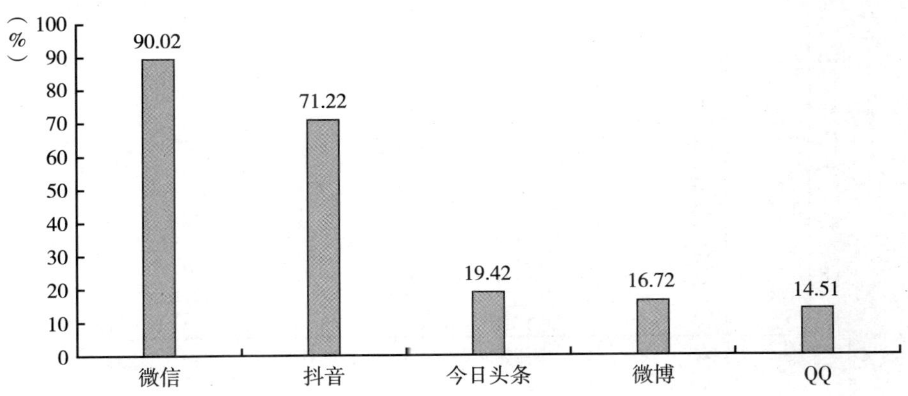

图 9　使用率增加的媒体

10. 5G 时代，为了获取新闻信息，你对以下哪些媒体的使用会减少（多选）

被调查者回答报纸、广播、电视的使用率会减少，分别是 96. 16%、79. 15%、27. 05%（见图 10）。

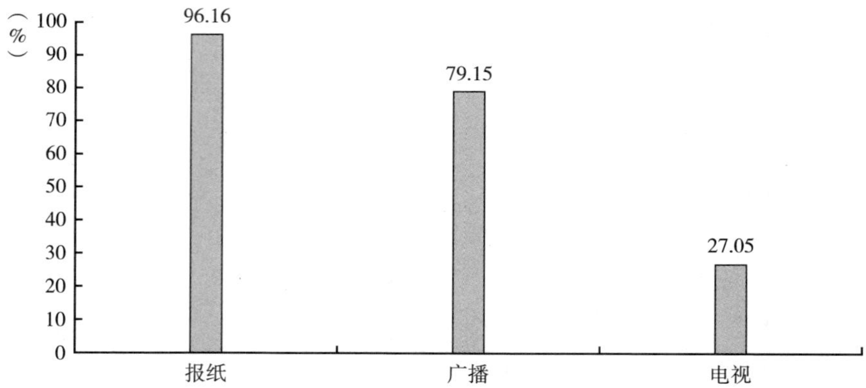

图 10　使用率减少的媒体

11. 5G 时代，获取新闻信息时，你会增加接收以下哪些内容形态（多选）

被调查者回答视频、音频、文字、图片的使用率会增加，分别是 96.02%、27.22%、0.51%、0.72%（见图 11）。

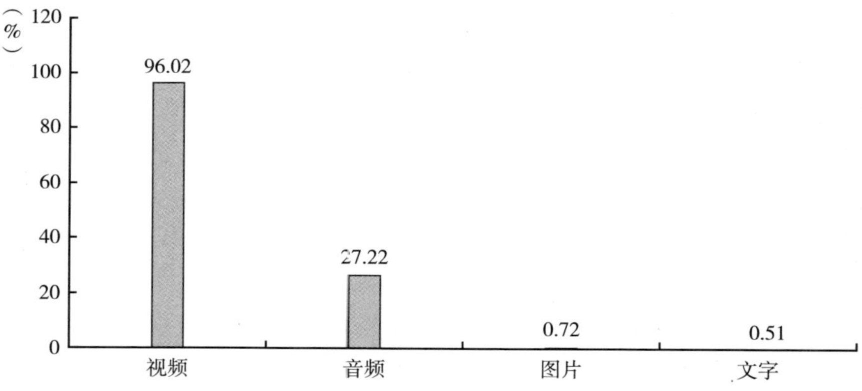

图 11　增加接收的信息形态

12. 5G 时代，获取新闻信息时，你会减少接收以下哪些内容形态（多选）

被调查者回答视频、音频、图片、文字的使用率会减少，分别是 1.22%、21.22%、88.01%、13.72%（见图 12）。

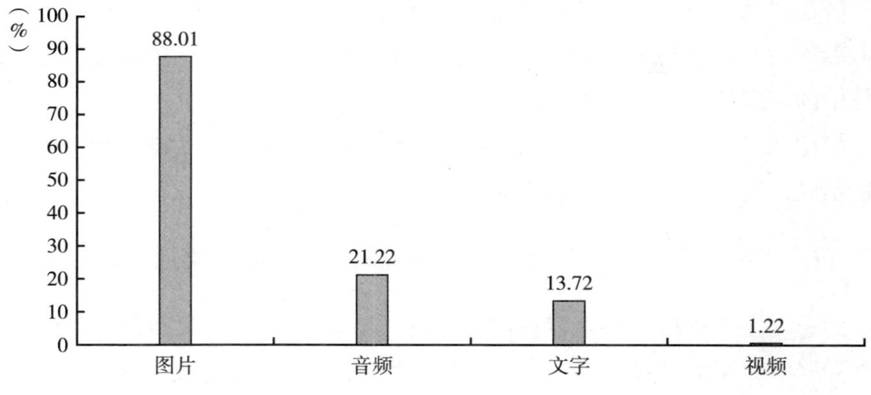

图 12　减少接收的信息形态

二　调查数据分析

分析中国新媒体网民的量化数据，我们发现，网民阅读习惯的变化，是由传媒业的变化决定的。

（一）为什么微信群不仅是普及度最高，而且是信任度最高的新闻媒体

调查显示，微信群是普及度、信任度最高的新闻媒体，超过纸媒、电视等传统主流媒体。

从理论上分析，传统媒体具有“把关人效应”，其发布的新闻信息和科普知识是经过过滤的，其内容的可靠性、权威性较高。

在新闻学与传播学研究中，“把关人”既可以指个人，如信源、记者、编辑等，也可以指媒介组织。

相比之下，微信属于社交媒体，不存在所谓的“把关人”，可谓人人都有麦克风。只要用户拥有智能手机，人人都可以通过微信发布信息。理论上看，不存在“把关人”的社交媒体，其发布的信息良莠不齐，信任度应该低于传统主流媒体。但是，量化研究却显示，恰恰是作为社交媒体的微信，信任度最高。

微信“通讯录”中的人，都是用户所熟知至少是知晓的人，属于所谓的“强联系”（Strong Ties）现象。从强联系和弱联系理论出发，可以理解为什么微信中的新闻信息信任度高。

相比之下，纸媒、电视等传统主流媒体，则属于弱联系传播，加上各国的国情不同，其信任度低于社交媒体是可以理解的。

（二）为什么主流媒体不是新闻传播的绝对主力渠道

对于“主流媒体”概念存在较大分歧。新华社2004年发布的舆论引导有效性和影响力相关研究报告认为，对主流媒体的评判标准主要是具有党、政府和人民的喉舌功能，体现并传播社会主流意识形态与主流价值观，具有较强公信力，具有较广泛的受众群。这些标准被不少人认为是当前我国对主流媒体较为权威的界定。①

乔姆斯基于1997年发表了一篇题为《什么让主流媒体成为主流》的论文。他将“主流媒体”称为“精英媒体”或“议程设置媒体”。乔姆斯基认为，主流媒体之所以是主流，是因为它们掌握着最主要的信源，并且为其他的媒体设置新闻框架，主流媒体的受众大多数是“精英”，如政治领袖、公司老板、大学教授等，这些人士左右了人们的思想。②

笔者一直认为，在数字化、网络化的今天，以往对“主流媒体”的界定和争论其实都是基于传统媒体，观点已经过时。从用户量的角度看，手机媒体才是当今真正的“主流媒体”。

本次调查再次证明，手机媒体才是当今真正的“主流媒体”，也是新闻传播的绝对主力渠道。

与人们的直觉不同，在遇到科普舆情热点事件时，人们几乎不会去看报纸，也极少看电视，而是首选微信、微博、今日头条的移动新闻客户端，即人们常说的“两微一端”。

我们对其中100名被调查者进行了深度访谈，发现报纸内容过于雷同是导

① 新华社舆论引导有效性和影响力研究课题组：《主流媒体如何增强舆论引导有效性和影响力之一：主流媒体判断标准和基本评价》，《中国记者》2004年第1期。

② 〔美〕诺姆·乔姆斯基：《乔姆斯基文集：宣传与公共意识》，信强译，上海译文出版社，2006。

致人们不愿意通过报纸和电视去了解舆情热点事件真相的原因之一。此外，“两微一端”在时效性、新颖性、便捷性、个性化等方面，远远优于传统主流媒体。

（三）为什么传统媒体不再是新闻传播的主要渠道

以纸媒和电视媒体为代表的传统媒体日益式微。不过，本项调查显示，通过纸媒和电视媒体获取新闻信息的比例如此之低，还是颇令人惊讶。

公元前60年，古罗马政治家恺撒发明了世界上最古老的报纸。他把罗马市以及国家发生的事件书写在白色的模板上，告示市民。

而中国是世界上最早用纸抄写报纸（出现于9世纪80年代）和最早用印刷方式复制报纸（出现于10世纪）的国家。

那时的报纸并不是日发，而是在出现重大消息时才由官方进行发布。

1650年，德国人蒂莫特里茨首发日报，虽然只发行了3个月左右，但它是世界上第一份日报。

历史数百年，辉煌数十载，纸媒陷入困境，无论是发行量还是广告额都出现大幅度下滑。

1931年创刊的《参考消息》日均发行量340万份，创刊于1984年的《南方周末》以深度报道见长，见证了中国改革和发展的历史。它们每年的新年献词也成为一个品牌，被多家媒体借鉴。

20世纪八九十年代到21世纪初，报纸和杂志作为传播信息的重要媒介，发展之迅速，百万份的发行量也只是入门级罢了。1980年，《中国青年报》的发行量就达到了300万份。时代赋予了纸媒以快速发展的辉煌势头。

报纸自出现以来，就被赋予记录时代的历史使命。纸媒的权威性也很少有人挑战。

纸媒的危机来源于新媒体，尤其是手机带来的便利。

近年来，多家媒体停刊。2017年12月31日，《环球军事》杂志宣布自2018年开始停刊，17个春秋，无数人的记忆停留在这一刻。

2019年的最后一天，《武汉晨报》、《城市快报》（天津）、《天府早报》、《自贡晚报》、《本溪晚报》、《七都晨刊》（云南文山）、《生活日报》（山东）、《吉安晚报》（江西）、《拉萨晚报》、《浙中新报》（浙江金华）、《百色早报》、

《北方时报》（黑龙江），这些报纸在 2019 年的最后一天印刷最后一份报纸后停刊。

报纸是否能在新媒体的冲击之下生存，取决于它是否有足够的生存价值。报纸的价值不只在于它是一个信息的载体，更在于它的新闻软实力。报纸的转型存在诸多障碍，其中很大一部分来源于自身。

1. 报纸的优势逐渐消失

自 20 世纪 90 年代以来，晚报、都市报纷纷成立，数十年的报纸阅读培养了广大的市民读者。每日一报，让普通百姓在生活中养成了读报的习惯。都市报和晚报通过对社会新闻、民生信息、社区活动的报道，培养了一批忠实的地方读者，大大提高了发行量。在早晨买一两份报纸，在茶余饭后休闲的时候翻阅，已经成为许多市民多年的习惯。但是随着互联网技术的深入和新媒体的出现，越来越多的读者在熟悉了电脑、手机的使用之后更依赖于新媒体传播出来的新闻，报纸的忠实读者群在不断流失。

报纸不再拥有独家新闻与深度报道。报纸对于新媒体而言，更像是一个信息载体品牌。而这个品牌的建立依靠着多年经营的优质内容。独家新闻衡量着一份报纸的新闻敏感度和新闻能力。从某种意义上来说，报纸的价值就取决于它的内容。曾几何时，报纸的优势在于它挖掘出来的独家新闻和深度报道。

媒体的公信力主要包括人文关怀、专业素质和媒体操守三个方面。在报道中以平等的姿态去面对读者，关心社会弱势人群，敢于与社会阴暗面做斗争，针砭时弊，建立一个相对自由、平等的信息平台是报纸内容的重要组成部分。近几年报纸的新闻可信度下降很大一部分原因是新闻时效性不强，而读者有很长时间来核实新闻的真实性。

报纸不再是唯一拥有专业化团队的媒体。报纸从业人员的专业素养和新闻能力决定了报纸的水平和价值。报纸的制作团队成员都是专业的新闻人才。在我国大多数高校开设了新闻专业相关课程以后，一部分大学生在用自己的热情和专业新闻能力为报纸注入新鲜血液的同时，另一部分大学生加入了新媒体行业，如今的新媒体从业人员不再是“门外汉”，而是实实在在的新闻专业人才。

2. 报纸难以解决盈利问题

传统纸媒的盈利来源为受众与广告商。而目前的报纸，在受众和广告商方面都面临着难题。新媒体新闻信息的免费获取，让很多读者不愿意花钱去买报纸，而广告主也更愿意在人们所关注的新媒体上投放广告。同时，报纸的版权问题无法解决，是其收入减少的一个重要原因，2005 年多家报社的负责人签署《南京宣言》就体现了报纸需要法规政策来保障版权的急迫性，但在相关法律法规不够完善的情况下，报纸仍然面临着内容被无限制转载的困局。报纸花费大量人力、物力、财力创造出的内容被新媒体无偿转载，后者还因此获得用户关注或直接利益，而前者生产这些内容的成本却无人承担，这间接加重了报纸的负担。

3. 报纸从垄断走向竞争的不适应

我国的传媒集团在进行市场化之前，企业内部管理僵化，从业人员思维固化，这使其在竞争中处于劣势，并被市场淘汰。我国对报业等行业有严格的准入限制。而随着新媒体的发展，报纸在市场化过程中，难免会产生不知所措的惶恐，对于新媒体技术的出现对它们所造成的冲击难以适应。与此同时，行业缺乏有效的退出机制，占据较大市场份额的报纸毕竟是少数，市场处于过度竞争状态，无法实现盈利的报纸在退出时缺乏有效的兼并收购方式，这样市场上的报纸数量只会越来越多，过度竞争状况会越来越严重。

4. 为什么电视离新闻传播渐行渐远

有人认为，5G 将给电视媒体带来发展的关键窗口期。如李岭涛认为，面对 5G 的到来，电视媒体如果可以将目光转向 5G，或许这将成为电视媒体摆脱困境的一个契机。①

但笔者认为 5G 将使传统电视业雪上加霜，因为更多的网民将时间用在抖音等视频类手机客户端上。从用户数量和媒体使用的角度看，不只是纸媒，电视也将离“主流媒体”更加遥远。

前文提到了报纸行业的关门潮，其实电视频道也面临着同样的问题，如 2019 年电视台广告招商规模全面下滑，上海东方卫视因缩减支出而砍掉了两个频道。

2012 年，上海地面频道广告收入 33.93 亿元，而短短的五年之后，其收入下降至 9.85 亿元。收入下降让各省市地面频道资金吃紧。很多电视综艺节

---

① 李岭涛：《5G：电视媒体发展的关键窗口期》，《声屏世界·广告人》2016 年第 12 期。

目为了减少支出，在同样的节目模式下选择素人来参加节目。[①]

有些电视台开始与手机媒体平台合作。如山东齐鲁频道就牵手今日头条、抖音、快手等平台共同定制短视频。又如《第一次做妈妈的你》在秒拍单平台播放量突破 5100 万次。

2020 年 3 月 13 日，字节跳动公司发布 2020 年抖音用户画像报告。报告显示，抖音 DAU 超 4 亿，较 2019 年同期的 2.5 亿增长了 60%。抖音与今日头条的重合度为 32.1%，重合用户占抖音的 42.2%。抖音与西瓜的重合度为 24.6%，重合用户占抖音的 29.5%。抖音以 10～19 次占比领先，30 分钟以上时长占比提高到 38%。

抖音用户中，男女用户较均衡，19～30 岁用户 TGI 高，新一线、三线及以下城市用户 TGI 高。抖音用户偏好视频类型，演绎、生活、美食类视频播放量较高，情感、文化、影视类视频播放量增长较快。男性用户对军事、游戏、汽车类视频偏好度较高，女性用户对美妆、母婴、穿搭类视频偏好度高。“00 后”对游戏、电子产品、时尚穿搭类视频偏好度高。“95 后”对游戏、电子产品、穿搭类视频偏好度高。“90 后”对影视、母婴、美食类视频偏好度高。“80 后”对汽车、母婴、美食类视频偏好度高。此外，综合全网 App 人均使用频次和时长数据，抖音用户黏性仅次于两大社交软件微信和 QQ，其中人均日使用时长在 30 分钟以上的用户占到抖音用户的 38.0%。

传统电视频道受到冲击，破局重组将成为今后的发展趋势。电视频道遇冷和报纸关停的原因极为相似。时代的发展，科技的进步，新媒体尤其是手机媒体的迅猛发展，一步一步从传统媒体手中抢夺市场和用户的注意力资源。目前，智能手机已经取代 PC 端，正在取代电视。5G 的出现和普及，只会加速智能手机取代电视的步伐。

5G 网络的峰值理论传输速度可达每 8 秒 1GB，比 4G 网络的传输速度快数百倍。换言之，一部 1G 的电影可在 8 秒之内下载完成。[②] 2019 年初，华为与北京移动联合完成了 4.9GHz 频段 5G 基站测试及验证，测试结果表明，5G 用户网速比 4G 快 300 倍，如果 4G 网络下载速度是 1.2MB/s，5G 的实时下载速

① 匡文波：《“两微”舆情生成、传播与治理》，2019 年 1 月。

② 匡文波：《“两微”舆情生成、传播与治理》，2019 年 1 月。

度为360MB/s，1部1GB的电影在5G网速下，下载用时不到3秒。按照现在互联网套餐计费机制超出部分流量1元1GB，在5G网络下1元钱只够用3秒钟。在5G网络普及后，流量资费包将会进一步升级，手机用户使用流量的门槛将会进一步降低，大量的4G用户会进入5G用户行列。

显然，5G时代，基于智能手机的各种手机媒体，包括微信、抖音的使用率会大大提高。每一个人每天可自由支配的时间是恒定的，手机媒体上花的时间多了，留给纸媒和广播电视等传统媒体的时间势必大大压缩。

三　研究结论

通过上述分析可以看出，我国网民在接收新闻信息时，倾向于通过移动端如微信、微博、抖音等新媒体渠道获取信息，电视、纸媒等传统媒体在信息传播方面的占有率大大下降。

在用户信任度方面，微信群被认为是更新速度最快、最值得信任的信息传播平台。相比之下，用户对其他传播渠道的信任度普遍不高，包括纸媒、电视等一般被视为“权威”的传统媒体。

值得注意的是，抖音所代表的短视频平台在用户获取新闻信息的过程中重要性增加，是除微信群外最多用户选择的渠道。可以预见，随着5G时代的到来，用户对音视频内容的接收将大幅增加，而对文字内容的接收则会相应减少。

参考文献

谢新洲、张炀：《我国网民网络社交行为调查》，《图书情报工作》2011年第6期。

匡文波：《新媒体舆论：模型、实证、热点及展望》，中国人民大学出版社，2014。

匡文波：《网络传播学概论》，高等教育出版社，2001。

匡文波：《手机媒体概论》，中国人民大学出版社，2006。

B.7
2019年中国互联网舆论场发展研究报告

刘鹏飞　曲晓程*

摘　要： 人工智能、大数据、5G 等技术加快应用，智能媒体加速发展，将促进新媒介形态演变，重塑媒体生态和网络舆论格局。年轻网民、城乡居民的加入推动了我国互联网用户分层结构发生变化。公共卫生疫情、企业舆情、科技舆情、网络监督、涉外舆情等出现上扬态势。互联网主题传播汇聚更多正能量，短视频和智能媒体对舆论生态影响不断深化。城市形象传播提上日程，融媒体和政务新媒体服务不断升级，网络信息内容生态治理体系也更加完善。

关键词： 舆情　短视频　5G　融媒体　生态治理

人工智能、大数据、区块链、云计算、5G 等技术加快应用，将为社会发展和人类生活带来颠覆性变革，其产生的影响将超越人类历史上的历次工业革命。新科技革命解放生产力，重塑生产关系和全球产业链分工体系，降低数据成本，推动新工业革命和新经济消费转型升级。各类传感器、机器人、自动驾驶车辆、虚拟现实、远程医疗、新能源等智能设备与服务网络发展提速，将重新定义人类生产生活方式和行业发展模式。新科技的进步必然促进新媒介形态的产生，将重塑媒体生态格局。

---

* 刘鹏飞，人民在线副总编辑、新媒体智库主任、人民网新媒体智库高级研究员，研究方向为网络舆情、新媒体传播、危机管理；曲晓程，人民网新媒体智库研究员，研究方向为网络舆情、网络治理。

一　互联网舆论场传播现状观察

表 1 为 2019 年度互联网舆论场热点事件排行。

表 1　2019 年度互联网舆论场热点事件热度排行

序号	事件	新闻	论坛	博客	报刊	微博	微信	App 采集	热度
1	新型冠状病毒肺炎疫情暴发	9152692	540879	26412	334950	3730871	7268749	29377	98.55
2	全国多地推行垃圾分类制度	1514407	131829	15988	137470	712460	2067385	5895	79.49
3	非洲猪瘟疫情与肉价上涨	1400520	97980	12561	52372	174013	1432147	2064	76.29
4	校园安全与未成年人保护话题	735044	53038	6696	45174	254989	1009004	754	72.92
5	中美经贸摩擦	733067	42497	6990	39212	94714	462210	3180	70.66
6	多家企业陷“996”及维权话题	343280	49203	2646	4472	75506	703591	220	69.48
7	多地发生森林火灾	369392	20791	3680	24877	129486	366618	2512	68.61
8	各地扫黑除恶斗争系列案件	233834	18148	3175	8606	127412	548076	1302	68.51
9	台风“利奇马”登陆造成多地受灾	271710	18518	1058	18232	219273	202375	2175	67.78
10	电影《流浪地球》热映	204260	22276	2228	7053	19707	248510	538	66.75
11	香港修例风波	257345	6462	582	13424	33936	101040	239	66.47
12	外籍人士及留学生话题	119351	6540	1177	2866	3214	177142	33	65.82
13	黑洞照片版权争议事件	88946	6498	1314	3268	55635	151404	412	65.76
14	“高空坠物”治理话题	82456	7811	565	5211	34683	107969	569	65.45
15	江苏盐城响水县化工厂爆炸	99414	7503	1269	7253	11845	83917	952	65.36
16	换脸 App“ZAO”引发隐私争议	87660	4532	542	1641	28488	78989	102	65.30
17	无锡一高架桥发生垮塌	36524	5302	233	1297	75669	58539	286	65.11

续表

序号	事件	新闻	论坛	博客	报刊	微博	微信	App 采集	热度
18	短视频与网络直播事件	69468	3266	555	1656	997	40478	16	64.88
19	明星论文及学术期刊事件	50227	3227	778	824	8981	50261	402	64.84
20	西安奔驰女车主维权事件	36544	3798	596	1097	17392	38381	175	64.75

注：舆情热度由新闻、论坛、博客、报刊、微信、微博、客户端（App 采集）的信息量加权得出。舆情热度 = 新闻 ×0.2 + 论坛 ×0.1 + 博客 ×0.1 + 报刊 ×0.2 + 微信 ×0.15 + 微博 ×0.15 + 客户端 ×0.1。

资料来源：人民网舆情数据中心。

（一）事件类型

人民网舆情数据中心通过对 2019 年 600 件舆情事件进行分析，统计出共计 22 类事件类型（见图 1）。2019 年，我国互联网舆论场结构出现新的变化。医疗卫生、应急管理、企业舆情、城市管理、经济民生、国际舆情、规则秩序、食品药品舆情、税务舆情、环保舆情、意识形态舆情、科技舆情等出现明显的上升态势。

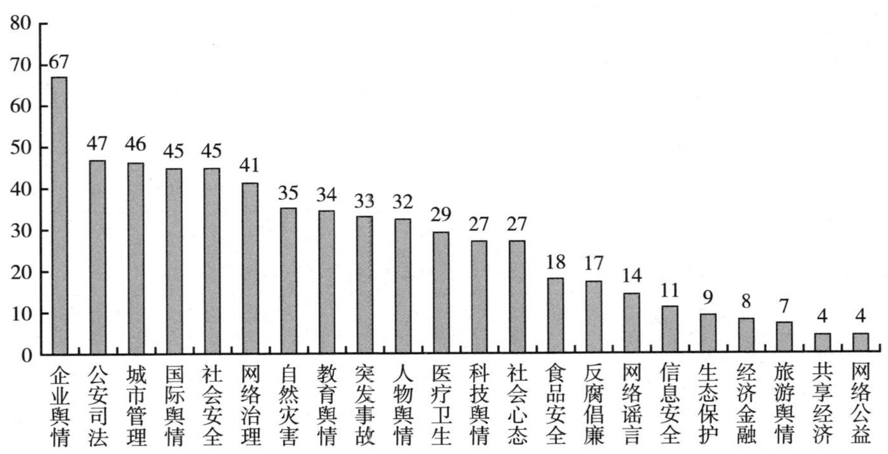

图 1　互联网舆情热点事件类型数量（n =600）

在事件类型分析方面，报告同样将涉及网络空间舆情与社会热点舆情进行分类对比，发现仅有反腐倡廉、旅游舆情、食品安全三种类型中的部分事件“不上网”。反之表示，在统计事件范围内，85%的事件或是在网络上引发热议，或是线上线下相互影响，抑或是热点事件“离线”走入现实。经过分析发现，事件类型数量与其热度并不构成相关关系。

从图2中得知，从数量上来看，企业舆情在2019年高发，但从其热度指数来看，明显低于其他部分事件类型。报告认为，在过去的一年，有关教育方面的事件为公众最关心，并极易引发讨论。科技类热点事件虽然与人们日常生活关系较为疏远，但一旦出现“突破性”，往往会获得全网的关注。

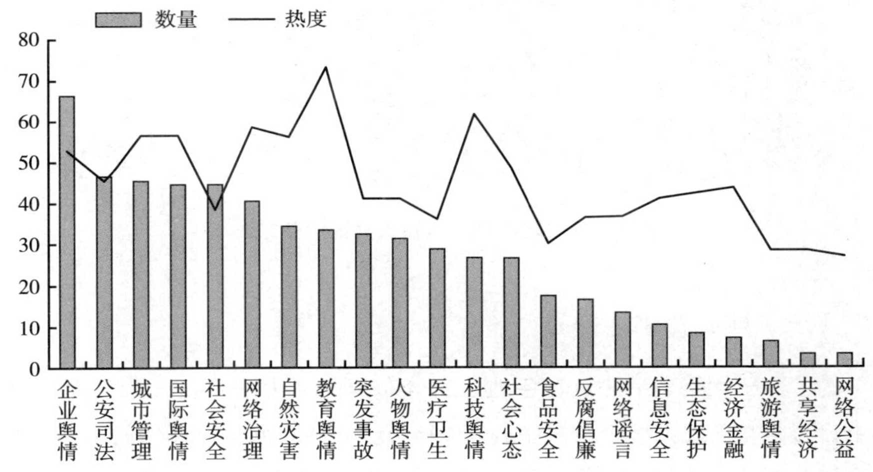

图2　2019年互联网舆论场热点类型分布

在事件数量上不占据优势的信息安全、生态保护、医疗卫生、经济金融等事件，在舆情热度上却与之相反，虽然处于第三梯队，但热度较高。一方面此类事件与人们日常生活息息相关，如2019年多地开始推行垃圾分类，另一方面与事件涉及群体的利益密切相关，例如P2P的爆雷潮、线上教育机构的爆雷潮等。

（二）人群画像

报告将2019年600件互联网舆情热点事件进行人群画像的划分，并试图剥离涉及网络空间热点事件与社会舆情热点事件在人群划分上的不同。

分析发现，两类热点涉及的人群重合度非常高。就数量而言，相比社会舆情热点，涉及网络空间热点事件的人群标签并无过于多元化。从事件类型上看，虽然以主要群体为划分依据，但在多数事件中，“主要群体”也涉及多种人群，例如在多地培训机构爆雷事件中，企业、消费者、学生、员工等均有涉及，且由于涉及不同程度的利益纠葛，出现一人具备多种标签的情况（见图3）。

图3　互联网舆论场话题人群画像分布对比

（三）地域变化

为了分析网络舆情热点在各地区的分布情况（见图4），以及可能产生的影响，报告从人民网舆情数据中心2019年包含1348件热点事件的案例库中筛选出引发舆论热议的地方热点事件565件，并对其进行事件情感倾向的划分。

第一梯队	第二梯队	第三梯队
广东	河北	海南
江苏	山西	吉林
北京	福建	黑龙江
四川	辽宁	内蒙古
浙江	江西	青海
河南	贵州	成都
山东	云南	天津
陕西	甘肃	西藏
湖北	安徽	新疆
上海	广西	
湖南	重庆	

图4　地域事件量排行（$n=565$）

（四）信息源头

为了直观呈现互联网舆论场的年度变化，人民网舆情数据中心抽选2019年月度热度值排行前50、共计600个舆情热点事件进行数据分析。结果表明，有21%的舆情热点源自自媒体曝光，其他79%的来源分别为主流媒体、政府官方信源、新闻资讯类网站等（见图5）。自媒体曝光事件量的比例虽然仅约占两成，但其助推舆情发酵的作用不可小觑。而随着各种新型媒体平台的出现、呈现方式的愈加多元，对非官方渠道作为事件曝光源头的关注应引起重视。

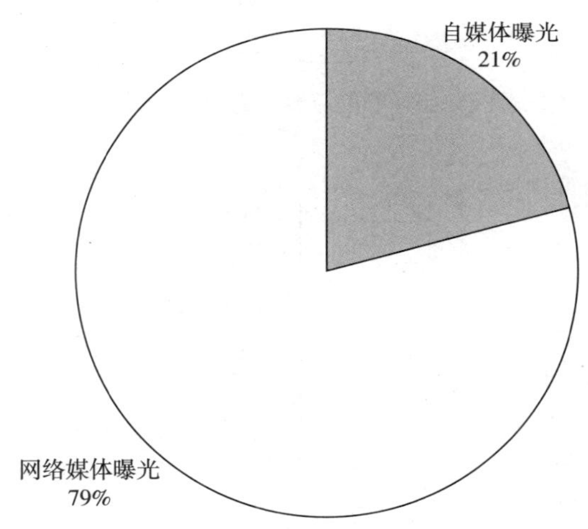

图5 媒体曝光渠道分布（$n=600$）

从事件传播媒介平台来看，600件热点事件中，微信平台的传播量在2019年超过网络媒体平台，可以看出“两微一端”（含短视频）和新闻网站在舆情事件中的传播力量。客户端与微博平台传播量相似，而传统论坛、博客、报刊的传播数量比例较小（见图6）。

本报告试图将2019年全年600件事件分成仅涉及网络空间热点事件及社会舆情热点事件两类。全年涉及网络空间热点事件仅占全年的26%（见图7），而从全年热点排行Top20中，则有50%的占比，这可理解为，网络空间热点事件虽然较少，但往往引发舆论热议。

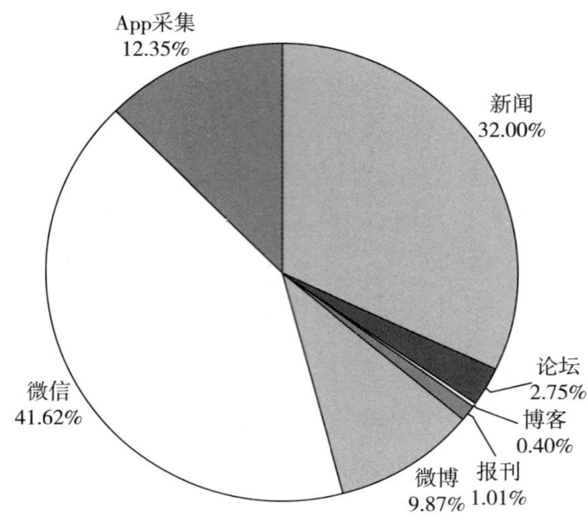

图 6　媒体报道平台分布（$n=600$）

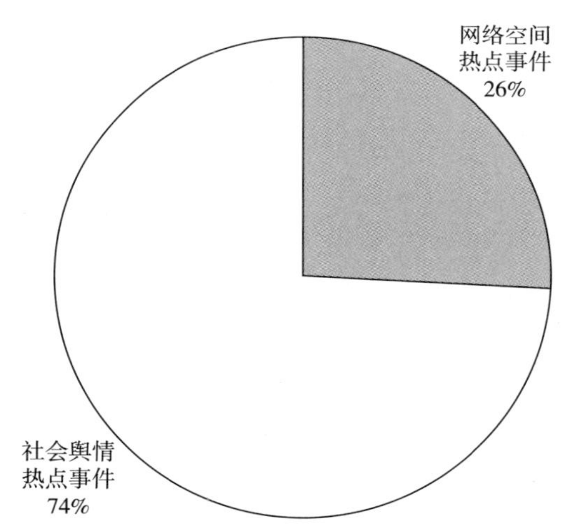

图 7　涉及网络空间与社会舆情热点事件量分布（$n=600$）

二　互联网舆论场热点分布格局演变

（一）突发传染病疫情易成舆情“黑天鹅”

2019 年以来，突发公共卫生疫情、自然灾害和应急管理类舆情成为年度最大的“黑天鹅”事件，也考验着国家和社会的应急管理和社会治理能力。受非洲猪瘟、禽流感等动物疫情影响，60%以上存栏生猪的损失在一定程度上造成了市场供需和价格的波动，推动粮油和生鲜蔬菜价格上涨等，影响到居民“菜篮子”，叠加多种因素影响CPI。动物传染、动物传人、人传人疫情的多次发生，也推动了国家公共卫生防疫体系建设步伐的加快，以适应不断变化的形势。

复盘新冠肺炎疫情前期互联网舆论场，出现明显的“潜舆论”效应，很多民间猜测和话题传播是在熟人短信、茶余饭后的互动社群、朋友圈、微信群、QQ群、语音群和视频聊天中出现的。如果政府和媒体信息发布出现真空和不确定，互联网舆论场的内在动能将被激发，民间也会出现“恐慌”情绪，“谣言”生成的概率大增，境外纷繁复杂的信息倒灌国内也更频繁。也有研究表明，当社会出现危机时，恐慌和谣言某种程度上成为社会免疫力的体现之一，需要重视和严谨甄别。

中山大学中国公共管理研究中心和人民网舆情数据中心调查发现，疫情期间受访者存在“两个80%现象”——疫情信息方面，80%左右的人主要依赖微信、朋友圈等个人化信息［微信好友、朋友圈、微信群（78.24%），媒体网站移动客户端（65.34%），微信公众号（62.3%），电视（54.2%），政府公告（50.82%），微博（50.32%），报纸（6.86%）］。同时，对于“疫情”报道媒体的信任度，80%以上的人更相信政府权威媒体［中央媒体（59.51%），政府疫情发布会（24.79%）］。另外，对疫情报道表示怀疑时，有超一半的民众更倾向于查阅中央媒体和政府网站（56.05%）。这反映民众信任权威需求与主流媒体供给不足的矛盾，建议采取制度的、激励的、技术的方式鼓励主流媒体、专家和媒体人士开展个人终端化信息供给。①

新冠肺炎疫情成为新中国成立以来最严重的一次突发公共卫生事件，“封城”“交通管控”“延长春节假期”“企业复工难”“全国两会延迟”等，疫情造成的影响和损失远远超过2003年的“非典”疫情。国家迅速成立中央应对新冠肺炎疫情工作领导小组，介入湖北和武汉疫情防控工作。1月23日，武

① 《疫情应对措施的国家治理与政策行为效应调查报告》，人民网新媒体智库报告，2020年2月。

汉实施了史无前例的“封城”，湖北以及周边省区市也加强了医疗、交通、宣传、社区治理等方面的疫情防控工作。全国几乎所有省区市都先后启动突发公共卫生事件一级响应，对口支援湖北。经过一个多月的努力，疫情逐步得到控制，前期各地疫情防控、病例数字变化和后期的“复工复产”“城市疫情管控”“企业政策”等成为舆论场上大家最关心的话题。

2月14日，习近平总书记主持召开中央全面深化改革委员会第十二次会议讲话时强调，“要完善重大疫情防控体制机制，健全国家公共卫生应急管理体系”。总体来说，突发公共卫生事件，特别是各类传染病疫情蔓延防不胜防，应急管理难度巨大，牵一发而动全身，需要付出极大社会代价，储备大量医疗专业资源、社会资源和管理资源，舆情常常比疫情蔓延速度还快，应受到各级政府的高度重视。

（二）企业舆情增长与守法安全意识

2019年以来，涉及企业类的舆情持续增多。总体来看，国内外环境出现不少变化，中美贸易摩擦、国内外经济下行，以及行业内部结构性格局调整与产业转型升级等，为企业经营增加更多压力。此外，企业生产成本、税费成本和劳动人力成本居高不下，民营企业家群体政策安全感、市场竞争公平性隐忧和中小微企业融资难融资贵等问题，特别是新冠肺炎疫情暴发后，企业复工复产以及经营停滞造成收入负增长等巨大压力，成为讨论热点。

进入2019年，国内经济消费潜力和就业话题热度上升，企业人物舆情时有出现。总体来看，企业舆情有了更多的法律色彩。比如，多家企业陷“996”及维权话题或陷入辞退员工的争议，黑洞照片引发视觉中国网站版权争议，知网被曝涉嫌版权侵权及垄断，换脸App“ZAO”用户隐私条款引争议，西安奔驰女车主维权揭开汽车行业问题等。

年度企业生产安全事故类舆情居高不下，包括江苏盐城响水县化工厂爆炸、无锡高架桥侧翻事故、陕西神木矿坍塌事故、河南三门峡气化厂爆炸等。此外，增长较快的是数据泄露或公民信息隐私安全类事件，比如，30多款App违规采集个人信息、大数据杀熟事件、上海迪士尼翻包检查被质疑等。因机构自媒体爆料的涉企事件增多，舆论影响力和议题设置能力在移动互联网时代增强。比如，丁香医生曝光权健集团涉嫌非法传销，监管部门紧急介入查处。大量企业舆情背后，往往都暴露出违法违规、管理不规范、责任意识差、监督不足的深层次问题。

（三）科技科普话题成为舆情热点

科技话题在2019年上半年迎来爆发，《流浪地球》的热映引发了有关硬核科幻的讨论，“人类史上的第一张黑洞照片”“人类首个3D打印心脏”“嫦娥四号成功降落月球背面”等诸多人类史上的第一次都引燃了公众对科学进步的好奇与求知欲，引发了广泛的关注。此外，国内高铁建设里程新突破、华为推出5G芯片、后疫情时期八大新基建、超级工程或“基建狂魔”等泛科技工程类话题备受网民欢迎，增添不少科技色彩。而与最新科技相伴而来的还有不少泛科技伦理方面的探讨，类似之前的“基因编辑婴儿”、传染病病毒“人工合成”传言、人工智能是否取代人类等讨论热度不减。

新冠肺炎疫情暴发，在对经济社会活动产生巨大影响的同时，人们足不出户，对各类网络社交、影音娱乐、远程办公、在线教育、远程医疗、网购物流、生鲜配送、大数据应用、人工智能、新闻信息等的需求增加。

（四）网络监督举报与规则秩序舆情

2019年以来，有了短视频和圈层化传播的微信群、QQ群和朋友圈，网络舆论场中充斥着各类监督举报类舆情。当视频或图文突破圈子被公开在微博、论坛或客户端等网络渠道，就会迅速成为社会热点。比如，各类高铁霸座事件，往往有图有视频有真相。这也与我国中等收入群体不断增加、互联网人群结构变化的表达习惯及社会心理息息相关，网民更加关注涉及安全、健康、品质、规则等核心诉求，权利意识和主动参与表达的行动力也有所上升。

此外，交通法规和文明行为方面，重庆保时捷女司机掌掴事件、北京劳斯莱斯女司机事件、奔驰车女司机故宫停车事件等视频和图文，激起网民好奇和围观，引发群情激奋的网络追问，相关部门介入调查处置，逐渐演变为监督执法甚至反腐事件。过去一张图片就能形成网络曝光的事件，今天需要依靠更多短视频叠加图文传播，这类事件普遍存在“新闻搭车”效应和网络“众包”思维的特点，传播机理具有非常典型的特征，引发各类仇官仇富仇特权的网络情绪和社会心理。在互联网时代，纪检监察、组织人事和公安司法等部门能得到网络“神助攻”。

2018 年源于成都一幼儿园家长微信群的“严书记”事件、2020 年初新冠肺炎疫情期间湖北退休副厅长一家被举报、合肥望湖城一未戴口罩女子在小区门口辱骂殴打防疫工作人员等，此类事件源于微信群等互动社区，从局部引发微博、短视频平台和客户端上大范围的人肉搜索和社会监督。在网络爆料成为常态的今天，“新闻搭车”效应往往得到最大化发挥，往往因为一张图片或视频的曝光，一个细节就能引燃社会情绪和质疑，舆情生成的路径更短更快捷。但是，网络自媒体爆料往往因为缺乏新闻报道和调查核实的专业能力和资源，也常常出现各种猜测、不实信息，应及时回应和澄清。

（五）医疗卫生舆情标签与印象反转

2019 年医疗卫生舆情比重高企，主要涉及医患矛盾、医疗事故或违规、医学伦理争议、涉医不实信息等。从“医生为乘客用嘴吸出尿液”“产妇因为没床位耽误治疗”到“医生拒接诊插队病人被警方带走”“江苏淮安 145 名幼儿口服过期疫苗”等，不同的个案众说纷纭，唤醒更多理性的声音。医疗舆情事件已经从有关医药卫生本身的讨论走向关于体制、利益、医患关系等更深层次的思考。

医患矛盾复杂化与“医闹”话题相互交织。舆论场不乏“煽情式表达”，并不利于舆情降温，还可能引发次生舆情。在 2019 年爆发了多起暴力伤医事件后，舆论中的理性声音上升。正如人民日报客户端评论指出，对“医患纠纷”与“刑事犯罪”必须有充分的厘清，在全社会形成对暴力伤医事件“零容忍”的共识。

医疗各领域发展也存在主客观方面不平衡。2019 年 5 月，江苏省东台市人民医院发生一起血液净化中心血液透析患者感染丙肝事件，经主管部门调查属实。澎湃新闻评论称，基层医院的医疗环境、操作流程和医护人员的专业素养，与城市的三甲医院都有一定差距。新冠肺炎疫情暴发后，各地基层医疗压力瞬间加大，甚至造成“医疗挤兑”现象。

2019 年医学伦理、法规和医药讨论热度持续，医疗卫生体制机制正出现新变革。山东聊城“假药门”与被称为现实版“药神”案的翟一平案都迎来尾声。新修订的药品管理法表决通过，于 2019 年 12 月 1 日起施行。此外，大量紧缺药品纳入统一采购谈判和医保目录，网民称赞不绝于耳。

网上涉医不实信息或新闻反转也常被曝光，如乐山市“救护车不施救”传闻，涉事救护车医院的说明让事件反转，所谓“不施救”并非全部真相。“有视频未必有真相”，或源于信息不对称。疫情期间，数以万计的医护人员视死如归，做出最大牺牲，生理、心理均达极限，被各地网民赋予“最美逆行者”的评价，堪称年度正能量。

（六）教育舆情、校园安全与师德师风

2019 年高考招生、学籍管理、学术不端、学生安全、师德师风、留学生话题、意识形态等议题有所增加。比如，2019 年初翟天临事件涉嫌问题论文和教育机会的追问，牵出学术与商业如何平衡的讨论。2020 年初一篇刊发于学术期刊《冰川冻土》“赞美”导师和师娘的论文、核心期刊《银行家》刊发主编儿子的散文引起了轩然大波。观察者网有文章通过比较认为，学术乱象自新世纪以来已演变为一个全球性问题，或许非制度升级不能解决。

网上舆情热度和敏感性较高的仍是高考招生、学籍、学区等议题。2019 年 1 月，山西晋城曝出百名高中生没有学籍；2019 年 5 月，深圳富源学校接收来自河北“高考移民”考生引发质疑；同月，江苏南京应用技术学校也发生了有关学生学籍和专业问题。此外，电影作品《少年的你》热映，受到好评。近年校园欺凌事件时有发生，也成为社会关注问题。

疫情期间，在线教育需求飙升。此次“停课不停学”是教育史上最大规模、最大范围地利用互联网教学。“停课不停学”让网课成为全国各地学校的选择，但在悬崖上、草地上、雪地中“找信号”等贫困地区学生“凿壁偷光”式地找 WiFi 的新闻不时见诸网络，“数字鸿沟”有待扶贫、教育、公益等各界共同应对。

（七）外籍人士话题与移民政策热议

2019 年，多地高校爆出外国留学生事件或话题，包括颇受争议的山东大学等多所国内大学“女学伴”制度、外籍留学生或外籍人士违规行为被特殊对待，高额留学补助等议题引发网民激烈讨论。网上出现“崇洋媚外”“国别歧视”争议，“洋垃圾”话题、广州黑人话题、非法居留偷渡和治安话题等引

发公共治理争议。特别是对于外籍人士“超国民待遇”的担忧，国外难民问题和极端恐怖主义的警示，叠加国内户籍、计生、教育、医疗、住房、社保、税务等政策民生话题和社会公平的讨论，在舆论场中出现不同社会阶层间的认知差异，值得有关部门重视。从网上观点来看，涉外事务中对外籍人士和本国公民无差别对待，或是政策制定和执行中值得探索的平衡点。

随着我国综合国力的提升和国际交往的逐渐增多，国际人员流动更加频繁，基于与国际接轨和社会实际需要，移民管理部门成立，外籍人士居留与管理服务工作提上日程。2020 年 2 月 27 日，司法部门推出新修订的《外国人永久居留管理条例（征求意见稿）》备受热议。从网上帖文分析情况来看，一方面是国内民生和公平权利的诉求；另一方面，是对部分法律条文模糊不清造成自由裁量权过大，以及对移民管辖权过低可能导致寻租腐败空间的担心。

（八）涉外舆情及国际舆论环境变化

中美贸易摩擦、香港修例风波和“反送中”事件以及 2019 年底出现的新冠肺炎疫情成为互联网舆论场中最热的舆情事件，具有重大性、全局性、复杂性、敏感性和周期长等特点。我国面临着非常复杂的、空前的对外传播的新环境、新挑战。

自 2018 年以来愈演愈烈的中美贸易摩擦，给两国乃至全球经济蒙上一层阴影，话题热度贯穿于 2019 年全年。中美之间的关税政策与贸易举措的变化，以及多轮“马拉松式”无果而终的经贸协议谈判，中兴、华为等科技企业受到美国政府及有关机构的调查与限制，孟晚舟事件，限制学术和科技交流等舆情不断，中美贸易摩擦有了向科技、金融、教育、文化和政治等多领域扩散的迹象，引发两国及全球各界的广泛关注和热议。

经历漫长的关税拉锯和多轮“马拉松式”谈判，直至 2019 年 12 月 13 日，中美第一阶段经贸协议文本达成一致，加征关税由升到降，商品范围有所缩小。2020 年 1 月 15 日上午，中美第一阶段经贸协议签署仪式在美国白宫举行，受到各方的肯定。新冠肺炎疫情给两国和全球经济社会造成巨大冲击，经贸协议的执行是否会受到影响也备受关注。基于中国经济长期向好的趋势、疫情等逐渐得到控制，中美双方合作共赢的信任和良好的经济基础，舆论总体保持积极乐观。全球疫情暴发，金融股市压力加大，仍面临不确定性。

新冠肺炎疫情给我国乃至世界带来的影响是全方位的，“人类命运共同体”让更多人感同身受。国内外舆论密集讨论，在西方媒体及社交媒体平台，虽然有大量国家或地区的政府、企业和民众纷纷表示关心，但也出现很多质疑批评的声音，特别是在早期，甚至出现大量谣言、歧视和侮辱攻击言行。但随着疫情逐步得到控制，舆论场也出现了积极变化。“病毒无国界”，有100多个国家陆续出现疫情蔓延的危机，韩国、日本、意大利、伊朗、法国等较为严重。国际舆论场开始出现更多携手战“疫”的声音。

三 舆论场参与人群的结构变化

（一）农村用户进入互联网

截至2019年6月，10～39岁网民群体占网民整体的65.1%，其中20～29岁网民群体占比最高，达24.6%。[①] 在我国互联网用户中，青年群体是网络社会发展的主力军，也是互联网舆论场的建构主体和网络议题的重要参与者。

随着4G移动互联网和智能手机在城乡的普及，上网的门槛大大降低，这是过去几年我国互联网基础设施领域最深刻的变革。数以亿计的城镇和农村网民，尤其是中老年人和青少年成为最显著的新增群体。互联网发展成果要惠及14亿中国人，市场红利期远未探底。过去这群被舆论遗忘的“沉默的大多数”，进入互联网时代的意义十分巨大，这不仅意味着城乡人群将共享互联网和经济发展成果，而且通过互联网表达的参与性也达到空前的高度，这必将改变互联网舆论场的面貌。

据易观2019年初统计，一、二线市场3.5亿人，移动设备4.6亿台，平均每人1.3台移动设备；下沉市场总人口是10亿人，移动设备5亿台，平均每人只有0.5台移动设备。企鹅智库发布的《中国三、四、五线城市网民时间·金钱消费数据报告》指出，中国互联网人口红利在最优市场已经触顶，三、四、五线城市网民在整体移动网民中的占比超过了一半。报告显示，三线以下市场的用户在在线阅读和娱乐方面的需求高于移动互联网用户

① 中国互联网络信息中心：《第44次中国互联网络发展状况统计报告》，2019年8月30日。

的整体水平。总体来看，下沉市场的发展潜力不容小觑。快手、拼多多和趣头条等 App，打破了传统的互联网巨头割据，也改变了互联网行业局面和业态。

中国社会科学院新媒体研究中心发布的《三线及以下新兴市场网民触网习惯研究报告》建议，有数据显示，中国移动互联网新兴市场月度活跃设备达6.18 亿台，尚有1 倍潜在用户有待挖掘，新兴市场潜在价值巨大。要充分考虑地区差异，移动内容平台要为农村地区网民提供丰富的网络文化产品，振兴农村网络文化，助力缩小城乡区域间的数字鸿沟。

（二）“Z 世代”成为互联网的重要人群

“Z 世代”是指 1995 ~2009 年出生的一代人，这代人从出生起就沉浸在网络时代，完全成长在互联网的高速发展下。据国家统计局统计，1995 ~2009 年我国出生总人数约为2.6 亿，约占2018 年总人口的19%。其中“95 后”约为9945 万，“00 后”约为8312 万，“05 后”约为7995 万（未计入港澳台地区和海外华侨数据）。[①] 近年来小众化圈层受到年轻人的喜爱，从小就开始接触网络的“90 后”“00 后”，能获取更加多元化的信息，并且具有高效的处理能力，不会轻易盲从别人的观点，兴趣更加丰富多样、更加具有独特性。

以当前网络盛行的弹幕文化为例，视频网站哔哩哔哩（B 站）年度弹幕盘点已经逐渐成为反映我国年轻群体流行文化的重要标志之一。据统计，2018 年 B 站弹幕总数为 10 亿。截至 11 月底，2019 年 B 站弹幕总量已经超过 14 亿次，同比增长 25%。《我在故宫修文物》这样的冷门纪录片就是通过 B 站走红的。2018 年 9 月，人民日报社与 B 站联合发起的媒体融合公益基金，尝试解决媒体融合发展过程中的人才培养、内容激励等问题。

2019 年底 B 站公布的年度弹幕榜单在舆论场中掀起了一番关于“拼音缩写与精神文化内涵”的争论。反对者认为，不同人对生活的多层次感知以及丰富情感的表达需要得以呈现；支持者则认为，网络流行语灵活生动地体现了网络文化本身的创造力和生命力。2019 年 12 月 7 日，在江苏省 2020 年考试录用公务员公共科目笔试中，“zqsg”（真情实感）、“ssfd”（瑟瑟发抖）等

---

① 企鹅智库：《2.6 亿年轻人的消费版图　2019 Z 时代消费力白皮书》，2019 年 8 月 29 日。

缩略语出现在了考题材料中。网络流行文化正在被主流舆论所正视、接受和评价。

2019 年 12 月 31 日，B 站举办了“2019 最美的夜”跨年晚会，豆瓣评分高达 9.2 分，直播在线观看人次 8203 万，被《人民日报》点赞评论为“最懂年轻人的晚会”，共青团中央、中青报等主流媒体也纷纷表示肯定，更多用户慕名而来“补课”收看。截至 2020 年 1 月 4 日，晚会全程回顾视频已近 6000 万人次播放量。①

（三）文化复兴先行者与文化传承开拓者

传统文化复兴的大潮袭来，短视频的兴起让历史文化的传播途径丰富多元。成千上万的传统文化爱好者开始运用新兴媒体平台，以各种方式表达他们对于古人智慧与精神的热爱。数据显示，B 站上近乎九成的国风爱好者都是 Z 世代。② 这一方面体现在对传统文化类纪录片、国产动漫的追捧，另一方面体现在 B 站用户对于古风音乐、汉服、舞蹈等内容的积极创作。

不过，年轻人传统文化的复兴并非一味地追随历史。“台北故宫博物院”于 2013 年推出了“朕知道了”纸胶带，受到了许多年轻人的追捧。随后故宫博物院也开始进军文创领域，成为当下的现象级 IP。人民网舆情数据中心曾对文创领域关注人群的年龄分布进行了调查，结果发现，15～25 岁的群体关注新文创的比例最高，不过他们也表达了进一步的创新期待。

2020 年初，工行和银联联合推出的《生肖新传，破时空上演》引发了舆论场的讨论，话题#十二生肖接力#登上了微博热搜。新华网文章《传承有序，让中国文化更自信》描述称，一群身着特别服饰、佩戴生肖面具的年轻人，按照十二生肖的排序，通过跑酷、滑板、越野车、滑翔伞、快艇、飞船等方式，穿过市井胡同、繁华都市、戈壁、高山、江海、外太空，持续传递手中写有“续写属于我们的传说”的卷轴。文章评论称，这则微视频通过重新解构关于中国生肖的故事，让传统的生肖文化再度引燃年轻人的兴趣。《时代》周刊也以《生肖新传，破时空上演》为例，对这一命题进行了采

① 张鑫：《从 B 站跨年晚会看小众媒体与主流媒体的深度融合》，《视听》2020 年第 2 期。

② “IP 价值官”微信公众号：《B 站国风青年，如何把传统文化玩出圈?》，2020 年 1 月 13 日。

访。文章称："这，也许就是当代中国年轻人的一个侧影，他们以自己的个性选择着自己喜欢的当代潮流文化，同时也用自己的方式理解和传承着中国的'传统文化'。"①

（四）年轻网民的跨文化政治传播现象

"饭圈女孩""帝吧出征"是当下中国网络集体行动的最新现象，也是当代年轻网民亚文化实现政治表达的新趋势。学者杨国斌曾对"帝吧出征"现象做过论述，他认为"帝吧出征"具有自我表演的特征，其目标消费群体与其说是海峡对岸的台湾民众和媒体，不如说是出征参与本人以及大陆的媒体和网民。"帝吧出征"实际上是为青年网民提供了集体英雄主义的想象。② 李良荣教授认为"95后""00后"的新生代网民对时政新闻的敏感度不高，往往以拒绝"严肃"的叛逆姿态呈现在网络空间上，但同时又怀着强烈而朴素的爱国情感和民族认同。③

在香港修例风波中，许多艺人偶像在Instagram等境外社交平台发声支持香港警察，导致众多"港独"分子侵占评论区进行人身威胁以及侮辱，这引起了"饭圈"群体的愤怒。各艺人偶像的粉丝们集结在一起，成为统一的"阿中女孩"，通过控评、反黑、表情包等方式，"围剿港独"。"饭圈女孩"在"守护阿中"的行动中，并没有脱离"帝吧出征"时代的行为与方式，饭圈有饭圈的规则，"控评""盖楼""标签"等一系列依旧可归结为"语言类符码"与"视觉类符码"。但"饭圈女孩"所塑造的虚拟人物形象"阿中"，则可以说打开了一条"追爱豆式爱国"的新方式。虽然从结果上看，此次行为让大众看到了这个亚文化群体所表现出来的对主流文化的认同和可取之处，撕掉了过往一些笼统的妖魔化、网络暴力、非理性等标签，以及揭示"饭圈"内部本身纷繁复杂的多元化、分层化结构，但有观点认为，"出征"行为本身以及"娱乐化"解读政治是否值得肯定还有待商榷。

---

① 微信公众号"虎嗅App"：《中国传统文化何以复活？》，2020年1月22日。

② 杨国斌：《引言　英雄的民族主义粉丝》，《国际新闻界》2016年第11期。

③ 微信公众号"传媒志"：《划重点！中国传媒业新生态，李良荣大大这样说……》，2017年5月25日。

四 舆论场舆情生成与新媒体传播特征

（一）互联网主题传播汇聚爱国正能量

庆祝新中国成立70周年是党和国家政治生活中的一件大事，是年度宣传思想工作的主线和重中之重。宣传好70年来的巨大成就，总结好70年来的宝贵经验，讲述好70年来的故事，为新时代改革发展再出发汇聚力量，是主流媒体的职责和使命。各类媒体机构通过打造互动性、沉浸性的新闻产品来提升用户参与感，引起共鸣与共情。

微博有关“新中国成立70周年”的帖文达到4330万条，其中仅@人民日报发起的话题#新中国成立70周年#阅读量就超过19亿人次，讨论163万条，网民爱国情绪高涨。9月以来，仅微信平台涉及“壮丽70年，奋斗新时代”相关文章有30130篇，阅读总量超过2746万人次，营造共庆祖国华诞的浓厚氛围。[①] 人民日报社还发起“我与中国”（@China）全球短视频大赛。由海外网主办的“全球华人生活短视频大赛”自2019年8月1日启动以来，综合阅读量超3000万人次，总投稿量2000余篇。主流媒体在探索移动端报道方面树立了良好典范，丰富了媒体传播、受众接收的方式，满足了多样化的信息需求，润物无声地弘扬了爱国主义。为庆祝新中国成立70周年，各互联网企业积极行动，一系列创新策划精彩纷呈，共同助推爱国热情饱满充盈的氛围。

（二）短视频平台对舆论生态的影响

2019年，从深层看，互联网短视频继续呈现向低龄和高龄群体两极渗透的趋势。“95后”群体“触网”的加速普及，“00后”被称为“触屏一代”。腾讯视频、爱奇艺、优酷土豆居于多终端网络视频的头部阵营。另外，微博、微信、今日头条、一点资讯、趣头条等资讯类客户端，抖音、快手、微视、秒

---

① 卢永春：《主流媒体守正创新 大力营造国庆氛围》，《网络舆情》（内参）2019年9月27日。

拍、小咖秀、一直播、西瓜视频、梨视频等短视频直播应用持续火爆，占据了国内外庞大的市场。B 站等二次元弹幕网站等异军突起。

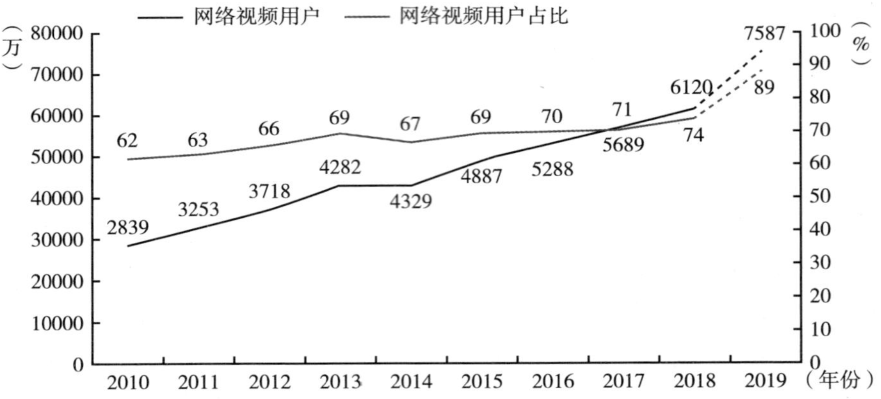

图 8　网络视频用户数量与所占全体网民比重

注：2019 年数据为截至 2019 年 6 月统计值。

资料来源：中国互联网络信息中心（CNNIC）发布的历年《中国互联网络发展状况统计报告》。

央视新闻客户端、人民日报客户端、人民视频、芒果 TV 等主流新媒体平台发挥了强大的视频影响力。在近年很多重要活动和突发事件中，媒体都有运用短视频、航拍等手段。主流媒体和视频网站也常常通过短视频的手段，策划新媒体作品，增强了感染力和效果。随着 5G、人工智能、虚拟/增强现实、无人机等技术加速融合应用，新闻报道、通信社交、文化娱乐和网络游戏等领域潜力不可限量，已成为网络新引擎。

在中央网信办、国家发展改革委、国务院扶贫办、工业和信息化部联合印发《2019 年网络扶贫工作要点》，强调要充分发掘互联网和信息化在脱贫中的潜力，扎实推动网络扶贫行动向纵深发展。从直播带货的基层干部到短视频带货的乡村，互联网思维下的扶贫新模式积极促进民生改善。据人民网舆情数据中心发布的报告，近些年，短视频加快探索与电商、旅游等的融合发展，催生了新的扶贫模式。伴随 5G 时代的来临，合理有效利用短视频平台的资源优势，分析探讨“短视频 + 扶贫”的可持续发展，对于贫困地区打好脱贫攻坚战而言有着非常重要的意义。

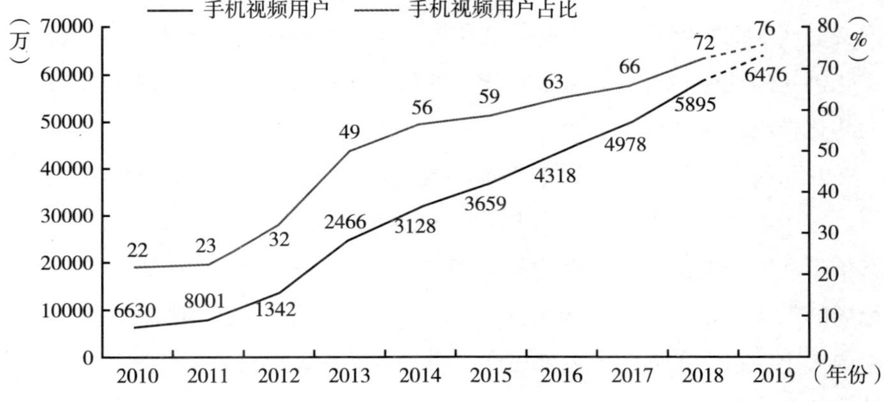

图 9　手机短视频用户数量与所占手机网民比重

2019 年 4 月中旬，在国务院扶贫办社会扶贫司的指导下，第一届“福苗计划”春季专场举行，联合各地 20 多家地方扶贫办甄选地域性山货，举办了 475 场直播活动，标签页参与人数超过 9248. 8 万。在活动三天内，每 3 秒就有一件扶贫山货实现销售，线上市集的浏览量超过 1. 54 亿人次，消费扶贫活动总流水超 2870 万元。2019 年 6 月 10 日央视《焦点访谈》通过采访和介绍遍布全国多地的短视频乡村新主播故事，由点及面地肯定短视频 + 直播扶贫创新实践。

（三）“网红”城市形象传播成年度热点

习近平总书记在党的十九大报告中指出，“推进国际传播能力建设，讲好中国故事，展现真实、立体、全面的中国，提高国家文化软实力”。作为国家形象和城市发展竞争力的有机组成部分，有效的城市形象国际传播有利于打造动态多元的国家城市形象，提升在国内外发展竞争中的话语能力和吸引力。对于城市而言，如何在全媒体时代和融媒体传播环境下，充分运用最新的先进传播手段和群众喜闻乐见的内容形式，就成为社会共同关注的话题。城市形象的建构与传播也成为城市发展的重要引擎，有效利用城市品牌，能够拓宽城市在国际社会的辐射空间。

在坚持对外开放国策及“一带一路”倡议下，国家经济发展和人民生活水平不断上升，国内短视频、VR、无人机航拍、影音图片类应用用户不断扩大，数字化文创产业不断发展，智能化激活文化自信。比如，故宫上元之夜和文博文创产业的数字化、多元化的文化数字工程话题讨论，成为我国网民对民族文化创新的期待与寄托。从李子柒走红讨论的背后，能够看到表达工具和方式的变化带给民间的巨大活力。

在互联网平台扶持及网民的热情参与下，除了北上广之外，西安、青岛、成都、重庆等国内“网红城市”层出不穷，国内多个城市故事和文化旅游消费场景不断焕发新的活力，热度不断攀升。城市形象传播成为2019年互联网舆论场的最热话题之一，或将在未来相当一段时期占据头条与版面。越来越多的中国大小城市，正面向国内外民众，敞开宽广而斑斓靓丽的怀抱，展现出蓬勃灿烂的文明与活力。

五　融媒体发展与网络治理趋势

（一）5G与智能媒体助力融媒体传播

在2019年2月15日的2019年春晚上，央视率先应用5G网络实时回传深圳、长春等分会场的现场镜头到北京总台，而这些长达数小时的4K超高清视频画面全程流畅无卡顿，[①] 传输效果稳定，充分展示了5G的高速率、低时延等特点。5G技术被全面应用在节目的制作、分发、传输以及改善用户体验上成为本台春晚的最大科技亮点，同时也预示着5G技术未来大规模应用的广阔前景。5G话题在舆论场上持续升温。

早在4G应用阶段，权威媒体就与各互联网企业深化合作关系，共同研发人工智能媒体平台。5G具有技术门槛，各地媒体与运营商、互联网公司和通信技术企业等积极寻求优势互补，在各地开花落地。比如，2019年人民日报、新华社、济南日报、成都日报等不少机构与运营商和科技企业等开展基于云计算、物联网、大数据、人工智能等技术的合作。[②]

---

① 《中国电信5G网络率先打通央视春晚4K直播测试》，人民网，2019年1月28日。

② 黄楚新、张露引：《报道技术与手段的再升级——2018两会新媒体报道观察》，《新闻战线》2018年第4期。

比如，2 月 20 日，正月十六，鹤壁联通联合大河报等媒体，有“中国式狂欢节”之称的浚县正月古庙会以“5G + 智慧旅游”进行了长达 9 个小时的 5G 全景高清直播，观看量超过 1300 万人次，其中 855 万网友通过手机 App“云端逛庙会”。① 人民日报新媒体部、中国长安网、舟山广电、仪陇新闻网等多家媒体转发。

在 2019 年“两会”报道中，人民日报以技术创新为引领，全景报道“两会”盛况。在“两会”现场采访中，人民日报的记者手中也增加了 5G 客户终端设备（CPE）和 VR 全景相机，可以将大会现场的超高清视频等信息传送给用户，为用户营造身临其境的感官盛宴。3 月 10 日，中央广播电视总台 4K 超高清频道实现 5G 集成直播三场“两会”记者会，总台 5G + 4K、5G + VR 等新技术探索与重大活动直播的充分结合，在中国广播电视史上具有里程碑意义。② 10 日，新华社成功对全国政协十三届二次会议第三场记者会进行了首次 5G 手机全链条直播报道，是抢先部署 5G 应用的初次实战。③

（二）县级融媒体和政务新媒体服务升级

2019 年我国的媒体融合建设实现理论与实践的重大跨越发展，中央地方一体推进、党政企业协同发展、政府人民共同参与，新兴媒体平台纵横交错，县级融媒体建设多点开花——多维联动、全景触发、统筹推进、跨界合作的全媒体传播体系基本形成。全国融媒体建设进程从省会城市向县级纵深发展，“区域发展”规划在融媒体建设中落到实处，掷地有声。由省级“中央厨房”牵头、地市级矩阵连结、县级媒体跟进，形成“一个平台、多方汇集、共同推进社会治理”的新局面。④

2019 年我国媒体融合实现了初步建设，县级融媒体建设也全面开展，收效显著。随着城镇化进程的推进，县级城市的人口数量、经济发展水平、区域

---

① 《中央、省、市新闻媒体利用直播等新形式报道浚县正月古庙会盛况》，《鹤壁日报》2019 年 2 月 21 日。

② 《热议丨中央广播电视总台为代表的“新技术 +”将引领媒体融合发展新方向》，央视网，2019 年 3 月 12 日。

③ 《新小浩上两会丨5G！新华社进行了一场“5G 手机全链条直播报道”》，新华社新媒体，2019 年 3 月 11 日。

④ 胡芳等：《媒体融合发展需要把握三种思维》，央广网，2019 年 1 月 21 日。

特点均有较大差异，如何在均衡资源共同推进的同时兼顾地方特色，形成全国多层级一体化融媒体建设新格局，搭建价值导向为轴心的媒体融合生态布局，从而实现生态系统内部的资源、能力和创新整合，最终达到媒介生产和分发的最优配置仍是我们需要持续思考的问题。①

同时，中央和地方政务新媒体建设、信息发布和政务服务不断升级。截至2019 年 12 月 26 日，经过微博平台认证的政务微博已达到 179932 个，其中政务机构官方微博 138854 个，公务人员微博 41078 个。② 截至 2019 年 6 月，我国 31 个省（区、市）政府均已开通政务头条号，总数达到 81168 个，增加 2988 个。山东省共开通 8241 个政务头条号，开通数量 3000 个以上的省份有 7 个，除山东外还有河南、四川、甘肃、广东、内蒙古、陕西。

在政务服务方面，政务微博继续强化政务新媒体的办事服务功能，银川市印发《“@问政银川”微博矩阵运营管理办法》，“@马鞍山发布”创建的#马上办#模式，“@湖南高速警察”利用线上监督平台开设的微博“随手拍”举报功能。舆情回应方面，“奔驰女车主哭诉维权”事件中，“@市说新语”（原“@中国市场监管”）及时跟进事件进展，发布权威消息。“南京应用技术学院虚假招生风波”中，“@南京人社”深入调查还原事件真相。北京妇产医院门口劳斯莱斯女司机事件、重庆保时捷女车主事件中，@平安北京、@平安渝北等用及时详尽的调查结果消除了公众疑虑。

（三）改善网络信息内容生态治理

2019 年 10 月 31 日，党的十九届四中全会审议通过了《中共中央关于坚持和完善中国特色社会主义制度　推进国家治理体系和治理能力现代化若干重大问题的决定》。文件指出，“完善坚持正确导向的舆论引导工作机制”。这为我国媒体融合和网络治理指明了方向。

全媒体时代，“中央厨房”和县级融媒体建立，从中央到基层，如何实现舆论引导成为重要课题。网络走向综合协同治理，互联网内容监管精细化，从

---

① 严三九：《融合生态、价值共创与深度赋能——未来媒体发展的核心逻辑》，《新闻与传播研究》2019 年第 6 期。

② 《〈2019 年政务指数·微博影响力报告〉发布》，人民网，2020 年 1 月 17 日。

内容到生态，从视频到音频，再到电商带货等领域。互联网带来的新兴业态的发展，教育、医疗、出行、电商等产业格局发生融合变革，但随之而来的内容安全、用户隐私、版权保护等问题不容忽视，如何让监管走在技术前面将是新的课题。随着依法治网体系的完善，网络信息内容生态管理规定的出台，信息内容安全与互联网平台主体责任进一步增强，政府、企业、网民、行业等协同机制也将发挥更大作用。

随着近年来互联网“免费”模式越来越弱化，知识产权、“付费阅读”“会员订阅”等逐步为更多网民所接受，2019 年有关版权争议舆情也不断出现，如“洗稿”大讨论、知网收费价格、视觉中国因“人类历史上首张黑洞照片”引发大规模版权争议等案例。

随着国内外互联网数据安全和立法形势的变化，民众的法律素养和隐私保护权利意识不断上升。从 AI 换脸、短视频带货的治理到问题 App 的被约谈与下架，监管与治理速度不断加快。短视频直播黑名单制度和内容管理的加强，回应了互联网舆论呼吁加强内容规范化的社会关切。

2019 年 12 月 15 日，国家互联网信息办公室发布《网络信息内容生态治理规定》，自 2020 年 3 月 1 日起正式施行，成为一项里程碑事件，明确了网络信息内容生产者、服务平台、服务使用者以及网络行业组织的权利与义务，并且以“网络信息内容生态”作为网络空间治理立法的目标，这在全球属首创。它将改善互联网舆论场的健康与生态平衡，推动我国互联网治理能力和效果的提升。

参考文献

周文韬、孙志男：《5G 背景下主流媒体融合转型的可能性分析》，《新闻战线》2019 年第 3 期。

中国互联网络信息中心：《第 44 次中国互联网络发展状况统计报告》，2019 年 8 月 30 日。

企鹅智库：《2.6 亿年轻人的消费版图　2019 Z 时代消费力白皮书》，2019 年 8 月 29 日。

张鑫：《从 B 站跨年晚会看小众媒体与主流媒体的深度融合》，《视听》2020 年第 2 期。

B.8
2019年主流媒体 Vlog 叙事框架及优化路径研究

李明德　乔 婷*

摘　要： 2019 年主流媒体搭载 Vlog 快车的新闻实践引人注目。在新闻叙事学等理论视角下，构建主流媒体 Vlog 叙事框架类目，通过内容分析、定性比较及共词分析等考察主流媒体 81 条 Vlog。研究发现，2019 年主流媒体 Vlog 发声积极强势，正能量主题突出，融专业生产内容、用户生产内容于一体，内容组织成熟，推出不少契合 Vlog 特点的私人叙事作品，形成个体、草根、主流并行的叙事结构，但在表达边界、情节组织、场景聚焦、内容创新、视听元素使用等方面还有待探索。由此，需要采取转变叙事角色、提升综合素养，探索个性表达、坚守客观原则，打造品牌 IP、强化内容风格，平衡前台后台、连贯叙事逻辑，挖掘交互功能、创新内容表达等优化路径。

关键词： 主流媒体　Vlog　叙事框架　人民视频

内容视频化是移动互联网的一大趋势，火爆发展的短视频态势中，Vlog（视频日志）被视为下半场争夺重点。2019 年，“Vlog + 新闻”碰撞出不少亮点，“博鳌 Vlog”“两会 Vlog”“国庆 Vlog”等均有好评。随着短视频市场用

* 李明德，文学博士，西安交通大学新闻与新媒体学院院长，教授、博士生导师，主要研究方向为新媒体与网络舆情；乔婷，西安交通大学马克思主义学院博士生，主要研究方向为网络传播。

户增量红利的消退，内容存量的重要性愈发凸显，这对媒体深耕 Vlog 报道内容提出了要求。新技术不仅改变了新闻文本的形态，还被认为具备重塑新闻叙事范式的潜力，① 探究媒体 Vlog 报道叙事框架，并就其“短板”提出优化路径，不仅有利于主流媒体创新传播手段话语方式，打造全媒体传播体系，也有助于促进网络短视频生态的健康平衡。

一　研究背景：Vlog 及其在我国的发展

（一）Vlog 起源及概念

Vlog 又被称为视频日志、视频博客等，是 Video Blog 的缩写，一般认为其广泛流行于 2012 年的 YouTube 平台。作为一种新兴的短视频形式，Vlog 被认为是传统博客的延续，它以创作者（Vlogger）为第一视角，通过对日常生活的个性化剪辑及音乐、字幕、滤镜等的运用，完成对日常生活的拼接记录。一般短视频时长多在 60 秒以内，Vlog 则多在 4 ~ 10 分钟，② 故事性相对更完整，一定程度上弥补了以往短视频叙事碎片化的局限性。相对复杂的剪辑要求也对内容生产者提出了更加专业化的要求，从 Vlog 视频制作整体过程来看，其具有浸入式、生活化、人格化、专业性等特点，但也存在内容同质化、单一化等发展挑战。③

（二）Vlog 在我国的发展

2018 年，这一新兴的视频形式伴随明星效应（如欧阳娜娜系列 Vlog）、活跃的内容创作者入局（王晓光、竹子、Cbvivi、史里芬、陈康纳等 Vlogger），视频剪辑软件发展（小影、一闪、VUE 等 App）以及头部平台扶持战略等（B 站“Vlog 星计划”、小影“V 光计划”、抖音“10 亿流量扶持计划”、新浪微

---

① 常江、杨奇光：《重构叙事？虚拟现实技术对传统新闻生产的影响》，《新闻记者》2016 年第 9 期。

② 曾祥敏、刘思琦、唐雯：《2019 全国两会媒体融合产品创新研究》，《新闻与写作》2019 年第 5 期。

③ 张昕：《Vlog 的特点与发展趋势——从视觉说服视角》，《青年记者》2018 年第 17 期。

博“Vlog 召集令”）在我国发展迅速，于短视频大军中呈现出“黑马”姿态，因此部分学者将 2018 年称为中国 Vlog 元年。

2019 年短视频行业步入成熟发展的下半程，Vlog 也被认为是内容视频化趋势下短视频下半场的争夺重点，在商业助推下，其发展呈烈火烹油之势。根据《第 44 次中国互联网络发展状况统计报告》，截至 2019 年 6 月，我国网民规模达 8.56 亿，网络视频用户规模达 7.59 亿，占网民整体的 88.8%，其中短视频用户规模为 6.48 亿，占网民整体的 75.8%。[①] 另外，艾媒咨询（iiMedia Research）《2019 中国 Vlog 商业模式与用户使用行为监测报告》显示，2019 年中国 Vlog 用户规模达 2.49 亿。根据上述数据，我国 2019 年 Vlog 用户占短视频总人数的 38.4%。[②] 2019 年，我国新闻媒体也搭载着 Vlog 快车，展开了系列新闻实践，在全国两会、博鳌亚洲论坛、新中国成立 70 周年、澳门回归 20 周年等重大主题报道中，这一新兴视频形态崭露头角，引发广泛关注。

二 文献综述

本文聚焦主流媒体 Vlog 叙事框架，首先需要明确 Vlog、新闻叙事框架概念范畴及其研究概况。

（一）Vlog 新闻

在中国知网上以“Vlog”为关键词检索发现，相关研究涉及新闻传播、商业经济、工商管理、通信经济及教育等学科领域。经过文献分析，新闻传播类研究可分为四类：一是从宏观视角分析 Vlog 发展现状、特点、趋势以及存在问题等，这类研究数量最多，研究也相对深入成熟，如张昕[③]从视觉说服角度

① 中国互联网络信息中心：《第 44 次中国互联网络发展状况统计报告》，http：//www.cnnic.net.cn/hlwfzyj/hlwxzbg/hlwtjbg/201908/t20190830_70800.htm，2019 年 8 月 30 日。

② 《艾媒报告丨2019 中国 Vlog 商业模式与用户使用行为监测报告》，https：//www.iimedia.cn/c400/64757.html，2019 年 6 月 11 日。

③ 张昕：《Vlog 的特点与发展趋势——从视觉说服视角》，《青年记者》2018 年第 17 期。

剖析了 Vlog 流行产生的背景、特点及未来发展趋势，隋岩等[1]对 Vlog 发展现状、较博客而言的新特点、存在的问题做了分析并提出治理对策；二是在相关理论视角下探讨 Vlog 的深层内涵，如刘娜等[2]遵循“媒介—场景—行为—社会”的媒介环境学研究路径，通过“拟剧理论”、麦克卢汉的媒介观视角思考 Vlog 的行为呈现及其社会互动；三是从媒介技术角度剖析 Vlog 的内容生产、运营、模式创新等，刘婷等[3]聚焦 Vlog 平台的设计、创意、推广等要素，分析平台的模式延伸与创新，张文娟等[4]从本质、流变以及问题反思等角度审视 Vlog，郑满宁[5]分析了 Vlog 的价值要素及其在技术、表达、变现、用户等方面的困境，并提出其未来发展的创新策略。

（二）新闻叙事框架

“框架”最早由人类学家贝特森提出，1974 年戈夫曼将其引入文化社会学，随后这一概念被纳入大众传播研究。戈夫曼将其定义为“诠释图式”（schemata of interpretation），认为它影响甚至决定人们对事物的感知、理解和评价。[6] 在大众传播学范畴中，“框架”概念普遍被理解为名词和动词的复合体，认为其理论核心是“从人类传播的互动关系出发，表达了基于情境关系的非语词涵义的隐喻的意义”[7]。在新闻研究领域，学者们对“框架”也有论述，塔奇曼认为“每一则新闻都包含有框架，新闻报道就是‘选择’客观事实，并主观的‘重组’这些客观事实的过程，即框架客观现实的过程”[8]。

---

① 隋岩、刘梦琪：《视频博客（Vlog）的内容特点及其治理》，《学习与实践》2018 年第 11 期。

② 刘娜、梁潇：《媒介环境学视阈下 Vlog 的行为呈现与社会互动新思考》，《现代传播》（中国传媒大学学报）2019 年第 11 期。

③ 刘婷、刘子建：《视频制播类 App 的创新模式探析——以 VUE Vlog 平台为例》，《传媒》2019 年第 22 期。

④ 张文娟、宫承波：《本质、流变与反思：基于 Vlog 的多维审视》，《电视研究》2019 年第 10 期。

⑤ 郑满宁：《短视频时代 Vlog 的价值、困境与创新》，《中国出版》2019 年第 19 期。

⑥ 刘涛：《元框架：话语实践中的修辞发明与争议宣认》，《新闻大学》2017 年第 2 期。

⑦ 刘强：《框架理论：概念、源流与方法探析——兼论我国框架理论研究的阙失》，《中国出版》2015 年第 8 期。

⑧ 〔美〕盖伊·塔奇曼：《做新闻》，麻争旗、刘笑盈、徐扬译，华夏出版社，2008。

Holli A. Semetko 等[①]认为新闻报道的叙事框架是新闻媒体根据一定规则对特定事实的选择性处理策略，以体现意义解释、归因推论和道德评价等社会功能。

从整体上来看，既往研究从宏观视角探讨媒体 Vlog 新闻实践的较多，从中微观角度聚焦内容研究的较少；思辨性叙述较多，结合具体案例的实证和定性细致化分析较少；对技术驱动下的叙事研究多以笼统的“新媒体”平台一以概之，着眼于具体平台的观照较少；对叙事框架要素的认知尚不统一。这些为本文提供了一定的研究空间。在文献分析基础上，本文将新闻叙事框架元素确定为叙事者（叙事主体、叙事角色、叙事视角）、故事（叙事策略、叙事过程）和素材（客体、过程），结合 Vlog 相关特征，通过文本分析方法完成 Vlog 叙事框架的类目构建（见表 1）。

表 1　Vlog 新闻叙事框架的类目建构

要素	类目		具体维度
叙事者	叙事主体		①记者；②公众；③记者 + 公众
	叙事角色		①缺席叙述者；②隐蔽叙述者；③参与叙述者；④旁观叙述者
	叙事视角		①零度焦点（全知视角）；②内焦点（限知视角）；③外焦点（纯客观）；④多元视角
故事	叙事策略	主题	①资讯服务类（旅游打卡探店）；②宣传类；③娱乐类；④报道类
		#话题标签	①关联或创建相关话题；②没有关联或创建任何话题
		配乐	①有配乐；②无配乐
		Vlog 内部标题	①有内部标题；②无内部标题
		字幕	①有字幕；②无字幕
		情节	①按时间顺序推进；②蒙太奇剪辑跳跃
		场景	①只有前台；②只有后台；③前台多于后台；④后台多于前台
	叙事行为	来源	①原创；②平台视频热点；③其他媒体来源；④政务；⑤个人 Vlogger
		时长	①1 分钟以下；②1 ~ 4 分钟；③4 ~ 10 分钟
		完整性	①故事情节完整；②碎片化整合

① 陈旭鑫、陈昊：《国家叙事：央视〈新闻联播〉“三农”报道的框架与效应》，《电视研究》2019 年第 3 期。

续表

要素	类目	具体维度
素材	过程	①交代开端、发展、结尾（发展、连续、变更）；②没有交代开端、发展、结尾（发展、连续、变更）
	客体	①交代行为者、地点、时间；②没有交代行为者、地点、时间

三　主流媒体 Vlog 叙事框架

（一）研究对象

本文以人工采集的方式选取人民日报社 2019 年 1 月 1 日至 2019 年 12 月 31 日的全年 Vlog 报道（见表 2），在其官网、B 站及@人民日报、@人民网、@人民视频微博平台以"Vlog"为关键词进行检索，剔除重复和无关内容后，共得到 81 条 Vlog 报道。在新闻叙事学等理论指导下，采用媒体文本研究领域的内容分析法、案例导向型的定性比较分析法以及共词分析法等，试图呈现 2019 年我国主流媒体 Vlog 叙事框架及其存在问题。

之所以选择人民日报社为研究对象，一是人民日报社作为我国最具代表性的主流媒体，影响力广泛；二是其以"守正创新，融合传播"的理念形成了特色的庞大融媒体矩阵，也是主流媒体中最早开展 Vlog 新闻实践的一拨；三是 2019 年人民日报社发起了系列 Vlog 征集活动，#两会夜归人#、#寻找夜归人#、#我是央企人#等，吸引了众多行业媒体、主流媒体及政务机构参与，例如 2019 年全国两会报道中人民日报社发起 Vlog 活动，联动政务机构 600 余家、党媒平台 100 余家，覆盖人群 1.8 亿，[①] 其平台样本量丰富、广泛。

① 《新语态下，新实践带来新变化》，http：//www.xinhuanet.com/zgjx/2019 - 04/02/c_137943501.htm，2019 年 4 月 2 日。

表 2 观看量 TOP20 的 Vlog 新闻

序号	Vlog 标题	发布日期	发布平台	时长	观看数（万人次）
1	【#美国小哥用 Vlog 告诉世界香港的真相#】	2019. 10. 12	@人民日报	1:30	1035
2	【看哭！#高考家长拍 Vlog 祝福孩子#，还记得爸妈当年的陪伴吗？】#高考，加油#	2019. 6. 6	@人民日报	3:14	284
3	【#有间国潮馆#开馆！看@阿云嘎 Musical Vlog 带你探馆】	2019. 5. 10	@人民日报	3:42	214
4	#全国两会#【人民日报新媒体记者两会 Vlog】	2019. 3. 5	@人民日报	2:13	135
5	名画里的人，都去哪儿了？来看这个穿越历史的 Vlog #多彩亚洲#	2019. 5. 17	@人民日报	2:25	95
6	【你好青年丨孟美岐】#犟#	2019. 4. 30	@人民视频	3:04	57
7	#两会记者有多拼# #寻找夜归人#【#两会 Vlog#丨凌晨五点，我在人民大会堂外参加了一场"短跑比赛"】	2019. 3. 6	@人民视频	2:05	54. 4
8	#两会 Vlog#【#寻找夜归人#：OMG！蜀黍的一天花式来袭】#2019 看两会#	2019. 3. 2	@人民视频	0:42	49. 3
9	【#人民 Da 卡#Vlog："全能超人"五棵松体育馆的秘密！】#原来你是这样的五棵松#	2019. 10. 18	@人民视频	4:31	48
10	【探秘大兴机场！民民实地体验 Vlog 来啦】	2019. 9. 27	@人民网	2:59	41
11	#寻找夜归人#【#两会 Vlog#丨"环球人"的 16 个小时】#两会夜归人#	2019. 3. 13	@人民视频	1:47	36. 8
12	#点赞澳门#【别贪心！来澳门一定不要吃得太饱哦！】#民民 Vlog#	2019. 12. 18	@人民网	4:03	34
13	#两会 Vlog# #寻找夜归人#【两会 Vlog丨两会夜归人的欢乐日常】	2019. 3. 3	@人民视频	1:51	32. 9
14	#两会 Vlog#【电力小哥版#两会夜归人#致敬所有奋战在一线的电力人】#寻找夜归人#	2019. 3. 10	@人民视频	1:38	32. 3
15	#两会 Vlog#【暖心 MV《演播厅奇妙夜》致敬每一位追梦人！】	2019. 3. 16	@人民视频	2:31	32. 1

续表

序号	Vlog 标题	发布日期	发布平台	时长	观看数（万次）
16	【#人民 Da 卡#Vlog：这才是放假的节奏！在这里吃喝玩乐全都要】#原来是这样的五棵松#	2019. 10. 5	@人民视频	2:28	32
17	#寻找夜归人#【#两会 Vlog#丨今天，我在两会上提问了！】#两会夜归人#	2019. 3. 11	@人民视频	2:54	30. 7
18	#两会 Vlog#【#两会夜归人#丨当两会遇见 Vlog】#寻找夜归人#	2019. 3. 16	@人民视频	4:07	26. 7
19	【我们在现场！人民网记者 Vlog 记录#国庆70 周年大阅兵#】#新中国成立七十年#	2019. 10. 2	@人民网	4:34	26
20	【他们守护着中国陆地最东端：Vlog 带你看武警小哥哥大年里的快乐一天】	2019. 2. 12	@人民视频	3:00	25

（二）数据分析

1. 发声主动强势，“蹭热度”现象未消

从叙事主体来看，记者单独作为叙事者的 Vlog 占 44. 4%，反映出在 Vlog 新闻领域媒体工作者仍是最强势的发声者，公众作为独自叙述者的 Vlog 占 38. 3%，记者 + 公众组成的多元叙事主体占 17. 3%，即公众作为叙事主体参与 Vlog 占到了样本总量的 55. 6%，这体现出 Vlog 技术赋权带来的话语权“下沉”（见图 1）。这些公众叙事者有压路机司机、突击队特警、“空中舞者”电力工人，也有支教老师引领下的山区小学生，他们通过 Vlog 讲述自身故事，带领镜头前的观众领略各行各业、千姿百态，第一人称的视角和原生态的画面构建了鲜活、生动的生活图景，唤起了屏幕这方的情感共振。

从叙事角色来看，公开叙事者占比超过了 89%，其中参与叙事者占 87. 6%，旁观叙事者占 2. 5%（见图 2）。面对镜头主动发声的叙事者最多，这说明主流媒体熟练掌握了 Vlog 积极表达的特点。由缺席叙事者和隐蔽叙事者组成的剩余 8 条 Vlog 值得关注，其中 3 条为公众参与的人民网#我是央企人#Vlog 征集活动，剩余 5 条为人民网、人民视频、《人民日报》原创，如《#跟习近平出访#习近平主席希腊之行 Vlog》《#两会 Vlog#为什么全国两会固定在三月召开》《名画里的人，都去哪儿了？来看这个穿越历史的 Vlog#多彩亚洲#》等，这些视频没有出镜叙事者，仅以后期配音和图片视频资料组合而成，虽带有 Vlog 话题标签，但内容更像宣传片。缺席叙述者和隐蔽叙述者的存在，反映了部分公众 Vlogger 对 Vlog 特征还不熟悉，暴露了主流媒体对于 Vlog 这一新兴视频形态存在蹭热度现象，也让人反思 Vlog 是否适用于宣传片，以及 Vlog 的适用范围等。

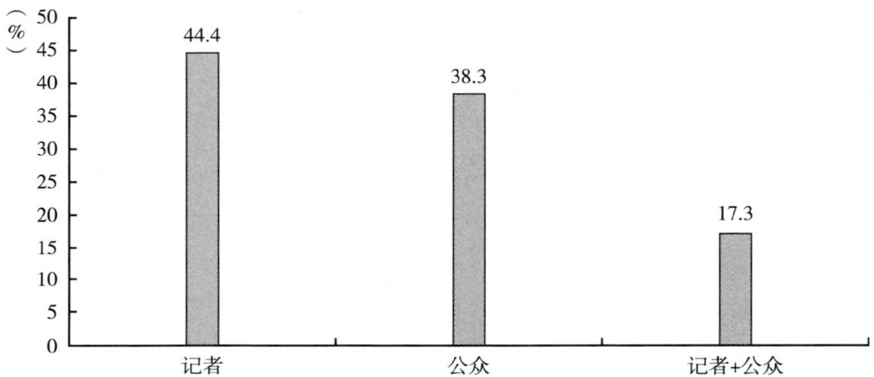

图 1　主流媒体 Vlog 叙事主体分布

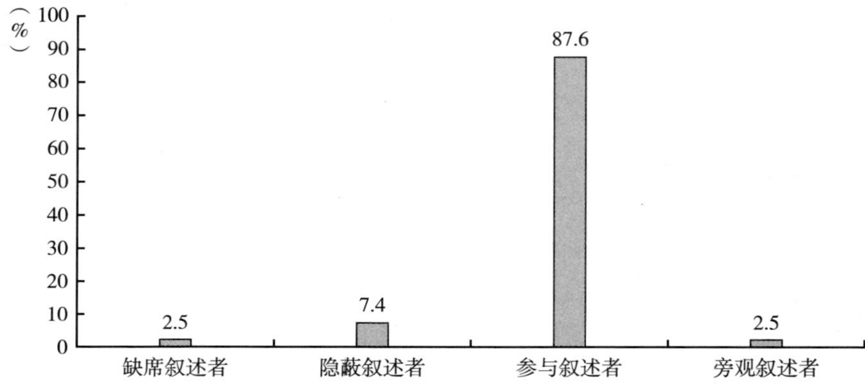

图 2　主流媒体 Vlog 叙事角色分布

2. "我"叙事个性显露，"度"边界仍需定夺

叙事视角是叙事者叙述新闻的角度，包含着叙述者隐藏的情感倾向。① 法国结构主义批评家热奈特将叙事视角分为零度焦点叙事、内焦点叙事、外焦点叙事，也称为全知视角、限知视角和纯客观视角，分别指不受视域限制的全知全能角度、以作品中人物为叙事者的角度以及纯客观观察角度。② 通过语料分析及数据统计发现，第一人称的限知视角在主流媒体 Vlog 叙事中最为普遍（65.4%），不一样的"我"的表达，传递出叙事者独特的个人风格，也拉近了与观众的距离，在小屏幕的使用中营造出"我说你听"般的人际传播感和互动感；内焦点和外焦点相结合的多元视角次之，占 21.0%，多体现于公众与记者组合而成的多元叙事主体 Vlog 中——如技术变革带来交互性叙事，③ 在新闻事件的讲述中，叙述者、讲述者、受众角色互换。传统的客观观察外焦点叙事在主流媒体 Vlog 中依然存在，占到 12.4%（见图 3），说明部分主流媒体仍将 Vlog 视同于一般视听报道形式，在内容生产方面并未遵循 Vlog 特色。

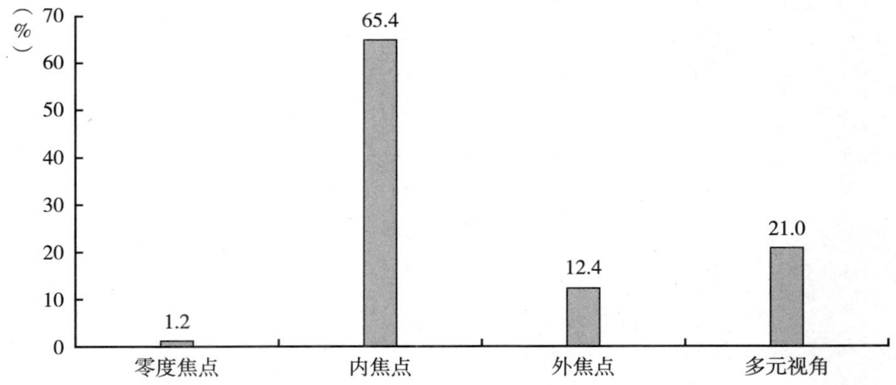

图 3　主流媒体 Vlog 叙事视角分布

此外，还需要注意的是，主流媒体 Vlog 作为一种新闻实践，有别于一般个人化的 Vlog 生产，必须符合新闻报道所要求的真实客观，这提醒主流媒体

① 朱燕、付海辰、朱庆卉：《新闻叙事学视角下中、美、菲三国自媒体平台南海话语对比研究》，《海南大学学报》（人文社会科学版）2019 年第 6 期。

② 蔡之国：《新闻叙事学研究框架的构想》，《南通大学学报》（社会科学版）2006 年第 4 期。

③ 王佳航：《叙事变迁：技术驱动下的新闻表达重构》，《新闻与写作》2016 年第 6 期。

Vlog 明确叙事者对于第一人称叙事的表达的“度”，以避免将新闻报道做成“个人秀”，但本文发现，主流媒体 Vlog 中仍存在不少仅关注“我”的私人叙事，大量的后台场景盖过本应给予焦点的报道，甚至许多 Vlog 仅展示后台场景，这对新闻客观、叙事者表达的边界提出疑问。

3. 正能量下个体、草根、主流并行，内容特色有待挖掘

词频被认为是叙事策略中的重要部分，而标题则是对 Vlog 内容的一定凝练，通过对 81 条 Vlog 标题进行分词，总计形成 411 个词组，按照“二八原则”选取使用频次最高的 20% 词组（出现频次超过 32 次）作为分析对象，即针对选取的 83 个高频词建立共现关系，导入 Gephi，得出 Vlog 标题高频词关系图谱（见表 3、图 4）。

表 3　Vlog 标题部分高频词

序号	分词	频次	序号	分词	频次
1	两会	403	14	中国	53
2	夜归人	241	15	打卡	51
3	澳门	198	16	忙忙	48
4	寻找	161	17	点赞	44
5	周年	98	18	小哥	38
6	回归	96	19	记录	36
7	20	95	20	#伦伦	32
8	庆祝	87	21	出差	32
9	一天	84	22	加班	32
10	#民民	81	23	新疆	32
11	记者	62	24	旅行	32
12	央企人	58	25	火车	32
13	人民网	54	26	电力	32

通过考察 81 条主流媒体 Vlog 主题，发现宣传类占比最大，为 50.6%（见图 5），而通过对高频词及其关系图谱考察可以发现，除构建起“两会夜归人”“寻找夜归人”“澳门回归 20 周年”“新中国成立 70 周年”“人民海军成立 70 周年”等主流叙事外，高频词中“武警”“消防”“小哥”“日常”“一天”“打卡”“出差”“加班”等词还搭建起草根个体从“小情怀”出发，向主流

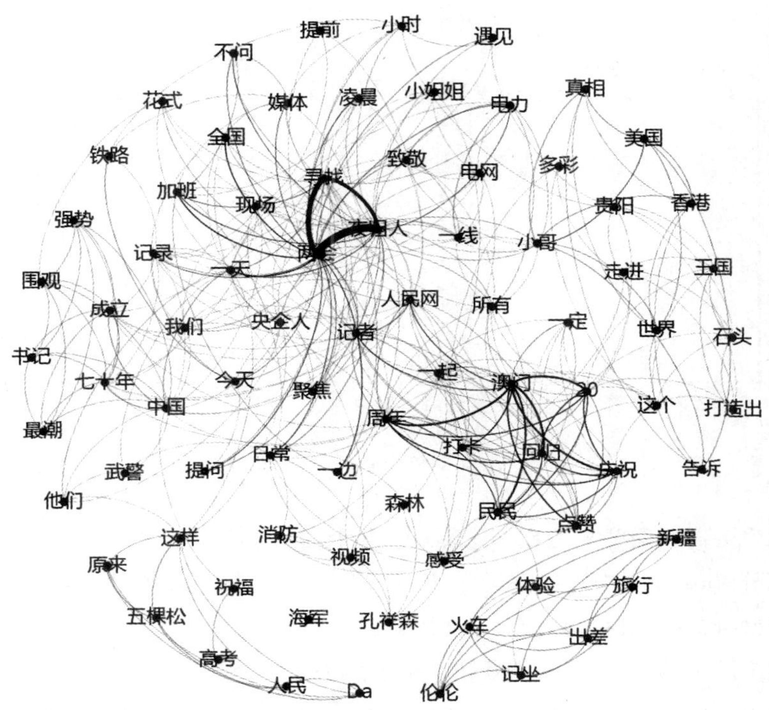

图4　81条 Vlog 标题高频词关系图谱

叙事靠拢的私人叙事，例如人民日报“中央厨房”金台点兵工作室出品的《他们守护着中国陆地最东端：Vlog 带你看武警小哥哥大年里的快乐一天》，武警战士手持镜头，以第一人称叙事视角展示摸黑上岗、买鱼、包饺子、舞龙等日常，最后落脚于家国情怀。融合个体、草根和主流的正能量宣传成为媒体 Vlog 的主流，Vlog 新闻还需要挖掘不同主题、各种风格的内容特色。

4. 内容组织成熟，视听元素使用需规范

82.7%的 Vlog 发布时设置了话题标签，85.2%的 Vlog 设有内部标题（见图6），“话题标签 + Vlog 内部标题”表明了融媒体环境下媒体的平台联动意识和议题设置观念；从配乐和字幕来看，两者分别以96.3%和63.0%的高使用率体现了向用户靠拢的“用户为王”思维（见图7），但对于不同主题的 Vlog 内容不加区分地使用配乐，有过度使用之嫌。配乐本身具有欢快、悲伤等情感色彩，能够烘托意境、渲染气氛、增强叙述、表达记者的情感倾向和价值判

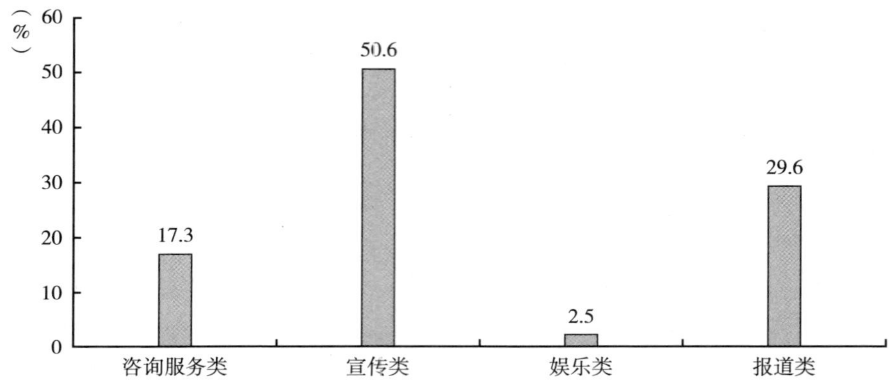

图 5　主流媒体 Vlog 叙事主题分布

断，但也会对新闻客观造成一定影响，干扰大众对新闻事件的独立思考和评判。部分 Vlog 新闻中还出现配乐声音过大，甚至压过采访对象声音的问题，如人民网推出的#庆祝澳门回归 20 周年#Vlog《贺一诚：把“一国两制”这个伟大国家政策落实好》，鼓点欢快、节奏感强烈、声音过大的配乐盖过了被采访对象贺一诚的声音，对受众体验造成影响，视听元素的使用过度与不当，导致了部分 Vlog 呈现出技术喧宾夺主压过新闻内容的问题。

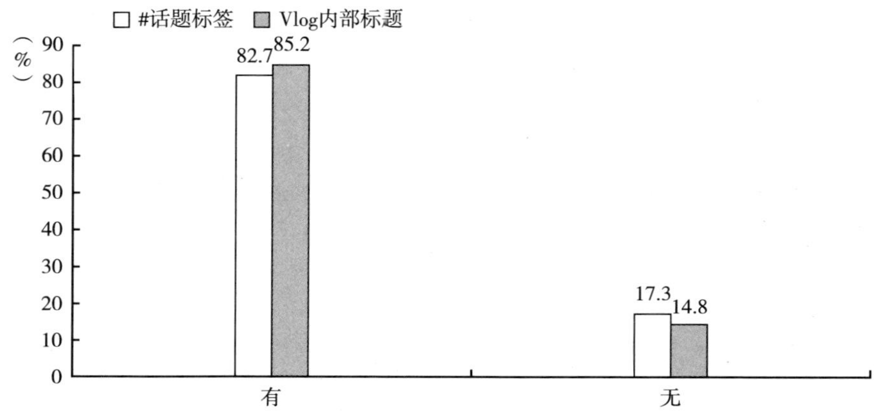

图 6　主流媒体 Vlog 叙事策略：#话题标签 + Vlog 内部标题使用情况

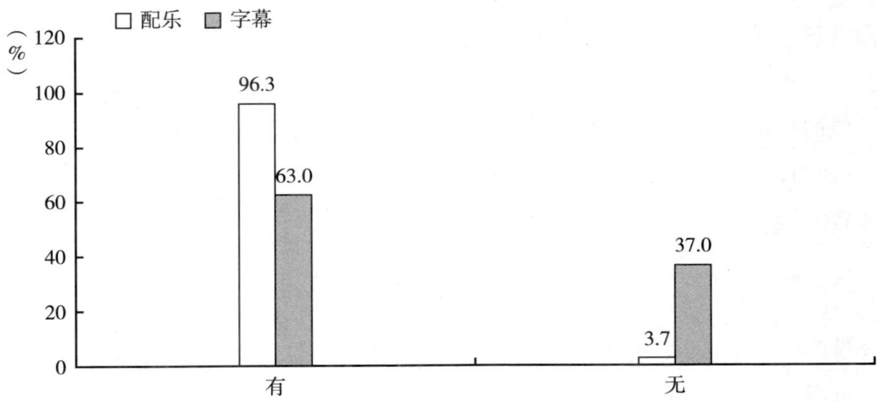

图 7 主流媒体 Vlog 叙事策略：配乐 + 字幕使用情况

5. 过度聚焦后台场景，情节组织稍显传统

根据戈夫曼的拟剧理论，人们对自我形象的展示恰如舞台上的表演，有与身份、他人期待相符且具有表演性质的“前台”，也有隐秘放松的“后台”，[①] 梅罗维茨转述道：“当我们进入一个社会环境后……我们需要知道其他人所扮演的角色……在这个场景中我们扮演什么样的角色?”[②] 据此，本文在类目建构中将前台确定为新闻事件现场，后台则指新闻幕后场景。

依照本文前述分析，主流媒体 Vlog 叙事角色和叙事视角更多的是第一人称的参与式叙事，参与感强烈的自我表达可以提升传播的交流感，拉近与用户的距离，营造在场的沉浸感，但相应地也使得 Vlog 叙事场景过多集中于碎片化的后台。根据统计，48.1% 的 Vlog 展示后台多于前台，另有 28.4% 的 Vlog 在全片中只展示了后台，仅有 23.5% 的 Vlog 关注前台较多（见图 8）。“后台”前置是 Vlog 本身的特点，个人 Vlog 聚焦后台无可厚非，但主流媒体 Vlog 毕竟有别于个人化的 Vlog，本质是一种新闻实践，尽管新奇有趣的后台场景可以唤起用户对新闻事件的兴趣，但关注后台多于前台，有将新闻生产本末倒置、焦

① 何梦祎：《媒介情境论：梅罗维茨传播思想再研究》，《现代传播》（中国传媒大学学报）2015 年第 10 期。

② 〔美〕约书亚·梅罗维茨：《消失的地域：电子媒介对社会行为的影响》，肖志军译，清华大学出版社，2002。

点偏移之感。以2019年全国“两会”期间的“夜归人”系列Vlog为例，媒体工作者展示洗漱化妆、调试设备、奔跑抢新闻、凌晨加班等生动的幕后工作，此类“新闻背后的新闻”吸引了不少网友对“两会”这一严肃时政新闻的关注，但同样值得关注的是，其中一些Vlog仅聚焦于记者的碎片化日常事件，没有展示任何两会前台场景，这也让人反思是否将严肃新闻泛娱乐化，忽略专业守望，迎合用户关注幕后的窥私心理。

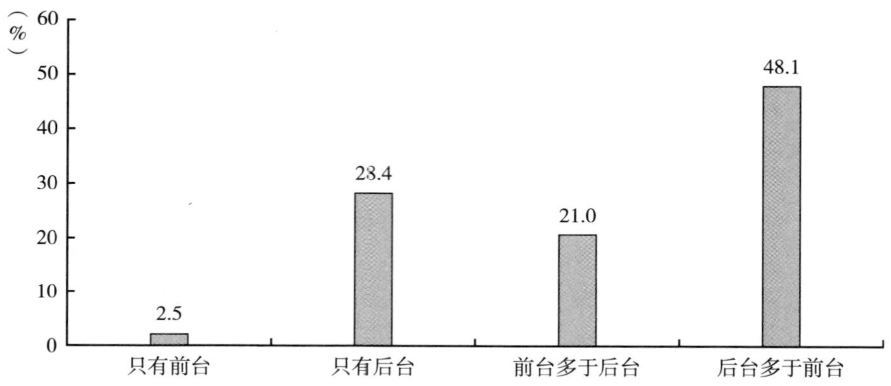

图8　主流媒体Vlog叙事策略：场景分布

传播的线性顺序体现为时间顺序和内容逻辑顺序两方面，[①] 融媒体背景下，学者们普遍认为新闻叙事由传统的线性叙事向非线性叙事转变，表现出超线性、[②][③] 多线性[④]等特征，但从情节组织来看，数据显示（见图9），半数以上的主流媒体Vlog采用的仍是按照时间顺序推进的线性叙事，这也可以从大量的“一天”类的Vlog中看出，暴露了可能将Vlog做成流水账式叙述的问题，也提示主流媒体还需要适应融媒体超文本特性，创新对Vlog叙事的情节组织。

6. PGC、UGC并行不悖，完整叙事还需发力

在全部81条Vlog报道中，51.9%源自人民系原创，12.3%源自其他媒体，18.5%源自Vlogger，14.8%源自政务媒体，另有2.5%源自平台热点转载

① 陈力丹：《互联网的非线性传播及对其的批判思维》，《新闻记者》2017年第10期。

② 王佳航：《叙事变迁：技术驱动下的新闻表达重构》，《新闻与写作》2016年第6期。

③ 朱瑞娟：《融媒体时代新闻叙事研究的路径衍变》，《青年记者》2017年第13期。

④ 张屹：《基于增强现实媒介的新闻叙事创新策略探索》，《国际新闻界》2015年第4期。

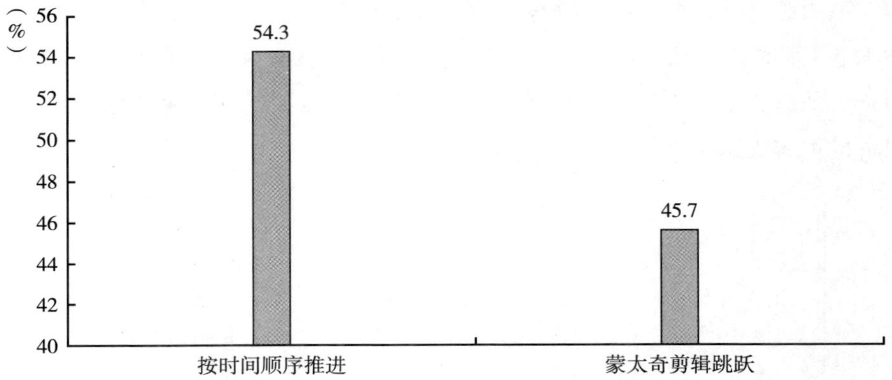

图 9　主流媒体 Vlog 叙事策略：情节组织情况

（见图 10），显示了主流媒体对 Vlog 内容原创的热情，Vlogger 次之也说明了主流媒体在内容组织上一方面通过 PGC（专业生产内容）积极原创，另一方面也鼓励 UGC（用户生产内容），在整体上形成了以原创为旗舰、用户生产内容亮点点缀的协同生产内容格局。此外政务机构对 Vlog 的积极探索实践也是值得关注的亮点：《#海南警方又出神 Vlog#！围观警界“菜鸟”训练被花式吊打》《这不是演习，警方抓捕 Vlog 又来了》《Vlog：广州羊城突击队特警的一天》等，以小切口、新角度展示政务机构司空见惯、普通大众备感新奇的日常工作，接地气且具有亲和力、吸引力。但同时需要注意的是，尽管创作热情高，通过 Vlog 讲故事的完整性还需要提升，有 70.4% 的 Vlog 内容为碎片化拼

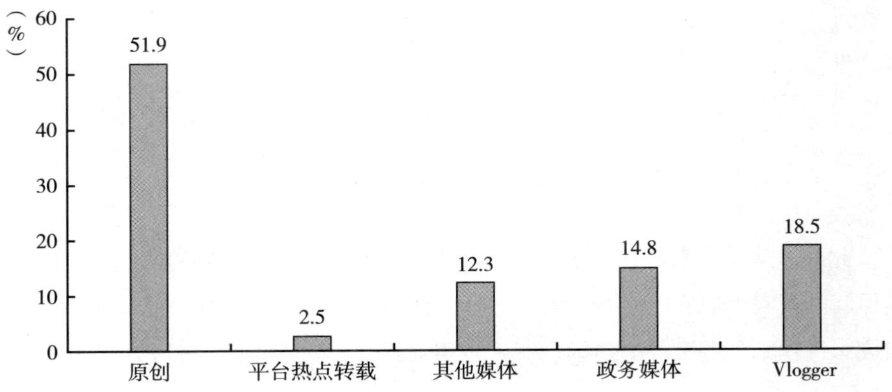

图 10　主流媒体 Vlog 叙事行为：内容来源情况

凑，不构成完整叙事，这也符合上述对叙事场景过多聚焦于后台的观察（见图 11）。从时长来看，有 82.7% 的 Vlog 时长在 1～4 分钟，仅有 11.1% 的符合 Vlog 一般时长 4～10 分钟的特点，时长较短或许也在一定程度上限制了媒体 Vlog 的内容表达（见图 12）。

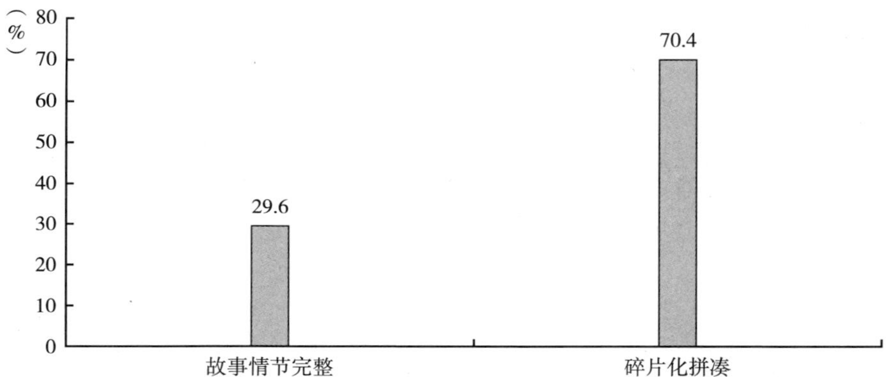

图 11　主流媒体 Vlog 叙事行为：内容完整情况

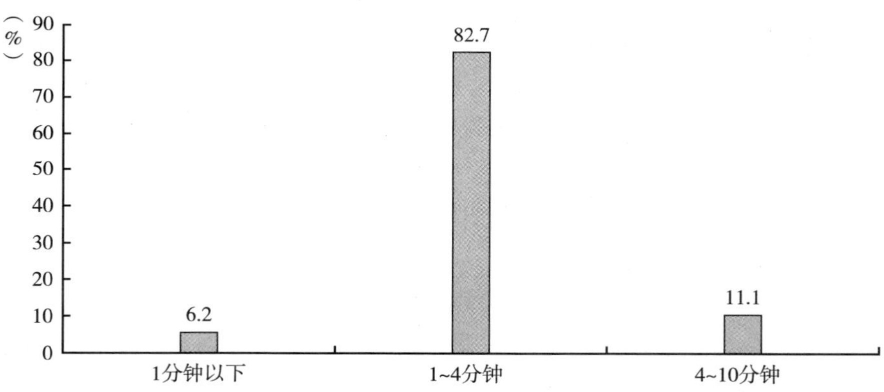

图 12　主流媒体 Vlog 叙事行为：时长分布

此外，从素材来看，Vlog 新闻要素具备，但叙事连贯性不足。叙事素材是确保新闻真实性原则的必要元素，包括客体和过程，客体由行为者、时间、地点组成，过程则强调事件的连续、变更与相互关系，[①] 以此结合曾庆香提出的叙事

① 黄挺：《学好新闻叙事学》，《军事记者》2003 年第 1 期。

的基本判断条件考察主流媒体 Vlog，可以发现，尽管其中 92.6% 具备了行为者、时间、地点等新闻要素，但仅有 38.3% 的 Vlog 交代了事件发生的过程（见图 13），反映出大部分主流媒体 Vlog 在叙事连贯性上的缺陷，也佐证了上述叙事完整性不足的结论。

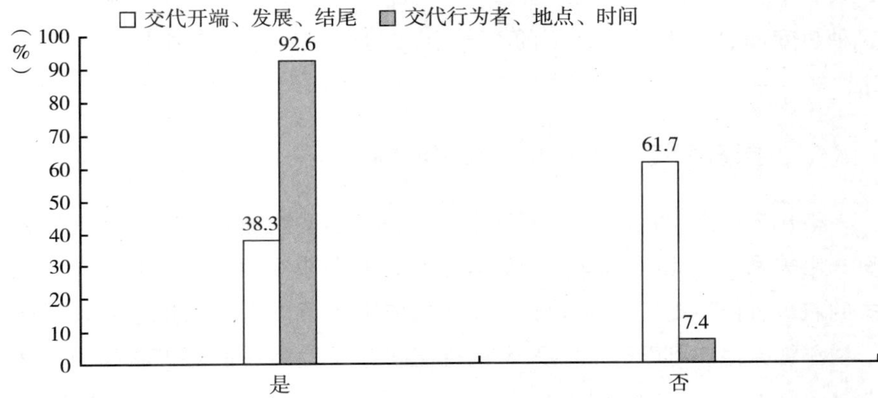

图 13　主流媒体 Vlog 素材：过程 + 客体情况

四　主流媒体 Vlog 叙事优化路径

针对上述主流媒体 Vlog 叙事框架存在的问题，本文从如下角度探讨其可行的优化路径。

（一）转变叙事角色，提升综合素养

Vlog 新闻依赖记者出镜与表达，因此叙事者素养愈显重要，尽管在 Vlog 新闻领域媒体工作者依旧是强势发声者，但不熟悉 Vlog 特征、Vlog 标签使用不当等问题仍需注意，这提醒媒体工作者需要适应自身由记者到融媒体 Vlogger 的叙事者角色转变，在全程、全息、全员、全效的“四全媒体”格局中，解决好“本领恐慌”问题，提升数据素质。Vlog 的个性化表达和视觉传播对记者的言语传播和非言语传播能力提出了更高要求，前者体现为语言组织能力、语言风格、对个性表达和新闻客观尺度的掌控等，后者则反映为对景别

变化、光影运用、镜头变换、构图选择、剪辑等各元素之间的协调等。由于Vlog新闻有别于分工明确的传统电视新闻，在内容生产中，记者可能集策划、拍摄、出镜、口播、采访、后期等系列工作于一身，融专业媒体背景与新媒体思维于一体，向“全能型”Vlogger人才转变，例如在2019年“两会”报道期间，长城新媒体的记者一人配备了十余种新媒体设备，被称为“钢铁女侠”，从这种角度而言，媒介融合下的Vlog新闻也对记者综合素质提出了更高的要求。

（二）探索个性表达，坚守客观原则

人格化表达是Vlog的核心要素之一，Vlog的受欢迎程度也与其创作者风格有一定关系，因此就Vlog新闻的叙事角色和叙事视角而言，第一人称内焦点式的叙事者值得提倡。具有个人风格的叙事者可以为新闻报道带来不同色彩，增添趣味性和可看性，私人表达也能唤起年轻用户群对于新闻的情感共鸣，这也是Vlog叙事者区别于传统的记者出镜播报之处。但需要注意的是，Vlog新闻仅是依托平台不同于一般新闻，彭兰认为依托短视频发展硬核新闻，需要平衡新闻的“硬”与短视频的“软”，“即使有坚硬的内核，也要尽可能在短视频中给予其相对柔软的外壳，例如人性化的故事或视角”①。以此考量Vlog新闻，一方面要求记者在“我”的叙事视角下，遵循新闻原则，保持真实真诚；另一方面提醒记者注意私人化表达的“度”，以避免将其做成个人“独角戏”。在个性化表达下坚持客观原则，秉持新闻真实，以探索Vlog新闻更好的传播效果。

（三）打造品牌IP，强化内容风格

技术变迁但媒体属性不变，优质内容仍是媒体的一大竞争力，不同内容催生出各异的互联网内容产品，绑定个人IP的特色内容是个人Vlog吸引用户的重要因素之一。与传统的个人化Vlog相比，主流媒体Vlog在平台、组织、技术支持等方面优势明显，但其内容优势似乎并未凸显，各主流媒体在内容上的品牌差异也并不明显，甚至存在同质化内容。以个人化Vlog为参考，受欢迎

---

① 彭兰：《短视频：视频生产力的“转基因”与再培育》，《新闻界》2019年第1期。

的 Vlogger 一般风格稳定、特色明显，在宣传报道占主流的 Vlog 实践中，主流媒体只有在内容特色上突围才能抢占用户，针对目前过多的流水账式、“碎碎念”式叙事，还需要挖掘特色，深耕内容风格，构建自身 Vlog 品牌 IP。媒体可以延伸各自的目标定位和既往内容特色，如人民日报社延续其新媒体平台“权威声音、主流价值、清新表达”的目标，中国青年报社履行其“推动社会进步，服务青年成长”宗旨，光明日报社靠拢其“新闻视野，文化视角，思想深度，理论高度”定位等，此外，面对 Vlog 新闻中正能量宣传“一家独大”、题材分布不均的问题，主流媒体还需以区隔度为抓手，在题材探索、素材收集、内容垂直细分、创意延展等方面着力，以锻造内容精品，丰富内容布局，深化 Vlog 新闻内容的供给侧改革。

（四）平衡前台后台，连贯叙事逻辑

在 Vlog 新闻中展示后台场景符合 Vlog 私人叙事和淡化前台等特点，通过将以往隐蔽的幕后工作“公之于众”，可以拉近观众面对新闻的心理距离，增添 Vlog 新闻的生动性和趣味性，助力“硬”新闻“软”着陆，但过度聚焦后台，前后台尺度失衡，则有消解严肃议题，追求碎片、娱乐的新闻边角料的倾向。因为新闻媒介的首要功能是提供信息，消除受众的不确定性，这部分恰恰由作为新闻事件现场的前台承担。“后区和前台相互依赖，如果表演者不能将其后台行为与前台行为分开，他们不仅会没有了隐私，而且也会失去表现前台某些方面的能力……总体上说来，无论演练的哪个方面让观众看到，它们必须与演出本身整合为一体。”① 平衡前后台还有助于媒体 Vlog 形象的树立——前台表演痕迹重，后台有暴露不受观众欢迎的习惯的风险，Vlogger 极具信服力的优质形象源自前后台交织的共同作用。② 因此，Vlog 新闻应做好新闻选择这一权衡艺术。为保证前后台平衡和叙事统一，在叙事策略上可以通过后台带动前台，以真实、接地气的后台场景做点缀，以前台信息为关注重点；在具备新闻要素的基础上，明确新

---

① 〔美〕约书亚·梅罗维茨：《消失的地域：电子媒介对社会行为的影响》，肖志军译，清华大学出版社，2002。

② 刘娜、梁潇：《媒介环境学视阈下 Vlog 的行为呈现与社会互动新思考》，《现代传播》（中国传媒大学学报）2019 年第 11 期。

闻主题，搭建叙事线索，厘清叙事逻辑，以保证 Vlog 新闻叙事的完整性和连贯性。

（五）挖掘交互功能，创新内容表达

智能时代新的终端、新的分发方式与传播模式，以及变化中的用户心理，都需要新的内容表达方式去适应。[①] Vlog 第一人称叙事、前后台结合场景、个性化表达等特性促生其互动感、沉浸感，在这些基础上创新内容表达形式，交互式视频应用可作为参考。交互式视频指在视频中增加互动元素，用户通过点击屏幕选项参与视频走向的互动视频形式，最初源自广告界推销和网络游戏领域，目前影视剧、短视频等领域也都有探索，例如 2019 年 7 月，B 站（哔哩哔哩）上线“互动视频”功能，视频结尾一帧提供剧情选项，其中章节回溯功能还能为用户提供不同剧情路线的重新选择。[②] Vlog 新闻叙事也可以此为例，开辟交互式功能，通过技术赋权引导用户参与，实现内容表达上更进一步的“互动”和“沉浸”。当然，技术功能的开辟是建立在充分掌握内容素材、合理利用内容素材、有机整合内容素材的基础上的。筛选适合互动的新闻，通过选项设计引领受众探寻不同的新闻线索，依托新闻要素的排列组合展示不同的新闻角度，比如更换场景、更换采访对象等，以立体化、多角度、全方位展现新闻内容。开发交互式功能，不仅能挖掘技术为内容服务的潜力、创新内容表达形式，互动参与的在场感和沉浸感还可以助力主流媒体 Vlog 更好提升用户黏性。

五　结语

技术驱动和传播途径的变迁，促使媒体加大平台建设和立体布局力度，通过流程优化、平台再造，行业媒体正在实现着各种媒介资源、生产要素的有效整合，抢滩 Vlog 就是主流媒体在新技术、新应用下创新媒体传播方式的重要

---

① 彭兰：《智能时代的新内容革命》，《国际新闻界》2018 年第 6 期。

② 《从“好看”到“好玩”B 站正式上线互动视频功能》，https://baijiahao.baidu.com/s?id=1638506439526342237&wfr=spider&for=pc，2019 年 7 月 8 日。

实践。习近平总书记指出："对新闻媒体来说，内容创新、形式创新、手段创新都重要，但内容创新是根本的。"① 2019 年主流媒体在 Vlog 新闻叙事中积极作为，多有尝试，不乏亮点内容，尤其是全国"两会"期间的一些新闻实践，被认为是严肃话题内容报道成功的供给侧改革，但与此同时，尚处于初步发展期的 Vlog 在新闻叙事中也还存在一些问题，如 Vlog 适用的主题、第一人称个性化叙事表达的"度"、前后台之间的平衡等，这些还需要媒体在今后的新闻实践中进一步关注和探索。

参考文献

常江、杨奇光：《重构叙事？虚拟现实技术对传统新闻生产的影响》，《新闻记者》2016 年第 9 期。

曾祥敏、刘思琦、唐雯：《2019 全国两会媒体融合产品创新研究》，《新闻与写作》2019 年第 5 期。

黄楚新、郑智文：《技术革新　多元传播　深度融合——2019 两会新媒体报道观察》，《新闻战线》2019 年第 7 期。

刘娜、梁潇：《媒介环境学视阈下 Vlog 的行为呈现与社会互动新思考》，《现代传播》（中国传媒大学学报）2019 年第 11 期。

张文娟、宫承波：《本质、流变与反思：基于 Vlog 的多维审视》，《电视研究》2019 年第 10 期。

① 《习近平在视察解放军报社时强调　坚持军报姓党坚持强军为本坚持创新为要 为实现中国梦强军梦提供思想舆论支持》，《人民日报》2015 年 12 月 27 日。

调 查 篇

Investigation Reports

B.9
2019年网络强国战略下的中国社会治理发展报告

侯 锷*

摘 要： 2019 年，党的十九届四中全会将"社会治理制度"作为"坚持和完善中国特色社会主义制度、推进国家治理体系和治理能力现代化"的一个关键内容提出，并第一次提出"社会治理共同体"① 概念。本报告立足习近平新时代中国特色社会主义思想关于网络强国战略的重要论述，就 2019 年中国政务新媒体在践行"深刻认识互联网在国家管理和社会治理中的作用"② 的表现作出分析，指出"网络治理"、"社

---

* 侯锷，博士，中国传媒大学媒介与公共事务研究院高级研究员，公共关系与战略传播研究所副所长，政务新媒体实验室主任，主要研究方向为政务新媒体、网络强国战略与治国理政。

① 习近平：《决胜全面建成小康社会　夺取新时代中国特色社会主义伟大胜利——在中国共产党第十九次全国代表大会上的报告》，2017 年 10 月 18 日。

② 2016 年 10 月 9 日，习近平同志在主持中共中央政治局就实施网络强国战略第三十六次集体学习会议上的重要讲话。

会治理”与“国家治理”已经贯通形成了一个融合治理体系，并经由“媒体融合”走向“治理融合”。同时，本报告就如何在网络强国战略指导下实现将制度优势转化为治理效能，探讨性地提出了理念再造、组织再造、制度再造、功能再造、平台再造和流程再造的“六大再造”顶层设计建议。

关键词： 网络强国战略　社会治理　国家治理体系和治理能力现代化　治理融合　政务新媒体

一　社会治理体系和治理能力现代化在习近平中国特色社会主义思想关于网络强国战略体系中的理论发展

（一）“社会治理共同体”作为马克思主义国家与社会关系理论的发展性理论和新概念的提出

马克思主义关于国家与社会关系理论认为，社会是人类最基本的共同体，国家是其中的“真正共同体”①，“市民社会在一切时代都构成国家的基础以及任何其他的观念的上层建筑的基础”②。由此可见，社会是国家的基础并决定国家，社会治理是国家治理的重要内容、重要体现和坚实基础。

在近代互联网出现之后，网络社会动员和网络社群政治参与不断介入国家和社会的运行体系，以习近平同志为核心和代表的当代中国共产党人发展性地指出，“网络空间是虚拟的，但运用网络空间的主体是现实的”③，“要发挥网络传播互动、体验、分享的优势，听民意、惠民生、解民忧，凝聚社会共识”，

---

① 马克思、恩格斯：《德意志意识形态》《共产党宣言》，载《马克思恩格斯选集》（第1卷），人民出版社，2012。

② 《马克思恩格斯文集》（第1卷），人民出版社，2009。

③ 《习近平在第二届世界互联网大会开幕式上的讲话（2015年12月16日）》，《人民日报》2015年12月17日。

“要强化互联网思维，利用互联网扁平化、交互式、快捷性优势，推进政府决策科学化、社会治理精准化、公共服务高效化，用信息化手段更好感知社会态势、畅通沟通渠道、辅助决策施政”。[①] 这一系列网络强国战略思想的重要理论揭示出，随着社会生存媒介化、社会创造媒介化、社会治理媒介化，“互联网治理”、“社会治理”和“国家治理”三大治理体系和治理能力现代化已经不再彼此孤立存在也无法独立施治，而是状况共存、目标共有、有机融合、相辅相成、互为支撑的一体化治理协同关系，且呈现出“三位一体”的“融合治理”（Government Convergence）趋势。[②]

2013 年，中共十八届三中全会第一次提出了“完善和发展中国特色社会主义制度，推进国家治理体系和治理能力现代化”[③]，并将其确定为全面深化改革的总目标。2017 年，中共十九大报告提出，“完善党委领导、政府负责、社会协同、公众参与、法治保障的社会治理体制”[④]。2019 年 10 月 28 ~ 31 日，中共十九届四中全会再次将“坚持和完善共建共治共享的社会治理制度”作为中国特色社会主义制度建设的一个重要内容提出并进行了专题性研究和全面部署。中国社会治理从“体制”到“制度”的表述变迁，显现出社会治理在中央和国家层面的顶层设计发展上的“纲举目张”。同时，关于“社会治理制度”，《中共中央关于坚持和完善中国特色社会主义制度 推进国家治理体系和治理能力现代化若干重大问题的决定》特别强调：“必须加强和创新社会治理，完善党委领导、政府负责、民主协商、社会协同、公众参与、法治保障、科技支撑的社会治理体系，建设人人有责、人人尽责、人人享有的社会治理共同体。”其中，具有显著互联网思维和特征的“民主协商”“社会协同”“公众参与”“科技支撑”，作为在中国新型政党制度下参与社会治理的几大结构性重要力量和创新元素再次得到发展和完善。“社会治理共同体”

① 2016 年 10 月 9 日，习近平同志在主持中共中央政治局就实施网络强国战略第三十六次集体学习会议上的重要讲话。

② 以下本报告将“互联网治理体系和治理能力现代化”“社会治理体系和治理能力现代化”“国家治理体系和治理能力现代化”，简称为“三大融合治理体系和治理能力现代化”。

③ 《中共中央关于全面深化改革若干重大问题的决定》（单行本），人民出版社，2013。

④ 《习近平：决胜全面建成小康社会 夺取新时代中国特色社会主义伟大胜利——在中国共产党第十九次全国代表大会上的报告》，新华网，2017 年 10 月 27 日。

作为马克思主义关于国家与社会关系理论的“真正的共同体”的中国化最新理论发展成果和新概念确立。

（二）网络强国战略成为推动互联网治理、社会治理和国家治理体系和治理能力现代化的重要指导方略

2019 年 8 月，中共中央印发《中国共产党宣传工作条例》（以下简称《条例》），对涉及互联网宣传与治理的方向性、全局性、战略性重大问题，以“党内法规的形式”作出了明确的“固定”。《条例》明确“党委宣传部是党中央和地方各级党委主管意识形态方面工作的职能部门”。《条例》首次对党委宣传部与党委网信工作的统筹分工作出明确：“（九）宏观指导互联网宣传和信息内容建设管理工作，统筹协调新媒体建设与管理”；“（十二）统筹指导舆情信息工作”等。[①]《条例》所出台的相关内容规定，可以说是自中共十八届三中全会在互联网治理领域提出加快完善“互联网管理领导体制”[②] 的重大部署后，网络社会治理进一步融入国家、政党与社会互动的综合治理空间的重大标志。同时，2019 年 12 月 15 日，国家互联网信息办公室发布《网络信息内容生态治理规定》，并于 2020 年 3 月 1 日起施行。[③]

从互联网安全与信息化领域进一步坚持和加强党对意识形态工作的领导，不断创新和完善党的宣传与舆论工作、互联网宣传和信息内容建设管理工作以及新媒体建设与管理工作等制度性规定的要求可以进一步看出，以习近平新时代中国特色社会主义思想关于网络强国战略的重要论述，已经成为推进“融合治理体系”和治理能力现代化的重要指导方略。

（三）中国社会治理模型进一步凸显“线上线下融合”的“O2O”（Online to Offline）复合型交互特征

在政务公开方面，2019 年上半年，各级政府着力提升政务公开质量，深

① 《全面提升新时代宣传工作的科学化规范化制度化水平——中央宣传部负责人就〈中国共产党宣传工作条例〉答记者问》，中国政府网，2019 年 8 月 31 日。

② 习近平：《关于〈中共中央关于全面深化改革若干重大问题的决定〉的说明》，《人民日报》2013 年 11 月 19 日。

③ 《网络信息内容生态治理规定》，中国网信网，2019 年 12 月 20 日。

化重点领域信息公开；在政务新媒体发展方面，我国297个地级行政区政府已开通了“两微一端”等新媒体传播渠道，总体覆盖率达88.9%；在县级融媒体发展方面，各级政府坚持移动化、智能化、服务化的建设原则，积极开展县级融媒体中心建设工作，成效初显。[①] 新媒体日益成为满足人民群众美好生活向往的“民之重器”、党政机构基于政务新媒体推进国家治理体系和治理能力现代化的“国之重器”。2019年4月18日，国务院办公厅印发《政府网站与政务新媒体检查指标》和《政府网站与政务新媒体监管工作年度考核指标》，第一次对政务新媒体履职“政府网上履职能力”作出系列检查指标设定。此外，2019年度，在中央和国务院相关部委新出台的规范性文件中，“新媒体”被写入的共计11件，具体明文到“政务新媒体”的有6件、“微博”5件、“微信”11件。

2019年10月20日，习近平主席致第六届世界互联网大会贺信中再次提出“发展好、运用好、治理好互联网”“努力推动构建网络空间命运共同体”等重要论述。[②] 同时，此次大会发表的《世界互联网发展报告2019》及《中国互联网发展报告2019》显示，2019年中国数字经济规模为31.3万亿元，占GDP比重达34.8%。[③] 中国互联网数字化的新业态和新成就有力证明，“社会”作为国家发展中的一个重要的行为主体，正在不断通过互联网释放的活力和创造力融入中国社会治理与民族复兴之路，呈现出势不可当的“网络强国”积极形象。

在2019年，互联网对我国政治、社会、经济、文化、舆论和安全等领域继续保持全格局影响和深刻改变。社会公众的“政治生活媒介化”和党委政府基于政务新媒体在线行政的“政治权力媒介化”互为“同位素”，融合治理凸显出前所未有的“线上线下融合”的“O2O”（Online to Offline）复合型变革与交互特征，推动着网络强国战略的新发展和新成就。

---

① 《CNNIC发布〈第44次中国互联网络发展状况统计报告〉》，中国网信网，2019年8月30日。

② 《习近平向第六届世界互联网大会致贺信》，新华网，2019年10月20日。

③ 《中国数字经济规模达31.3万亿元》，中国政府网，2019年10月21日。

二　2019年网络强国战略下社会治理的创新实践与启示

早在2016年10月9日，习近平同志就系统阐述了在互联网特别是移动互联网发展背景下社会治理模式出现“从单向管理转向双向互动”“从线下转向线上线下融合”“从单纯的政府监管向更加注重社会协同治理转变”的三个转变。[①] 本报告认为，基层治理是社会治理的基础内涵，服务则是治理的内核。党委政府依然是发挥主导作用的关键主体，政务新媒体则无疑是贯通社会治理底层、实现网络治理与社会治理相得益彰的重要抓手。

2019年，全国各地党政机构坚持以网络强国战略思想为指导，依托在线执政和行政的政务新媒体平台，探索经由互联网传播话语方式创新的“媒体融合”和党委政府在线“媒介执政”，[②] 进而全面转型升级网络治理、社会治理和国家治理的“融合治理体系”的新思路和新格局，取得了一定的成效。

以下，本报告以2019年度政务新媒体最佳实践典型案例做一阐述。

（一）宁夏银川市委网信办主导的“网信融合治理”范式

2011年，宁夏回族自治区银川市“整建制”开通党务政务微博，并对全市三级政务微博以矩阵式组织管理机制实施运行管理，这种线上互动响应民意诉求、线下维护民生合法权益的“O2O”在线行政与服务模式，创树了依托新媒体构筑的社会治理体系，得到了全网社会公众普遍性的赞誉，并被社会认同、学界认定为“银川模式”。综合来看，“银川模式”成功的关键逻辑，正在于其十年历久弥新的制度创新。银川市通过不断建章立制和持续创新制度活力，保证了其政务新媒体矩阵科学化、规范化、高效化和稳健有序运行，更实现了其十年来党政“一把手”主抓主管的“人走政不息”和“一任接着一任

① 《习近平：加快推进网络信息技术自主创新　朝着建设网络强国目标不懈努力》，中国共产党新闻网 - 习近平系列重要讲话数据库，2016年10月10日。

② 侯锷：《2018年网络强国战略下中国社会治理发展报告》，载《新媒体蓝皮书：中国新媒体发展报告 *No. 10*（2019）》，社会科学文献出版社，2019。

干”的良性迭代发展和可持续治理。

2019年初，以“@问政银川”为核心账号的银川政务新媒体矩阵，在经历了自其2011年创建以来先后由党委宣传部、政府办公厅、党委信息处、党委督查室主管主导的发展沿革后，矩阵组织领导权力实现了第五次“转隶”，正式移交中共银川市委网信办“接棒”管理运行。2019年9月30日，中共银川市委、市政府联合印发《“@问政银川”微博矩阵运营管理办法》（银党办综〔2019〕57号，以下简称《银川办法》）。《银川办法》规定，“中共银川市委网信办代表市委和政府行使对以‘@问政银川’为主平台的微博矩阵统筹协调和相关监督管理”，并发展了政务新媒体融合治理理念“线上主体即线下主体”，为线上线下党政职能和功能一致性、统一性作出了归位确认。同时，《银川办法》明确，建立以“@问政银川”微博为矩阵核心的“微博在线行政模式”，并保持了其引领全国的“首问首办负责制”“限时回应制”“限时办结制”等制度优势。为了确保制度有效执行，《银川办法》还特别建立了以银川市纪委监委领衔牵头、由8家党政单位联席保障矩阵高效运行的“督查督办和问责机制”。

通过本报告对2019年由银川党委网信部门“接力”主持政务新媒体矩阵工作后的实践效能进行追踪观察（见表1）。银川的制度持续释放出具有根本性、全局性、稳定性、长期性的优势动能和政治定力，成为自《中国共产党宣传工作条例》颁布实施后，全国第一个由党委网信部门主导的党管党抓、贯通党政，全面领导统筹和指导基于融合治理体系工作的“网信模式”。

表1　银川市政务微博矩阵服务社会治理的绩效数据

年度	线上受理			线下治理
	受理事项(件)	办结量(件)	办结率(%)	信访总量(较上一年度)
2012	15781	14046	89.01	下降12%
2013	24769	23324	94.17	下降14%
2014	21805	20644	94.68	下降15%
2015	30281	29373	97.00	下降13%
2016	25196	23936	94.99	下降15.4%

续表

年度	线上受理			线下治理
	受理事项(件)	办结量(件)	办结率(%)	信访总量(较上一年度)
2017	19109	18566	97.16	总批次下降18.9% 总人数下降39.8%
2018	17832	17487	98.06	总批次上升7.62% 总人次下降29.02%
2019	12976	12547	96.69	总件次下降7.9% 总人次下降11.9%

注：数据截至2019年12月31日。
资料来源：中国传媒大学媒介与公共事务研究院政务新媒体实验室（GovLab）。

（二）安徽马鞍山市委宣传部主导的“宣传融合治理”范式

2019年，“@马鞍山发布”作为安徽省马鞍山市委宣传部的新闻发布官方微博，在基于政务新媒体领导统筹全市的社会治理实践中，以党委宣传职能，动员、整合和指导马鞍山市基层政府职能序列的政务新媒体，统领协调落实政务舆情责任主体、在线回应社会关切、线下依法行政并满足社会民意诉求关切，实现了党政联袂机制下“网上网下一体化”的社会治理创新，社会舆论回馈的满意度和党委政府公信力持续上升（见表2）。

表2　“@马鞍山发布”政务微博服务社会治理的绩效数据

单位：件，%

年度	受理事项	办理事项	办结率
2017	684	653	95.47
2018	1863	1795	96.34
2019	2927	2819	96.31

注：数据截至2019年12月31日。
资料来源：中国传媒大学媒介与公共事务研究院政务新媒体实验室（GovLab）。

（三）银川和马鞍山两地创新实践启示录

本报告认为，“@问政银川”和“@马鞍山发布”这两个具有典型样本意义的政务新媒体，以其治理创新实践所表现出的大量优秀案例，为新媒体时代网络强国战略下推进“融合治理体系”提供了行之有效的组织变革与制度创新启示。

首先，党的领导在任何领域和任何空间不可或缺、不可替代。

在当前全国基层的社会治理实践中，由于线下党政有分工，一些基层党委只注重和强调网络传播、新闻舆论和意识形态安全的宏大叙事和结果，而对过程逻辑中政府依法行政不到位而滋生群众上网表达的“源头性”风险成因重视不足。只抓“思想问题”而不抓“实际问题”，导致治理“首尾不续”，并陷入“九龙治水”的被动。而无论是以党委网信部门代表的“@问政银川”，还是以党委宣传部门代表的“@马鞍山发布”，都体现出在统筹党政职能衔接社会治理的顶层设计上，将坚持党对一切工作的领导置于网络治理、社会治理和国家治理体系基本方略的首要位置，党委直接领导督导，标本兼治。

其次，只有加强“党委宣传部门—党委网信部门—政府职能业务部门”作为稳定性的“铁三角”联动机制，才能确保一体化治理形成组织合力。

当前，在基层治理实践中表现出在政务新媒体政务舆情回应层面，普遍性由于党委政治功能“淡化”、职责“虚化”、作用“弱化”等，在网络民意诉求和社会关切的问题面前会经常听到“我们是党委，您反映的问题属于政府的事”，似乎向社会传递出党委部门对滋生社会不良舆论影响的线下政府责任主体业务“没权力”“管不了”“不管”的错误信号。但是，银川和马鞍山两地党委积极担当的网络治理实践证明，在党委领导下“党委宣传部门—党委网信部门—政府职能业务部门”通力合作的“铁三角”机制，系统破解了政务新媒体“不给力”的组织机制难题，不仅务实可靠、行之有效，更极大地提升了党的形象公信、增强了社会对制度的政治认同。

最后，融合治理实践，全新定义“政务新媒体”内涵。

在我国政务新媒体十年发展过程中，对“政务新媒体”普遍性和通常性的理解，是以说文解字和词义解构得出的“政府（业务）新媒体”（Government New Media，GNM）。但这现实性地造成了党委、人大、政协、法院、检察院，以及具有特殊政治地位且在很大程度上行使着部分政府职能的官方法人社会团体等政治主体，长期游离于甚至脱离“政务新媒体”的主体职能序列。这种现实状况，既不符合社会公众在世俗认知中对“大政府”的准确称谓，又严重限制了政务新媒体综合治理功能的有效发挥，更不符合党中央再三强调的“全党动手”总要求。因此，对于“政务新媒体”的理解和定义，应当重新站位“四个意识”、坚定“四个自信”、做到“两个维护”的政治高度，其定义与内涵应然是体现国家治理体系和治理能力现代化水平的“政治（事务）新媒体”（Political New Media，PNM）。而各级党委必然应当回归政务新媒体（PNM）的领导统筹地位，成为政务新媒体坚强的领导主体、核心主体和关键主体。

三　对网络强国战略下中国社会治理的相关发展建议

（一）理念再造：从“媒体融合”走向“治理融合”

习近平同志强调：“全党同志要跟上时代步伐，不能身子进了新时代，思想还停留在过去，看问题、作决策、推工作还是老观念、老套路、老办法。这样的话，不仅会跟不上时代、做不好工作，而且会贻误时机、耽误工作。”①这种告诫在当前政务新媒体实践方面，政业“迷失”即为一种显性表现。一些政务新媒体过分注重网络传播的“花样技巧”并侧重于表层数据的衡量，甚至在一些地方党政机关不惜以数据造假来佐证“治理政绩”，造成了一些基层政务新媒体忽视利用互联网进行在线政民互动和沟通协调对话的治理机制建设，导致党务政务主业的媒体化、官僚化、娱乐化，主观主义、功利主义、形式主义和官僚作风沉滓泛起，甚至重复资源投入建设而抢位僭越官方法人媒体职能。

本报告认为，实现网络治理、社会治理和国家治理之间的互动统筹与融合治理的动态平衡，是新时代国家治理体系和治理能力现代化重要的策略考量。其实现的方式、路径和策略，需要继续践行习近平网络强国战略思想关于“以人民为中心”和“共建共治共享”的发展理念，以“媒体融合”不断动

① 《习近平在“不忘初心、牢记使命”主题教育总结大会上的讲话》，中国共产党新闻网－习近平系列重要讲话数据库，http：//jhsjk. people. cn/article/31540260，2020 年 1 月 8 日。

员社会力量介入国家治理体系，促成一种在依法治国、依法行政和依法治网环境下政党、国家与社会的良性互动治理格局，从而发展出体现人民意志、保障人民权益、激发人民创造的“治理融合”（Governance Convergence）模型（见图1）。

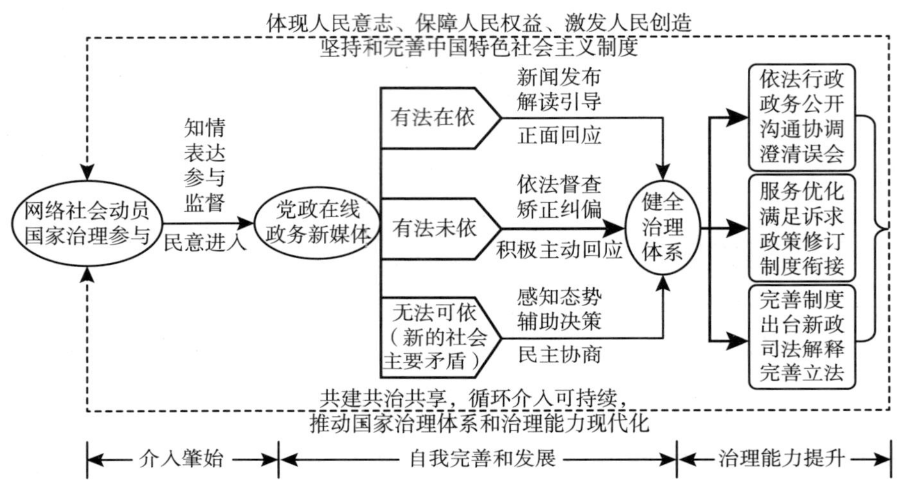

图1　新媒体介入和推动国家治理体系与治理能力现代化的“融合治理”模型

（二）组织再造：完善全职能媒介执政的顶层设计

社会治理是一项有机的系统性工程，以问题为导向，从发现、识别、界定、分析、解决到完善风险预防机制，每一环节都离不开党委、政府、社会、公众、媒体、网络平台等多元主体的整体性参与和合作，各个环节更无法由某一独立主体来独自完成。在网络技术赋权后，社会与市场的创造空间被全面激活，这既与党和国家治理的目标愿景高度一致，也对党和国家在创新治理体制机制的顶层设计上由“社会管理”转型向“社会治理”提出了与时俱进的调整要求。党的十八大前后，在治国理政方略上“管”与“治”的一字之变，体现的却是系统治理、依法治理、源头治理、综合施策。①

① 《习近平在参加十二届全国人大二次会议上海代表团审议时的讲话（2014年3月5日）》，《人民日报》2014年3月6日。

当前，融合治理体系在组织建设上尚存在以下两方面的突出性“短板”。

第一，党政主体的网络组织职能体系布局不健全。

现存大量的网络舆情依然根源并积重于线下现实而具体的社会主要矛盾，但是由于系统治理、源头治理、依法治理的“融合治理”机制在顶层设计上尚未通盘形成，长期以来党委宣传部门在传播领域的“说”与政府行政部门在线行政的“做”未形成互动支撑，致使网络社会的关切表达形成“舆情堰塞湖”积而不泄，增加了舆论社会意识形态风险和现实政治隐患。进而，依赖于“管网”的网信部门进行执法干预，停留于“扬汤止沸”式的浅表性治理。这种试图以“网信兜底”的做法，是现阶段融合治理业务链上的一大组织机制缺陷。

第二，互动社会的网评工作没有走群众路线。

近年来，迫于网络舆论和意识形态安全的严峻形势，有关部门组建了“网评员队伍”，以求以正面积极的评论和“正能量”来对冲和平衡负面社会舆论。不可否认，这种治理组织及其策略有着现实无奈下存在的必要性，且在实践中产生了一定收效。然而“解铃终须系铃人”，缺失了政务舆情责任主体的组织职能归位和直面矛盾、依法行政的有效作为，网评工作只能是“越组代庖”，避实就虚。综合近年来网评工作在舆论心理的接纳情况，非但未形成广泛而预期的社会认同，相反，空洞说教、悬空抗辩和生硬删帖的战术操作，频繁引发社会心理冲突，且越来越陷入被轻易识破后的尴尬，得不偿失。

甚至，在当前的一些网评工作实践中已经形成了所谓的“兵法理论”。譬如，有人主张，在“涉政网络舆情危机发生后，应根据舆情危机的等级灵活机动处置，转移民众视线。……同时可采取一定的发新帖删旧帖的手段，发布其他公众信息以吸引民众眼球弱化舆情信息的关注度，使其降温，冷却处理”①；也有认为在处置涉政舆情时要使用“水军战术”，提出“要有人隐藏身份在网民中发表意见引领舆论导向。在舆论处于不利于党政机关的时候，攻击敌对舆情发布源头，做到釜底抽薪。在舆论不利于党政机关的初始阶段，爆料

① 胡裕岭、谢婷、陶如：《自媒体时代涉检网络舆情的特点与处置》，《佛山科学技术学院学报》（社会科学版）2013年第5期。

更大重量级的新闻转移公众注意力”①；等等，不一而足。习近平同志曾深刻指出，“社会是在矛盾运动中前进的，有矛盾就会有斗争。我们党要团结带领人民有效应对重大挑战、抵御重大风险、克服重大阻力、解决重大矛盾，必须进行具有许多新的历史特点的伟大斗争，任何贪图享受、消极懈怠、回避矛盾的思想和行为都是错误的”②。很显然，这种短期行为或许一时奏效，却也直接将党推到了人民群众的对立面。对于前述网评“兵法”，学界也发出了严厉批判：“通过组织较多的人匿名发表意见的方法引导网上意见是不道德的”“其指导思想实质上是愚弄人民，明显违背党的宗旨”。③“对于舆情回应的策略，要么置之不理；要么滥用权力，简单粗暴地删帖或直接解决‘提出问题的人’；要么通过组织大量‘水军’来回避问题本质和矛盾本身等‘战略战术’，都是对党和政府公信力的任性‘透支’，与党的根本宗旨和习近平新时代中国特色社会主义思想不相符。”④

本报告建议，融合治理体系的组织再造，需要构建党委全面领导、党委宣传与党委网信统筹指导、政府在线行政职能发挥的综合治理组织，以“联席联网联动”实现“协力协作协同”，以“党政分工不分开”实现“线上线下不脱节”，要让网民在政民互动体验分享的评价体系中成为积极社会舆论的“人民网评员”，老百姓说好才是真的好。

（三）制度再造：加强制度联动的系统治理操作

以 2018 年 12 月 27 日国务院办公厅发布《关于推进政务新媒体健康有序发展的意见》（国办发〔2018〕123 号，以下简称《意见》）为例。2019 年 12 月 28 日，在《意见》发布一周年后，中国传媒大学政务新媒体实验室启动了针对地方政府落实《意见》一年来政策传播与施行效果的专项调研。结果显示，《意见》在全国内地 31 个省级行政区（地方省级以下级别行政区未涉及）

① 崔汗青：《从“王某离婚事件”看检察机关网络舆情的应对》，中国网，2016 年 8 月 23 日。

② 习近平：《决胜全面建成小康社会　夺取新时代中国特色社会主义伟大胜利——在中国共产党第十九次全国代表大会上的报告》，2017 年 10 月 18 日。

③ 陈力丹：《虚拟舆论场：政府怎样发挥主场优势》，《人民论坛》2011 年第 15 期。

④ 侯锷：《2017 年网络强国战略下社会新治理体系研究报告》，载《新媒体蓝皮书：中国新媒体发展报告 *No. 9*（2018）》，社会科学文献出版社，2018。

中，被公开转办落实的仅有18个省区市（其中2家仅原文复制于本地政府官方网站），占比仅52%，甚至于部分行政区政府单位对该文件“闻所未闻”。在可查证且已转办施行该项政策的执行效率上，从中央政府到地方省级行政区的落地转化效率，最快16天（湖北省）、最慢313天（宁夏回族自治区），整体上平均127天。

同时，从2019年落实《意见》的制度效能来看，中央关于推进政务新媒体健康有序发展的正确意图和决策，在基层执行中表现出钻营制度漏洞的曲解执行和选择性执行。政务新媒体的“亚健康”和无序发展的状况非但未得到治愈反而恶化。譬如，一些制度要求“对利用率低的要进行清理整合”，却没有从“提高利用率”上着力改进；一些制度要求“对无力运营维护的要坚决予以关停”，却没有从根源上查找造成“无力”的原因是人力不足、能力不足或是经费保障不力等；甚至一些制度，明令“加大关停整合力度，确保政务新媒体抽检合格达标”“县级政府部门及乡镇（街道）已开设的政务新媒体一律关停，不再申请开设新的政务新媒体”等等，直接造成大量政务新媒体“师出有名”地成为“逃兵”，借机“退场”。——这种简单粗糙的制度执行，显然有悖于国务院出台《意见》的初衷，更让党中央反复重申的“守土有责、守土负责、守土尽责”从基层制度层面直接消散于无形。

本报告建议，尽快加强体制内治理制度建设的有机衔接和连贯通畅，不断健全网络民意的利益表达制度、利益协调制度和利益保护制度，引导网民依法行使权利表达诉求和党政依法治理，让制度发挥规范有序的治理效能。

（四）功能再造：网络社会治理走出“维稳”思路

人类从工业社会、现代社会过渡到“风险社会”（Risk Society）的一个现实结果，就是互联网信息革命让弱关系连接的民意交互具备了新型社会动员功能，也让宣传教化、导向引领、舆论定调等传统媒体的“喉舌”功能进化为兼具“视听”的“互动官能”。但是，由于社会层面难以自发性形成协调化解矛盾的组织机制，在一段时期我们曾经采取了单一高压管控下的“堵”而不“疏”“维稳”策略，结果造成社会治理结构失衡，甚至一度陷入社会矛盾多发、极化，甚至“越维越不稳”的社会管理困境。对此，十八大以来习近平同志多次强调，“各种人民内部矛盾和社会矛盾已经成为影响社会稳定很突出、处理起来很棘手的问题，而其中大量问题是由利益问题引发的。这就要求我们处理好维稳和维权的关系。从人民内部和社会一般意义上说，维权是维稳的基础，维稳的实质是维权。人心安定，社会才能稳定。对涉及维权的维稳问题，首先要把群众合理合法的利益诉求解决好。单纯维稳，不解决利益问题，那是本末倒置，最后也难以稳定下来”①。同理，不仅仅是现实的综合治理体系要大步流星走出僵硬“维稳”的套路，网络融合治理体系更要走出“维稳”的惯性思维。否则，“维稳”式网络治理或发展演变为不以社会公共利益和国家利益为目标，而是以集权形式进行高度意识形态化的政治实践。②

关于融合治理体系的“功能再造”，需要综合处理网络强国战略下融合治理进程中的安全和发展、矛盾与统一、管理和服务的辩证关系，坚持管治同步、堵疏并举，实现吸纳借鉴民意的政治协商功能、扩大社会参与的科学决策功能、网络舆论的互动引导功能，以及互联网对社会风险和执政风险的防范预警功能等综合赋能。

（五）平台再造：以政务新媒体矩阵构建“融合治理平台”

实践证明，政务新媒体在社会治理中发挥着越来越重要的平台作用，而这一融合治理平台的科学运行，依托于以党委政府为关键主体，构建基于互联网新媒体空间的“政务新媒体矩阵”。

“众声喧哗”所生产出的网络信息海量而多元，网民话语已经成为社会舆论和新闻的重要组成部分，更作为具有社会治理价值的政务大数据资源而存在。因此，要以政务新媒体矩阵作为融合治理平台，从“舆情”角度全面了解网络社会对现实社会治理的情绪、情感和意识形态倾向，以官民平等的交流姿态对社会关切及时掌握并作出有效回应，要让这一平台既承担互动的政务公开平台，也成为党政融合治理能力的“公示平台”。

以互联网“电商”平台逻辑来打造“政务新媒体矩阵”。“政务新媒体”诞生的重大意义在于，它是执政党及其政府行政主体第一次以官方的组织身份、独立于传统自有的“喉舌”法人媒体、独创的完全意义上的官方新媒体，

① 2014 年 1 月 7 日，习近平总书记在中央政法工作会议上的讲话。

② 李雪：《改革开放以来中国政治发展的内在逻辑》，《领导科学》2019 年第 24 期。

并由此开始了网络在线的政党执政和政府行政，从而实现了政党政治话语权、行政治理权与“代言中介”的职业媒体业务剥离，直接面向社会综合施治。因此，新时代的政务新媒体就是党委政府在网民掌心指尖开设的“网店”；各层级各职能的党务政务在线账号基于现实行政科层隶属而形成在线行政矩阵体系；而网民诉求就是对政府所下的“在线订单”。政务新媒体唯有以互动和沟通来精准高效“配送”政府线上线下的公共服务产品，良好的网络体验才能完成对政府公信力的“签收”与“好评”。[①] 遵循了这种媒介创新理论，政务新媒体矩阵就可以作为互联网时代党政机关公信力建设的重要抓手，使其成为集信息融合中心、创新服务中心、联动行政中心于一体的在线融合治理平台。

（六）流程再造：以线下“用得好”支撑线上“管得好”

互联网信息技术与政治的结合，在网络治理、社会治理和国家治理的管理体制、治理模式、决策方式和组织形式等多领域构成了现实的颠覆和重构，这也对网络、社会和国家的“治理融合”提出了重大的“流程再造”议程。

在新媒体政治传播进入 Web3.0 时代后，党政、媒体与社会间沟通演变，逐步确立了各自的独立话语“领地”（见图 2）。党委政府作为一种独立的官方主体话语角色，其满足社会公共信息需求的“信源”角色不断被强化，而“媒体”作为曾经“传递党政”的“中介”角色逐步弱化，而成为与社会一致的“需求侧”。由此，政治传播从“宣传（宣布传达）模式”“政府新闻发布会模式”，步入面向社会公众与媒体同步供给的“聚光灯模式”。在这种三大主体“需求”和“供给”的相互作用之间，党政、社会与媒体基于“三角稳定原理”下较为巩固牢靠的互动传播范式得以确立。比如在新闻传播领域，十八大后网民率先利用微博对习近平总书记国内首站考察的“深圳行”进行移动即时直播，由此推动了传统媒体不等新闻通稿而积极利用新媒体对国家领导人行程动态进行首发报道的新闻生产流程再造。而时至今日，网络人工智能、“算法”等新技术，更在新闻采集、生产、分发、接收、反馈的媒体融合与全媒体传播业务链的流程优化重组上发挥了重要作用。

---

① 侯锷：《2017 年网络强国战略下社会新治理体系研究报告》，载《新媒体蓝皮书：中国新媒体发展报告 *No. 9*（2018）》，社会科学文献出版社，2018。

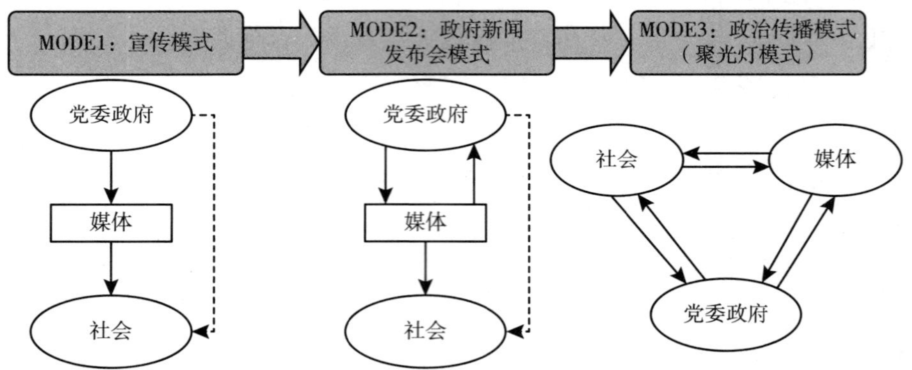

图 2　新媒体变革演进下的治理结构 3.0

2019 年 4 月 22 日，国务院“互联网 + 督查”平台在“国务院”客户端和“中国政府网”微信公众号上线小程序应用，面向社会征集四个方面问题线索或意见建议，并表示“国务院办公厅将对收到的问题线索和意见建议进行汇总整理，督促有关地方、部门处理。对企业和群众反映强烈、带有普遍性的重要问题线索，国务院办公厅督查室将直接派员督查。经查证属实、较为典型的问题，将予以公开曝光、严肃处理”①。国务院“互联网 + 督查”小程序这一看似轻量级的互联网政务应用背后，其深远的意义在于，它实现了中央政府对传统政策传播的层级、路径的扁平化，打通了直接抵达老百姓口袋和指尖的“信息回路”，这是一次前所未有的重大政府行政流程再造。

参考文献

《马克思恩格斯选集》（第 1 卷），人民出版社，2012。

《全面深化改革文献资料选编》，人民出版社，2017。

《中国共产党第十九次全国代表大会文件汇编》，人民出版社，2017。

《以习近平同志为核心的党中央治国理政新理念新思想新战略》，人民出版社，2017。

① 国务院办公厅：《国务院“互联网 + 督查”公告》，中国政府网，2019 年 4 月 22 日。

唐绪军主编《新媒体蓝皮书：中国新媒体发展报告 *No. 9*（2018）》，社会科学文献出版社，2018。

唐绪军主编《新媒体蓝皮书：中国新媒体发展报告 *No. 10*（2019）》，社会科学文献出版社，2019。

唐绪军、黄楚新、王丹：《国家智库报告：中国媒体融合发展报告（2015～2016）》，中国社会科学出版社，2019。

侯锷主编《中国政务新媒体（微博）年鉴·（2009～2018）》，社会科学文献出版社，2019。

B.10
2019年中国移动短视频发展报告

于　炬*

摘　要： 本文从概况、聚焦、问题及趋势四个部分对2019年中国移动短视频行业进行研究。总体来看，2019年短视频用户市场保持增长；商业化全面加速；两超多强格局趋稳，“抖快”博弈升级；内容增速放缓，走向多元有序。聚焦行业内部，三个特点突出：一是内容电商崛起；二是平台整体下沉；三是本土Vlog兴起。2019年在短视频发展中，MCN机构小散零碎、虚火过旺，高度商业化下虚假广告、数据造假等问题，损害了行业的发展。展望2020年，围绕内容电商展开系统建设将成为商业重心，专业化、精细化的内容将释放更大价值。

关键词： 短视频　短视频平台　短视频内容　内容电商　Vlog

如果说2019年是中国互联网的冬季，那么短视频则是那个生着炉火的暖房。作为移动互联网大盘中高光的明星级应用，短视频行业延续了2018年的势头，在经过疾速扩张之后，保持增长态势，进入全面商业化阶段。

一　概况

（一）用户市场保持增长

继2018年短视频强势扩张后，2019年短视频行业用户增长有所放缓，

---

* 于炬，博士，北京电视台高级编辑，研究方向为视听新媒体研究、媒体融合、影视传播。

但整体用户规模及黏性仍保持增长，市场下沉明显，领跑大盘。从用户规模看，2019 年中国移动互联网月活用户见顶，根据 QuestMobile（以下简称 QM）① 数据，2019 年 12 月整体用户同比净增仅 815 万，同比增速降至 0.7%，并首次降到 1% 以下；在短视频行业，2019 年 12 月月活用户规模 8.23 亿，同比增量 9235 万，增长率 12.6%（见图 1），在移动互联网所有细分行业月活用户增量排名中，短视频 11 月排名位列第一，② 12 月位列第二。从用户黏性看，2019 年 12 月短视频用户时长同比增量 62.92 亿小时，增速 39%，在所有细分行业使用时长增量排名中继续高居榜首，遥遥领先于其他应用（见图 2、图 3）。短视频在泛娱乐领域一枝独秀，人均使用时长持续增长，相反，包括长视频在内的其他类型都不同程度地减少。尽管 2019 年短视频用户增速有所放缓，但行业流量红利尚未消失。

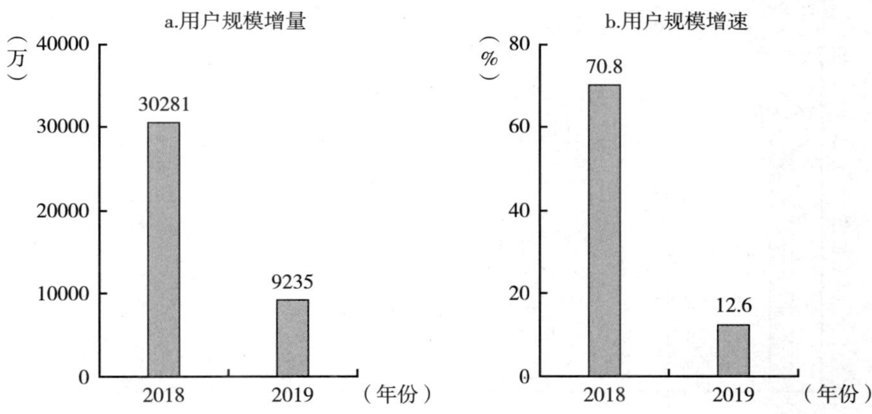

图 1　2019 年 12 月短视频 App 行业用户规模增长概况

注：同比增量 = 本年 12 月 MAU－上年 12 月 MAU。

资料来源：TRUTH 中国移动互联网数据库，2019 年 12 月。

① 本文所引用的 QM 数据，除注明报告出处以外，均来源于 QM 数据研究院。在此特别感谢 QM 研究院在疫情期间给予本报告的数据支持。

② 《QuestMobile 2019 中国移动互联网八大战法》，https：//www.questmobile.com.cn/research/report－new/79，2020 年 1 月 13 日。

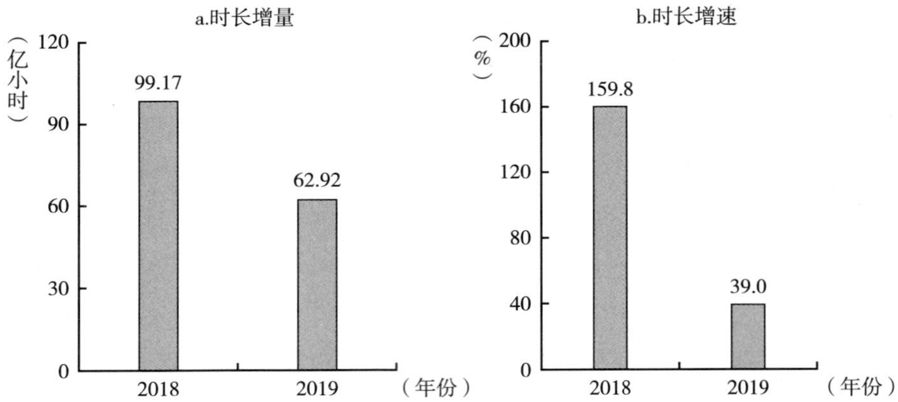

图 2　2019 年 12 月短视频 App 行业用户使用时长增长概况

注：同比增量 = 本年 12 月时长 - 上年 12 月时长。
资料来源：TRUTH 中国移动互联网数据库，2019 年 12 月。

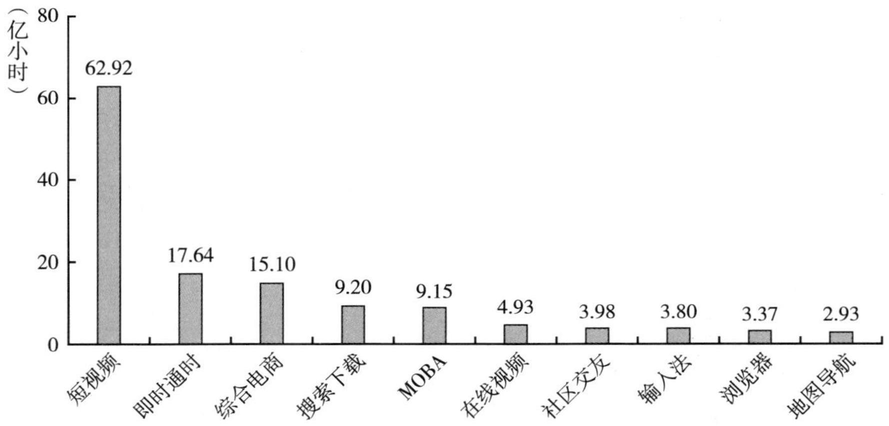

图 3　2019 年 12 月中国移动互联网细分行业使用时长同比增量 TOP10

注：同比增量 =2019 年 12 月目标细分行业时长 -2018 年 12 月目标细分行业时长。
资料来源：TRUTH 中国移动互联网数据库，2019 年 12 月。

在下沉市场①中，短视频收割大量用户，成绩亮眼。QM 数据显示，2019 年 12 月下沉市场短视频月活用户同比增量 6344 万，稳居增量榜第一，在细分行业

① 下沉市场是指由三线及以下城市的移动互联网用户构成的市场，下同。

中短视频获得最多的下沉用户流量（见图4）。从全网海量App的下沉用户增量TOP排名看，短视频App抢占最多的席位，仅12月短视频占据3席，快手超过拼多多和手机淘宝拔得头筹，抖音短视频、微视加速下沉，成果突出（见图5）。艾瑞数据显示，三、四、五线城市用户占比几近半数。① 短视频行业下沉明显。

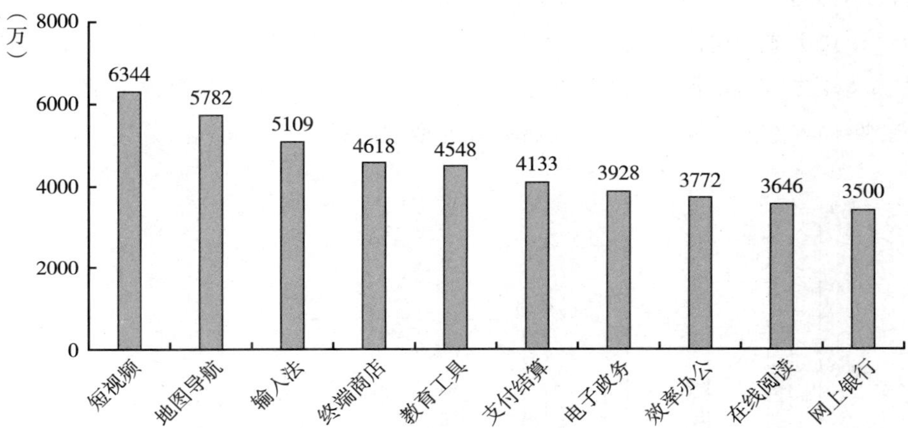

图4　2019年12月中国移动互联网细分行业下沉用户规模同比增量TOP10

注：同比增量=2019年12月目标细分行业MAU－2018年12月目标细分行业MAU。
资料来源：TRUTH中国移动互联网数据库，2019年12月。

（二）商业化全面加速

2019年是短视频商业化全面加速的一年。短视频行业渗透率已超70%，在完成流量快速积累之后，正在走向全面商业化变现。2018年下半年，头部平台开始搭建开放的商业营销系统，短视频进入商业加速期。2019年短视频商业化成果凸显。从广告来看，尽管2019年广告主整体预算缩减，但在短视频用户市场持续增长的带动下，短视频广告的体量逆势增加，市场规模由2018年的467.1亿元增长到2019年的1006.5亿元。② 在互联网广告市场增速

① 艾瑞咨询：《2019中国短视频企业营销策略白皮书》，https：//www.iresearch.com.cn/Detail/report？id=3504&isfree=0，2019年12月。

② 艾瑞咨询：《2019中国短视频企业营销策略白皮书》，https：//www.iresearch.com.cn/Detail/report？id=3504&isfree=0，2019年12月。

整体下滑趋势下，今日头条、抖音、快手凭借短视频内容吸金，广告收入大幅增长，对腾讯、百度等其他媒体产生了巨大冲击，“佛系”了多年的快手也完成了100多亿元目标。另外，内容电商、网红带货成为2019年短视频商业化的爆发点，短视频平台积极建设内容电商生态系统，强化直播带货，2019年抖音+快手GMV（Gross Merchandise Volume）总成交额达到1000亿~1200亿元。[①] 快手成为电商领域的“第三极”，“口红一哥”李佳琦抖音单场直播带货的销量达数百万元。企鹅智库数据表明，四成用户因观看短视频而产生消费。[②] 内容电商成为存量时代短视频商业变现的风口。

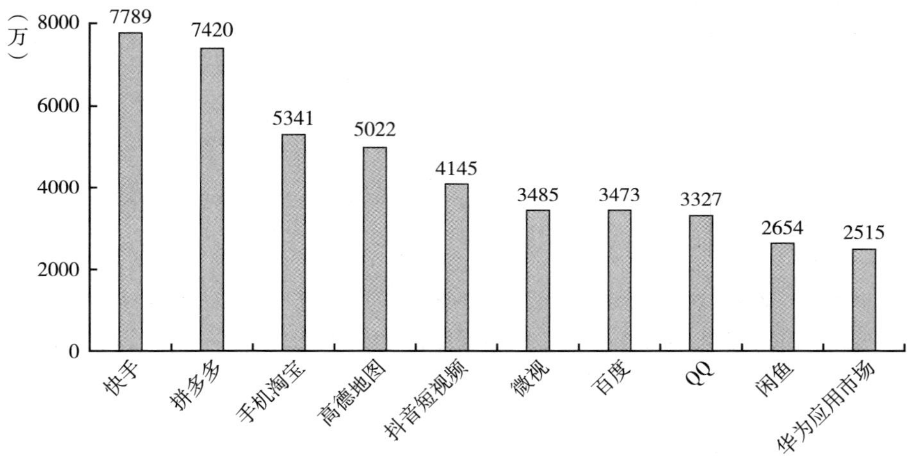

图5　2019年12月中国移动互联网典型App下沉市场用户规模同比增量TOP10

注：同比增量=2019年12月目标细分行业MAU－2018年12月目标细分行业MAU。

（三）两超多强格局趋稳，“抖快”博弈升级

继2018年形成两超多强的竞争态势后，2019年“抖快”双峰的优势日益扩大，尽管腾讯微视、百度系短视频的流量也在增加，但双寡头地位已经稳

① 卡思数据：《火星CEO李浩：2019年短视频行业关键词——压力、竞争、机遇、速度、洗牌》，2020年1月8日。

② 酷鹅洞察：《2019短视频行业发展新趋势：内容是重点 平台呈现多元化》，https://news.znds.com/article/39013.html，2019年7月2日。

固。QM 监测数据显示，2019 年 12 月，抖音 DAU 超过 2.71 亿，MAU 达 4.89 亿，快手 DAU 超过 1.84 亿，MAU 达 3.79 亿。2020 年初，抖音官方报告显示其日活达到 4 亿，快手在春节官宣日活实现 3 亿。2019 年上半年，字节跳动旗下 3 款短视频（抖音、西瓜视频、火山小视频）去重月活更是达到近 6 亿（5.88 亿）。[①] 尽管百度、腾讯等互联网巨头采用重金投入、流量补给等强攻战术，但旗下产品始终不温不火，大多数要么半途夭折，要么被合并，腾讯最终将寄予厚望的火锅视频（前身 Yoo 视频）整体并入了腾讯视频，这种无奈表明，抖音、快手筑起的护城河短时间难以撼动，两超双峰格局稳固。在多次搏杀独立短视频 App 未果后，腾讯在 2020 年初推出微信“视频号”，这可能是巨头博弈国内短视频市场的最后撒手锏。在摆脱巨头的围剿之后，2019 年“抖快”在用户、内容、商业化方面的竞争全面展开，2019 年 6 月“抖快”的重合用户同比已翻番达到 1.6 亿，[②] 随着市场增量空间的减少和目标市场重叠的加剧，“抖快”将不可避免地迎来双峰大对决，2020 年 1 月火山小视频并入抖音已释放了明确的信号。

两超双峰之后的第二梯队仍在激战，但座次趋于成形。2019 年西瓜、火山、腾讯微视、百度旗下好看视频、全民小视频保持上升势头，显示出较强的竞争优势，而老牌对手美拍、秒拍、土豆则持续下滑，2019 美拍月活用户已经跌破 1000 万关口。2019 年各大平台争相推出极速版，快手、抖音的极速版迅速进入前十阵营，留给老牌平台翻身的机会将越来越小。

此外，2019 年主流媒体集中入驻短视频平台，央媒还推出了独立 App，如短视频聚合平台“人民日报 +”、中央广播电视总台推出的以短视频为主的“央视频”。

（四）内容增速放缓，走向多元有序

短视频内容经过了 2017 ~ 2018 年井喷式的急剧扩张，2019 年增速放缓，

① 《QuestMobile 短视频 2019 半年报告》，https：//www.questmobile.com.cn/research/report-new/58，2019 年 8 月 6 日。

② 《QuestMobile 短视频 2019 半年报告》，https：//www.questmobile.com.cn/research/report-new/58，2019 年 8 月 6 日。

开始进入有序平稳的发展阶段。第三方数据表明,[①] 从 PGC 维度，截至 2019 年三季度，PGC 总播放量一路下跌，7 月开始在更节目数量缓慢减少，与最高峰时期相比，数量已减少超过 1500 档，其中搞笑类减少得尤为明显。PGC 处于持续洗牌状态，但流量排名前五的类别基本稳定，占比超六成，马太效应依旧。从红人维度来看，2019 年全网红人总量增速放缓。2018 年红人月均增速 8.4%，100 万 + 的红人月增速为 5.2%，而 2019 年红人月均增速仅为 1.4%，50 万 + 红人月增速也不过 3.0%；2019 年粉丝增加的红人仅占 33%，掉粉的红人占 18%，49% 的红人粉丝量基本持平；从类别看，2018 年流量主要集中在小哥哥、小姐姐、音乐舞蹈、搞笑等类别，52% 的小哥哥、小姐姐靠颜值打天下，内容极度娱乐化；2019 年尽管泛娱乐内容仍占主导地位，但同比上年已下降 10% 以上，其中搞笑、萌宠、音乐舞蹈等类别降温明显。同时，泛生活、时尚、美妆、汽车等类别增长明显，社区军工、文化教育、运动健康类别也明显增多。影视娱乐类 KOL 涨势突出，从行业下游升至中上游。以抖音为例，汽车、美食和美妆等垂类环比增长超过四成，是平台中提升最快的类别，而快手美食、游戏、音乐、美妆类别的红人表现突出。此外，随着时长的扩容，剧情类、微综艺、微剧、Vlog 等类别兴起，短视频内容更加多元。2019 年短视频内容开始转至平稳、有序、多元的良性轨道。

二 聚焦

（一）内容电商崛起

中国短视频行业经过了商业起步探索，2018 年迎来了平台主导的商业化提速，随着平台营销体系和电商体系的不断完善，2019 年进入全面商业化阶段，如果说 2018 年的重点是广告营销，那么 2019 年则是发力内容电商；如果说 2018 年网红带货是平台的一道风景，点燃了星星之火，那么 2019 年内容电商已牢牢占据 C 位，直播电商爆发成燎原之势。2019 年，快手的电商创作者

① 卡思数据：《2019 短视频 KOL 年度报告》，2020 年 1 月。

超过100万个,[①] 抖音的带货红人超过五成，其中粉丝300万+更是占了八成。[②] 抓住供应链上游源头带货，自建电商商城卖货，强化直播带货，内容电商成为2019年短视频全面商业化主旋律。

重源头带货，建设供应链上游。短视频做电商，供应链和企业服务的缺陷是短板。深入货源，沿着供应链往产业上游走，是构建内容电商闭环的重要步骤。2019年抖音、快手开始瞄准上游厂家，工厂货源与短视频直播平台走得越来越近，如短视频平台与完美日记等国货美妆品牌的“联姻”。快手提出了“源头带货”的概念，从“中间商带货”到“寻找源头好货”，以“源头好货”为特色进行招商，强化产业带、原产地、达人自家工厂的模式。2019年10月快手推出“区域创作者招募”计划，12月宣布“百城千县”计划，旨在达成货源地区域流量的变现。快手通过上游产业带动布局，在源头建立直播基地，并围绕品类选择、质量把控、第三方服务等环节，把控供应链上游。

自建电商商城卖货。早在2018年，短视频平台开始电商尝试时，主要是为淘宝、京东、唯品会等电商平台导流，如快手2018年6月上线“快手小店”，抖音有限开放购物车功能、上线商品橱窗，都属于内置电商与跳转外链模式。2019年，短视频平台一方面继续加强与几大电商平台的合作，如快手进一步接入拼多多、京东、苏宁；外界传言抖音与淘宝签订70亿元框架协议，为京东、网易考拉、唯品会等开通小程序电商平台等，另一方面，积极推进自有电商商城建设，字节跳动打通了头条系自有电商平台——“放心购”商城，用户使用抖音App可以一键登录直接网购，同时第三方电商与自有电商平台组成“好物联盟”，好物联盟拥有更便捷的消费流程，这一系列动作显示了短视频平台自建电商生态的决心。

强化直播带货。直播和短视频结合，丰富了平台的内容形态，提高了用户黏性，但更重要的是直播所具有的变现能力对各方有益。一方面，对于平台和企业，短视频种草，直播中拔草，实现了营销转化；另一方面，主播通过发布短视频，获取公域流量，再通过直播加强用户黏性，沉淀私域流量，最终获得

① “短视频工厂”微信公众号：《2019短视频行业记忆：电商爆发、“快抖”日活大战、出海热议……》，2020年1月10日。

② 卡思数据：《2019短视频KOL年度报告》，2020年1月。

收益，因此直播带货得以快速发展。2018 年的快手卖货王活动，“散打哥”带货 1.6 亿元，使得快手获得电商领域“第三极”位置。2019 年快手直播进一步升级，直播中的“货”，从无品牌到国货品牌再到国际品牌，从“便宜货”到品质货再到高端好货，连续快速升级；主播方面，快手开放直播公会入驻，开通直播的红人已占 1/4，其中粉丝 100 万以上红人占比最高，份额达九成，① 100 万 + 的快手电商创作者每月增速超过 10%，现如今，快手已不再只是一个严格意义上的短视频平台，还是国内最大的直播平台，直播 DAU 已破 1 亿。2019 年快手卖货王活动，主播辛巴的直播带货量达到 4 亿元，朱正廷同款“哑光唇釉”仅 1 个月被“老铁”们买走了 109.3 万支，直播带货可谓一骑绝尘。2019 年字节跳动加快了追赶快手直播的步伐，第一季度搭建“直播大中台”，加大直播业务的技术支撑力度，抖音 2019 年宣布引进 1000 家公会，并上线直播日结功能，推出“直播黑马计划”，2020 年初又将直播业务最成熟的火山小视频并入，为平台直播带货开路。

内容电商崛起使短视频行业变现摆脱了单一的广告盈利模式，开始与电商行业深度结合，短视频的娱乐流量正在越来越多地转换为种草流量。需要指出的是，短视频平台和电商平台属性不同，如何平衡内容和电商的关系、如何使带货不损害用户留存，是必须面对和解决的问题，从这个意义上看，短视频的电商化道路才刚刚开始。

（二）平台整体下沉

“向外走”和“向下走”是短视频平台扩张的两个路径，如果说 2018 年平台“出海”亮眼，那么 2019 年平台“下沉”突出。

QM 数据显示，2019 年整个移动互联网下沉市场人群规模庞大，已超过 6 亿，其中短视频行业获得了最多的下沉流量红利。2019 年 12 月，快手下沉用户已达到 2.48 亿，同比增量 7789 万，下沉用户占比高达 65.3%。主打一、二线城市的抖音在 2019 年全速下沉，12 月下沉用户近 3 亿（2.92 亿），同比增量 4145 万，占比近六成（59.8%），一、二线用户仅占抖音用户的四成。“快抖”两者重合用户比例已经高达 45%，而在 2018 年，两者重合用户比例

① 卡思数据：《2019 短视频 KOL 年度报告》，2020 年 1 月。

仅为14.6%。此外，其他主要短视频App也在争夺下沉市场，2019年3月好看视频、微视下沉用户增量均达到4000万左右，双双进入全网下沉用户增量榜单前五。① 新秀优哩视频2019年的用户增长无一例外来源于下沉市场的贡献。

下沉市场正在成为互联网行业的掘金宝地。国家统计局的数据显示，农村居民可支配收入及消费支出增速已超过城镇居民。在类别上，下沉用户网购品类别与一、二线城市差别不大，但在家居、母婴等类别上强于一、二线城市。一方面，下沉用户网购热情和消费能力提升；另一方面，下沉用户的电商渗透率仍低于全网，商业潜力较大。在下沉市场的淘金中，短视频行业通过老铁经济、内容带货打开了下沉市场的大门。易观数据表明，近两年下沉用户在视频直播推荐下的成单频次明显提升，提升率为38.9%。② 短视频对下沉用户消费行为的影响已明显展现，“老铁”们在直播间疯狂买买买的行为和数据，既是短视频影响下沉用户的体现，也显示了下沉市场旺盛的消费力。

在2019年抢夺下沉市场的大战中，短视频平台纷纷推出极速版。极速版针对低配手机、低龄及老龄用户，简化了主App功能，占用手机空间小，具有运行快、省流量、操作简单、打赏激励等特点。QM数据表明，极速版的三、四线城市用户占比明显高于移动网民整体。2019年8月，“快手极速版”上线，用红包拉新，而“抖音极速版”紧随其后，双方展开正面PK，10月抖音极速版用户量达到1390万，约一半为新用户，通过网赚模式，快速吸引了下沉用户。极速版用户对短视频的明显偏好正在为短视频行业带来第二条增长曲线。随着短视频平台的加速下沉，下沉市场流量逐渐见顶，之后也将转向存量竞争。

（三）本土Vlog兴起

Vlog即视频博客（Video Log或Video Blog，简称Vlog），来自“Blog”

---

① QuestMobile：《下沉市场报告：6亿的下沉用户，千亿级市场该怎么玩》，https://www.questmobile.com.cn/research/report-new/46，2019年5月22日。

② 易观：《下沉市场消费者网购趋势洞察2019》，https://www.analysys.cn/article/detail/20019256，2019年4月2日。

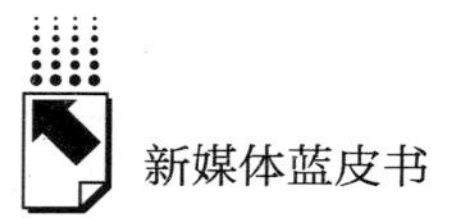

的变体，是博客的一类。它主题广泛，博主（Vlogger）以视频代替图文，记录日常生活或是进行相关主题的讨论。和 MCN 一样，Vlog 是起源于 YouTube 的“舶来品”，也曾是 YouTube 的热门内容。在 YouTube 平台，Vlogger 多以作者视角呈现、记录个人的日常生活，题材广泛。在中国，2018 年 Vlog 作为一种新的短视频形态受到追逐，更有造势者将 2018 年称为 Vlog 元年，然而风并没有吹起来，尽管一些平台给予了补贴、流量等扶植，但全年仍没有一条 Vlog 成为爆款。2018 年 Vlog 的各种造势是中国移动互联网用户红利见顶背景下，短视频平台为了保持活力和用户黏性，用流量强推的内容类型。

2019 年本土 Vlog 兴起，规则变化是促进本土 Vlog 兴起的直接原因。2019 年 4 月抖音宣布全面开放 1 分钟权限，推出“Vlog 十亿流量扶持计划”，发起 Vlog 主题挑战，鼓励用户参与生活记录，由此带动了本土 Vlog 兴起。抖音此举改变了传统 Vlog 视频形态模式，将时长降至 1 分钟，大大缩短了视频承载的内容量，意味着内容门槛大幅降低，通过规则变化，对叙事、视觉表达、主题、题材进行全面降维，将那些非虚构、以第一视角呈现（不管是否出镜）的自己或他人日常生活的各种即时片段都纳入本土 Vlog 范畴，大大降低了准入门槛，促进 Vlog 走向大众。随后，各平台纷纷跟进扶植计划，上线 Vlog 频道，百度好看视频发布“Vlog 蒲公英计划”，将 Vlog 作为年度发展重点；B 站上线“Vlog 星计划”；西瓜视频推出针对 Vlogger 的“万元月薪”计划；腾讯 Yoo 视采用分级补贴，按账号评级定价，最高每条补贴数万元。由此，一批 60 秒 Vlog 账号，如末那大叔、itsRae、燃烧的陀螺仪、叫我学长等脱颖而出。2019 年 Vlog 成为平台最热的内容之一，同比上年增幅接近两位数，用户关注度猛增，有超过 30% 的红人粉丝同比获得翻倍。①

经过本土化改造的 Vlog，尽管离爆发还有一段距离，但在细分市场中持续发力，带动新的用户增长。并且，Vlog 强调人格化属性更易于塑造个人 IP，也更容易建立与用户的社交关系，这些都为其商业变现做了必要铺垫。总体来看，2019 年的本土 Vlog 显示了茁壮成长的态势。

① 卡思数据：《2019 短视频 KOL 年度报告》，2020 年 1 月。

三 问题

（一）MCN 机构小散零碎、虚火过旺

源于商业化的需要，自 2016 年起，中国本土 MCN 机构作为短视频产业链中聚合小散生产者，连接内容和平台、商家的重要环节，迅速扩张，2017 年中国共有 MCN 机构 1700 家，较 2016 年增长了 4 倍，① 到了 2019 年更是激增至 8000 + 家。② 四年间 10 倍竞争者蜂拥而至，广告公司、账号代运营机构等形形色色的公司涌入，跑马圈地，短时间快速膨胀导致 MCN 迅速泛滥成“红海”，并且各平台也在签红人、抢 MCN 业务，2019 年 MCN 机构的竞争趋于白热化。然而，许多冲着平台补贴而来的公司，挂着 MCN 的名头，却缺乏红人孵化、组织生产、持续运营、商业营销等的资源和能力，不能为红人、创作者带来商业和粉丝增长，从而致使红人出走，同时，输出的内容缺乏流量也难以获得足够的补贴，生存艰难。从主要的收入来源看，MCN 机构最主要的变现方式是广告营销，其次是平台补贴，也有一些内容电商等，第三方的专项调研数据显示，2018 年只有三成公司营收规模超过 5000 万元，③ 2019 年五成以上的 MCN 机构处于亏损的状态，只有一成盈利。IT 桔子的公开数据显示，从 2016 年至 2019 年，获得融资的 MCN 机构数量分别为 165 个、136 个、79 个、35 个，呈逐年下降趋势。④

小散零碎、虚火过旺的 MCN 必然面临一轮行业洗牌。而当务之急是要建立行业规范，形成进入、退出机制，以免造成“劣币驱逐良币”。对于参与内容生产的 MCN，在完成变现前，需要一个市场培育、用户沉淀的过程，建立

---

① 于烜：《2018 年中国移动短视频发展报告》，载唐绪军主编《新媒体蓝皮书：中国新媒体发展报告 *No. 10*（2019）》，社会科学文献出版社，2019。

② 卡思数据：《火星 CEO 李浩：2019 年短视频行业关键词——压力、竞争、机遇、速度、洗牌》，2020 年 1 月 8 日。

③ 《2019 中国 MCN 行业发展白皮书》，http：//www.360doc.com/content/19/0322/20/224530_823456456.shtml，2019 年 3 月 22 日。

④ 短视频参谋：《2019 年，MCN 机构们活得怎么样了?》，http：//www.woshipm.com/it/3259350.html，2019 年 12 月 27 日。

行业规范尤其重要，无序竞争最终将导致一地鸡毛。对于头部 MCN 以外的中腰部公司，需要立足细分领域，深耕垂直行业，在垂直领域积累优势资源和专业能力，形成针对特定年龄、收入、兴趣、知识水平、圈层、亚文化等人群的专业化的细分内容，才有可能聚合特定的人群，也才有商业化的各种可能。

（二）过度商业化

2019 年，“口红一哥”李佳琦直播不粘锅翻车、抖音大妈带货三无烤虾的神操作、蜂群文化刷量风波、网红雪梨带货刷单等一系列网络事件，让虚假广告、水军泛滥、数据造假等行业毒瘤痼疾又一次暴露于光天化日之下。在短视频的商业狂飙进程中，特别是电商带货的掘金浪潮下，短视频平台上各类游戏、交友、贷款、招聘、中介等的广告，五花八门，真假难辨；各种流量数据，包括粉丝量、点赞、转发、评论、观看次数等统统可以刷量造假，水军成为遍布各大平台的隐蔽大军。2020 年初小红书平台反作弊中心公布了打击刷量造假阶段成果，共处理作弊笔记 443.57 万篇，封禁涉黑产账号 2128 万个，拦截了 14.23 亿次黑产作弊行为，这些数字令人触目惊心。“看着心动，买了心痛”成为粉丝们共同的心声。

网红带货、电商直播正以每年千亿元甚至万亿元的成交额高速发展，巨大的机会中也蕴藏着深层危机，虚假广告和数据造假，不仅损害正常商业环境，而且引发用户信任危机。公开数据显示，高度商业化使得用户对 KOL 的信任度降低，特别是“95 后”“00 后”年轻消费群体，对 KOL 推荐而更信任品牌的比例仅为 29%。[①] 2019 年被爆虚假种草的小红书、发布欺骗信息的知乎纷纷陷入平台信任危机，这些都是过度商业化带来的严重后果。

随着技术与资本合谋下算法权力的日益扩张，算法分发技术主导的短视频越来越多地占据、支配人们的日常时间，影响、控制人们的日常消费。在即将到来的全民带货潮中，政府、平台、MCN 机构/网红和企业，需要协同起来共同净化商业环境，而政府、平台必须有所作为。监管部门以平台为监管对象，对涉事平台加大处罚力度，且处罚不能停留在法律文书上。平台针对账号主

① 《2020 年 7 成广告主加码社交营销　直播、短视频带货风头愈强》，流媒体网，2019 年 12 月 10 日。

体、网红和商家、产品，需制定严格规范，建立诚信体系，对违规、违法行为做相应等级的处罚，直至封禁账号、下架产品；同时通过技术系统进行监控、对黑产作弊进行拦截。短视频平台发展至今已经成为头部的互联网应用，必须承担起相应的社会责任，补齐自身媒介伦理和商业伦理缺失的“短板”，维持商业利益和社会责任的底线平衡，而不能仅仅为资本所驱使、豢养。

四　趋势

（一）平台商业化重心转向以内容电商为主导的系统建设

在平台跨过用户增长和内容生态建设两个阶段后，必然进入高歌猛进的商业化通道，2018 年短视频平台开始商业系统的建设。两年来平台广告营销体系趋于完善，抖音通过星图、云图和蓝 V 企业号，快手通过快手广告、快接单、快享计划等，形成了信息流、达人内容营销、企业号营销的多元营销系统。2019 年“抖快”双双对营销系统进行升级，如字节跳动公司推出“巨量引擎”，将旗下所有平台营销整合在一起，升级了星图，支持西瓜、火山 KOL 入驻；快手将升级版营销平台命名为“磁力引擎”，整合了信息流、KOL、商家号业务。对比广告营销，在平台商业化初期，电商系统的建设显得相对谨慎，无论是快手小店还是抖音商品橱窗，基本都是以为第三方电商导流为主，但 2019 年网红带货、内容电商异军突起，短视频平台获得新的变现契机。为了补齐短视频做电商的“短板”，2020 年，平台战略重心将转向以内容电商为主导的电商生态系统建设。

当用户增长逐步见顶、内容电商成为重心时，吸引 C 端用户将让位于对 B 端商家、企业的争夺以及系统布局的竞争。如此，快手、抖音的企业号，特别是中小企业将获得更多的资金和资源扶植，最终形成交易生态，让商家直接在平台上开店、积累粉丝、完成购买转化，而无需跳转到第三方电商平台。

当内容电商成为短视频平台商业价值的评估指标时，供应链的竞争就成为平台竞争的核心。在全民带货时代，明星、网红、各类达人潮水般涌入带货大军行列，比拼的实质是供应链的效率。因此，抖音、快手将进一步补齐供应链和企业服务的“短板”，向上游工厂、货源靠拢。从原产地到自有电商通路的

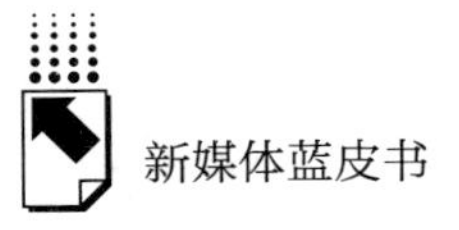

效率，将成为“抖快”竞争的核心。

当内容带货成为商业变现的重要路径，拥有庞大流量和算法分发优势的短视频平台，不会永远甘当配角、充当第三方电商的引流工具。随着短视频平台在产业链上游的布局、自有电商平台建设的完善，会有更多娱乐流量转化为电商流量，短视频“抖快”双峰与京东、淘宝等传统电商的关系也将发生转变，由导流合作转向竞合。

（二）垂直细分内容的精细化发展

细分内容是短视频产业发展的必然趋势。从营销看，特定人群观看特定内容构成分众营销的基础，细分内容是获取精准用户的入口，细分用户黏性高，用户转化率高，具有更高的商业价值。同时，细分内容能更精准地积累和沉淀私域流量，是实现高效内容带货的基础。美妆、美食、汽车、军事、母婴、健康等细分内容的本质是指向这些高辨识度内容背后的产业和用户。2017 年以来，在平台、MCN 推动下，短视频内容从单一娱乐、搞笑逐渐走向垂直细分，覆盖几十个类型。仅抖音红人的类目中就有 26 个一级标签、60 多个二级标签。即使是主打老铁社交的快手也在转向扶植 MCN 机构，2019 推出了“光合计划”，扶持 10 万个优质生产者，重点覆盖 20 个垂类，通过资源、流量倾斜来优化内容结构，为平台的全面商业化构建内容生态池。

未来，细分内容会更加精细化。从内容创作看，一方面，更突出信息和内容的专业、有效，这就需要生产者在垂直行业里精耕细作，做精做专，成为一个领域、门类的专家，做专家型达人内容。另一方面，突出个性化、风格化、关系化的表达，强调叙事，强调信息密度、信息强度、信息节奏、信息情感等，这些要素都是未来创作中精细化的方向。2019 年短视频平台不断地放宽视频时长限制，如抖音从 15 秒到 1 分钟、5 分钟，再到 15 分钟，三次扩容实现了 15 秒到 15 分钟的跨度，时长扩容客观上也将促进内容的精细化发展。因为要想吸引观众长时间停留，对团队的创作、生产自然会提出更高的要求，扩容在给予内容更多延展空间的同时，也设置了更高的进入门槛，这对于垂类 PGC 而言无疑是利好。随着内容的精细化发展，垂直领域的内容价值和商业价值将进一步释放。

参考文献

抖音广告助手：《抖音日活用户超过4亿（完整版）》，2020年1月6日。

火星营销研究院：《快手电商升级重塑》，2019年10月23日。

《快手直播生态报告》，https：//lmtw.com/mzw/content/detail/id/180297/keyword_id/，2019年12月23日。

QuestMobile：《2019极速App洞察报告》，2019年12月10日。

《抖音快手决战2020》，流媒体网，2020年1月6日。

B.11
2019年中国网络音频发展报告

殷乐　郑夏育*

摘　要： 2019年，全球网络音频渗透率快速增长，中国网络音频行业发展总体态势向好。本报告将2019年中国网络音频发展置于全球网络音频和国内行业发展的时空坐标，归纳了行业总体发展状况，从外部环境、市场主体、内容生态等方面探讨了智能互联时代行业发展特点及其存在的问题，展望了2020年中国网络音频行业的下半场发展趋势，并从内容生产、融合创新、行业治理等角度提出发展建议。

关键词： 网络音频　智能音频　5G技术　全场景生态

网络音频在广义上是指通过网络传播和收听的所有音频媒介内容。本报告中网络音频是指国内网络音频行业主要产品形态，包括音频节目（播客）、有声书（广播剧）、音频直播以及网络电台等表现形式，属于狭义的网络音频范畴。

2019年，全球网络音频市场保持快速稳定增长的良好势头，用户数量持续攀升。根据《2019路透数字新闻报告》，全球40个国家或地区36%的受访者表示在过去一个月内至少听了一个播客，对于35岁以下用户而言，该比例达到50%。[①] 自2012年以来，收听在线音频的美国人口数从总人口的1/3增

---

* 殷乐，中国社会科学院新闻与传播研究所研究员，媒介研究室主任，博士生导师；郑夏育，中国社科院大学博士研究生，国家计算机网络应急技术处理协调中心助理研究员。

① 路透新闻研究所：《2019路透数字新闻报告》，https：//reutersinstitute. politics. ox. ac. uk/sites/default/files/2019 -12/DNR_ 2019_ FINAL. pdf，2019年6月27日。

长到2/3。2019 年上半年，美国每月平均有 9000 万人收听播客，听过有声读物的美国人口比例也首次超过一半。① 中国作为全球最大的网络音频市场，2019 年在线音频市场用户规模达 4.89 亿，预计 2020 年将达到 5.42 亿，市场规模有望继续保持快速稳定增长势头。

一　2019年国外网络音频行业热点扫描

（一）播客市场探索多元发展

2019 年欧美播客市场持续增长，根据爱迪生研究公司的调查数据，美国播客的听众人数显著上升，51% 的 12 岁以上美国人听过播客，41% 的听众则表示收听更加频繁。② 总体来看，2019 年欧美播客市场吸引了更多听众和市场主体，呈现多元化发展态势，主要表现在市场主体、盈利模式和内容等方面。

市场主体竞争激烈。在当前的市场格局下，播客行业竞争激烈，但尚未出现领军企业。Westwood One 发布的《2019 年春季播客听众报告》显示，Apple Podcast、Spotify 和 Google Podcast 是目前最受欢迎的播客平台，各家用户比例分布基本在 20% ~25%，未形成占绝对优势的平台。③ 伴随智能语音技术蓬勃发展，音频行业的未来发展前景也吸引了更多公司入局。2019 年，全球最大在线音乐服务公司 Spotify 斥资近 5 亿美元大量收购播客公司，涉及内容制作、音频录制和播客分发等领域；美国在线影片租赁提供商 Netflix 宣布通过全新的音频平台提供内容服务；音频初创公司 Luminary 则强调“以价值为导向”。

从广告业务向读者付费转变。2019 年，不断增长的广告收入仍是绝大多数播客的主要盈利来源。美国广告互动局预计，美国播客广告市场将从 2018

① 爱迪生研究公司：《2019 年数字报告》，https：//www. edisonresearch. com/infinite – dial – 2019/，2019 年 3 月 6 日。

② 爱迪生研究公司：《2019 博客消费者报告》，https：//www. edisonresearch. com/the – podcast – consumer – 2019/，2019 年 4 月 5 日。

③ Westwood One：《2019 年春季播客听众报告》，https：//www. westwoodone. com/wp – content/uploads/2019/07/Westwood – One – Audience – Insights – Inc. s – Podcast – Download_ Spring – 2019. pdf，2019 年 3 月 14 日。

年的 4.79 亿美元增加到 2021 年的 10 亿美元。[①] 但多数公司意识到简单化商业模式暗藏的危机与风险，因此纷纷尝试依靠优质服务的内容付费项目。Luminary 依靠高端独家内容主打“无广告会员”模式，每月收取 7 美元会员费；《金融时报》首次推出只面向付费订阅者的播客节目《拉赫曼说事》；Spotify 推出“免费增值”服务吸引用户，通过无广告体验和多样化付费功能引导用户升级付费。以高质量的独家内容吸引用户，一方面可以提升平台的品牌认可度和忠诚度，另一方面可转化为订阅付费或捐赠，实现内容品质与商业盈利的双赢。

节目类型细分，制作方式多元，新闻类节目大量涌现。《纽约时报》“每日新闻”音频项目的成功促使不同的媒体分别推出了新闻简报、新闻摘要、深度报道等样式，在苹果公司的收听排行榜上，新闻类播客占据了最受欢迎的 21%。非虚构类节目用声音填补文字和情境间的空白，探索非虚构写作和音频媒介融合的可能性。澳大利亚非虚构类播客节目 Wrong Skin 先后斩获本国多项大奖，并赢得 2019 年纽约广播节金奖。评论类节目成为流媒体平台以播客为媒介转型的第一步。Netflix 制作了一档影评系列节目《跟着看》，邀请电影导演担任嘉宾，与听众分享他们的作品。品牌类节目通过微妙的娱乐和说服完成品牌内涵构建。2019 年，麦当劳推出了探案播客《调味汁》，脸书、微软和网约车公司 Lyft 也先后推出了播客节目。事实核查播客节目尝试分工协作制作模式。2015 年上线的英国事实核查播客节目《全部事实》大获成功，显示出事实核查节目的潜力。为节约成本，巴西播客制作公司与事实核查组织合作共同推出事实核查节目 Verifica，阿根廷播客制作公司 Posta 也以类似合作方式制作了 4 期事实核查节目，均收获了听众的兴趣和好评。

（二）欧美主流媒体探索音频转型之路

随着智能语音技术的发展以及播客行业的成长，以声音为媒介的网络音频解放了受众时空束缚，赋予了受众与媒体更多对话的可能性。欧美主流媒体纷

---

① 美国广告互动局：《2018 全年播客广告收入研究》，https：//www.iab.com/insights/third - annual - podcast - ad - revenue - study - by - iab - and - pwc - reports - significant - growth/，2019 年 6 月 3 日。

纷探索音频助力媒体创新转型之路。路透社 2019 年新闻业报告显示，75% 的受访者认为音频将成为重要的媒体发展方向，成为关键的内容组成部分；78% 的受访者认为，新出现的智能语音交互技术，如亚马逊 Alexa 和谷歌语音助手，将对新闻读者在未来几年内访问内容的方式产生重大影响。① 音频成为媒体吸引用户的重要途径，在此共识基础上，2019 年欧美主流媒体对新闻播客的探索集中爆发，效果显著。2019 年全球新增 12000 个新闻播客，增速达 30%，大部分表现出色的每日新闻播客都是在最近 18 个月内创立的。② 据数据分析机构 Podtrac 发布的 10 月播客播放量排名，《纽约时报》"每日新闻"栏目每天约 200 万听众，其次是 NPR 旗下 UP First。《卫报》旗下 Today in Focus 受众数量已超过报纸，每周达 1600 万。《经济学人》数据显示，旗下 The Intelligence 栏目成立不到一年，每月听众已达 150 万。

以智能音频为特征的声音媒体的复兴正成为全球范围媒体热点之一。③ 2019 年欧美媒体不仅作为内容方积极拓展音频内容、提升音频传播力，而且开始将触角延伸至智能设备、系统等上下游产业链，力求进一步掌握智能时代媒介融合发展的主动权。《纽约时报》首次尝试在智能音箱上使用交互式音频。每天制作 3 分钟专供智能音箱的独家新闻简讯，并创建每周新闻测验，听众通过智能音箱对话答题。④《金融时报》将文字连载"隐藏的城市"升级为音频节目，并通过谷歌语音助手、VR 技术等带领听众探索城市。BBC 近年来对智能音频的探索一直居于媒体领域的领先位置。继 2018 年底为亚马逊语音助手推出互动广播剧《不幸的人》，2019 年 8 月 BBC 宣布将于 2020 年推出语音助手 Beeb。

---

① 路透新闻研究所：《数字新闻项目——2019 新闻、媒体和技术趋势预测》，https：//reutersinstitute. politics. ox. ac. uk/sites/default/files/2019 - 01/Newman_ Predictions_ 2019_ FINAL_ 2. pdf，2019 年 1 月。

② 路透新闻研究所：《数字新闻项目——新闻播客与发行方机会》，https：//reutersinstitute. politics. ox. ac. uk/sites/default/files/2019 - 12/Newman_ Gallo_ podcasts_ FINAL_ WEB_ 0. pdf，2019 年 12 月。

③ 殷乐：《欧美智能音频的使用及传播解析》，《青年记者》2019 年第 21 期。

④ "Have you Heard the News? You can now Talk to the New York Times，" https：//www. journalism. co. uk/news/the - new - york - times - launches - exclusive - content - on - smart - speakers/s2/a733711/，2019 -1 -24。

但是，从智能音频设备接入、智能语音助手使用情况来看，智能化的音频新闻消费尚未成为市场主流。虽然智能音箱渗透率持续增长，但使用率并不高。英美智能语音设备的用户每天只有大约1/5（21%的英国人，18%的美国人）访问使用，大多数用户在一个月内根本没有使用新闻功能，只有1%的用户认为播新闻很重要。① 大部分用户只是通过智能语音助手获取“新闻简报”，缺少深度新闻消费。

（三）语音数据泄露促使政府加强监管

智能语音交互技术助力智能音频发展，音频内容在智能语音助手的帮助下增强了互动性，也带来了语音数据泄露的风险隐患，引发民众对安全和隐私问题的担忧，促使政府对科技公司采取手段加强监管。2019年，亚马逊、谷歌、苹果先后被爆出涉嫌通过语音助手监听用户谈话内容的消息，引发公众对语音数据安全问题的担忧。据高通2019年全球音频消费者调研，29%的用户在使用语音助手时特别担忧隐私问题，而安全和隐私问题已经成为阻碍用户购买智能音箱的最大因素。② 严峻的形势促使欧美主要国家监管机构在2019年开展了一系列活动，调查科技平台如何存储、处理和使用音频数据。7月，德国联邦议院发布评估报告称，用户在使用亚马逊Alexa语音系统时可能会在不经意间泄露个人信息。此外，美国、英国、爱尔兰等地监管机构也将脸书、谷歌、微软、苹果、亚马逊等科技公司列入调查，其中人工语音审核是调查的核心。

二　2019年中国网络音频行业发展特点及存在问题

2019年，中国网络音频市场由头部平台领跑，与行业同类平台拉开较大差距。艾媒咨询数据显示，截至11月30日，喜马拉雅以6860.36万的月活数领跑音频行业，荔枝、蜻蜓FM紧随其后，月活分别为4367.15万、2308.63

① 路透新闻研究所：《数字新闻项目——语音的未来及对新闻的影响》，https：//reutersinstitute.politics.ox.ac.uk/our-research/future-voice-and-implications-news，2018年11月。

② 《高通：2019全球音频消费者调研报告》，http：//www.199it.com/archives/967053.html，2019年11月16日。

万。其后的懒人听书、凤凰FM、企鹅FM、酷我听书四者活跃用户之和，尚不足排名第三的蜻蜓FM一家平台的活跃用户。[①]

年轻化、高学历是中国网络音频用户的主要特征。艾媒咨询数据显示，近六成中国网民有使用网络音频的习惯，其中30岁以下用户占比超过60%，“95后”占比超三成，大学本科以上学历者占比接近70%。用户付费意愿较高，愿意付费比例接近六成。

（一）2019年中国网络音频行业发展特点

1. 外部环境条件利好，驱动行业良性发展

在政策方面，政府监管保护和鼓励引导并举。2019年，政府在版权保护、音频内容监管以及促进融合发展方面，均出台相关政策，为音频行业的健康快速成长保驾护航。2019年《政府工作报告》提出全面加强知识产权保护，健全知识产权侵权惩罚性赔偿制度。多部门联合开展“剑网2019”专项行动加强平台版权治理。在经济方面，数字经济成为拉动经济转型升级的新动能。联合国2019年数字经济报告显示，全球数字经济活动及其创造的财富增长迅速，且中美占比规模达40%。在社会方面，注重体验的新生代消费者崛起，互联网用户养成为优质内容付费习惯，二次元、饭圈等各类潮流文化涌现促使基于兴趣爱好形成的网络社群进一步发展，移动网络流量平均资费再降低20%，扩展了音频内容和传播空间。在技术层面，5G启动全面商用，人工智能、大数据、物联网等技术普及，赋能智能音频生产交互。

2. 平台围绕内容生态建设展开差异化竞争

不同于国外以播客为主的音频内容，国内的音频市场拓展了播客行业的外延，发展出以音频平台为中心的商业模式，建立起完整的音频内容生态。根据内容生态发展方向，中国网络音频行业平台主要包括综合性音频平台、垂直有声阅读平台、音频直播平台和其他平台。综合性音频平台以喜马拉雅、蜻蜓FM、荔枝为代表，提供播客节目、音频直播、网络电台、有声读物等全类型音频内容；垂直有声阅读平台以懒人听书为代表，提供网络文学、漫画、有声

---

① 《2019～2020年中国在线音频专题研究报告》，https://www.iimedia.cn/c400/67192.html，2019年12月13日。

书等多种形式数字内容的有声阅读平台；音频直播平台以克拉克拉为代表，主要通过声音社交发展音频互动平台；其他平台如腾讯视频、爱奇艺视频等开启“音频后台播放”功能，网易云音乐、QQ 音乐等开发“电台直播”功能，越来越多的平台尝试音频服务。

2019 年，头部内容不再是音频平台争抢的单一对象，各头部平台纷纷瞄准下沉市场。内容生态向着休闲、通勤、居家、亲子等多元化、细分化、长尾化方向发展，平台之间展开特色化、差异化竞争。喜马拉雅拥有丰富的版权资源、分发渠道和主播培养体系优势，构建了全类型、泛娱乐生态系统；蜻蜓 FM 着力布局头部和腰部的精品自制内容，渠道和内容双管齐下，建设 PUGC 主播生态和品质内容战略；荔枝专注于聚合、孵化优质 UGC 内容，倡导“人人都是主播”，构建了主播与粉丝的庞大生态系统。

在差异化竞争策略之外，不变的是各个平台对内容的重视和投入。2019 年平台持续加大对内容生产者的扶植力度，加紧构建各自的内容生态圈。喜马拉雅推出“万人十亿新声计划”；蜻蜓 FM 推出了 3 年 10 亿元现金扶持的主播生态战略；荔枝则在 2019 年试水投入千万元现金启动为期一个月的“播客扶持季”后，8 月正式启动“回声计划”，投入亿元级别的奖金池和亿级流量加大对平台内容生产者的扶植力度。

3. 音频传播加速向全场景、智能化演进

全场景传播是指网络音频除了智能手机外，通过家居及可穿戴设备等智能终端渠道，全方位覆盖各工作生活场景的传播形式。人工智能、5G 和物联网技术的进步加速了智能终端的普及。数据显示，2019 年中国智能音箱市场销量为 3682.2 万台，同比增长 126.6%。[①] 据埃森哲最新调研，有 77% 的受访中国消费者使用智能语音助手，为全球最高（全球平均比例为 50%）。[②] 良好的智能化软硬件环境使网络音频加快向传播全场景、智能化演进。

各市场主体跨界融合走向深化，将满足用户场景化需求与智能化交互相结合，音频传播步入“硬件 + 内容 + 实时互动”的全场景、智能化时代。喜马

① 《奥维云网：2019 年中国 QI 智能音箱市场总结报告》，http：//www.199it.com/archives/868345.html？from = singlemessage，2019 年 4 月 28 日。

② 《中国智能语音助手使用率最高》，中国新闻网，2019 年 2 月 18 日。

拉雅深耕用户场景需求，随着场景化布局不断延展。一方面，推出小雅音箱、Nano 音箱、小布儿童音箱等自有智能音箱，扩大内容优势；另一方面，积极布局车联网、智能家居、智能硬件等领域，意图覆盖用户各需求场景，提供多而全的内容入口。蜻蜓 FM 推出涵盖移动互联网、物联网的全场景生态战略。在互联网生态中，与华为、vivo、今日头条等企业合作，为合作方输送音频内容及与内容相关的运营能力；在物联网生态中，与华为、小米等智能硬件服务商合作，内置智能家居及可穿戴设备 3700 万台、汽车 800 万辆，让内容能触达人们生活的各个场景。10 月，荔枝和百度旗下人工智能硬件小度达成合作意向。小度上线荔枝海量音频内容，并提供语音交互服务支持，首次实现智能音箱音频内容实时互动，形成人与人、人与音频内容的连接。

（二）行业痛点

1. 用户体验单一，内容生产专业化程度有待提高

受限于声音属性特征，音频内容可以调用的人体感官只有“目不能偏而耳所及”的听觉，相比视频及其他各类新媒体，音频内容为用户提供的综合感官体验相对单一。

在优质内容为王的时代，如何用声音的逻辑做出满足用户需求的高质量内容？高质量的内容输出意味着扎实的团队、专业的流程、创意的最大化，对于这些网络音频行业来说，还没有形成成熟的内容生产体系和内容评价标准共识。正如蜻蜓 FM 副总裁郭亮坦言，音频作为一种新型的类出版的内容行业，目前产品品质与出版和影视业的优质作品尚有差距，用户体验亟待提升，市场需求远未被满足。[①] 网络音频平台普遍将精力投向上下游全产业布局，而不是聚焦内容产品的布局。比如，喜马拉雅大量买断畅销书、网文版权改编为有声书、推出硬件产品智能音箱、经营线下门店等，而内容产品中有声书占近四成，教育培训占两成，相声占一成。

总体看来，音频的内容生产处于内容产业下游，影响了内容产品的品质，专业化、特色鲜明的原生音频产品比较稀缺，内容生产专业化能力有待提高。

---

① 界面新闻：《内容闭环 + 全场景生态：音频平台如何破局?》，https：//www. jiemian. com/article/3047618. html，2019 年 4 月 16 日。

音频平台纷纷尝试的有声书追随图书爆款，平台斥巨资购买版权改编有声书，为版权方做推广，而没有形成有声书品牌价值。教育培训内容也多是在其他视频或知识付费平台首发后转化为音频内容的。

2. 行业缺少稳定可持续的盈利模式

2019 年，各大平台力求通过内容生态建设、跨界智能合作等各种方式使平台内容全场景渗透，抓住用户并转化为营收。智能时代音频经济的产业链构成复杂，产业去界化融合程度较高，这一方面打消原有壁垒，一定程度上消除了发展障碍，另一方面使音频行业快速扩张为一个立体服务体系，从上游的内容生产、获取到下游的内容分发、接收，都考验着各个音频平台的经营能力。2016 年，在知识付费的风口下，网络音频行业迎来了付费订阅元年。2017 年 6 月，高晓松的《矮大紧指北》在蜻蜓 FM 上线一个月便创造了付费用户超过 10 万的可观成绩，标志着音频平台盈利向内容付费成功进军。此后，内容付费、粉丝经济、智能硬件、版权分发等模式与传统广告共同构成了网络音频行业盈利模式，但并不乐观。长期以 PGC 内容为主，无可避免地出现内容同质化，难以吸引内容付费；引入 IP 版权费用高，用户转化率并不理想；引入 UGC 增加用户活跃度和黏性，但对平台把握监管及审核提出更高要求。作为中国网络音频平台第一股，荔枝坚持 UGC 模式，营收结构单一，主要来源是虚拟礼物。荔枝公布数据显示，音频娱乐产品（虚拟礼物）营收在 2019 年前三季度达 99.1%。2019 年，荔枝前三季度的亏损已经远超过 2018 年全年亏损额度。因此，如何将流量听觉化生长的巨大空间，包括快速增长的用户覆盖率、智能设备渗透率等转化为稳定可持续的盈利模式仍然是摆在网络音频行业巨头面前共同的时代难题。

3. 违规低俗内容频现，行业规范有待加强

网络音频行业在快速发展的同时，也产生了诸多无序乱象，其中最显著的便是“涉黄”。早在 2018 年 6 月，有音频直播平台就被爆出涉黄。① 一些网络音频平台为追求流量、吸引眼球，利用算法技术向用户推送违背社会公序良俗的音频内容；有的音频直播平台藏污纳垢，任由主播传播性暗示、“娇喘”等色情淫秽信息，甚至引诱用户跨平台从事违法违规交易；有的音频即时通信应

① 《视频直播涉黄向音频直播平台蔓延》，人民网，2018 年 6 月 12 日。

用以私密社交、一对一社交为卖点，公然传播招嫖卖淫等违法犯罪信息；一些音频平台出现了“磕炮”等涉黄服务，用户只要支付一定的费用，便可以接受主播的“订制服务”；有的音频类主播在ASMR（“自发性知觉经络反应”，通过各类模拟音效缓解人的精神压力）类节目中，传播含有色情暗示的内容。① 2019年1月，Hello、喵喵、泡泡等5家语音直播平台因存在涉及低俗色情信息被下架，受到立案调查和行政处罚。6月，国家网信办会同有关部门，针对网络音频乱象启动专项整治行动，对26款传播历史虚无主义、淫秽色情内容的违法违规音频平台采取了约谈、下架、关停服务等阶梯处罚。

平台内部内容审核虽然建立了相关识别系统和工作团队，但尚未形成成熟的内容监管体系。音频与图文、视频等内容形式相比不具有直观性，对人工监控依赖度较高，审查起来具有一定难度，人工智能技术对网络音频的内容进行识别和实时检测已经成熟，但一些平台考虑到研发投入、人力成本等因素，使用动力不足。在行业监管规范上，呈现出主管部门归责不清晰、部分平台内容监管不完善、行业自律缺失等问题，网络音频行业整体上亟待建立规范的监管机制和行业准则。

三　未来趋势与发展建议

（一）中国网络音频未来发展趋势

1. 网络音频行业发展进入下半场，技术动力和用户体验引领“耳朵经济”创新增长

从PC端到移动互联网，从传统广播到移动音频，在互联网发展的浪潮中，网络音频行业迅速完成了传统电台的互联网化，抢占移动音频市场、汇聚海量资源。随着智能互联的5G时代到来，网络音频行业发展已进入发展下半场。当前，中国的在线音频用户规模尚未突破5亿，预计2023年将达到9亿的用户规模，横向对比其他数字内容产业，音频行业尚未到达红利期，增量空间仍非常广阔，“耳朵经济”的市场潜力尚未被完全开发。

① 刘峣：《网络音频：先正音，才好听（网上中国）》，人民网，2019年7月8日。

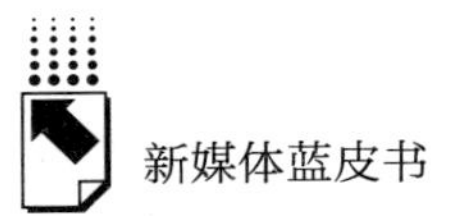

目前，“95后”（Z世代）占网络音频用户主体的三成，并呈现快速增长、不断扩大趋势。“Z世代”一词来自欧美，指在1990年代中叶至2000年后出生的人，又被称为互联网世代。Z世代消费力白皮书预测，到2020年，Z世代将占据整体消费力的40%，成为消费主力军。作为互联网原住民，Z世代与外界的联结更依赖于虚拟空间，强调人的个性与独立，在消费上更注重体验。注重用户体验与原子化的社会发展趋势碰撞，催生了“陪伴经济”，其中以声音为媒介的陪伴形成了以网络音频行业为代表的“耳朵经济”。

“耳朵经济”以声音媒介的特殊属性为基础构建商业逻辑。音频媒体为不饱和媒体，而视频媒体及至VR/AR则是饱和媒体。饱和媒体强调占据并满足多感官需求，不饱和媒体仅能实现对人感官需求的有限满足，其价值在限定场景下才能得以放大。[①] 不同于其他网络内容产业争夺用户注意力资源的逻辑，“耳朵经济”的商业逻辑是立足声音的不饱和性特质，利用声音媒介的可叠加性，用音频赋予时间双线性价值。音频适用于家务、驾驶、运动等多元场景，帮助生活节奏快、精神压力大的年轻人在同一时空完成多任务作业，实现时空的延展。可以说，社会效率要求越高，用户对音频的需求越大。

2. 智能音频连接全场景生态，或成为新的互联网接入界面

5G时代全面到来必将释放智能音频融合发展的全新想象。5G技术具有高速率、高容量、低延时、低能耗的特征，将使海量传感器永远在线、同时连接，构建智能互联图景。华为5G专家强调，5G网络可以同时连接5亿个场景、50亿人和500亿个数据传感器。网络音频有望以智能音频连接全场景生态，构建传播新生态。

全场景生态意味着以用户为中心，在不同场景下，使用不同设备，收听不同内容。音频行业全场景生态实现的支柱是以用户为中心，实现跨设备、全场景收听，提升收听体验。在移动互联时代，基于同一用户在不同设备间的断点续播、订阅音频节目的进度同步等功能尚未落地，无缝衔接的用户收听体验还难以实现。而在智能互联时代，各种智能硬件和语音助手的普及，使以用户为单位、收听设备多样化以及便捷的场景切换、人机交互成为可能。2019年《政府工作报告》首次提出“智能+”，各大音频平台竞相与智能硬件品牌合作或推

① 殷乐：《欧美智能音频的使用及传播解析》，《青年记者》2019年第21期。

出自有智能硬件，正是基于对智能互联塑造未来音频行业全场景生态趋势的判断和信心。5G、人工智能等技术将助力音频行业全面捕捉感知用户心理，从时间、空间和用户心理三重维度，以技术动力与用户中心共同驱动智能化全场景构建，从外部场景抵达用户内心世界，为用户提供个性化、交互式、沉浸式体验。

在智能互联时代，互联网界面正从图形用户界面（GUI）向自然用户界面（NUl）全面转变，只需语音、面部表情、动作手势等最本能自然的方式就能完成人机交互。语音交互是 NUl 的重点方向，NUI 的特点是形式自然、多感官并用、多通道输入，这与声音媒介的属性特征相契合。与手势、眼动、触觉等 NUI 方式相比，语音不仅具备生物识别特征，还承载着语言信息内容，并能与多种任务叠加。知名调研机构 Com Score 预测，2020 年将有 50% 的互联网搜索通过语音完成。这意味着互联网界面的语音化趋势，而智能语音助手的快速渗透正在验证这一趋势。从键盘到鼠标、从触屏到语音交互，人机交互变得越来越简单而泛在，交互界面从有形到无形、从有限到无限、从固态到流动，在全场景生态下智能音频正前所未有地接近互联网接入口的中心。

（二）发展建议

1. 提升音频内容专业化水平，打造核心竞争力

智能音频的快速发展产生了强大的音频产业集聚效应，发展出上下游链条，孵化出各类市场主体。然而，网络音频行业本质上仍然是内容产业，以内容为中心，为用户带来优质体验是平台安身立命之本。因此，平台应发挥智能音频在“无视化”场景的优势特长，打造内容核心竞争力。

第一，洞察物联网全方位捕捉的用户需求，推动音频内容与服务创新。对此西方主流媒体已多有探索，例如英国《每日电讯报》通过观察用户脑电波、视觉（眼部追踪）等形式，测试记录用户反应，精准识别匹配用户需求，完善音频产品，给予定制化体验。根据企鹅智酷数据，近六成用户希望资讯以更短更浓缩方式呈现，三成用户对音频定制化内容表现出明确兴趣，两成用户对语音/手势交互充满期待。[①]

① 企鹅智酷：《2019～2020 内容产业趋势报告：红利不会消失，但会持续跃进》，https：//www. huxiu. com/article/330394. html，2019 年 12 月 10 日。

第二，人机协同智能化内容生产。2019 年 5 月，科大讯飞发布了多语种虚拟主播“小晴”，可用 7 国语言和藏、维 2 种民族语言完成语音播报。智能主播可以定制化、随时随地播放最新内容，但受限于技术语音的情感化、人性化程度不高，仅适用于资讯类事实性内容的播放。平台可借鉴西方新闻媒体“每日新闻简报”制作模式，在新闻类播客内容生产及传播中更多地探索智能主播应用。在智能化生产方面，充分利用智能语音技术，促进人机协同内容生产，激发内容创作生产力。

第三，大力培养优质主播，开发原创内容，使平台成长为网络 KOL 新的聚集地。内容侧提供海量多样化高度匹配的产品满足用户需求，进一步扩充内容多样性、延展内容可能覆盖的场景，让流量分布从头部内容向下级沉淀，为中长尾内容生产者赋能。根据企鹅智酷报告，音频资讯消费不会爆发性增长，但长期看音频的场景化消费有明显的稳态增长趋势。①

2. 把握技术趋势，推进融合创新

技术革命正推动人类社会迈入智能社会，置身数字内容产业和全球音频行业的发展格局中，音频平台应充分把握智能时代内容产业演进趋势，重塑对专业化和定制化的内容、优化用户全场景交互体验的技术积累和对智能产业整体的发展认知，打破思维壁垒，推进融合创新。

内容与终端融合。如果说此前基于智能手机端的争夺是平台“战争”的上半场，那么基于车载端、智能家居端的在线音频布局，则是各大平台的下半场“战事”。平台要以用户为中心，打通不同终端的界限，适应人机合一、万物皆媒的智能互联趋势。

内容与服务融合。音频平台以用户为中心，输出的产品是以内容为载体的服务体验。平台要基于互联网、车联网及不同圈层的场景，将内容生产分发与用户衣食住行及情感需求相结合，触达用户痛点，凸显内容的服务性价值。

3. 加强行业治理，引导规范发展

网络音频乱象的产生原因具有长期性，是多方面、多层次的，对当前网络

---

① 企鹅智酷：《2019 ~ 2020 内容产业趋势报告》，https：//www. huxiu. com/article/330394. html，2019 年 12 月 10 日。

音频失范状况，应当优化治理方式，健全政府、平台、社会、网民等共同参与的治理机制，对症施策。

第一，要建立行业标准规范，内容治理精细化。2019 年 1 月，中国网络视听节目服务协会发布了《网络短视频平台管理规范》和《网络短视频内容审核标准细则》，从机构把关和内容审核两个层面为规范短视频传播秩序提供依据。[①] 目前，网络音频行业还没有出台类似的规范性文件，导致音频治理缺乏贴近行业实际、具体有效的规则约束。因此，首先要针对音频行业发展阶段性特征，尽快制定出台行业规范性文件，并根据业态发展及时调整，规范引导行业发展。鼓励行业组织加强行业内部自律规范，引领行业健康发展。

第二，平台应当履行信息内容管理主体责任，加强本平台网络信息内容生态治理。2019 年，国家网信办发布《网络信息内容生态治理规定》，要求平台建立网络信息内容生态治理机制，制定平台网络信息内容生态治理细则，对音频平台履行责任提出了明确、具体的要求。[②] UGC 模式是音频平台的重要内容生产模式。新媒体赋能人人都能成为主播，与内容质量参差、部分主播素养较差等问题共生，是平台面临的治理痛点。因此，平台应履行责任、遵守有关规定，从用户管理、信息发布、跟帖评论等各方面建立相应制度，培育积极健康、向上向善的网络文化。

第三，借助技术手段建设智能化内容治理体系。音频内容缺少直观性，人工检测费时费力，而采用技术检测则需要具备专业的语音和声纹识别技术能力。从自身技术能力和管理成本控制来看，平台不适于自建审核系统。目前，不少科技公司提供第三方内容安全服务，已经推出了比较成熟的音频监测系统。比如网易易盾能够实现即时通信、点播音频和实时直播音频检测，识别色情、涉政、ASMR、谩骂等各类违规语音，精准率超过 99.8%。[③] 因此，网络平台需要与内容安全研发企业通力合作，突破音频治理技术难关，从顶层设计建立智能化内容治理体系，在源头上构建过滤网、防火墙。

---

① 《〈网络短视频平台管理规范〉〈网络短视频内容审核标准细则〉发布》，人民网，2019 年 1 月 10 日。

② 《网络信息内容生态治理规定》，中国网信网，2019 年 12 月 20 日。

③ 《网易易盾饶晓艳：内容安全“第三方”这条路，曾经不好“走”》，搜狐新闻，2019 年 3 月 11 日。

参考文献

殷乐：《欧美智能音频的使用及传播解析》，《青年记者》2019 年第 21 期。

汪旻：《英国媒体转型发展中对音频产品的探索》，《传媒评论》2020 年第 2 期。

李建刚：《5G 时代的音频业：场景延展与融合创新》，《中国广播》2020 年第 2 期。

董紫薇、卜彦芳：《5G 来临“耳朵经济”的新形态与新发展》，《新闻战线》2019 年第 24 期。

刘涛：《音频产业的演进特征与场景建构》，《新闻战线》2019 年第 24 期。

B.12

2019年中国城市海外社交媒体账号发展报告*

王 晔 卢永春 杨 阳**

摘 要： 城市海外社交媒体账号的内容传播和品牌传播是中国城市海外形象传播的重要环节。本研究选取106个中国知名城市作为样本，统计分析各城市在2019年保持运营的439个脸书（Facebook）、推特（Twitter）、优兔（YouTube）、照片墙（Instagram）账号的运营数据，对热门帖文进行内容分析。研究发现，珠三角、长三角、环渤海城市的账号活跃度高，及时对外宣传重大主题活动，积极弘扬中华文化、展现中国形象，"网红城市"社交媒体账号的用户黏性强。建议城市海外社交媒体账号进一步整合传播资源，加强议程设置能力，在跨文化传播中增强对文化认同策略的重视。

关键词： 城市形象传播 海外社交媒体 跨文化传播

随着互联网技术的发展，国际传播已进入移动社交媒体时代。社交媒体传播速度快、范围广、受众多、互动强等特点给城市海外形象传播提供了便捷渠道，越来越多的中国城市借助海外社交媒体塑造国际知名度和美誉度。本研究选取2019年中国GDP百强城市（含省会城市）以及国际知名旅游城

---

* 本文系国家社科基金重大课题"'一带一路'背景下中国价值观的国际传播研究"（项目编号：17ZDA285）阶段性研究成果。

** 王晔，人民日报海外网数据研究中心舆情研究员；卢永春，人民日报海外网数据研究中心主任；杨阳，人民日报海外网数据研究中心舆情高级研究员。

市乌镇、三亚、张家界、西双版纳、普洱、福清等共计106个城市作为样本，分别统计分析其2019年内保持运营的脸书（Facebook）、推特（Twitter）、优兔（YouTube）、照片墙（Instagram）的439个账号活动数据。在统计与分析中国城市海外社交媒体平台数据的基础上，本研究依托传播学理论分析账号的传播特征，并根据上述账号在各大海外社交媒体平台上的热门帖文，通过文本分析法总结出2019年中国城市海外社交平台账号的内容特征，提出未来发展的对策建议。

一　中国城市海外社交媒体账号发展总体特征

（一）珠三角、长三角、环渤海城市的海外社交媒体账号活跃度高，小语种账号成为英语账号的有益补充

经过对样本城市在2019年内保持运营的海外社交媒体账号关注量、发文量等数据分析后发现，活跃度高的中国城市海外社交媒体账号与GDP总量高的城市重合率较高。在海外社交媒体中影响力最大的脸书和推特平台方面，珠三角、长三角、环渤海城市的账号在关注量（即粉丝量）、发文量方面均居于前列（见表1）。

表1　中国城市脸书、推特账号关注、发文量与各城市GDP总量排名

排序	2018年中国内地城市GDP排名	脸书账号总点赞量排名	脸书账号总关注量排名	推特账号总关注量排名	推特账号总发文量排名
1	上海	北京	北京	北京	北京
2	北京	广州	广州	厦门	上海
3	深圳	杭州	杭州	杭州	天津
4	广州	无锡	无锡	苏州	杭州
5	重庆	苏州	苏州	武汉	郑州
6	天津	重庆	重庆	广州	广州
7	苏州	沈阳	沈阳	三亚	成都
8	成都	昆山	昆山	南京	南宁
9	武汉	合肥	合肥	昆山	深圳
10	杭州	厦门	厦门	天津	苏州

资料来源：海外网全媒体数据库。

从中国城市海外社交媒体账号的语种方面来看，各城市账号的运营语言以英语为主，其中，广州市文化广电旅游局的脸书账号中还推出了法语账号“Guangzhou Tourisme”、西班牙语账号“Turismo Guangzhou”、日语账号“広州観光”、韩语账号“광저우 관광”、阿拉伯语账号“السفر قوانغتشو”，平均关注量近3万人，小语种账号传播扩大了城市形象传播范围，成为城市海外社交平台英语账号的有益补充。

（二）及时对外宣传重大主题活动，积极传播中国声音与弘扬中华文化

通过对中国城市海外社交媒体账号在2019年的热门帖文/视频的分析发现，庆祝新中国成立70周年、北京冬奥会吉祥物发布等重要事件、赛事活动成为海外社交媒体用户点赞、关注的重点内容，凸显出中国城市海外社交媒体账号在宣传重大主题活动中发挥的作用，通过更加平易近人的语言表达方式向世界范围内的社交媒体用户展现中国形象，更有利于用户认知和理解中国在国际中的重要地位、中华文化的独特魅力。

（三）作为热门旅游目的地，“网红城市”社交账号受欢迎程度引人注目

在2019年中国城市社交媒体账号的发展中，热门旅游城市在以优兔、照片墙为代表的视频分享、图片分享平台中的账号作品的播放量、粉丝数量高，例如张家界、三亚在优兔的各频道视频总播放量、频道订阅人数均在中国各城市优兔排名的前10名；成都、重庆等“网红城市”在照片墙账号中的粉丝数量、发布帖文数量也居于中国各城市照片墙账号排名的前10名，成都的大熊猫、重庆的洪崖洞等成为受海外社交媒体用户追捧的热门元素，是中国城市社交媒体账号发展中令人瞩目的风景线。

（四）多元主体参与共促城市海外形象传播

在分析样本城市在2019年内保持运营的海外社交媒体账号中发现，城市海外社交媒体账号的运营主体主要有五种：地方党政部门、旅游景区、活动方、商业网站、自媒体。它们是中国城市海外形象传播的重要媒介。

1. 地方党政部门

样本城市在 2019 年内保持运营的海外社交媒体账号中，负责运营社交媒体矩阵账号的部门包括地方外宣部门（党委宣传部、外宣办）、地方文化广电旅游局、地方旅游信息与服务中心等。通过对中国政府采购网、中国政府购买服务信息平台检索显示，地方政府部门多采用公开招标对境外新媒体传播、营销、推广项目进行采购并公示。以 2018～2019 年苏州旅游境外新媒体整合营销招标工作为例，该项目的市场需求是“维护和改善苏州的海外社交媒体平台，特别是 Instagram、Twitter、Facebook 和 YouTube，以增加针对游客关键市场上所有渠道的粉丝量、粉丝活动次数和粉丝参与人数”。

2. 旅游景区

旅游景区指城市旅游景点企业所运营的涉及城市形象的海外社交媒体账号，例如北京古北水镇旅游公司运营的脸书账号“Beijing WTown”、张家界天门山国家森林公园运营的推特账号“@ TianmenShan”等。

3. 活动方

活动方包括国际、国内大型赛事的，也包括大型展会、投资洽谈会、音乐节等的。例如成都网球公开赛的推特账号“@ ChengduOpen”、北京国际音乐节的脸书账号“BeijingMusicFestival”、广交会的优兔频道“Canton Fair”、上海时尚周的照片墙账号“shanghai_ fashionweek”等。

4. 商业网站

在商业媒体网站运营方面，例如文化娱乐类网站 the beijinger. com 在脸书、推特、优兔、照片墙均开通账号，各账号粉丝数量较高、发帖速度快，保持了较高的关注度和活跃度。

5. 自媒体

自媒体指创作者为非地方政府、主办方、媒体身份的一般网民、民间团队所运营的海外社交媒体账号和频道，例如优兔自媒体网红频道“That's Way in Yinchuan”“重庆崽儿小黑”“笑谈广州话”等，照片墙账号“guangzhou”“insshanghai”等均为民间账号。

本研究所选取的中国城市 2019 年内保持运营的脸书、推特、优兔、照片墙的 439 个账号中，各类别账号数量见表 2，各类别账号占比见图 1。

表 2　中国城市各类型海外社交媒体账号数量

单位：个

类别	政府运营	旅游景点企业类	活动方	商业媒体网站运营	自媒体账号/频道	其他	总计
脸书	87	4	19	21	1	11	143
推特	61	2	15	12	1	11	102
优兔	30	0	11	8	23	9	81
照片墙	37	1	12	19	37	7	113
总计	215	7	57	60	62	38	439

资料来源：海外网全媒体数据库。

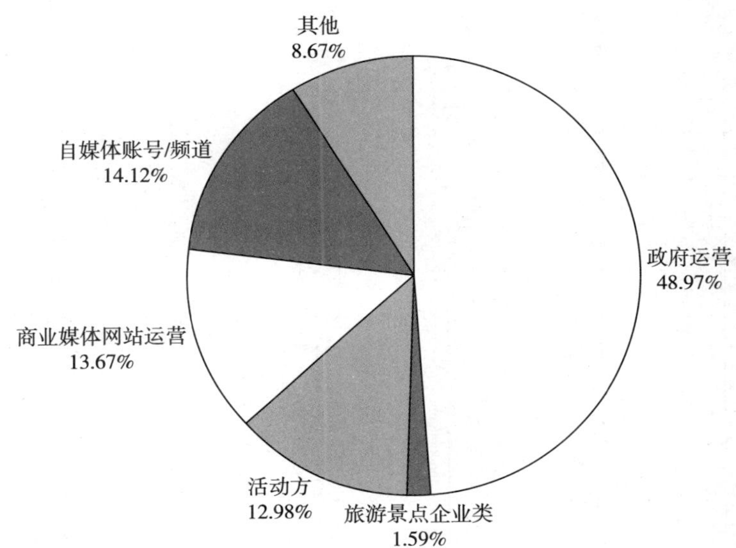

图 1　中国城市各类型海外社交媒体账号占比

二　2019年中国城市脸书账号发展情况

（一）2019年中国城市脸书账号热度 TOP20

根据对 2019 年正常运营的中国城市脸书账号进行统计，脸书公共主页关注量最高的 20 个城市依次为：北京、广州、杭州、无锡、苏州、重庆、沈阳、昆山、合肥、厦门、南京、长沙、青岛、武汉、福清、三亚、宁波、天津、上海、鄂尔多斯。其中，北京、广州、杭州、无锡、苏州的脸书主页关注量达到了百万级别，各城市脸书主页点赞量、关注量如表 3 所示。

表 3　中国城市脸书账号热度 TOP20

单位：个

排名	城市	脸书总关注量	脸书总点赞量
1	北京	8068677	8052877
2	广州	2469591	2353892
3	杭州	1895849	1946228
4	无锡	1060170	1059931
5	苏州	1003059	1003335
6	重庆	980336	978311
7	沈阳	924401	924025
8	昆山	746218	745296
9	合肥	598109	597592
10	厦门	539719	538691
11	南京	508695	508197
12	长沙	474757	473015
13	青岛	441508	441508
14	武汉	417638	416505
15	福清	406641	406431
16	三亚	379789	379167
17	宁波	377418	377431
18	天津	347733	347820
19	上海	333859	338264
20	鄂尔多斯	312298	312221

资料来源：海外网全媒体数据库。

（二）中国城市脸书账号传播特征分析

以 2019 年 9～12 月这一时间段为例进行分析，结果显示，北京、上海、杭州、苏州脸书账号活跃程度整体最高，发帖量、点赞量、评论量位居所有城市脸书账号的前五位（见表4），其中既包括当地政府机构为主体的账号，也包括商业网站的社交媒体账号（例如文化娱乐类网站 the beijinger. com）。

表4　2019 年 9 ~ 12 月单个脸书账号日均发帖量、点赞量、评论量 TOP5

单位：条，个

排名	发帖		点赞		评论	
	脸书账号	日均发帖量	脸书账号	日均点赞量	脸书账号	日均评论量
1	Beijing Tourism	5. 81	Hangzhou, China	4495. 58	Beijing 2022	176. 99
2	That's Shanghai	5. 71	This Is Beijing	2115. 04	Hangzhou, China	150. 44
3	That's Beijing	3. 81	Beijing 2022	840. 71	Visit Beijing	141. 59
4	the beijinger	3. 78	Beijing Tourism	743. 36	This Is Beijing	115. 04
5	This Is Beijing	1. 44	Visit Suzhou, China	628. 32	Beijing Tourism	88. 50

资料来源：海外网全媒体数据库。

1. 体育赛事类脸书账号关注度高，2022年北京冬奥会吉祥物发布成为热门话题

2019 年 9 ~ 12 月，脸书账号“Beijing 2022”发布的北京冬奥会吉祥物首次公开的帖文成为中国城市脸书账号中点赞量最高的图片类帖文，在配以介绍吉祥物的英文说明文字中加入拼音“Nihao”（你好），在对外传播的过程中凸显中国特色，展现汉语魅力。帖文中憨态可掬的熊猫“冰墩墩”图案形象获网民好评，点赞量共 6. 5 万次，评论量 799 条，该帖文共被分享 1555 次。同日，该账号分享的冬奥会吉祥物动画视频也是中国城市脸书账号中点赞量最高的视频类帖文，点赞量共 1. 1 万次，评论量 216 条，该视频播放量达 48. 6 万次。

除了北京冬奥组委官方脸书账号外，其他城市的体育赛事类脸书账号也受到了用户的关注，并在比赛结束后持续运营账号内容，保持对外传播的延续性、连贯性。例如成都网球公开赛的官方脸书账号在 2019 年成都公开赛中积极传播大熊猫、川剧变脸等具有城市特色的图文内容，在比赛结束后，也为接下来在其他城市举办的网球公开赛发布宣传海报，保持了账号的活跃度和内容发布的延续性。该账号点赞量共计 38815 个，关注者 38867 人，为成都在脸书平台进行城市形象海外传播助力。起到类似作用的体育赛事类脸书账号还包括郑州网球公开赛账号“Zhengzhou Open”、2019 年北京国际铁人三项比赛账号“Beijing International Triathlon”等。

2. 投票类帖文广受用户追捧，在增强互动性的同时增进国际对中国城市形象的全面认知

2019 年 9 ~ 12 月，脸书账号 "Hangzhou, China" "Beijing Tourism" 所发布的投票类帖文点赞量居于中国城市脸书账号中文字帖文点赞量排名前五，依次为 "Hangzhou, China" 发布的 "你想到哪里度过 2019 年最后一天?"（投票选项为杭州市地标西湖、钱江新城）、"如果你是一只鸟，你愿意飞过哪里看杭州令人惊叹的早秋的风景?"（投票选项为雷峰塔、宝石山）、"在最喜欢的杭州冬季街头食物中做出选择"（投票选项为炒栗子、烤红薯）、"在世界旅游日感谢你对旅游目的地杭州的热爱，你更喜欢哪一个?"（投票选项为田园式的杭州、现代的杭州），以及 "Beijing Tourism" 发布的 "老北京火锅里哪一种你不敢尝?"（投票选项为毛肚、麻酱蘸料）。

上述投票类脸书帖文的主题围绕着城市特色景点、地标建筑和地方美食，兼具人文关怀和趣味性，不仅能够进一步增强用户与中国城市脸书账号之间的互动性，还能在投票的过程中进一步向境外网民传播具有地方特色的城市形象符号，增进城市形象国际传播的效果。

三　2019年中国城市推特账号发展情况

（一）2019年中国城市推特账号热度 TOP20

根据对 2019 年正常运营的中国城市推特账号进行的统计，推特关注者最多的 20 个城市依次为：北京、厦门、杭州、苏州、武汉、广州、三亚、南京、昆山、天津、沈阳、上海、南宁、长沙、福州、乌镇、重庆、无锡、青岛、宁波。其中排名前 7 的城市推特账号关注者达到了十万级别，各城市推特账号关注者数量、发布推文数量如表 5 所示。

（二）中国城市推特账号传播特征分析

根据对中国主要城市推特账号的分析发现，上海、重庆、北京、南宁、天津的推特账号日均发帖量最多，其中商业媒体网站《城市漫步》英文刊 That's 系列期刊账号 "@ ThatsShanghai" 最为活跃，日均发帖量逾 9 条。在互动量和

粉丝数方面，杭州、三亚、武汉、厦门、苏州、苏州、北京等地方城市旅游部门官方账号表现更为亮眼，为积极传播城市国际形象发挥作用（见表6）。

表5　中国城市推特账号热度 TOP20

单位：个，条

排名	城市	推特关注量	城市	帖文数量
1	北京	236255	北京	44275
2	厦门	208356	上海	28407
3	杭州	205980	天津	12198
4	苏州	183749	杭州	11106
5	武汉	168000	郑州	10203
6	广州	136884	广州	10198
7	三亚	116164	成都	10171
8	南京	85000	南宁	9685
9	昆山	76000	深圳	7041
10	天津	75668	苏州	6508
11	沈阳	70000	青岛	5878
12	上海	49286	厦门	4614
13	南宁	48404	南京	4331
14	长沙	42025	宁波	4256
15	福州	35060	武汉	4239
16	乌镇	33000	重庆	2888
17	重庆	31000	无锡	2887
18	无锡	28000	三亚	2785
19	青岛	26720	张家界	2296
20	宁波	20331	淄博	1944

资料来源：海外网全媒体数据库。

表6　单个推特账号日均发帖量、回复率、粉丝数 TOP5

排名	发帖情况		互动情况		粉丝情况	
	推特账号	日均发帖量(条)	推特账号	回复率(%)	推特账号	粉丝数(个)
1	@ ThatsShanghai	9.12	@ Hangzhou_CHINA	27.11	@ VisitXiamen	200000
2	@ iChongqing_CIMC	4.95	@ VisitSanya	15.40	@ VisitSuzhou	179000

续表

排名	发帖情况		互动情况		粉丝情况	
	推特账号	日均发帖量(条)	推特账号	回复率(%)	推特账号	粉丝数(个)
3	@ thebeijinger	3.03	@ visit_wuhan	12.81	@ visit_wuhan	156000
4	@ Beautifulgx	2.36	@ iChongqing_CIMC	12.20	@ VisitBeijingcn	115000
5	@ ExploringTJ	2.12	@ beijing_wtown	11.28	@ TOURISMHANGZHOU	97000

资料来源：海外网全媒体数据库。

1. “推特 +脸书”帖文联动发布城市优美风光内容，向城市社交媒体账号矩阵持续引流，起到传播的叠加效应

通过对 2019 年中国主要城市推特账号发布推文的传播情况分析后发现，全年最受推特网民欢迎的推文分别是 2022 年北京冬奥会吉祥物发布、城市风光、线上活动这三方面。其中杭州市所属推特账号“@ Hangzhou_ CHINA”、“@ TOURISMHANGZHOU”发布的介绍杭州美景的帖文，都会通过添加链接的方式添加在脸书平台开设的同一运营主体的账号。例如“@ Hangzhou_ CHINA”在 2019 年 7 月 31 日发布的帖文《赶上夏天的尾声，留下怀旧的暖色，享受杭州的辉煌》共获得逾 4800 个点赞，帖文链接指向脸书账号“Hangzhou，China”，起到了向城市社交媒体账号矩阵引流的作用。

2. 线上活动类帖文的粉丝活跃度高，提升城市在推特用户中知名度，进行有效的口碑营销，持续塑造积极正面的城市品牌形象

在 2019 年中国主要城市推特账号的活跃度分析中发现，城市推特账号发起线上活动的帖文时，粉丝活跃度高，例如北京账号“@ Beijing 2022”发起的抽奖活动，在 2019 年电商“双十一”活动来临之际，抽取 10 名参与关注、转发、评论该账号的网民，赠送由“双十一”创始方阿里巴巴赞助的北京冬奥会吉祥物毛绒公仔套装，该条推文共计点赞量逾 7100 个，转发量逾 1100 次。武汉账号“@ visit_ wuhan”在 2019 年 9 月 30 日发布推文，邀请推特网民投票选出心目中最能代表 9 月武汉城市风貌地标的活动“#5HanPlaces”，在转发投票并推文后，将抽取一位用户获得现金券赠品，候选地标建筑包括武汉大学、湖北省博物馆、张之洞与武汉博物馆，该条推文点赞量逾 3600 个。

在城市推特账号的运营中，如何维护和优化现有账号、增加粉丝量、提升粉丝活跃度、加强有关城市吸引力的口碑传播，是提升城市形象海外传播效果的重要组成部分。通过发布线上广告或投票抽奖的方式，提升了粉丝参与度，对推特用户传播城市特色地标建筑发挥了良好的效果，有助于城市品牌形象传播的持续性。

四　2019年中国城市优兔账号发展情况

（一）2019年中国城市优兔账号热度 TOP20

根据对 2019 年正常运营的中国城市优兔账号的统计，优兔频道订阅者最多的 20 个城市依次为：苏州、银川、广州、重庆、杭州、张家界、三亚、北京、厦门、南京、乌镇、福清、西双版纳、宁波、成都、上海、长沙、烟台、昆明、武汉。各城市优兔账号订阅者数量、视频总观看数量、发布视频数如表 7 所示。

表 7　中国城市优兔频道热度 TOP20

排名	城市	优兔订阅人数	城市	视频总观看数量(次)	城市	发布视频数(个)
1	苏州	74061	杭州	13923054	成都	933
2	银川	13100	苏州	5456425	重庆	694
3	广州	9983	乌镇	4304052	广州	463
4	重庆	8765	重庆	2784172	厦门	396
5	杭州	3555	广州	2537615	杭州	338
6	张家界	3506	张家界	2527667	武汉	259
7	三亚	3373	厦门	2010551	苏州	255
8	北京	2908	三亚	1830328	三亚	236
9	厦门	2646	银川	1620867	西双版纳	210
10	南京	1185	北京	1110244	北京	205
11	乌镇	1014	成都	453969	天津	176
12	福清	953	福清	327898	张家界	132
13	西双版纳	915	武汉	273034	西安	127

续表

排名	城市	优兔订阅人数	城市	视频总观看数量(次)	城市	发布视频数(个)
14	宁波	674	烟台	265984	宁波	123
15	成都	388	宁波	165952	乌镇	115
16	上海	352	西双版纳	87114	烟台	92
17	长沙	352	上海	85962	上海	61
18	烟台	233	中山	85468	福清	49
19	昆明	127	长沙	73853	南京	48
20	武汉	106	天津	34650	银川	47

资料来源：海外网全媒体数据库。

（二）中国城市优兔账号传播特征分析

在样本城市 2019 年保持正常视频内容更新的优兔频道中，本研究统计各频道的视频数量、总观看数量、订阅人数，统计结果如表 8 所示。

表 8　单个频道视频数、总观看数、订阅人数 TOP5

排名	优兔频道	视频数（个）	优兔频道	总观看数量（次）	优兔频道	订阅人数
1	iChongqing	503	Hangzhou China	7064021	Chinese hand Embroidery 苏绣—苏州刺绣	70600
2	西望成都 Looking West to Chengdu	482	Top Made in Hangzhou	6593672	That's Way in Yinchuan	13100
3	Canton Fair	312	Chinese hand Embroidery 苏绣—苏州刺绣	5169020	重庆崽儿小黑	8100
4	蕊西小姐在成都	231	Wuzhen Theatre Festival Official Channel 乌镇戏剧节官方频道	2896256	笑谈广州话	5150
5	tailuegirl	210	Zhangjiajie Grand Canyon Official Channel	2511975	Zhangjiajie Grand Canyon Official Channel	3450

资料来源：海外网全媒体数据库。

1. 注重挖掘城市吸引力和文化底蕴，城市品牌形象丰富立体

在总观看数量、订阅人数最多的中国城市优兔频道中，总观看数量最多的“Hangzhou China”频道中，2019 年单个视频播放量最高的 *Hangzhou House in LA*（播放量为 54.7 万次）展示了杭州旅游大使 Tim 在洛杉矶的家中与外国友人分享杭州文化经验，包括杭州西湖龙井茶、汉服、竹笛等特色活动，视频中使用英文字幕和英文对话，更有利于母语为英语的优兔用户观看和理解。总订阅量最多的“Chinese hand Embroidery 苏绣—苏州刺绣”频道在 2019 年单个视频播放量最高的 *Hand embroidery chinese suzhou embroidery*（*broderie ricami*）（播放量为 9.5 万次）展示双面刺绣彼岸花图案的过程，视频时长达 1 小时，有优兔用户在该视频下方留言评论：“优兔一直推荐给我这个视频，这部视频是如此地让人放松和令人惊叹，设计也栩栩如生”。

视频由画面和文字等构成供传播的视觉符号，用于城市形象展示的视频旨在组合和表达各类城市元素。2019 年活跃的中国城市热门优兔频道视频中，注重在画面呈现中表达具有吸引力的人文气息和美学享受，在听觉上渲染情绪、烘托气氛，无论是杭州的国际化发展特征，还是苏州著名文化产品苏绣的美学表达，都使城市的品牌形象更加丰富立体。

2. 优兔自媒体网红在城市形象海外推广中的软性化表达特征鲜明，用户接受度高

在中国城市优兔频道的分析中发现，订阅人数最高的频道中，除非政府机构、媒体、活动方运营的频道外，自媒体网红频道“That's Way in Yinchuan”“重庆崽儿小黑”“笑谈广州话”的订阅人数较高。其中，“That's Way in Yinchuan”频道的作者是生活在银川的一对印尼华裔夫妇，所发布的视频内容包含制作美食、参观宁夏博物馆等多种富有生活气息的主题，将其在银川的生活体验加以呈现。“重庆崽儿小黑”频道所上传的视频作品《没坐过全世界最任性的轻轨，敢说你来过 8D 魔幻网红城市：重庆?!》《一部机甲动漫，如何让“中国第一网红城市”——重庆成为“国际网红”?》等凸显轻轨、洪崖洞、老火锅等重庆城市特色符号，受到优兔用户欢迎，2019 年单个视频最高播放量达 17.9 万次。

在城市形象建设中，风格更为轻松、生活化的网红自制视频往往能够与风格更为模式化、固定化（以城市地标介绍、旅游风光展示、中国文化为主）

的官方运营账号形成互补，利用更有个性特色的画面和音效，软性化地表达城市独特的形象，更易于用户接受。

五 2019年中国城市照片墙账号发展情况

（一）2019年中国城市照片墙账号热度 TOP20

照片墙是图片分享式社交媒体，为用户随时随地进行图片分享提供交互平台。根据对 2019 年正常运营的中国城市照片墙账号进行的统计，照片墙账号粉丝数最多的 20 个城市依次为：上海、北京、广州、厦门、杭州、苏州、三亚、成都、青岛、重庆、南京、宁波、深圳、哈尔滨、武汉、天津、徐州、桂林、长沙、乌镇。各城市照片墙粉丝数、帖文数如表 9 所示。

表 9 中国城市照片墙账号热度 TOP20

单位：个，条

排名	城市	照片墙粉丝数	城市	照片墙帖文数
1	上海	347324	北京	14166
2	北京	287760	上海	9290
3	广州	175224	广州	7033
4	厦门	114193	成都	3990
5	杭州	108835	杭州	3624
6	苏州	105762	南京	3216
7	三亚	66000	天津	2878
8	成都	62512	苏州	2760
9	青岛	58370	三亚	2747
10	重庆	57332	桂林	1841
11	南京	37177	重庆	1835
12	宁波	24000	深圳	1735
13	深圳	14493	青岛	1286
14	哈尔滨	7991	宁波	1122
15	武汉	6909	武汉	1078
16	天津	6628	厦门	1026
17	徐州	6068	哈尔滨	1003
18	桂林	5783	乌镇	852
19	长沙	4316	张家界	788
20	乌镇	4224	西安	603

资料来源：海外网全媒体数据库。

（二）中国城市照片墙账号传播特征分析

在样本城市 2019 年保持正常内容更新的照片墙账号中，本研究统计各账号的发帖量、粉丝量、关注量，具体如表 10 所示。

表 10　单个照片墙账号发帖量、粉丝量、关注量 TOP5

单位：条，个

排名	照片墙账号	发帖量	照片墙账号	粉丝量	照片墙账号	关注量
1	the_beijinger	3001	insta. beijing	164000	expat. shanghai	7467
2	beijingraphy	2341	visit_xiamen	114000	shenzhen. life	6574
3	discover_nanjing	2186	cantonfair	86000	storiesofbeijing	5801
4	hangzhou_china	1992	hangzhoufeel	81000	shenzhen_insider	5739
5	visit_sanya	1978	guangzhou	68000	hellosanya_official	4559

资料来源：海外网全媒体数据库。

1. 国庆70周年、北京大兴国际机场投运等重大主题活动外宣效果佳，凸显视觉内容的丰富性、多元化和差异性

以 2019 年 9～12 月为例，根据社交媒体分析工具 Fanpage Karma 的分析结果，照片墙点赞量最高的帖文中，账号“insta. beijing”在 2019 年 10 月 1 日发布的国庆 70 周年摄影照片点赞量最高，达到 1. 2 万个，10 月 4 日发布的另一张欢度国庆的现场照片点赞量也达到 5000 个，在 9 月 27 日发布的刚刚投运的北京大兴国际机场俯视图中，点赞量达 1. 1 万个。

照片墙应用具有碎片化拼贴、解构的特征，利用视觉内容传达审美趣味和价值观。因此，富有视觉冲击力的欢度国庆现场照片、北京大兴国际机场俯视图易吸引照片墙用户的关注，在重大主题活动的外宣中，中国城市的照片墙账户以视觉内容的丰富性、多元化和差异性让用户感受和肯定了更多的“值得传播的瞬间”，在这一传播过程中，城市形象更为丰富和立体。

2. 社群化发展特征鲜明，社区互动、低门槛参与提升普通用户参与积极性、创造性

照片墙作为图片分享交互平台，受到用户青睐的优势主要在于社区互动、多元共生、低门槛参与。在中国城市照片墙账号中，粉丝量居于前列的“guangzhou”

(粉丝量6.8万)、"insshanghai"(粉丝量5.7万)等并非地方政府或活动方运营的照片墙账号,这些账号在简介中提供照片投稿的方式,也提供微信联系方式以方便进入城市摄影的分享群,普通用户的投稿照片也会被该账号择优发布,呈现出明显的兴趣社群化发展特征,提升了用户普遍参与的意识。

六 中国城市海外社交媒体账号发展对策建议

(一)整合传播资源,增加中国城市形象海外传播层级和影响力,进一步产生信息聚合效应

本研究在分析2019年中国城市各类海外社交媒体账号热门帖文中发现,城市海外社交媒体账号以发布原创内容为主,在传播路径上属于一级传播,在影响力上有进一步提升的空间。美国传播学家罗杰斯曾提出,媒介信息的传播可能有多级中介环节组成的信息传播链,形成多级传播的模式。目前,部分城市海外社交媒体账号已形成"推特+脸书"帖文联动发布内容的方式,取得了较好的影响力叠加效果。城市海外社交媒体账号在提升传播范围和影响力方面,可进一步整合传播资源,在传播主体方面,更加注重多级传播,借助中国媒体、企业在海外社交媒体上传播的影响力,通过转发、评论等多种方式,增加传播层级和影响力,进一步产生信息的聚合效应,在海外社交媒体用户中增加知名度和权威性。

(二)加强议程设置能力,基于品牌定位进行内容差异化生产,加强视频类内容传播

本研究发现,中国城市海外社交媒体账号所发布内容的模式和主题较为相近,基本围绕着重大活动、城市地标、四季美景、美食、节日及传统文化等方面,凸显出在城市形象宣传上的完整性。有学者指出,城市形象是城市自然风光、历史人文以及整体形象观感的综合体,同时包含城市居民综合素质、城市精神文明建设等方面。① 从这个角度看,对于不同城市形象的定位应该突出差异化,在注重常规性内容传播的基础上,进一步挖掘城市在居民精神风貌、城

① 严文斌:《中国国际形象的"自塑"与"他塑"》,《对外传播》2016年第6期。

市文明建设等价值观层面的传播，主动设置话题、引导用户全面、深度领略城市风采。另外，拥有优兔频道的城市的视频更新慢、活跃度低，在当前网络短视频流行的大趋势下，应适当吸取城市介绍类优兔自媒体网红频道的优点，加强视频类内容的生产和传播。

（三）在跨文化传播中增强对文化认同策略的重视，进一步掌握海外社交媒体用户的媒介使用习惯，采用更加生动的话语机制

在跨文化传播研究中，跨文化交流指文化认知与符号系统的不同导致交流过程中发生变化的人们之间的交流，而文化的组成部分则包括历史、宗教、价值观、社会组织以及语言。① 因此在中国城市海外社交媒体账号的发展过程中，也要重视不同文化之间的价值观差异、语言习惯差异，要进一步掌握不同海外社交平台用户的年龄、媒介使用习惯等。例如根据对中国城市脸书、推特账号热门帖文的研究发现，线上活动类帖文、投票类帖文的粉丝活跃度高，可被视为这两个平台用户的媒体使用偏好，在今后运营城市海外社交媒体账号中，加强自身话语体系、内容易读性等方面的建设，采用更加生动的话语表达机制，增强城市形象传播的有效性。

（四）关注海外社交媒体用户的信息反馈，增强双向互动，提高用户黏性

社交媒体的双向传播特征明显，即在传播过程中存在反馈或互动机制，在这一过程中，社交媒体账号与网民的即时交互性增强，有利于用户黏性的提高。从本研究的结论来看，一些城市旅游部门为主体的推特账号对用户评论的回复率较高，对于提升账号知名度起到了积极作用，但在照片墙等内容分享性社交平台中，一些非地方政府或活动方运营的账号，因抓住了兴趣社群发展的规律，积极支持普通用户投稿，其粉丝量在中国城市照片墙账号中位居前列。在城市海外社交媒体账号的建设中，应以专人负责或定期总结研究的方式，分析城市海外社交媒体账号用户的信息反馈，以增强用户黏性，提升普通用户参与账号互动、话题讨论的积极性和创造性。

---

① 〔美〕拉里·A. 萨默瓦等：《跨文化传播》，闵惠泉等译，中国人民大学出版社，2013。

参考文献

李智：《国际传播》，中国人民大学出版社，2013。

〔美〕拉里·A. 萨默瓦等：《跨文化传播》，闵惠泉等译，中国人民大学出版社，2013。

李颖：《基于新时代媒体融合视域的城市国际化传播策略研究》，《国际公关》2019年第6期。

王彤：《借力海外社交平台发展外宣“四力”》，《青年记者》2018年第9期。

车南林、李弋：《中国城市文化国际传播的框架建构——以马拉松为例》，《今传媒》2018年第10期。

B.13

2019年西方传媒转型发展研究报告

漆亚林　刘静静*

摘　要： 2019年西方媒体双管齐下，一方面在“做加法”，媒介并购产生“巨无霸”来对抗技术平台的垄断，以入局播客和视频转向开拓新领域来对接年轻用户，以求在付费订阅遇瓶颈之时找寻更多商业可能性；另一方面在“做减法”，回归慢新闻的生产，用优质内容维持用户黏性。平台媒体为抢占更多市场份额进入混战，同时为挽回信誉加强了对新闻业的资助和用户的隐私保护。地方新闻业身陷生存困境，在多方帮助下探索新的商业模式。

关键词： 西方传媒　订阅付费　地方新闻　平台混战

一　西方传统媒体转型发展路径

（一）并购产生媒体“巨无霸”，报团取暖重构媒介版图

2019年末，拥有《迈阿密先驱报》《萨克拉门托蜜蜂报》等20多家知名报纸的美国著名百年报业巨头——麦克拉奇报业集团宣布因无法支付上亿美元的员工养老金而举步维艰，并于2020年初提交了破产申请。传统媒体仍然行走在“严冬”的路上。为了应对这种严峻的环境以及Google、Facebook等平台媒体对市场吸附力量的加强所带来的用户流失、广告下滑等困境，通过合并和收购以获

* 漆亚林，中国社会科学院大学媒体学院执行院长、教授，上海大学新闻传播学院博士生导师；刘静静，中国社会科学院大学媒体学院硕士研究生。

得垄断溢价和竞争优势成为大型媒体公司的核心战略。打造核心内务的优势互补和融合模式是大型传媒集团价值重构的主要方向。美国哥伦比亚广播公司（CBS）和维亚康姆集团（Viacom）合并为 ViacomCBS Inc.，双方强化内容优势的互补性，致力于打造世界一流的跨平台媒体。Vox 传媒（Vox Media）以全股票的方式收购纽约传媒（New York Media），两家公司业务板块相辅相成，分析显示受众重叠非常小。① 美国最大的两家新闻集团盖特豪斯媒体和《今日美国报》母公司甘尼特公司达成了约束性合并协议，两家媒介集团“合体”之后将成为全美最大的报业集团。新媒体投资集团首席执行官 Michael Reed 认为：“我们相信这笔交易将为股东创造价值，为员工创造更多机会，同时为新闻业创造更美好的未来。”并购后的新公司在全美将拥有超过 260 份的日报和超过 300 份的周刊以及社区刊物，② 成为名副其实的世界级媒体“巨无霸”。

（二）新闻“荒漠化”蔓延，抢救地方新闻媒体

地方媒体在面临技术迭代带来的媒介环境变迁时出现了更为严重的不适应症候。地方媒体受所在地区的人口所限，数字转化率不高，面临举步维艰，甚至几近消亡的境地。牛津大学路透新闻研究所所长拉斯马斯·尼尔森博士（Dr. Rasmus Nielsen）认为，地方媒体的消失是一种全球化的趋势，是他对未来新闻业最为担忧的事情之一。③ 皮尤研究中心报告显示，71% 的美国成年人认为当地新闻媒体的财务状况良好，只有 14% 的人为当地新闻来源付费。④ 公众对地方新闻业窘境的忽视，更加剧了当地新闻业问题的严峻性。比如，《达

① Marc Tracy, Edmund Lee, “Vox Media Acquires New York Magazine, Chronicler of the Highbrow and Lowbrow,” *The New York Times*, https://www.nytimes.com/2019/09/24/business/media/vox-buys-nymag.html, Sep. 24, 2019.

② Ken Doctor, “Newsonomics: Let the 2019 Consolidation Games begin! First up: Alden seeks to Swallow Gannett,” Nieman Lab, https://www.niemanlab.org/2019/01/newsonomics-let-the-2019-consolidation-games-begin-first-up-alden-seeks-to-swallow-gannett/?relatedstory, Jan. 14, 2019.

③ 张志安、王海燕、范吉琛：《变革中的新闻业及其未来——牛津大学路透新闻研究所所长尼尔森教授访谈》，《新闻记者》2019 年第 10 期。

④ “For Local News, Americans Embrace Digital but Still Want Strong Community Connection,” Pew Research Center, https://www.journalism.org/2019/03/26/for-local-news-americans-embrace-digital-but-still-want-strong-community-connection/, March 26, 2019.

拉斯晨报》和《西雅图时报》等地方媒体的数字转化率还不到1.5%。[①] 巴西新闻机构发布的地方新闻业调查报告《新闻地图册》显示，巴西有3487座城市（约相当于城市总数的62.6%）现已沦为“新闻荒漠”，城市中没有任何当地的新闻媒体。此外，巴西国内还有1074座城市（约占总数的19.2%）已处于“近荒漠化”状态，每座城市中最多有两家新闻媒体在运营。[②]

大型媒介集团的垄断挤压、在LBS等技术支持下广告主抛弃地方媒体转向大型传媒依旧可实现地域的精准投放、利益驱使下地方传媒关注的内容愈发“国有化”等原因，使得地方新闻业愈发衰落。北卡大学Abernathy认为，新闻荒漠指无论是在农村还是在城市地区，由于地方媒体减少、消失或当地新闻报道的质量与数量下降，使得当地居民获得可靠和全面的社区新闻的途径受到限制，出现无从了解当地新闻与社会状况的风险。[③] 地方新闻业是满足公众对本地公共信息的知情权、建构地域媒介镜像的主要通道，是民主政治的一块基石。新闻荒漠化不仅导致地方媒体的集体沉默，也会危及社会民主政治的大厦。因此，2019年，西方多个国家对当地新闻业的复兴施以援手，打捞沉默的地方新闻，形成了地方政府资助模式、社交平台资助模式和社区合作资助模式。美国新泽西州以及英国、加拿大等国地方政府纷纷宣布了抢救本地新闻媒体的资助计划。Facebook推出Today in Feature，可给本地新闻媒体通过发布广告增加盈利带来机会。[④] 谷歌通过打造新闻订阅实验室（GNI计划）来帮助地方媒体建立数字业务增长极，“带领10家不同规模的本地报社探索数字化发展道路”[⑤]。The Devil Strip、《盐城湖论坛报》等地方媒体则分别采取社群公众持股、非营利组织的方式获得社会资助。

---

① 《地方媒体数字订阅难以为继　谷歌新闻订阅实验室或为一良药?》，德外5号，2020年3月9日。

② 《没有当地媒体　六成以上巴西城市成为“新闻荒漠”》，中国新闻网，2019年12月13日。

③ UNC, “The Expanding News Desert,” https://www.usnewsdeserts.com/reports/expanding-news-desert/, 2019.

④ Christine Schmidt, “Attempting a Meta-network for Local News, Facebook Announces Community-building Grantees,” Nieman Lab, https://www.niemanlab.org/2019/07/attempting-a-meta-network-for-local-news-facebook-announces-community-building-grantees/, July 17, 2019.

⑤ 《地方媒体数字订阅难以为继　谷歌新闻订阅实验室或为一剂良药?》，德外5号，2020年3月9日。

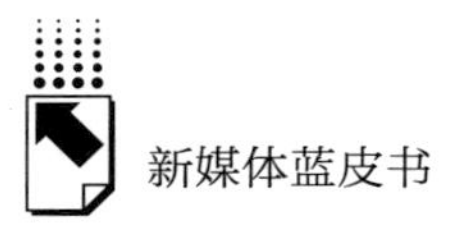

（三）播客与短视频转向：传统媒体“深挖”年轻受众

播客和音频新闻的兴起改变了用户接受新闻的习惯与方式，智能音箱成为消费者的新闻接收端。2019 年播客的广受欢迎，为传统媒体转型提供了新的机遇。美国广告客户当年就在播客领域支出近 7 亿美元。爱迪生研究（Edison Research）数据显示，过去的一年中，播客的观众数量大幅增长，年龄在 12 岁以上的美国人超过一半的人曾收听过播客，过去一个月中有 32% 听过，过去一周有 22%。[①] 2014 ~ 2019 年，美国用户收听语言类音频的平均时长增加了 20%（见图 1）。2019 年，美国语言类音频节目的日活用户数量达到 1.21 亿人，比 2014 年增加了 1600 万人。[②]

Forrester 预测，2020 年底，播客行业将成为下一个 10 亿美元的媒体市场。[③] 播客显示出巨大的市场潜力，传统媒体借助其优质内容及品牌优势纷纷入局，开发原创播客，寻求差异化转型发展道路。调查发现，超过一半的新闻媒体称它们将推出各种类型的播客活动。其中，《泰晤士报》（The Times）将推出每日新闻播客。此外，有受访者表示正准备和《世界报》（Le Monde）联手投资一部聊天或采访形式的纪录片。[④]《经济学人》于 2019 年推出第一个每日播客“The Intelligence”，利用其擅长全球播报的专业优势专注于全球新闻；英国《金融时报》推出首个只面向付费订阅者的播客节目《拉赫曼说事》，试图推进播客用户为优质内容付费的进程。《纽约时报》的“The Daily”、《卫报》的“Today in Focus”等老牌媒体的播客栏目也取得了不错的用户数目增长，“The Daily”播客已达到 500 万听众。BBC 在 Amazon 的 Echo 智能语音助手上发布了一档音频节目，允许用户通过与角色对话来引导故事走向。2019 年 12 月 5 日，普利策奖委员会宣布，下一届的普利策奖将增加“音频报道”

---

① Edison Research, “The Podcast Consumer 2019,” https://www.edisonresearch.com/the-podcast-consumer-2019/, April 5, 2019.

② 《“听新闻的人远超读新闻的”：Zetland 1.4 万名付费用户从何而来?》，德外 5 号，2020 年 1 月 13 日。

③ Richard Whitman, “Will Podcasts Be The Next $1 Billion Media Market?” MediaPost, https://www.mediapost.com/publications/article/342789/will-podcasts-be-the-next-1-billion-media-market.html, November 1, 2019.

④ 《Google 比 Facebook 更受欢迎？路透社 2020 媒体趋势盘点》，德外 5 号，2020 年 3 月 12 日。

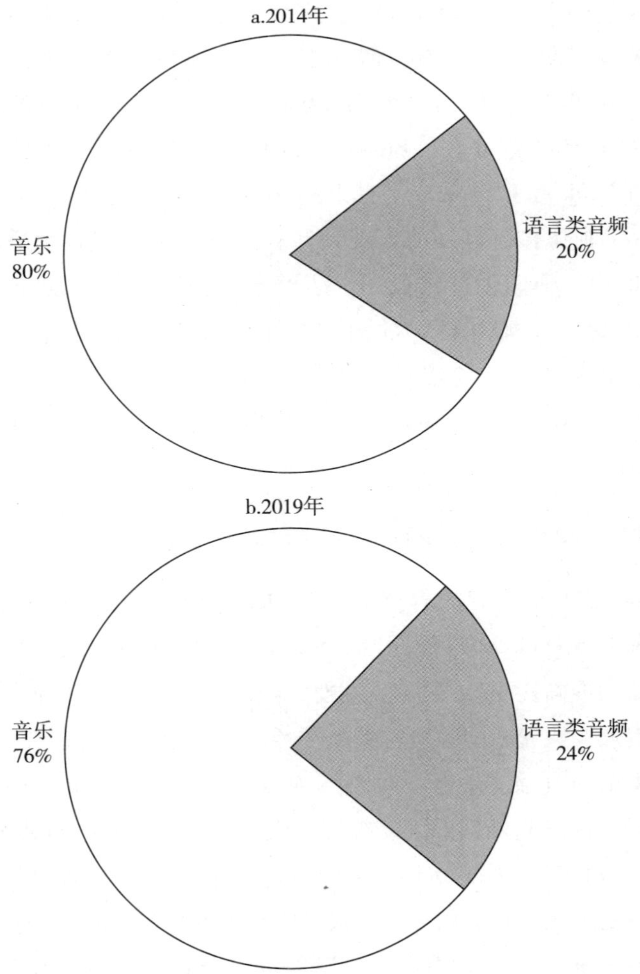

图 1　美国用户 2014 年、2019 年博客收听时长

注：2014 年美国用户只花 20% 的时间收听语言类音频节目，而五年后这一比例则增至 24%。

资料来源：nationalpublicmedia. com。

这一奖项，以表彰优秀的播客或广播节目。这一新奖项的设置是对近年来音频新闻，尤其是播客日益发展的媒体趋势的回应。

《2019 年数字新闻报告》显示，播客深受年轻人喜爱，在瑞典和美国这两个播客已经普及的国家，35 岁以下的人中有一半以上使用过播客，而 55 岁以

下的不到1/5（见图2）。[①] 因此，播客成为老牌媒体在数字化转型中对接年轻受众的一次契机，创新音频新闻叙事方式，抓住年轻用户的耳朵，从而建立年轻用户的声音依赖。此外，传统媒体在拉拢年轻用户的过程中，在短视频转向中也有了新方向。Buzzfeed 新闻招募 16 ~ 19 岁的青少年大使，培训他们在 TikTok 或 Instagram 平台上制作大选以及社会热点话题类的短视频，[②] 让青少年制作自己喜爱的短视频，从而吸引更多年轻用户。作为数字原住民的 Z 世代，他们创造出段子、表情包、弹幕等一套属于 Z 世代的新语言体系，喜欢“有趣有料”的内容，标榜自由个性。Z 世代已然来临，释放出巨大的市场潜力，传统媒体更要抓住机遇，布局新一代年轻人市场，引入年轻人才为编辑室注入新鲜血液，让更多年轻思维释放创作活力，以追随时代浪潮。

（四）回归慢新闻：新闻速递的解毒剂

慢新闻在 2011 年前后随着英国季刊 Delayed Gratification 的发行而出现，该杂志的主编 Rob Orchard 曾警告“不幸的是，在当前的新闻环境中，成为排头兵变得比新闻准确性更重要”[③]。诚然，随着社交媒体的快速发展，虚假新闻、碎片化消息、快餐新闻弥漫着整个传播空间，浪费并蚕食着受众（用户）的时间与精力，同时透支受众（用户）对媒体的信任。强调新闻广度、深度与温度的“慢新闻”重新回归大众视野，成为“新闻速递”时代的一剂良药。2019 年 4 月上线的英国的 Tortoise Media 引领慢新闻行业新态势，旨在减少冗余信息对用户的干扰，它的用户每天仅能收到不到 5 篇新闻。调查显示，2019 年 4 月新加入的 5000 多名付费会员选择 Tortoise Media 的原因是当新闻已成为噪声，该机构为他们提供了一个避风港。[④] 丹麦 Zetland 的日产量比 Tortoise 还要低，会员收件箱中平均每个工作日收到 2 个新闻故事，“知识优于速度”，

---

① 《路透社：2019 年数字新闻报告》，199IT，2019 年 7 月 2 日。

② 《20 秒内讲完新闻：从 Snapchat 到 TikTok 的转型之战》，德外 5 号，2020 年 2 月 13 日。

③ WNIP, “‘Publishing It Right’: The Future of Slow Journalism,” https://whatsnewinpublishing.com/publishing-it-right-the-future-of-slow-journalism/, October 2, 2019.

④ 《从“错失的恐惧”到“错过的快乐”，泰晤士报、纽约时报正在放慢新闻的脚步》，德外 5 号，2019 年 10 月 11 日。

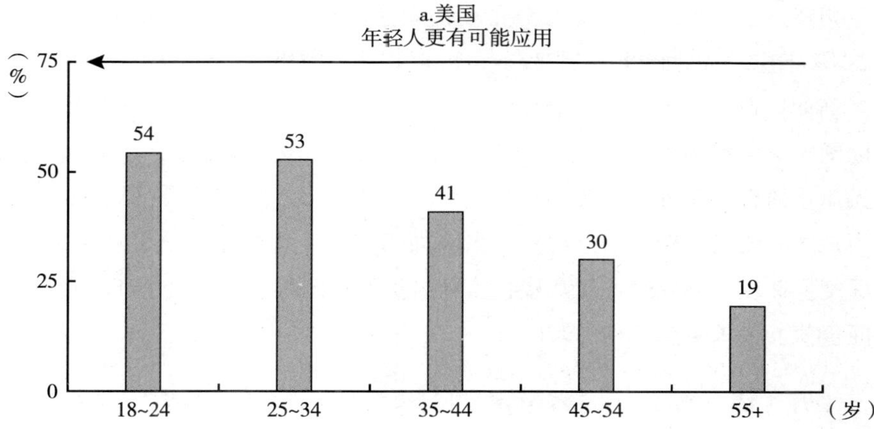

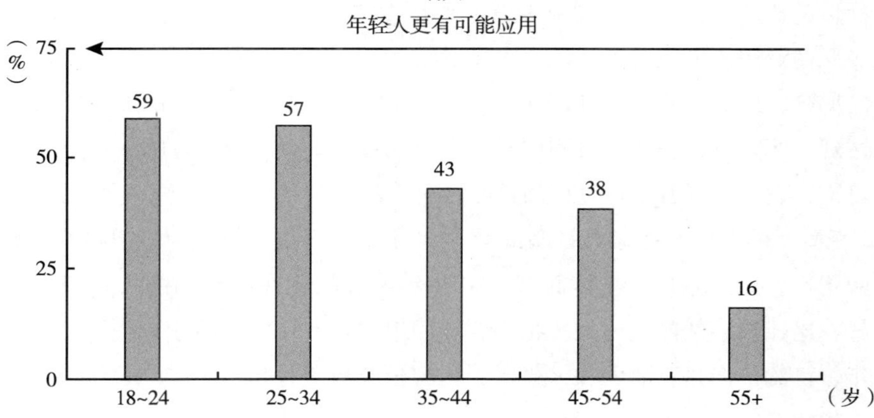

图 2　美国、瑞典两国使用播客的年龄分布

资料来源:《2019 年数字新闻报告》。

其慢新闻的生产方式致力于帮助受众更好地了解他们所生活的世界和前进的方向。①

① Benjamin Bathke, "Slow down, Read up: Why Slow Journalism and Finishable News is (quickly) Growing a Following," NiemanLab, https://www.niemanlab.org/2019/03/slow-down-read-up-why-slow-journalism-and-finishable-news-is-quickly-growing-a-following/, March 27, 2019.

调查显示，2017 年全球 29% 的受访者表示“经常或有时回避这一消息”，到 2019 年这一数字已上升到 32%，甚至在日本（世界上最忠实的新闻消费者）新闻回避率也从 6% 上升到 11%。“大量负面的媒体报道令人沮丧，产生无助感”“99.99% 的‘新闻’要么是八卦，要么是名人废话”“不必因为循环永无休止的新闻而分心，关闭外部噪声，有助于我们思考”。[①] 面对愈发严峻的用户新闻疲倦与新闻回避现象，慢新闻回归品质化的生产，以质量换数量，以深度换速度，不仅给予受众接收信息内化思考的时间，也给予新闻媒体提炼新闻价值、追求事实真相的时间。

（五）商业模式：内容付费“冷热不均”，多元盈利“左冲右突”

单一的商业模式被颠覆之后，传统主流媒体不得不通过横向、纵向和斜向的价值链拓展，打造多元盈利模式。2019 年数字订阅仍然是传统媒体转型建构多元商业模式的主要方式之一。作为订阅优先的媒体《纽约时报》取得骄人的成绩，内容付费创下新纪录。《纽约时报》报纸和数字产品的订阅总量已经达到了 525 万，纯数字订阅用户总量就接近 440 万，数字订阅用户同比增长 22.7%，近 350 万名读者只订阅核心数字产品，数字收入超过 8 亿美元，其中 4.2 亿美元的营收直接来自订阅读者。[②]《华尔街日报》首次突破 200 万的数字订阅用户大关。但是，整体而言，2019 年付费阅读在线新闻的人数只有小幅增长，这让很多新闻业内人士担心，新闻媒体付费可能已经接近上限。但纵观全年，订阅依旧是重要的收入来源，内容付费道阻且长。

传统媒体普遍采用多元化经营与拓展价值链来建构商业模式的基座。一方面借道平台媒体引流，吸引新用户。比如《经济学人》2019 年 9 月在 YouTube 上线视频节目《关于……的真相》，试图通过 YouTube 扩大受众面，并向自家网站引流，从而挖掘潜在用户。《纽约时报》在 2019 年进行了全产业链的拓展，比如《纽约时报》继进军播客和电视之后，也开始拍摄电影，并计划在

---

① Joshua Benton, “Why do Some People Avoid News? Because They don’t Trust Us or because They don’t Think We Add Value to Their Lives?” NiemanLab, https://www.niemanlab.org/2019/06/why-do-some-people-avoid-news-because-they-dont-trust-us-or-because-they-dont-think-we-add-value-to-their-lives/, June 17, 2019.

② 《〈纽约时报〉是一家订阅优先的媒体?》，全媒派，2020 年 2 月 25 日。

2019 年拍摄至少两部长纪录片。[①] 这是《纽约时报》多元化经营的重要行动。

调整产能结构、提高资源匹配度成为创收的有效方式。第一，缩减内容数量，提高内容质量和有趣性。《卫报》《英国新闻报》《伦敦时报》《世界报》等多家媒体采取适度减少内容生产量的措施，《信使邮报》每天发表的文章数量减少近一半，反而带来了更多的用户流量、更长的阅读时间和更多的付费订户。[②] 用户更倾向于为优质不可替代性的内容付费。德国《图片报》《世界报》将大量的优质内容设置付费门槛，获得用户青睐，在线订阅收入取代了广告收入。第二，采用精准营销方式保障数字订阅的忠诚度。利用算法、大数据、机器学习等人工智能技术精准用户画像，敏锐捕捉用户需求，为其个性化定制内容，从而减少退订率。第三，进行整合营销，提供增值服务，为付费会员提供"物超所值"的内容产品。《时代》杂志推出分级会员制，高级、中级以及普通会员根据级别可受邀参加不同规格的线下活动；《卫报》推出只面向付费用户的日报 App，为付费用户提供更精简的无广告新闻内容。加拿大《环球邮报》推出官方会员福利网站，为订阅用户提供增值服务，如提供会员与记者、专家线下交流的机会，并利用自身财经报道上的优势，为投资者提供专业理财服务。[③] 西方传统媒体在商业模式和盈利模式重构方面进行了卓有成效的探索。

二　西方平台媒体的发展路径

（一）业务交叉平台媒体竞争白热化

在各自市场趋于饱和的状态下，各平台不再只拘泥于原本的"一亩三分地"，纷纷开拓自身业务版图，企图覆盖更多的用户，探索更多流量变现的可能性。2019 年，视频和播客成为各大平台媒体竞相追逐的市场蛋糕，新旧平台展开博弈，抢占市场份额。

---

① 《玩播客、做电视、拍电影……为了拉新促活，〈纽约时报〉真的很努力》，全媒派，2019 年 11 月 19 日。

② 《碎片化消费时代，生产过多内容会害了媒体?》，全媒派，2020 年 2 月 24 日。

③ 《2019 订阅升级图鉴：增长怎么做才能突破瓶颈》，全媒派，2019 年 6 月 19 日。

1. 视频之战

与社交平台共同成长的Z世代崛起，逐渐成为新一代媒体消费群体，相比于其他代际的人群，他们更喜欢看视频，以此来获得信息，进行学习、娱乐、社交等。配乐视频、Vlog（网络日记）和网络红人的日常生活成为Z世代乐意消费的产品内容。加之5G技术的发展，低时延、大宽带、高速率、大容量的技术特性，在线视频发展如虎添翼。各平台纷纷向视频业务"攻城略地"，抢滩市场。YouTube作为老牌视频平台，尽管视频业务产业链成熟，但也受到Facebook等社交平台开拓视频产品以及TikTok等新兴视频平台的挑战。根据Statista数据，在全球最受欢迎的社交网络排名中，Facebook夺冠，YouTube屈居第二。Facebook旗下的照片和视频共享平台Instagram亦名列前茅。2018年全球上市的Facebook Watch进军视频产业，发展迅猛。截至2019年6月，每月有7.2亿人在Watch上进行文化消费。Facebook的发行主管Jeff Birkeland认为，公司为优先考虑让Watch成为观众能够反复观看视频的平台，帮助创作者与Facebook更好地合作，实现内容货币化。该视频平台不仅是一个视频库，还是通过共享的体验和归属感将人们联系在一起的生动具体的方式。① 其"积极"的态度有利于实现平台和创作者以及用户之间的互动和稳定长久关系的建立。2019年，TikTok凭借生动活泼的短视频成为新年青一代的"收割机"，并成为Apple App Store中下载次数最多的应用程序，在全球拥有超过10亿活跃用户。《华盛顿邮报》视频编辑Dave Jorgenson认为"TikTok基本上是Z世代最大的平台"②。视觉文化时代媒体视频产业大战犹酣，相信会有更多的媒体进入这一战场。

2. 播客之战

低门槛、低成本的播客具有方便与用户建立亲密关系的独特优势，2019年，进入播客的"黄金年代"。除了各新闻媒体机构加快发展原创播客内容之

① Deanna Ting, "Facebook Promises to Make Watch a Repeat Video Destination," Digiday, https://digiday.com/media/facebook-promises-make-watch-repeat-video-destination/, November 15, 2019.

② Faisal Kalim, "How Publishers are Growing Their Audience on TikTok, the App with Over Half a Billion Users," WNIP, https://whatsnewinpublishing.com/how-publishers-are-growing-their-audience-on-tiktok-the-app-with-over-half-a-billion-users/, October 11, 2019.

外，各个平台媒体也加入了这场争夺用户大战。新入局的平台侵蚀着苹果公司原先在播客领域的核心主导地位，Apple Podcasts 市场份额不断下降。优质独家内容才是变现的最大利器，各播客平台致力于开发原创优质内容，完善技术手段，为用户提供定制化内容。Spotify 将投入 5 亿美元支持原创内容的制作以及技术改造，致力于为用户提供优质个性化音频内容。数据显示，Spotify 的市场份额自 2018 年第三季度以来，月活用户总数增长了 30%，播客参与度推动着整体参与度的增加，带来免费用户向付费用户转化的良性循环。① 被称为播客界"Netflix"的美国的 Luminary 计划投入 1 亿美元购买原创内容，以说服读者为内容付费。2019 年 6 月上线的法国 Majelan，提供付费订阅服务，而不是基于广告的服务模型，用户在使用 Majelan 时，不会出现横幅广告或音频广告，并将 600 万欧元的融资资金用于继续开发其个性化播客平台。② 此外，法国的 Sybel、丹麦的 Podimo 等播客平台也在探索内容付费订阅模式。总体而言，在过去的一年中，播客市场进行了重新洗牌，平台大战在刺激播客更多货币化可能性的同时，也可能造成市场的泡沫、内容同质化等问题。下一步，各平台应着力对长尾内容的挖掘，探索基于移动场景的音频内容服务，垂直类播客平台更有利于增强用户黏性和忠诚度。

3. 流媒体之战

流媒体大战最典型的是美国战场。一是强势竞争对手出现。2019 年 11 月美国两大流媒体苹果公司 Apple TV Plus 与迪士尼 Disney + 先后上线，由于母体的强势，两家流媒体一出生就"风华正茂"。这之前，流媒体市场一直为 Netflix 和亚马逊 Prime Video 所垄断。2017 年，Netflix 的订阅用户首次超越全美有线电视订阅用户总数。2018 ~ 2019 年 Netflix 增长了 260 万订户。但是 Disney + 上线仅 3 个月用户规模就超过 2800 万，达到了 Netflix 花费 5 年时间才达到的用户规模。③ 2020 年 4 月，NBC 环球集团与华纳母公司 AT&T 将分别推

---

① Damian Radcliffe, "10 Essential Media Stats from November 2019," WNIP, https://whatsnewinpublishing.com/10 - essential - media - stats - from - november - 2019/, December 17, 2019.

② 《法国初创公司"Majelan"再获 600 万欧元融资，开发个性化播客平台》，36 氪，2019 年 12 月 28 日。

③ 《Netflix、Disney + 领衔流媒体混战：战歌已响，战火未燃》，全媒派，2020 年 3 月 10 日。

出流媒体服务平台 Peacock 与 HBO Max。Peacock 将实行免费、带广告的会员模式和去广告的会员模式等三种订阅方式。二是内容与价格竞争。Disney + 上线时为观众提供了 7000 集电视剧和 500 部电影，并采用低价策略吸引用户，订阅价格为 6.99 美元/月。Apple TV + 将采取整剧播放与周播结合，根据不同剧集去制定具体的播出方式。Apple TV + 已经买下了阿西莫夫《基地》的翻拍权，脱口秀女王欧普拉·温弗瑞将与 Apple TV + 合作一部纪录片。[①] 三是国际化竞争。Netflix 在德国和日本等国进行了投资，Disney + 宣布在 100 多个国家或地区同时上线。

（二）平台媒体“内外兼修”，打造健康生态重建用户信任

2019 年，美国联邦贸易委员会批准与 Facebook 公司就 2018 年剑桥分析公司丑闻达成约 50 亿美元的和解协议，这一方面标志着美国政府对科技巨头的隐私监管力度之强达到新高，另一方面外界仍然担忧，50 亿美元罚款或难以促使科技公司在隐私保护方面的切实改善。[②] 外界的担忧不无道理，剑桥分析丑闻的阴霾还未散去，Facebook 又多次爆出丑闻，一次次透支用户信任。此外，虚假新闻、极端言论泛滥等使得以 Facebook、Google 等为代表的互联网平台一度成为众矢之的。一方面，平台媒体对内完善自身算法推荐机制以及人工智能审核机制，加强内容管理，净化网络空间。另一方面，平台媒体对外安抚及拉拢新闻媒体机构。一是想企图借助外力来打造“专业化”的新闻传播平台，由于大量 UGC 内容生产参差不齐，平台各种信息混杂，加剧了受众（用户）遭受信息干扰的可能性，获得真正有价值的信息越来越困难，为挽留用户，增强用户黏性，需要为用户提供优质内容。二是向媒体示好，以应对媒体对其丑闻的大量报道，展现平台的社会责任心。2018 年 Facebook 改变算法，减少新闻业务，导致平台上的新闻媒体机构流量损失惨重，加剧了媒体对平台的不满。2019 年 Facebook 启动“新闻标签”功能，将为媒体内容付费，为用户提供来自数百家新闻机构的新闻，突出新闻优先的功能特征。该产品采用人

---

① 《美国六大流媒体混战打响　谁能笑到最后?》，https://baijiahao.baidu.com/s?id=1651529392330377929，2019 年 11 月 29 日。

② 《Facebook 面临重罚　源于剑桥分析数据泄露案》，财新网，2019 年 7 月 15 日。

工编辑和算法推荐相结合的分发机制，由人工编辑选择每日的“头条”，依赖算法根据用户画像为其推进有关政治、体育、健康、技术、娱乐等其他主题的报道，优化用户的新闻阅读体验。① 此外，Facebook、Google 等平台媒体致力于扶持新闻业的发展。2018 年，Facebook 启动社区新闻项目帮助英国培训记者，旨在鼓励对那些没有报纸或者没有记者的小城镇进行更多的报道；耗资 300 万美元帮助本地新闻业建立数字订阅。2019 年 Facebook 延续了这一趋势，承诺为本地新闻投资 3 亿美元。作为 Google 数字新闻创新基金的一部分，Google 也开始在三年内向数字媒体项目投资 9400 万欧元，以帮助“新闻业在数字时代蓬勃发展”，数据科学公司 Altmetric 和英国科学杂志 *Nature* 便接受了其资助。平台媒体资助新闻业的数字化转型发展，不仅建构了企业的正面形象，还在帮扶过程中获得更多资源、开拓新闻业务，以探索更多商业可能性。

三　西方媒介环境治理与展望

2019 年西方传媒在技术与市场的裹挟下跌宕前行。民粹主义浪潮下，假新闻泛滥，价值理性与工具理性严重失衡；科技巨头在技术和平台加权下垄断市场，用户隐私泄露，网络仇恨、色情等言论肆虐。在技术失范和平台责任式微的情况下，西方政府加紧了对媒介环境的治理。2019 年欧洲各国家纷纷出台法律法规，打击网络平台假新闻、暴力等有害内容。英国在 2 月发布了一份调查报告，指责 Facebook 等社交平台对假新闻的推波助澜。报告指责其为“数字黑帮”，凌驾于法律之上，破坏了民主。报告呼吁建立独立的监督机构，制定强制性行为准则，对违反规则的平台处以“巨额罚款”。② 随后，英国颁布的新版《视听传媒服务指令》（Audio Visual Media Services）指出，包括 Instagram、Facebook 和 YouTube 在内的视频分享和直播平台如果发布、传播不良视频，比如暴力、虐童、色情等有害内容，将面临 25 万英镑（约 211.5 万

① Craig Timberg, “Facebook to Offer ‘News’ Tab for Users – and Pay (some) Publishers for Their Work,” The Washington Post, https://www.washingtonpost.com/technology/2019/10/23/facebook–offer–news–tab–users–pay–some–publishers–their–work/, Oct. 24, 2019.

② 《看与被看的围城：媒体与“双寡头”冲突升级，打响平台攻防战》，全媒派，2019 年 4 月 17 日。

元人民币）或5%公司收入的罚款。[①] 从2018年开始，德国也实施反仇恨言论法，要求社交媒体必须尽快删除其平台上的仇恨言论、假新闻和非法信息，若不移出“明显违法”的内容，它们将面临最高5000万欧元的罚款，其中Facebook、Twitter、YouTube都将是该法律的主要适用对象。[②] 法国也于2019年出台相关法案，要求Facebook、Google等科技公司在规定时间内删除仇恨言论，否则将面临125万欧元的罚款。美国多州对以Facebook、Google为代表的互联网公司进行反垄断调查，涉及是否危害用户隐私、是否利用垄断优势提高广告价格以及虚假新闻等问题。

除了政府的外部监管之外，平台也在积极进行内部治理，化解信任危机。为了保护用户隐私，Facebook将全年致力于私人化通信平台的建设，由对外广播的动态社交模式向移动聊天的私密社交模式转变，从公开分享信息的平台模式转向以Messager和Whats App为代表的私密性移动聊天模式，借此减少消费者个人的公开信息，降低隐私泄露风险。2019年扎克伯格提出了构建新的私密社交平台的六大基础：私人的互动、加密、减少数据持续性、安全性、互操性以及安全的数据存储。[③] 2019年底，为应对美国加州严苛的隐私法，Twitter宣布更新全球隐私政策，并推出一个新的网站，详细解释隐私保护的政策和工作。[④] 这一政策有利于提高用户信息透明度，维护用户的个人信息控制权，并增强用户个人信息保护的安全意识。

参考文献

Marc Tracy, Edmund Lee, “Vox Media Acquires New York Magazine, Chronicler of the Highbrow and Lowbrow,” *New York Times*, https://www.nytimes.com/2019/09/24/

---

① 《数字广告频发力，媒体抢滩播客动作不停》，全媒派，2019年8月19日。

② 《德国实施反仇恨言论法：社交媒体不移除违法内容最高将被罚5千万》，《成都商报》2018年1月2日。

③ 《扎克伯格阐述Facebook社交下一站：让交流更私密、更安全》，新浪财经，2019年6月18日。

④ 《为遵守加州隐私法　推特全球用户隐私保护政策1月1日将升级》，新浪财经，2019年12月3日。

business/media/vox - buys - nymag. html, Sept. 24, 2019.

Ken Doctor, "Newsonomics: Let the 2019 Consolidation Games begin! First up: Alden seeks to swallow Gannett," Nieman Lab, https://www.niemanlab.org/2019/01/newsonomics - let - the - 2019 - consolidation - games - begin - first - up - alden - seeks - to - swallow - gannett/? relatedstory, Jan. 14, 2019.

张志安、王海燕、范吉琛:《变革中的新闻业及其未来——牛津大学路透新闻研究所所长尼尔森教授访谈》,《新闻记者》2019 年第 10 期。

"For Local News, Americans Embrace Digital but Still Want Strong Community Connection," Pew Research Center, https://www.journalism.org/2019/03/26/for - local - news - americans - embrace - digital - but - still - want - strong - community - connection/, March 26, 2019.

B.14
2019年智能媒体发展报告

雷　霞*

摘　要： 2019年，在国家政策引领和市场竞争的刺激下，人工智能技术在新闻领域的应用更为广泛，人机协同进一步加强，人工智能和媒体的结合更加深入，越来越多的新媒体应用场景和消费场景被创造出来。高效的智能媒体将增强并带来用户体验的升级。协同化、智能化、互动化、可视化与沉浸式体验是未来智能媒体的发展趋势。加强引领与管理，培养人机协同意识，深化媒体融合理念，重视受众需求，将仍是智能媒体的努力方向。

关键词： 智能媒体　人机协同　智能化　互动化　可视化　沉浸式

一　2019年智能媒体发展现状

iiMedia Research（艾媒咨询）数据显示，2015年起全球人工智能市场收入规模持续增长，2019年约为6560亿美元，预计2024年将突破30000亿美元，2030年中国人工智能核心产业规模将突破10000亿元。① 2017～2019年，人工智能在连续三年的《政府工作报告》都被提及。2019年1月25日，习近平总书记在主持中共中央政治局就全媒体时代和媒体融合发展第十二次集体学

* 雷霞，博士，中国社会科学院新闻与传播研究所副研究员，研究方向为新媒体传播、谣言传播和组织文化传播等。

① 艾媒前沿科技产业研究中心：《2019年中国人工智能年度专题研究报告》，https：//www.iimedia.cn/c400/68098.html，2020年1月15日。

习时强调，要探索将人工智能运用在新闻采集、生产、分发、接收、反馈中，全面提高舆论引导能力。① 人工智能在国家层面受到重视并被提升到战略高度，极大地推动了人工智能在行业应用中的多样化落地。在国家政策引领扶持以及市场竞争的刺激下，新闻产业、移动传播平台与人工智能技术的结合将越来越深入和广泛，越来越多的媒体应用场景和消费场景被创造出来。

（一）媒体机器人，智能生产与分发的智慧化集成

2019 年，极具代表性的智能生产与分发的智慧化应用首推新华智云发布的 25 款媒体机器人。新华智云由新华社和阿里巴巴共同成立，作为一家媒体人工智能科技公司，其前期产品包括“现场云”“媒体大脑”“AI 合成主播”等。2019 年 8 月 26 日，新华智云推出其自主研发的 25 款媒体机器人，包括助力新闻工作者“采集”新闻资源的 8 款，以及助力新闻工作者“处理”新闻资源的 17 款，如表 1 所示。②

表 1　新华智云 25 款媒体机器人

助力“采集”新闻资源	助力“处理”新闻资源
突发识别机器人	智能会话机器人 字幕生成机器人
人脸追踪机器人	智能配音机器人 视频包装机器人
安全核查机器人	视频防抖机器人 虚拟主播机器人
文字识别机器人	数据新闻机器人 直播剪辑机器人
数据标引机器人	数据金融机器人 影视综快剪机器人
内容搬运机器人	体育报道机器人 会议报道机器人

① 《关于媒体融合，看总书记的重要指示》，求是网，2019 年 1 月 25 日。

② 《机器人写稿已经不够了　新华智云首推媒体机器人矩阵》，中国青年报客户端，2019 年 8 月 27 日。

续表

助力“采集”新闻资源	助力“处理”新闻资源
多渠道发布机器人	极速渲染机器人
	用户画像机器人
	虚拟广告机器人
热点机器人	一键转视频机器人
	视频转 GIF 机器人

资料来源：笔者根据中国青年报客户端《机器人写稿已经不够了　新华智云首推媒体机器人矩阵》整理。

上述 25 款机器人采用多种人工智能技术合成，适用于新闻生产的全产业链，助推媒体走向更加智能化的道路。截至 2019 年 8 月 25 日，这 25 款媒体机器人已累计处理媒体资源超过 1000 万条，生产短视频 30 万余条，极大地提高了新闻采集和处理的效率。①

（二）智能化写稿，超越人工体力

今日头条 Xiaomingbot（2016 年 8 月上线）、腾讯 Dreamwriter（2015 年 9 月上线）、第一财经 writingMaster（2016 年 5 月上线）、百度度秘 Duer（2016 年 8 月上线）等写稿机器人利用算法撰写稿件，能够快捷高效地采集和处理信息，并自动撰写和编辑简单的新闻稿件。尤其在突发事件、财经新闻、体育赛事的报道领域，大幅度解放了人力。新浪新闻 App 可以通过 AI 写作实现 7×24 小时不间断的自动化播报新闻。② 媒体大脑疫情报道机器人全时在岗。新华智云数据金融机器人根据股市每日的行情变化，实时生成行情综述、行业动态分析、资金流向分析等多类视频，并与优秀投顾团队的观点相结合，为读者带来快速、优质的金融资讯。③ 封面新闻的“小封”机器人（2016 年 12 月上线）目前在内容生产上，已经实现了月写稿量接近 10000 篇，涉及体育、财经、灾害、生活、娱乐、科技等 10 多个领域。④

① 《新华智云推出媒体机器人　人工智能或将成为未来媒体界主流》，光明日报客户端，2019 年 8 月 26 日。

② 《新浪王巍出席 GMIC 大会　解读“智能＋”时代的媒体全链新生态》，中国网，2019 年 7 月 29 日。

③ 媒体机器人：《说正事！和媒体机器人约一个》，新华智云，2019 年 8 月 27 日。

④ 《封面新闻小封机器人获评 2019 年度中国融媒体创新产品》，《华西都市报》2019 年 12 月 13 日。

（三）字幕生成，释放人工时间精力

通过语音识别和智能影像等技术，字幕自动化加工和同步生成技术投入广泛的新闻生产应用，同时也应用于会议同期声语音转换文字的自动化实时滚动，这样的智能化字幕生成极大地释放了人工以前投入视频同期声字幕的时间和精力，以一个 3 分钟的视频制作为例，以前可能需要人工 30 分钟时间制作同期声字幕，现在则一键生成，几秒钟完成。而节省的人工时间和精力可以用于前期策划和后期画面的精修等。

（四）数据可视化制作，助推数据新闻升级

伴随 Z 世代的成长及其对新闻产品的可视化需求，以及广大受众逐渐养成的可视化习惯，数据新闻的可视化越来越成为趋势。但可视化需要对数据进行技术化处理才能完成，需要专门的技术人员依据新闻工作者提供的数据制作。如今采用智能可视化工具之后，制作者即使不懂技术，也可以通过上传 Excel 表格，选择不同的模板，快速便捷地生成可视化数据动画、视频，以及各种动图、词云和图表等。媒体大脑统计数据显示，新冠肺炎疫情暴发以后，仅在 2020 年 2 月 2 ~ 20 日这个时间段，有来自 31 个省区市的 992 家媒体机构在媒体大脑 MAGIC 平台上合成疫情相关视频内容达 20 万条。[①] 这样的可视化制作不仅快捷方便，而且准确度高，呈现的各种动图效果也比较专业美观。

（五）虚拟主播，一键生成 AI 新闻播报

通过提取真人主播的表情动作、声音和唇形等特征，基于“自然交互 + 知识计算”的技术突破，运用人脸识别、语音合成、人脸建模、表情合成、唇形合成和深度学习等技术，虚拟主播得以生成。继新华社与搜狗公司于 2018 年 11 月世界互联网大会上发布全球首个 AI 合成主播之后，2019 年 2 月 19 日，其再度联合发布全球首个站立式 AI 合成主播“新小浩”和首个 AI 合成女主播“新小萌”。“新小浩”和“新小萌”从“坐着播新闻”升级为“站

① 媒体大脑：《战疫，近千家媒体机构是如何在线化生产的》，新华智云，2020 年 2 月 20 日。

立式播报新闻”，并且有了更多肢体动作，表现力增强。2019 年 5 月 25 日，人民日报与科大讯飞推出的 AI 合成主播“果果”能以多种语言（包括普通话、英语、粤语、韩语和法语等）24 小时不间断播报新闻。新华智云的虚拟主播机器人有 4 种形象，包括卡通男主播、女主播和真人男主播、女主播，用户可以自主选择主播的播报背景和情绪，一键生成 AI 新闻播报。① 在时效性和工作强度较高的领域，虚拟主播可替代真人主播播报新闻，发挥重要作用。

（六）语音输入与同声翻译，媒体人的采访利器

智能语音技术大大提高了新闻采写的效率，成为媒体人的采访利器。通过深度学习和数据训练，科大讯飞的语音输入技术已实现每分钟 400 字，其准确率已达到 98%。科大讯飞推出的语音转录工具“讯飞听见”能支持录音和转写、导入音频转写等功能，因此可以提供优质的会议直播实时转写服务，同时可以提供多种语言的实时翻译，目前越来越多的媒体开始使用科大讯飞的语音技术。MAGIC 也提供语音智能化提取字幕功能，该功能在配同期声字幕时非常高效快捷。由搜狗公司于 2019 年 3 月初发布的智能录音笔 C1，集传统录音笔功能和人工智能语音识别、机器翻译等技术于一身，既能录音，又能转写，成为所谓的“全能耳”。

（七）智能视频剪辑，包装模板助推

智能视频剪辑 App 极大地降低了视频编辑和剪辑的门槛，只要导入所拍摄的画面素材，便可一键生成视频，操作简便快捷。系统可以根据用户提供的文本提取摘要与关键词，并在素材库中针对摘要和关键词选择相关图片和视频素材，在几十秒钟的时间内便能自动生成字幕和背景音乐，自动生成视频。新浪新闻 App 使用云剪技术，可以把直播视频做实时拆条处理，提炼生成几分钟的短视和 GIF 图。② OPPO 手机 Reno2 自带的 Soloop 和小米手机 CC9 Pro 的 Vlog 等智能视频剪辑功能均实现了智能视频剪辑一键式操作。MAGIC 目前提

---

① 《新华智云“媒体大脑”首推 25 款媒体机器人，为媒体记者赋能》，南方传媒研究，2019 年 8 月 26 日。

② 《新浪王巍出席 GMIC 大会　解读“智能 +”时代的媒体全链新生态》，中国网，2019 年 7 月 29 日。

供21款视频包装模板，自动实现画面切换，切换节奏与背景音乐节奏相合。MAGIC视频包装模板及其适用素材如表2所示。①

表2　MAGIC视频包装模板及其适用素材

类别	模板名称	适用素材
美景风光类	心驰向往	优美风景
	旅游采风	旅拍风景
	本地风光	生活风景
	田间趣味	田园风光
	壮丽山河	壮观风景
新农村景象类	新农村景象	新农村成果展示
事件报道类	一日/周新闻	新闻
	会议模板	会议
	体育赛事	体育运动类
	科技新闻	科技新闻
	活动集锦	文艺表演、会议活动
抒情类	忧伤哀婉	忧郁、抒情类
	恬静淡雅	优雅、轻柔类
	中国风	中国传统文化类
	大国崛起	壮观、史诗、神秘类
	雄浑壮美	宏大、壮阔类
娱乐时尚类	快闪	视觉冲击感强的素材
	生活小品	轻松、活泼类
	夏天的风	恬静、浪漫类
	时尚街拍	动感、街拍、时尚类
	超级便利店	欢快、娱乐类

资料来源：笔者根据新华智云《做视频太难了？听我的，MAGIC视频包装模板真的好用》整理。

借助以上这些模板，缺乏视频编辑和剪辑经验者也可以完成，更不用说有经验的视频编辑了，轻松编辑，方便快捷，操作起来自由高效。

① 新华智云：《做视频太难了？听我的，MAGIC视频包装模板真的好用》，https：//weibo.com/ttarticle/p/show？id＝2309404413171766001826，2019年9月5日。

（八）智能化让搜索和编辑功能不断优化

随着用户数据的积累和算法的改进，信息搜索功能不断优化，人工智能能够更智慧地理解用户的搜索诉求，提供更加精准化的搜索服务。同时，基于语音识别和图像识别等技术的提升，搜索功能涵盖语音、图像和视频等多种内容形态和多种输入方式，能为用户提供更好的体验。在新闻制作和编辑方面，人脸对比、人脸识别、属性分析和视频流人脸采集等技术用于新闻人物识别与聚焦，能够更好地凸显新闻主体。通过将视频或音频中的语音转换为文字，实现了视频搜索的快捷精准化，节省新闻制作者大量时间与精力。在直播场景中，通过人脸识别、语音识别转换文字等技术，直播剪辑机器人可以帮助直播编辑精准定位，实现快速剪辑和内容的实时分发。

（九）发现新闻线索，提供 AI“洞见”

通过人工智能技术能实时发现新闻线索，尤其是能预估热点、研判突发事件，并快速推送。以新浪鹰眼系统为例，该系统基于新浪和新浪微博历年用户数据和社交媒体数据的积累，能够捕捉重大事件和预估热点。2019 年 4 月 16 日凌晨 1 点，鹰眼系统捕捉到微博用户发出的有关巴黎圣母院大火照片，编辑进行了迅速核实，十几分钟时间内，新浪新闻 App 和@ 微天下微博账号发布了该事件相关信息，为全网首发。据鹰眼系统后续监测，微博头部账号对该信息的转发在十几分钟内就达到了平时日均传播量的 10 倍多。因此鹰眼系统将该消息判定为热点，编辑会根据鹰眼系统的判定来跟进相关背景内容，形成专题。

（十）智能分发，精准推送

大数据、云计算、深度学习和用户画像等为智能推送提供了技术保障，通过对内容的细分、对消费场景的细分、对用户消费习惯和偏好的细分，建模以达到分众化和精准化的推送。算法推送不仅仅在新闻、资讯产品的分发方面，在直播和短视频内容的推送方面，也已经达到深度嵌入。中国电信 DICT 智能视频云平台，依托 5G + 光纤双千兆网络及其自身的云资源，使高质量直播信号传向央视平台，实现了双平台备份机制，使得武汉修建火神山医院的直播在

2020 年 1 月 27 日晚上出现观看人数峰值超过 5000 万的盛况。① 智能视频云体系既能汇聚数据，又能进行分析和存储，还能进行监控，为新闻制作者提供直播现场各种突发状况的预警和重点场所、人员的实时状况。

（十一）智能审核，为识别假新闻及敏感信息赋能

人工智能技术在自然语言和图像、视频处理等领域的应用，可以建立适合的审核模型，对敏感信息进行追踪、识别、检测、过滤、标注、报警，针对暴力、色情、恐怖信息等进行自动筛查，节省了大量的人工审查时间和精力，同时，还可以进行版权审查和对假新闻的识别。对大数据的汇总和分析能力，以及算法能力，使得智能媒体可以针对信息进行溯本追源，包括对图像和音、视频进行“一站式”审核。

二　智能媒体发展存在的问题

2019 年，智能媒体的发展可圈可点，人工智能技术与媒体产业的结合更加深入和广泛，高效的智能媒体能增强并带来用户体验的升级。但目前智能媒体发展过程中还存在以下问题。

（一）算法学习与智能追踪引发数据安全与隐私问题

算法使得内容分发变得更有针对性，更有效率，也更精确，但与之伴随的对用户数据安全与隐私问题的担忧一直如影随形。iiMedia Research（艾媒咨询）数据显示，在涉及用户是否愿意以隐私数据交换便利的问题上，24. 8% 的用户“比较愿意”，6. 9% 的用户“非常愿意”，23. 3% 的用户“比较不愿意”，9. 9% 的用户“非常不愿意”，另有 35. 1% 的用户选择“不太确定”。② 正如王俊秀指出的：“正是由于信息时代个人信息的公开可能产生个人无法控制的后

① 《从“网上”到“云端”：疫情再一次改写中国行业生态》，读芯术，2020 年 2 月 11 日。

② 艾媒前沿科技产业研究中心：《2019 年中国人工智能年度专题研究报告》，https：//www. iimedia. cn/c400/68098. html，2020 年 1 月 15 日。

果，才使得信息隐私化得以发生。”① 用户在使用媒体的过程中，媒体收集了大量用户数据，但在用户数据安全和用户体验之间、在提升服务和妥善保护数据安全与隐私之间，需要更好的平衡。

（二）写稿机器人写作内容有局限，警惕对媒体公信力产生影响

目前大多新闻报道机器人或写稿机器人能够自动化完成的稿件类型比较有限，多数为体育赛事和财经报道，并且多以快讯的形式。“后真相”时代的到来，对于媒体生产内容的专业性、权威性提出了更高的要求。新媒体平台上的内容鱼龙混杂，如果仅仅依赖算法由机器自动撰写稿件，其真实性和道德伦理层面的价值都需要进一步考量，如果缺乏必要的监管与审查，不恰当的内容自动生成并且传播的话，会对使用自动化制作新闻的媒体机构的公信力产生不良影响。

（三）AI 自动生成的视频和播报相对粗糙

完全依赖智能系统或智能视频编辑机器人自动生成的视频相对粗糙，专业新闻媒体的记者和编辑需要对视频进行加工、调整和优化。而虚拟主播虽然可以 24 小时播报新闻，远胜人工主持人的体力和精力，但其播报仅停留在对文字的再现上，还不能呈现出对文字稿的更深层理解，更无法呈现其情感，因此对用户来说，极容易产生审美疲劳。

（四）算法可能带来的价值偏向与伦理风险

算法可能带来的价值偏向与伦理风险是一个普遍被诟病的问题。一方面，算法可能带来价值偏向和伦理风险；另一方面，算法本身可能被干预，因而信息有可能被篡改或删除。甚至经由算法分析和用户画像为用户推送其可能感兴趣的内容，用情绪化的渲染传播非确定性的信息，因此要警惕算法和推送可能导致的伦理和价值偏差。而人工智能还不足够智能，大数据的处理和程序化的操作，容易缺乏人文关怀产生伦理风险，而过于迎合用户的偏好，一些价值观有严重问题和偏差的信息也可能被自动选择和推送，甚至出现违规内容。

① 王俊秀：《数字社会中的隐私重塑——以“人脸识别”为例》，《探索与争鸣》2020 年第 2 期。

（五）警惕回音壁效应及群体极化现象

精准推送和个性化推荐带来一个普遍关注的问题，即个体信息的“孤岛化”现象，使得个人的视野受到局限而狭窄化。而普遍的画像化的推荐会因为相同的信息快速集聚对该信息有相同看法的人，同时也导致用户选择和自己有相似观点的人来交流，个人的观点被强化、知识被固化。这种回音壁效应也容易导致“群体极化”现象。

（六）自动识别准确率受限

算法在遭遇预料之外的场景和状况时，其准确率可能从97%降低为0，比如识别对象被损坏、被涂抹、被遮盖、被隐匿时。麻省理工学院（MIT）和IBM花费三年时间完成的数据集显示，算法在“面对损坏、部分隐藏或位于奇怪角度的物品”时，一些最先进的对象检测模型的准确率从97%下降到50%～55%。[①] 所以，当面临新闻搜索和聚焦关键人或物的时候，无论是从海量的图片中还是从海量的视频中搜索，目前的人工智能技术都还有相当大的局限，还无法完全依赖人工智能。

三　智能媒体未来发展趋势与对策建议

协同化、智能化、互动化、可视化与沉浸式体验是未来智能媒体发展的总趋势。但技术越进化，人的价值显得越为重要。人工智能技术的出现对于媒体行业在提出挑战的同时也意味着契机，媒体行业应积极应对伴随着媒介生态环境复杂化而带来的挑战，探寻媒介融合与变革的新的答案。

（一）深化人机协同理念，让媒体人的工作更高效优质

目前的人工智能还做不到完全智能化，在一定程度上来说，只是起到辅助作用。但媒体人要深化人机协同的理念，不可排斥媒体机器人，要让机器人参与媒体生产成为常态，但同时不能完全依赖媒体机器人，要明确应用于媒体工

① 《凤凰涅槃，人工智能的凤凰计划时刻已经到来！》，读芯术，2020年2月14日。

作中的人工智能是为人提供服务，并不是为人提供产品。机器协助人完成部分工作，解放出来的人的精力和时间可以用来提供更好的策划和创意，以产出更优质的内容。实际上，一方面媒体机器人提供了协助，让人的工作更便捷高效，但另一方面，对人的工作效能的要求反而更高。人的智能在情绪、感知、同理心、归纳和学习等方面具有优势，机器智能在数据处理、深度学习、计算、存储、搜索和优化等方面领先于人类智能，人机协同，是将人的智能和机器的智能融合化。以语音识别为例，虽然目前的语音识别准确率已达到98%，但人工来纠正余下的2%是关键。要深入人机协同理念，使人在人工智能的帮助下更加高效、更加优质地完成工作，但不能百分之百完全依赖人工智能。

（二）加强法制法规引领与管理，避免伦理风险与算法偏见

国家互联网信息办公室发布的《网络信息内容生态治理规定》中，明确对算法推荐推送信息带来的问题提出了解决方案。以此为起点，未来亟须加强法制法规的引领和管理作用，避免算法偏见引起的道德伦理风险。推荐给用户的内容，不能一味地迎合用户的偏好，而是要兼顾社会化的公共信息和群体化信息的推送。一方面，要采用算法推荐优势，加强主流价值观的引导，通过关键词和敏感要素等的筛查，避免不良信息的传播。另一方面，要健全人工干预和审核机制。同时，还需要给用户自主选择留有一定的空间，避免产生回音壁效应。

（三）加速智能化进程，推动媒体融合进一步深化

智能媒体是媒体融合发展的高级阶段，将带来媒体融合的深度变化。媒体机构由于自身的积累，拥有海量的数据资源，但是如何充分利用这些数据，无论是传统媒体还是新媒体，都需要更加智能化的挖掘和提炼。同时，信息传播的形式也更加丰富和多样，如H5、短视频、动图、直播、虚拟现实和增强现实，以及可穿戴设备等。人工智能技术与新闻产品和信息传播平台的结合，将彻底改变新闻生产的全程，推动媒体融合进一步深化，新闻生产的智能化变革也将逐步影响到整个产业生态及其与用户之间的互动关系。

（四）智能化升级，增强人机传播的互动性

在2019年10月30日举行的“聚视而上　构建视听产业新生态”的主论

坛上，工信部互动媒体产业联盟副秘书长杨崑认为，2021 年媒体功能将全面智能化，2023 年国内将出现第一批成系统的智慧媒体平台。2025 年，这些平台的能力将不局限于媒体内部，而是泛媒体。① 通过深度学习和知识图谱，人工智能技术将不断进行智能化升级，让机器产生认知，正如搜索引擎可以利用搜索来改善它的人工智能，而智能耳机的同声翻译正是通过把演讲者与听众之间的互动部分地转换为演讲者的声音和机器之间的互动，以及机器与机器、听众之间的互动。

（五）提升云计算技术，实现在线化与极速化操作

在一年半的时间里，在云基础架构上训练大型图像分类系统所需的时间从 2017 年 10 月的约 3 个小时减少到 2019 年 7 月的约 88 秒；在同一时期，训练这种系统的成本也类似地下降了。② 将来，随着云计算技术的不断提升，新闻制作的流程将打破时空限制，新闻现场的移动化采编和云端处理及审核将进一步提高新闻生产的效率。媒体大脑统计的媒体用户数据显示，78% 的媒体认为在线化生产将成为未来媒体主要生产方式之一。③ 云平台可以使用户的电脑或移动终端设备的内存获得释放，从而大大提高速度和效率。尤其是视频制作，传统媒体时代，从现场拍摄到后台剪辑和编审，整个流程下来需要较长时间，效率低。云计算技术则为制作者提供了高效平台，用户在视频拍摄现场就可以将拍摄的视频直接上传到素材库，编辑者则可以直接在云平台进行操作，从而实现移动化采、编、审，提高视频生产力。

（六）细化受众需求，实现商业变现

媒介的发展如果遵循补偿性媒介和融合性媒介的发展逻辑的话，将来智能媒介必然要打通人所在的物理空间、社会空间和信息空间。结合“算法 + 社交”，采集用户对社交平台的偏好和使用习惯，以及用户对信息的分享和评

① 智媒实验室：《2021 年媒体功能将普遍智能化，这 5 个实现路径值得参考》，https：//www. sohu. com/a/351709995_ 99916165，2019 年 11 月 5 日。

② “Ray Perrault and Saurabh Mishra,” *Introducing the AI Index 2019 Report*，https：//hai. stanford. edu/news/introducing – ai – index – 2019 – report，2019 年 12 月 11 日。

③ 媒体大脑：《战疫，近千家媒体机构是如何在线化生产的》，新华智云，2020 年 2 月 20 日。

论，包括点赞等，研究其对新闻内容的传播行为及其社会关系网络，从用户的社交关系出发为用户画像，研究其社会态度和交往模式，然后再依此进行社交分发。如此的立体化细分可以更好地满足用户的个性化、多样化、多形式、差异化和分众化需求，为用户打造一个更加饱满、丰富和有意义的信息生态系统，随之产生的超级流量入口也将实现商业变现。

（七）搭乘5G，进一步优化智能＋视频

5G 时代，“无视频、不传播”越来越成为共识。随着移动智能终端的普及与 5G 网络的商用和发展，移动平台视频将获得更大的发展机会。国家信息中心《迈向万物智联新世界——5G 时代·大数据·智能化》指出，5G 将带来人类历史上史无前例的数据爆炸式增长，2025 年非结构化数据量在总数据量中的占比将达 95%，全球企业对 AI 的采用率将达 86%。5G 的极致联接能力将促进政府和企业的数字化转型，改变人们现有的生产和生活方式，提升人们的生活品质和体验。① 用户对视频和直播产品的偏好，以及 5G 重塑生产、生活方式的趋势，将共同促进智能媒体的视频化发展，推动视频产品的声画质量，推动一大批移动传播终端和可穿戴设备的多样化呈现，为用户带来更多的即时化、可视化、交互化和沉浸化体验。

参考文献

王俊秀：《数字社会中的隐私重塑——以“人脸识别”为例》，《探索与争鸣》2020 年第 2 期。

《封面新闻小封机器人获评 2019 年度中国融媒体创新产品》，《华西都市报》2019 年 12 月 13 日。

《关于媒体融合，看总书记的重要指示》，求是网，2019 年 1 月 25 日。

《新浪王巍出席 GMIC 大会　解读“智能＋”时代的媒体全链新生态》，中国网，2019 年 7 月 29 日。

① 《报告预测 2025 年全球企业对 AI 采用率将达 86%》，中国产业经济信息网，2019 年 9 月 12 日。

B.15

2019年社交媒体对外传播新路径：以李子柒走红 YouTube 为例

季芳芳*

摘　要： 2019 年，一位来自中国的视频博主李子柒在 YouTube 上爆红，这一现象是研究中国文化对外传播多元路径的极佳案例。结合社交媒体产业理论，本文认为，社交媒体的兴起以及中国网红文化为文化软实力传播提供了一种新的契机；通过分析李子柒频道上传的内容以及相应的 YouTube 评论，讨论李子柒借由全球性的网络社区表达特定类型的中国文化。基于此，本文建议国际传播应鼓励多元主体发力，而对外传播主体则需要寻找跨文化传播的"共情点"，从"强传播"转变为"强效果"，以达到文化互鉴、民心相通的目标。

关键词： 社交媒体　中国网红　YouTube　李子柒　文化软实力

李子柒，原名李佳佳，是一名来自四川省绵阳市的网络短视频创作者。2016 年，她开始拍摄美食类短视频，并由此进入网络视频创作者行列。在初步获得成功后，2017 年，她正式组建短视频制作团队，开始制作更多原创短视频。经过多年的努力，她获得了巨大的成功。2019 年 8 月，她获得微博颁发的年度最具商业价值红人奖；12 月 14 日，又荣获由中国新闻周刊主办的"年度影响力人物"年度文化传播人物奖。李子柒作为一名成功的网络视频创作者，在不计其数的视频创作者中脱颖而出，获得成功。她在田园乡野中采摘

* 季芳芳，博士，中国社会科学院新闻与传播研究所副研究员，研究方向为跨文化传播。

食材，使用旧式厨具制作各种顺应时节的美食，展示了与众不同的生活方式，她的个人经历更为其视频增添了独特的色彩。

与中国其他众多成功的短视频创作者局限在国内不同，她不仅让中国网友为之倾心，还获得了海外网友的高度评价。2018 年，她的原创短视频在海外运营短短 3 个月就获得了 YouTube 视频创作者银牌奖，截至 2019 年 12 月 25 日，李子柒在 YouTube 上的粉丝已达到 778 万（影响力堪比 CNN）。李子柒在 YouTube 上的爆红，成为社交媒体时代讨论跨文化传播议题的极佳案例。

有关李子柒走红海外社交媒体是否算是文化输出的讨论甚嚣尘上，争辩双方各执一词。有观点认为她的视频输出了中国文化，但也有观点认为“输出”过于官方，既不适合民间传播者，也不应让民间传播者承担如此沉重的担子。但几乎所有人都赞同，不管是不是文化输出，她在客观上都取得了巨大的传播效果。央媒也给予了莫大肯定，人民日报客户端刊发文章表示“迫切需要发挥多种力量，实现多点开花、多路进发，也迫切需要更多打动人心的优质作品，让传统文化借助新兴传播手段焕发光彩、赢得世界掌声”，新华网刊发文章指出，“在这个精彩无限的文化传播与交流的时代，讲好中国故事，塑造中国形象，我们需要更多的‘李子柒’，需要更多有品质、有温度的好故事，让更多的人读懂中国、爱上中国”，而央视的热评是，“不得不说，李子柒是个奇迹，一颗平常心做出了国际文化传播的奇迹”。

因此，有必要认真分析李子柒在国外获得成功的原因，讨论其成功对于当前中国文化传播的启示和意义。

一　社交媒体的发展为中国文化传播提供新的契机

近年来，软实力已经进入中国政策话语中，并且在文化政策实践上发挥作用，这其中包括各类“文化走出去”和“媒体走出去”工程。从国际传播的角度看，中国正在通过文化和媒体“走出去”的方式确立自我、表达主张。在长久的历史中，中国以不同的形象被西方社会认知。① 通过“文化走出去”和“媒体走出去”等一系列活动，动员各类资源，以期塑造一个与世界共荣

① Jones, D. M. , *The Image of China in Western Social and Political Thought*, Palgrave, 2001.

共生的国家形象。

在此语境下，随着全球社交媒体的发展，社交媒体和中国网红却为中国文化传播提供了一种新的契机。

（一）社交媒体已经成为人们发布以及获取信息的新的基础设施

有学者将社交媒体催生的产业现象视作新的产业，即“社交媒体娱乐产业”，该新型产业基于全球性社交媒体平台（例如 YouTube、Facebook、Snap Chat 和 Twitch 等）所提供的技术、网络和商业可供性（affordances）基础迅速专业化和商业化，来自世界各地的内容创作者则利用这些平台来孵化自己的媒体品牌，进行内容创新，并培养庞大的跨国和跨文化的粉丝社区。[①] 所谓技术、网络和商业可供性，是指这些平台提供播放器等设施，使得信息的传播和制作变得容易；另外，平台提供互联技术，能够快速将粉丝聚集起来。与此同时，这些平台为内容创作者提供了各种商业模式（会员模式、版权保护等），帮助内容创作者获得收益。社交媒体娱乐产业是 Google 收购 YouTube（2006 年）之后不久开始的。[②] 目前，这个新的文化空间正在发挥着越来越大的文化影响力。

（二）不同类型的内容创业者正在积极投身于内容创作

有学者统计，到 2017 年，全球超过 300 万名 YouTube 创作者从上传的内容中获得了一定程度的报酬。[③] 另外，相较于传统媒体产业中少数族群比较边缘或者形象欠佳等，社交媒体为他们提供了更为多样化的表达空间。在这个新型平台上，传统娱乐行业中很少见的边缘（marginal）、另类（alternative）、亚文化（subcultural）和底层声音在获得可见度。[④] 这里面就包括来自黎巴嫩、

---

① Cunningham, S., Craig, D., “Online Entertainment: A New Wave of Media Globalization?” *International Journal of Communication*, 2016 (10): 5409 - 5425.

② Cunningham, S., Craig, D., *Social Media Entertainment: The New Intersection of Hollywood and Silicon Valley*, New York: New York University Press, 2019.

③ Cunningham, S., Craig, D., “Online Entertainment: A New Wave of Media Globalization?” *International Journal of Communication*, 2016 (10): 5409 - 5425.

④ Cunningham, S., Craig, D., “Online Entertainment: A New Wave of Media Globalization?” *International Journal of Communication*, 2016 (10): 5409 - 5425.

沙特阿拉伯等国的音乐家、喜剧演员，也包括亚裔美国人。而来自中国的网络创作者也正在利用这些平台发表作品，以期获得国际影响力，这其中包括相对比较专业的内容生产者，也包括各类内容创业者。前者包括CGTN这样的中国新闻机构，后者则包括暴走漫画、办公室小野、李子柒等内容创作者。与此同时，也催生一种新型业态，即多频道网络（MCN），这是一种类似经纪人的机构，它在创作者和平台之间起到居间的作用，在帮助内容创作者获利的同时，也从中获利。

（三）中国迅速发展的平台提供了培养网红的土壤

在该意义上，有学者指出，“国内传播就是国际传播。抖音上的视频内容绝大多数是国内普通网民原创的，其中的很多类型和元素自然可以在国外流行或复制”①。2016年，随着快手、抖音等平台迅速发展，越来越多的自媒体加入到短视频的制作之中，并在各个垂直领域发力，形成圈层文化。比如李子柒就吸引了大量的古风圈层爱好者，在微博、抖音、B站等各大平台拥有一大群拥趸。而智能手机、无人机、手持稳定器等新一代视频拍摄设备的技术进步速度快，价格大幅下降，更是大大降低了视频拍摄的难度和成本。另外，移动互联网时代的到来，人们视听习惯改变，短视频适应用户碎片化时间，深深嵌入人们日常生活。根据《2019中国网络视听发展研究报告》，2018年，我国网络视频（含短视频）是中国第二大互联网应用，仅次于即时通信。短视频用户规模达6.48亿，其中抖音、快手稳居行业第一梯队，在短视频用户中渗透率高达54.25%。

创新话语、讲好中国故事是近些年国际传播研究的热点，十九大报告则明确文化软实力与增强国际传播能力建设之间的关系，指出要“推进国际传播能力建设，讲好中国故事，展现真实、立体、全面的中国，提高国家文化软实力”。大量官方策划和主导的传播活动正在努力取得成效，李子柒现象则说明了社交媒体和中国网红为文化软实力传播提供了一种新的契机。或许文化输出并非李子柒等自媒体在海外开设账号的初衷，但从实际效果来看，达到了传播文化的效果。有学者认为，当软实力政策所指向的目标认为政府参与了自我提

① 张毓强、庞敏：《生活日常的全球化与国际传播产业化路径的探索——关于李子柒现象的讨论》，《对外传播》2020年第1期。

升行动时，他们倾向于对传输的信息表示怀疑，但当吸引力通过社会而非国家的产品和行动中产生时，该国家却更有可能获得软实力收益。①

那么，李子柒在 YouTube 上的视频讲述了一些什么样的故事？这些故事为何又能引起人们的巨大兴趣呢？这个问题必须从其视频特征和网友评论中去寻找答案。

二　引人入胜的“中国故事”：李子柒视频特征分析

（一）构建春耕夏种秋收冬藏的桃源生活，唤起人们对自然田园的诗意向往

在 YouTube 上，李子柒频道上传内容分成六个播放列表，分别是春之卷（13 个视频）、夏之卷（32 个视频）、秋之卷（23 个视频）、冬之卷（23 个视频）、传统工艺（11 个视频）、东方非遗（5 个视频）。前四者以美食制作为主，后两者以工艺和非遗为主。春夏秋冬四卷视频内容以美食为主，也包括一些在传统工艺和东方非遗视频出现过的视频。春夏秋冬卷，主要是制作美食的过程分享，而传统工艺和东方非遗则包括制作竹沙发、蚕丝被、手工酿造酱油、木活字、蜀绣等工艺以及非遗技艺。从列表来看，内容顺应四时变化，并具有文化特色。李子柒发布的短视频时长每一期都基本控制在 12 分钟以内，在视频中，她在家乡某乡村布置农家小院，顺应着四时变化，在山林、小溪、庭院四周就地取材，并用传统器具、工序制作出一道道美食，一件件精巧实用的器物或者工艺品，配上舒缓古典的音乐和同期声（鸟鸣声、犬吠声等），在短短的时间内展示了一种返璞归真的生活方式，也构建了一个四时交替、充满生活和文化意涵的桃源世界。传统服饰是塑造李子柒古风形象的重要文化元素，在春夏秋冬，随着场景的切换，李子柒或穿汉服长裙，或披红色大氅，或着素色布衣，强化了视频的文化意象。

以食物为例，李子柒依据四时不同制作食物，尊重自然，也在与自然的和

① Hubbert，J.，*China in the World：An Anthropology of Confucius Institutes，Soft Power，and Globalization*，University of Hawaii Press，2019.

谐相处中自得其乐。如表1所示，在春季，她在桃树上采摘桃胶熬粥，采摘辛夷花制成辛夷花茶、辛夷花酱和炸成辛夷花片等“一花多吃”，将熏好杀青的樱花做成樱花茶，并且在樱花树下身着汉服细品。在夏之卷中，她就地取材，适时而食，将各类瓜果制成各类果酱、浆果蛋奶冰激凌、青梅酒、红宝石番茄酱等，将鸡纵菌用来炖鸡汤，采摘荷花加糯米和酒曲做成荷花酒，用紫薯做成莲花状的七夕节巧酥等。在秋风起的季节，她将紫薯作成米糕，将板栗做成板栗鸡，而在中秋将至，则做了应景的苏式鲜肉月饼。在冬季，春节将至的时候，则备了四川腊肉和川味香肠。她根据时令节气、传统节日来制作食物，比如七夕节，制作巧酥，极具节日仪式感，也能唤起观众的共鸣。

表1　李子柒 YouTube 账号春夏秋冬卷制作美食

视频名称	美　　食
春之卷	辛夷花系列、桃胶、樱桃茶、梅花鸽子汤、雪水鱼
夏之卷	黄桃小食、红宝石番茄酱、浆果蛋奶冰激凌、各种时令果酱、自酿啤酒、青梅酒、草本茶、宫廷苏造酱、鸡纵菌、刺龙苞、桃花味小甜点、樱花茶、豌豆凉粉、大马士革玫瑰酱、荷花酒、七夕节巧酥
秋之卷	黑豆浆、紫薯糕、板栗鸡、橡果香、玉米饼、柿饼、红烧湖羊肉、长白山人参蜜、各式腌菜、阿胶糕、鲜肉月饼、火焰醉鱼
冬之卷	腊味煲仔饭、猪肚鸡、缙云烧饼、各类生姜菜肴、酱腊肉、酸辣粉、牛肉酱、红糖各类做法、佛跳墙、川味柴火鸡、四川腊肉和川味香肠

在制作美食时，她运用镜头语言，使用升降格等手法，不仅展现了这些食物的制作流程，而且展现了一些农作物的完整生长过程，营造了一种自然界生命生生不息、自然轮回的观感。在自酿酱油这个视频中，李子柒为了酿造酱油，提前从种黄豆开始准备。种黄豆之后，是采收、晾晒、脱粒等环节。在收获黄豆之后，她又拍摄了发酵、晾晒、熬煮等环节。她将制作好的酱油又做成红烧五花肉等菜品。

除了节令感，李子柒使用的用具也非常传统。在视频中，依照劳作、生活等不同情境，她使用过的器具包括背篓、镰刀、石磨、铁锅、木碗、木盘、陶坛等，加上服装、音乐等元素的共同运用，营造了一种传统的农家田园生活景象。

在视频中，李子柒尊重大自然，因自然、季节而食，根据季节变化来选择食材，在四季的变化中，感受自然，自由自在。同时在视频中，表达出对自然所馈赠世界的感恩和对自然的保护。比如在上深山挖松茸时，每当采摘完松茸后，李子柒会将松针按原样覆盖，这样原来被挖过的地方仍会继续长出松茸。在网络评论中，大量评论对李子柒所展现的自给自足的田园生活表示羡慕。有网络评论表示“羡慕她自给自足的生活，山林的生活，治愈系”；有网友表示“我观看这些视频的原因是，它以某种方式使我想起，在世界的某些地方，地球依然美丽，原始而天然”（I watch these videos because somehow it reminds me that in some part of the world，the earth is still beautiful，is as pristine and raw as it should be）；也有网友表示，“李子柒的生活方式，没有食材被浪费，人与自然和谐相处”。李子柒田园牧歌式的生活，唤醒了人们对田园“一尘不染”的生活的诗意向往。

（二）巧妙展现中国传统文化，搭建文化传播的桥梁

在李子柒所展现的世界里，除了美食、农家生活以外，还有对传统技艺的传承和文化价值观的表达。在视频中，可以看到李子柒身体力行地去理解、体验传统技艺，并且将其融入日常生活之中，展现了先民的智慧和勤劳，也展示了传统技艺与当下生活的交融。除了春夏秋冬四卷中有一些涉及传统技艺的内容，李子柒 YouTube 账户里有两个列表专门收录了有关非遗和手工艺的视频内容。手工艺视频主题包括：棉花工艺、手工酿造酱油、羊羔毛斗篷、蚕丝被、竹沙发、秋梨膏、洗手台、长安千年纸、葡萄皮衣服等；而东方非遗传承视频则包括如下主题：蜀绣、笔墨纸砚以及木活字等。

在视频中，可以看到丝服棉被、酱油秋梨膏的制作过程，也可以看到传统文房四宝“笔墨纸砚”从原生态时的树皮、烟灰等到成形的完整过程。通过这些细节，可以看出主人公对于传统技艺是个“有心人”。为了将内容表达好，她会花费数月时间去学习一项技艺。在学习蜀绣时，她花费数月时间向专业人士学习，又花费数月时间进行拍摄，染色、绣花一遍又一遍。为了拍“木活字”，她专门花费将近半年时间去温州瑞安东源村学习这项难度颇高的非物质文化遗产技艺。在视频中，我们可以看到相应的画面，有李子柒去祠堂拜访老人的镜头，也有李子柒跟着蜀绣师傅学习技艺的画面。

在自酿酱油这个视频中，李子柒细微展示了酱油的整个制作环节，并且她

在文章中介绍了其传承传统文化的理念。她认为，“这个历经三千年的非物质文化遗产已经成为我们每个家庭餐桌上少不了的调味品，柴米油盐酱醋茶，这才是我们中国人的一日三餐”，在文末她表示传统技术离不开勤劳聪慧的中国人，她做这个视频是为了致敬“还在守着匠心为我们传统文化传承奉献一生的所有手艺人”①。

在拍摄文化题材的短视频时，李子柒的手法并不是“照本宣科”，而是以学习者的态度去挖掘、体验传统技艺，并且亲手制作。这个过程中，她将文化技艺中的先民智慧和精神追求身体力行地表达出来。细致挖掘、揣摩并且体验传统文化的美感，并将对传统文化的敬意成功表达出来，是李子柒视频内容的重要特色。这种表达也架设了一道桥梁，让外国网友能够了解中国文化。通过视频，有些网友表示，“现在我知道中国的秘密了”（now we know the Chinese hiding secret），也有网友认为她传承了传统文化，“她就像是一个世代相传的、中国传统家庭的孩子，这个家庭将艺术、文化、医学、武术、烹饪以及所有传统知识传给了她”（She's like a heir of a traditional Chinese family that went from generations to generation. Art, culture, medicine, martial arts, culinary and everything traditional in Chinese has been passed down to her），也有网友表示通过视频学习到很多中国文化。

李子柒的视频并不局限于对美食、技艺的表达，她也通过美食、技艺这个中介向世人展示了一个能干、孝顺的人物形象，而这也是中国文化在价值观层面的表达。李子柒外表纤细，但干活时，毫不含糊，会做木匠活，也能肩扛沙发，被认为是十八般武艺俱全。她和奶奶之间的亲情也让网友们感动。在YouTube上传的视频中，绝大多数视频中会出现她的奶奶。陪伴奶奶也是李子柒从繁华都市回归田园生活的主要动力之一。镜头中，她为奶奶亲手缝制衣服，做美食给奶奶品尝等等，让海外网友深深感动。当李子柒将她亲手制作的、费时费力的棉花被子铺在奶奶床上时，当她将亲手缝制的蚕丝衣服给奶奶穿上时，这些亲情片段也让外国网友深感温馨，纷纷留言表示敬意。

---

① 李子柒：《一粒黄豆到一滴酱油，绝味传统手工酿造酱油》，https://baijiahao.baidu.com/s?id=1652292811361778299&wfr=spider&for=pc，2019年12月8日。

（三）高水平的视频拍摄和制作技法，让观众获得美的享受

除了视频的主题、内容和文化内涵，李子柒高水平的视频拍摄和制作技法是她获得成功的又一个重要原因。与网络上众多设备简陋（如只用手机）、技法拙劣的众多短视频不同，李子柒的视频普遍使用相对专业的拍摄设备进行录制，视频的拍摄和制作技法水平很高。在视频中，李子柒话不多，用镜头和同期声、背景音乐表达情绪，讲述故事。在拍摄不同场景时，李子柒使用不同的镜头语言，例如，在拍摄食物制作过程时，使用特写和俯拍镜头来展现食材之美以及制作细节；在拍摄劳作场景时，则近景和中景居多，展现人物行为动作以及所处环境；此外，使用远景镜头来呈现其所生活的农村山林，构建出一箪食一瓢饮、人与自然和谐共生的悠远自如的生活场景。拍摄的画面用光很有特点，总是避免过爆，倾向于压暗周围不重要的环境以突出主体，拍摄多采用自然光线，辅之以十分克制的补光。

除了高水准的镜头语言，与其他普通视频创作者不同，她每一个视频中的时间跨度都很大，拍摄过程漫长，需要非常耐心地做好视频的每一帧，一期视频呈现的内容可能需要几周甚至是几个月的时间才可以完成。比如在蚕丝被这一期视频中，李子柒从剪桑叶、养蚕开始，到煮茧、开棉、剥蚕开棉、晾晒、缝制，将这些辛苦又烦琐的步骤一一被拍摄为素材，再通过剪辑择要展示给观众，实际拍摄制作费时费力，最后形成的视频只有短短几分钟，但却获得了最佳的展示效果。

高水平的视频拍摄和制作技法的背后是创作者的用心、动脑和付出。根据网络资料，在一开始拍摄短视频时，李子柒并没有团队支持，她既要拍摄又要操作过程，短短几分钟的视频，要忙好几天。为了拍摄效果更好，她买了人生中第一台单反，对着说明书一个字一个字地学习。为了视频更好看，她经人指点，去学习如何拍摄美食片，从构图、取景这些拍摄的基本技能学起，每做一个视频都在虚心请教后再一点一点改正。① 这一切的背后都是创作者秉持的精益求精的态度，以及用心、动脑和辛勤的付出，这样才获得了超凡脱俗的视频质

① 望梅知识：《火遍国内外的李子柒：走过漫长黑夜才能看到破晓的日出》，https：//new. qq. com/omn/20191219/20191219A0OTQN00. html，2019 年 12 月 20 日。

量，使其从众多短视频中迅速脱颖而出。

在分析李子柒现象时，有学者从怀旧（nostalgia）的角度出发，认为这是工业社会人们乡愁的反映，也有学者指出，“人类社会共同面对全球资本主义条件下社会撕裂、发展瓶颈、劳动异化、环境危机等等挑战”时，李子柒表达了“真切的风险感知和共享愿景”，① 也有外媒将网友的喜爱理解为是朝九晚五生活的解脱。

从对外传播的角度来讲，跨文化传播存在可以互相理解的共通点，而李子柒则通过对田园生活、传统文化的提炼讲述了一个日常的、田园的“中国故事”。众多评论认识到李子柒作为民间文化传播者的潜力，并将此与官方对外宣传进行比照。但需要指出的是，李子柒讲述的中国故事既不宏大也不悲情，只是众多讲述中国故事的一个角度。那么，以李子柒走红 YouTube 作为个案，反观对外传播实践，特别是在国际局势复杂多变的今天，我们可以得到的启示是什么呢？

三　进一步提升国际传播效果的相关思考

（一）鼓励民间传播力量，打造立体对外传播梯队

国家队和民间队使命、诉求各有所不同。近些年，为了讲好中国故事，从中央媒体到省级媒体，就如何“走出去”进行了大量的尝试。与“威胁论”进行对话，捕捉负面舆情，对中国和平崛起、人类命运共同体进行正面形象构建，这些传播实践为中国媒体在世界舆论格局中发挥影响力起到了一定的促进作用。与此同时，民间传播力量也以多元内容、多元方式在海外进行开拓。有学者指出，“撇开其背景、资本炒作等因素不谈，单从国际传播层面观察这一现象，就会发现，该案例与传统的国家民族话语秩序下的国际传播行为形成了良好互补，产生了全球化知识和情感链接上的良好回应”②。

① 张毓强、庞敏：《生活日常的全球化与国际传播产业化路径的探索——关于李子柒现象的讨论》，《对外传播》2020 年第 1 期。

② 张毓强、庞敏：《生活日常的全球化与国际传播产业化路径的探索——关于李子柒现象的讨论》，《对外传播》2020 年第 1 期。

但需要注意到，海外也有评论认为李子柒的作品是国家“软实力”规划的组成部分，将之理解为一种宣传手段，认为李子柒的作品在海外进行推广有其政治意图。类似评论虽然停留在猜测层面，但仍有可能给民间、商业传播者产生负担。

应鼓励多元主体进行对外传播，特别是鼓励那些已经在国内获得广泛成功的、有巨大潜力的、没有语言等难题阻碍的视频创作者“出海”，在海外视频平台发布和传播视频。对视频创作者的内容、形式等采取包容态度，因为我们不知道下一个“李子柒”会出现在哪个领域，不将范围局限在中国传统文化，支持鼓励新形式的、反映中国积极向上的现代文化作品“出海”。

应注意保护民间传播者的独立形象，国家队和民间队各有所长、各具使命，不应把国家队要承担的任务强加到民间传播者身上，而应发挥各自特长，将更多的中国元素以不同的方式进行对外表达，从而助力打破既有刻板印象，使一个更为全面的中国形象能够被国际受众所理解和认知。

（二）转变传播思维，从侧重强“传播”到强调强“效果”

近些年来，对外传播的基础设施建设方面实力有所提升，但投入不等于“效果”，“硬实力”并不等同于“软实力”。社交媒体已经成为新的舆论场域，但是国际社交媒体上涉华舆情的主要信息来源仍是来自英美国家的传统媒体，包括美联社、美国有线电视网（CNN）、《纽约时报》、《华尔街日报》、《华盛顿邮报》、英国路透社以及 BBC 等。① 主流传播机构在对外传播中责无旁贷。应鼓励主流传播机构发挥自身优势，寻找受众的共情点，从侧重“传播”转变为侧重传播“效果”，根据不同对象国家实施不同的策略。这些策略包括进入当地市场的方式多元化，以及运营团队、内容团队和供给内容的本土化等。鼓励主流传播在如何加强传播效果层面继续开展探索。

对于民间传播者而言，需向更为专业化的运营模式发力。李子柒的成功可以说是我国民间传播者专业化运营的典型成功案例，但国际上类似的案例其实很多。社交媒体上的内容虽然被冠之为“UGC”（用户生产内容），但是平台

① 相德宝：《国际自媒体涉华舆情现状、传播特征及引导策略》，《新闻与传播研究》2012 年第 1 期。

内容创造者从业余制作转变为更为专业的团队制作不乏其人。多频道网络（MCN，Muti - Channel Network）源于国外的视频网站 YouTube，在平台和内容创作者之间发挥桥梁作用，是愈发成熟的网红经济运作模式。MCN 连接网络平台与内容创作者，帮助内容创作者获得商业收益。有些 MCN 吸收庞大资金，运作方式成熟，并且在不同垂直领域发力。比如，Tastemade 代表饮食领域，StyleHaul 和 Kin Community 代表生活方式领域，DanceOn 代表舞蹈文化，总部位于洛杉矶的 MiTu 特色是跨文化内容。① 善用专业机构，对内容创作者而言，是提升传播内容品质的重要方式之一。我们要鼓励有潜力的视频创作者更专业化，让更多的“李子柒”出现。

参考文献

李子柒：《一粒黄豆到一滴酱油，绝味传统手工酿造酱油》，https：//baijiahao. baidu. com/s？id = 1652292811361778299&wfr = spider&for = pc，2019 年 12 月 8 日。

相德宝：《国际自媒体涉华舆情现状、传播特征及引导策略》，《新闻与传播研究》2012 年第 1 期。

望梅知识：《火遍国内外的李子柒：走过漫长黑夜才能看到破晓的日出》，https：//new. qq. com/omn/20191219/20191219A0OTQN00. html，2019 年 12 月 20 日。

张毓强、庞敏：《生活日常的全球化与国际传播产业化路径的探索——关于李子柒现象的讨论》，《对外传播》2020 年第 1 期。

Cunningham，S.，Craig，D.，“Online Entertainment：A New Wave of Media Globalization?” *International Journal of Communication*，2016（10）.

① Cunningham，S.，Craig，D.，*Social Media Entertainment*：*The New Intersection of Hollywood and Silicon Valley*，New York：New York University Press，2019.

传 播 篇

Communication Research

B.16
2019年中国新媒体版权保护研究报告

朱鸿军　宋晓文*

摘　要： 2019年，司法、行政、媒体平台同时发力，新媒体版权保护进展显著，自媒体“洗稿”、微信小程序侵权、院线电影盗播等问题得到了有效遏制，图片版权问题进入版权保护视野，区块链保护平台建成并广泛投入使用。而新技术、新业态的产生又为我国新媒体版权保护带来全新挑战，人工智能、网络直播、影视解说、“融梗”等问题的讨论与判定冲击着现行《著作权法》的规定与解释，跨境侵权打击难度加大，权利人维权难之困犹存，新媒体版权保护任重道远。针对现存的问题与挑战，本文从司法、行政、媒体平台、社会角度提出版权保护建议，呼吁各方合力应对新变局。

* 朱鸿军，中国社会科学院新闻与传播研究所研究员，《新闻与传播研究》副主编；宋晓文，中国社会科学院研究生院新闻学与传播学系硕士研究生。

关键词： 新媒体　版权保护　版权侵权　版权治理

2019 年，媒体融合继续向纵深迈进，内容仍是媒体竞争力的核心要素。各大媒体不断创新传播手段、丰富传播形式，加之 UGC 内容的大量输出，内容行业色彩纷呈；同时，大量的版权侵权问题也伴随着多样态、丰富的内容产制出现。保护内容版权，既是维护媒体的核心利益，也为内容产业的发展奠定基石。

一　新媒体版权保护现状

（一）政策环境：强化版权保护决策部署

2019 年，在继续深入实施国家知识产权战略、加快建设知识产权强国的背景下，党中央、国务院继续加强对包括版权保护在内的知识产权工作的关注，强化包括版权保护在内的知识产权保护工作的决策部署。

2019 年 11 月，知识产权保护工作的纲领性文件——《关于强化知识产权保护的意见》出台，明确至 2025 年知识产权保护“两步走”的总体目标，解决侵权易发多发、权利人维权难的问题，构建机制良好的知识产权保护生态，并在强化制度约束、加强社会监督共治、优化协作衔接机制、健全涉外沟通机制、加强基础条件建设、加大组织实施力度六方面对知识产权保护提出具体要求。

（二）行政治理：严肃版权侵权执法

2019 年 4 月，“剑网 2019”专项行动如期启动，各级版权执法部门联合网信、通信、公安等部门，聚焦院线电影、媒体融合发展、流媒体、图片市场等重点领域开展版权专项整治，全力打击新媒体领域出现的版权侵权问题。

历时 6 个月，共删除侵权盗版链接 110 万条，收缴侵权盗版制品 1075 万件，查处网络侵权盗版案件 450 件；相继查办盗录盗版院线电影重点案件 30 余起，查封盗版影视网站（App）418 个；查处“新华丝路网”新闻作品侵权案、无锡自媒体非法转载案等重要案件，严厉打击侵犯传统媒体新闻作品著作权行为；在管理图片市场、流媒体领域版权问题方面，查办“7KK 图片网”侵权案、“韩剧 TV” App 侵权案等重点案件，规范图片和流媒体领域版权秩序。①

（三）行业环境：版权产业环境向好发展

我国版权产业规模逐年扩大，用户付费规模逐年攀升，且版权产业结构不断优化，版权产业发展态势良好。国家版权局发布的《中国网络版权产业发展报告（2018）》显示，2018 年中国网络版权产业规模达 7423 亿元人民币，同比增长 16.6%；整体用户付费规模接近 3686 亿元，同比增长 15.8%。网络新闻媒体、网络游戏、网络视频三大产业依然占据用户版权消费主导，而网文、直播、短视频等新业态盈利模式也在逐步形成，用户版权消费更加多元。②

在版权保护方面，媒体平台版权侵权治理能力和治理水平不断攀升，创作者维权意识与维权能力不断提高，这为版权产业发展营造了良好环境。据维权骑士统计，80% 以上的主流媒体平台版权治理率超过 90%，且大部分平台治理效率较高，视频平台、电商平台接到投诉可在 1～3 天内完成受理，搜狐、头条、百家等图文平台的大部分投诉可在 24 小时之内完成受理。在创作者维权方面，90% 的自媒体创作者在遭遇侵权后会主动维权，绝大多数创作者与专业的版权服务平台合作维护自身权利。③

（四）问题整治：创新版权侵权治理

1. 自媒体“洗稿”：“洗稿”投诉合议机制与“抄袭分润转移”机制

《2019 微信知识产权保护报告》显示，截至 2019 年 6 月 30 日，“洗稿”投诉合议机制解决“洗稿”争议纠纷近 200 起，平均处理速度稳定在 3～5 个

---

① 《国家版权局等四部委在京召开“剑网 2019”专项行动通气会》，国家版权局，http://www.ncac.gov.cn/chinacopyright/contents/520/410139.html，2019 年 12 月 26 日。

② 《2018 中国网络版权产业发展报告在京发布》，2019 中国网络版权保护与发展大会，http://www.ncac.gov.cn/chinacopyright/contents/11357/399415.html，2019 年 4 月 26 日。

③ 《2019 第三季度内容行业版权报告》，维权骑士、鲸版权、士值传媒，2019 年 10 月。

工作日内。[①]

百度百家号对“洗稿”问题进行了更为严厉的打击，采用“机器 + 人工 + 外部投诉”等多渠道监管，全面升级内容监控；上线内容品鉴官制度，邀请业内大 V 共同帮助判断“洗稿”情况；对“洗稿”问题采取“零容忍”态度，对在任何内容平台有过抄袭“洗稿”等违规行为的账号进行永久封禁。[②] 2019 年 12 月，百家号上线“抄袭分润转移”机制，将抄袭账号所发文章的应得收益全部转移给百家号原创作者，切实保护原创作者的利益，该措施上线 1 个月，已成功判定“洗稿”侵权行为 20 例，单篇文章最高转账达 468 元。[③] 2019 年度百家号内容治理成效显著，据统计，百家号全年共下线抄袭“洗稿”文章 22956 篇，查封抄袭“洗稿”账号 10248 个，在严厉打击下抄袭“洗稿”文章显著减少。[④]

2. 微信小程序：四大运营规则体系与独立的投诉机制

微信小程序上线三周年，其生态日渐繁荣。2020 年微信公开课 PRO 上发布的数据显示，微信小程序日活跃用户已突破 3 亿人次；2019 年全年创造交易额超 8000 亿元，同比增长 160% 。[⑤] 在巨大商机的刺激下，版权侵权问题也日益滋生。

2019 年 2 月，国内首例涉微信小程序案审理判决。此案明确了腾讯公司与具体微信小程序运营人之间的责任，腾讯公司作为基础性网络服务提供者，不应适用“通知—删除”规则，不承担侵权责任；同时表示腾讯公司具有协助执法、对明显违法信息进行主动审查、公布开发者实名信息以帮助权利人有效且及时地进行维权等义务。[⑥] 据小程序法务负责人介绍，腾讯公司已针对微信小程序建立起四大运营规则体系，依照规则进行平台治理，保护开发者和用

---

① 《2019 微信知识产权保护报告》，微信知识产权保护团队，2019 年 10 月。

② 《“洗稿”乱象之下，平台该如何有效治理？百家号给出了一个最优解》，搜狐网，2019 年 4 月 8 日。

③ 《百家号发布 Q4 内容治理报告，下线低质违规文章超 26 万篇》，百度百家号，https://mbd.baidu.com/newspage/data/landingshare?pageType=1&isBdboxFrom=1&context=%7B%22nid%22%3A%22news_10307917516180535337%22%2C%22sourceFrom%22%3A%22bjh%22%7D，2020 年 1 月 15 日。

④ 《2019 年 Q4 内容治理报告》，百度百家号，2020 年 1 月。

⑤ 袁璐：《微信晒出 2019 年成绩单》，《北京日报》2020 年 1 月 10 日。

⑥ 赖名芳：《小程序平台谨慎适用“通知—删除”规则》，《中国新闻出版广电报》2019 年 3 月 7 日。

户利益。[①] 腾讯《2019 微信知识产权保护报告》显示，在小程序版权保护方面，腾讯根据小程序产品特性搭建了独立的投诉机制，对小程序的账号信息、代码等各方面内容进行整体保护。数据显示，2018 年 1 月至 2019 年 6 月，微信知识产权保护团队审核超过 2000 件小程序内容侵权投诉，对 600 余个内容侵权小程序账号进行了处置，处理侵权小程序及其账号信息 3800 余个。[②]

3. 网络院线电影：设置"预警名单"重点打击

针对国内影视作品盗版侵权问题，国家版权局自 2014 年开始设置重点作品预警保护名单，连同授权信息一起在国家版权局网站上进行全网公示，要求各网络服务商采取有效措施，及时处理侵权盗版行为。

2019 年，院线电影成为版权专项整治的重要任务之一。国家版权局加大对院线电影的预警保护力度，取得了不错的成效。据统计，国家版权局全年共公布了 7 批 67 部重点作品版权保护名单，对《流浪地球》等院线电影进行重点版权预警保护，删除涉院线电影侵权盗版信息 3 万余条。[③] 与 2018 年同期相比，2019 年春节档首周监测到的院线电影网络侵权链接数量下降 50%，[④] 国庆档首周院线电影侵权链接数量下降近 88%[⑤]。

4. 媒体融合：区块链版权保护平台建设

2019 年 7 月，人民在线和微众银行联合研发的"人民版权"一站式版权保护平台发布，助力主流媒体融合转型。[⑥] 该平台依托区块链技术的加密和链式结构在上链后的数据完整性和不可篡改性，将原创作品信息生成唯一数字 DNA 存于区块链中，并在链外进行全网数据监测，实现原创内容的自动存证、原创转载的实时监控、侵权转载的快速取证、侵权行为的线上维权、授权内容的线上交易，为数字内容提供最完善的全流程线上服务。[⑦] 2020 年 1 月 1 日，

---

① 张维：《去年微信小程序侵权投诉近 4000 件》，人民网，2019 年 1 月 22 日。

② 《2019 微信知识产权保护报告》，微信知识产权保护团队，2019 年 10 月。

③ 《国家版权局等四部委在京召开"剑网 2019"专项行动通气会》，国家版权局，http://www.ncac.gov.cn/chinacopyright/contents/520/410139.html，2019 年 12 月 26 日。

④ 《版权监测护航春节影视节目市场》，《中国新闻出版广电报》2019 年 2 月 14 日。

⑤ 《盘点 2019 版权领域大事件》，《中国知识产权报》2020 年 1 月 19 日。

⑥ 《"人民版权""人民云链"问世》，人民网，2019 年 7 月 12 日。

⑦ 《人民版权启用新域名　成首家接入"天平链"的媒体版权平台》，人民网，2020 年 1 月 6 日。

人民版权正式接入北京互联网法院“天平链”电子证据平台，成为首家实现版权存证、侵权监测、线上版权交易、司法维权全链条打通的媒体版权平台，一跃成为数字版权市场保护的权威平台之一。据悉，“人民版权联盟”已有100多家党媒申请加入。①

除此之外，新华社新华智云于2019年11月发布的“媒体大脑3.0”方案中也增加了“版权区块链”布局。作为国内首个融媒中心智能化解决方案，“媒体大脑3.0”以区块链版权保护平台为基底，综合运用智能生产、AI内容风控等技术，全方位助力融媒中心的智能化变革。该方案也已在江西、山东等融媒平台落地，并在不断迭代完善中。②

（五）版权保护新议题：规范图片市场版权秩序

2019年，“视觉中国黑洞版权事件”正式将图片版权保护拉入社会视野。此次事件暴露了国内网络图片市场长期存在的版权保护盲区，亦反映出图片市场中图片供应者、使用者与社会公众对图片版权知识的欠缺。国内的图片版权保护起步较晚，尚处于成长阶段。目前国内主要版权图片库有视觉中国、IC photo、全景视觉。其中，视觉中国与全球第一大图库Getty Images、中新社等图片供应商合作，并于2016年收购了全球第二大视觉内容供应商Corbis Images，成为全球最大的视觉素材供应商之一；IC photo（前身为东方IC）更专注于新闻编辑图片市场，与中超联赛合作，签订2017~2019年三个赛季中超所有赛事、活动、商务会议、宣传照的官方图片供应；全景视觉则更多关注创意图片市场，开发微利图库模式，实行透明的图片标价。然而上述图库均存在较大的版权管理问题，自2019年4月起，视觉中国、IC photo与全景视觉先后收到国家网信办等发布的责令整改通知，国内图片市场有待进一步规范。

除此之外，图片版权溯源难、正版图片价格高昂、侵权人版权意识薄弱、权利人维权成本高等，也都成为推进正版图片使用的困难所在。免费图片分享

① 《人民版权启用新域名 成首家接入“天平链”的媒体版权平台》，人民网，2020年1月6日。

② 赵新乐：《区块链助力解决盗版与“洗稿”问题》，《中国新闻出版广电报》2019年11月28日。

社区如 Instagram、SnapChat 商业模式的上线，也为图片版权保护带来新的挑战。

二　中国新媒体版权保护存在的问题

（一）新技术、新业态对现行《著作权法》提出挑战

1. 人工智能生成内容的著作权认定

人工智能是新媒体发展面临的重大机遇之一。2019 年，人工智能技术在媒体内容生产中的应用更加广泛。[①] 北京大学互联网发展研究中心发布的《媒体人工智能发展报告（2019）》显示，我国已有 23.3% 的媒体运用人工智能进行内容生产。[②] 大量人工智能生成内容涌入传播领域，法学界对此类内容的版权规制却尚未有定论。

目前关于人工智能生成内容的著作权讨论可分为以下四个方面：一是人工智能的主体资格问题，即人工智能这一非自然人能否成为著作权法意义上的作者；二是人工智能生成物的作品资格问题，即人工智能生成内容能否构成作品从而受到《著作权法》的保护；三是人工智能生成物的权利归属问题，是投入公有领域，抑或归属于人工智能的所有者、研发者或使用者；四是人工智能生成物的侵权问题，如机器学习过程中未经授权使用他人尚在著作权保护期限内的作品是否构成侵权等。[③]

依照目前的司法判例，内容具备一定的独创性，并是由人工智能技术研发者（所有者）运用技术生成的人工智能内容构成作品，受到《著作权法》保护；[④] 而技术研发者（所有者）与技术使用者分离，技术使用者利用人工智能生成的内容既非技术研发者（所有者）创作，也未表达技术使用者的思想情

① 赵蓓、张洪忠：《2019 年人工智能技术在中国传媒业的应用与思考》，《新闻与写作》2019 年第 12 期。

② 《AI 深度参与媒体融合　影谱科技智能影像技术应用全面加速》，中国日报网，2019 年 10 月 25 日。

③ 万勇：《人工智能“作品”，著作权谁属》，《光明日报》2019 年 5 月 12 日。

④ 《人工智能写作第一案落槌 法院首次确认 AI 作品受著作权法保护》，《法制日报》2020 年 1 月 8 日。

感，故不构成作品，但亦不能任意使用。① 因此对人工智能生成内容的讨论有赖于更多案例的积累。

2. 体育赛事直播与网络实时转播侵权行为的规制

体育赛事直播侵权行为的网络化、技术化、专业化，严重损害版权人的利益，阻碍行业的健康发展。当前体育赛事直播侵权形态包括嵌套、跳转、主播盗播等形式，还包括采用境外信号或者非播放信号等非典型方式的侵权行为；互联网媒体平台侵权行为多发，从趋势上看，侵权主体正从视频平台向用户转变，侵权传播技术则在向OTT功能、手机电视、Gif动图以及短视频等新兴技术转变。②

我国对体育赛事直播与实时转播的版权问题尚在研究讨论之中。在现行《著作权法》的规定范围内，面对体育赛事直播节目的复制与在线传播，可将节目认定为“以类似摄制电影的方法创作的作品”或是“录像”，以著作权或邻接权加以保护。但面对未经授权的实时转播行为，现有《著作权法》则难以作出适当的保护。实时转播的画面在现有《著作权法》规定下不构成作品，而以“录像”进行保护效果又十分有限。另有学者提出借助广播组织权中的“转播权”来规范实时盗播行为，以对赛事场所的物权规范直播行为，但现有规定中“转播权”并未覆盖到互联网领域，且网站也并未成为该权利的权利主体。③ 直播领域急需一套完整、合理的司法解释规范体育赛事直播与实时转播侵权行为。

（二）新侵权行为的认定与规制

1. 网络直播中的版权侵权与平台审查义务

近年来，我国网络直播商业模式日趋成熟，但其中存在的版权侵权问题却仍未得到有效解决。网络直播中，影视、音乐、电子游戏画面等多种《著作权法》所保护的客体常常未经许可而被使用和传播，从而侵犯著作权。④ 2018

① 北京互联网法院民事判决书（2018）京0491民初239号。

② 《体育赛事直播之——侵权形态的认定》，搜狐网，2018年5月18日。

③ 王迁：《论体育赛事现场直播画面的著作权保护——兼评“凤凰网赛事转播案”》，《法律科学》（西北政法大学学报）2016年第1期。

④ 《年度案件：2019，具有示范意义的案件》，《中国新闻出版广电报》2019年12月30日。

年斗鱼主播直播歌曲《恋人心》侵犯著作权纠纷案、2019 年“西瓜视频”App 直播《王者荣耀》游戏侵权案等案件的出现，推动网络直播行业的版权规范。这两个案件，明确指出商业直播中未经授权的作品使用行为构成著作权侵权，且明确了网络平台方与主播之间的责任边界，平台明显的获益性与现今监管技术的成熟使得平台在没有主动、充分履行版权审查义务的情况下，不能适用“避风港原则”予以免责，对“避风港原则”在现今的适用重新进行了解释。

2. 影视解说的侵权认定与“合理使用”的界限

2019 年 8 月，“图解电影”软件被判侵犯信息网络传播权，对图解电影、电影解说短视频行业提出警示。在短视频“二次创作”领域，制作者常以“合理使用”为免责抗辩。而在此例中，图解电影并非为介绍或评论作品本身，而是快速展示作品的剧情和内容，构成对原作的浓缩性代替。我国《著作权法实施条例》指出，合理使用作品，不得影响该作品的正常使用，也不得不合理地损害著作权人的合法利益。显然此行为不符合合理使用的要求，从而被判侵权。

但从现实来看，对影视解说模式的版权监管难度较大。2019 年 1 月，我国发布了《网络短视频平台管理规范》《网络短视频内容审核标准细则》，明确了网络短视频平台的版权保护责任，并对平台的内容审核提出要求。规范指出“网络短视频平台不得未经授权自行剪切、改编电影、电视剧、网络电影、网络剧等各类广播电视视听作品”，但对大量 UGC 内容中的作品使用行为却未有明确规范。为保护影视原作品的著作权，还需对影视解说短视频领域作出更细致的规范。

3. “融梗”与抄袭的边界

“融梗”，是指抄袭别人的故事桥段、情节模式，现多见于文字作品中。2019 年 10 月，电影《少年的你》在全国上映，因其关注校园暴力的主题与演员令人惊喜的演技而收获广泛好评；与此同时，原著小说《少年的你，如此美丽》却受到“融梗”的质疑。网民指出该小说“融梗”日本作家东野圭吾的作品，小说的人物关系内核以及故事场景都有多处相似。①

此次事件引起媒体对“融梗”现象的热烈讨论。《新京报》、澎湃新闻等

① 陆仪：《“融梗”争论过后，我们该如何保护原创》，人民网，2019 年 11 月 12 日。

媒体均发表评论指出“融梗”同样是对原创的打击。而在法律中，对“融梗”问题并无明确规定。《著作权法》适用“思想与表达二分法”原则，著作权只保护对于思想观念的独创性表达，而不保护思想观念本身。而若要以“融梗”起诉侵权，则需要专家特别审核，通常伴随高额的诉讼费，使普通创作者望而却步。

4. 问答类作品的侵权认定与版权保护

2019 年 11 月，国内第一起问答类作品侵权案件宣判。新浪微博“大神说”运营号未经知乎及其用户许可，擅自以图片形式大量转载知乎用户的问题及回答供广大网友浏览，并以此赚取高额广告费用。法院判定“大神说”的行为侵犯了知乎及其用户的信息网络传播权，应承担相应侵权责任。①

问答类内容是否构成作品需要进行单独的“独创性”判断，无法一并归类，与之相似的还有新浪微博、微信朋友圈等用户内容，这本身为内容维权增加了困难。同时，大规模内容侵权行为长期存在，若不从版权生态上予以规制，而仅靠权利人个体逐一维权，治理效果必然有限。再者，创作者不同的版权态度也影响着内容行业的发展，为强调版权而限制了内容的分享可能并不是一些非营利性创作者的初衷，版权内容行业也应平衡作品的保护与传播，发挥作品的最大价值。

（三）跨境侵权加大打击难度

移动互联网发展使得影视侵权产业形成了“播放器 App + 第三方云存储空间 + 社交软件传播链接 + 广告联盟利益分成 + 境外服务器”的完整侵权产业链条。其中，随着国内版权监管力度的加大，侵权网站转而将服务器设置在境外，逃避国内监管，这为打击网络侵权盗版增加了难度。通过对 2019 年春节档电影的监测发现，侵权盗版小网站超过 2300 个，其中 70% 没有在中国工信部进行 ICP 备案，这其中又有 56% 将服务器设在境外。② 境外小网站成为盗版的又一主阵地。

① 高健：《国内第一起问答类作品侵权案件宣判，“知乎”赢了》，北京日报客户端，2019 年 11 月 20 日。

② 《数字环境下版权制度的主要特点和功能》，《中国新闻出版广电报》2019 年 12 月 13 日。

（四）权利人维权难问题犹存

权利人维权“举证难、周期长、成本高、赔偿低”的困局长期存在。技术的发展使得版权侵权手段更加隐蔽、分散，而身担举证责任的权利人对证据的搜集实为困难，特别是在损失的计算方面，将直接影响到其赔偿数额。很多新媒体著作权案件赔偿数额较低，甚至不抵为诉讼所付出的人力、物力和时间成本，权利人维权效果有限。而著作权案件数量的不断攀升，也为司法系统带来巨大压力，将不可避免加重“周期长”的问题。

三　中国新媒体版权保护优化建议

新媒体版权保护情况复杂、工作繁重，更需要各方合力应对侵权挑战，以保证信息产业的良好运行。

（一）司法：积极应对新环境挑战，改善权利人维权环境

1. 尽快解答版权侵权新议题

新媒体环境日新月异，其版权侵权问题也日益更新，现有《著作权法》面对新兴侵权行为难免捉襟见肘；再加之司法界对新问题的判断也有较大争议，对侵权行为的统一规制更是难以进行。新媒体发展较快，对新媒体领域出现的版权侵权新问题应尽快予以答复，以免侵权行为横生。同时，在问题研究基础上，应加快对《著作权法》的第三次修订，使《著作权法》能够适应变化着的信息网络环境。

2. 注重宣传新司法解释

在诉腾讯小程序案与诉西瓜视频直播案中，法院对“避风港原则”作出司法解释更新；在图解电影案中，法院重新规范了“合理使用”原则的使用。这些典型案件对新技术环境中的媒体责任、内容创作行为等都做出了规范更新，具有很强的借鉴意义。未来应注意宣传新司法解释，真正发挥典型案例的示范作用，推动同类侵权问题的治理解决。

3. 加快司法区块链统一平台建设

技术带来的问题亦要靠技术予以应答。互联网技术造成的举证难题如今通

过区块链技术的完善，寻得出路。目前，最高人民法院正在搭建的司法区块链统一平台已有四级 21 家法院接入，并联合四级法院完成了超 1.8 亿条数据的上链存证固证，实现链上取证核实。① 电子证据的应用与普及将极大改善权利人维权环境，推动版权司法审判体系与能力现代化建设进入新阶段。

（二）行政：加强平台监管指导，大力打击版权侵权行为

1. 出台新媒体平台版权管理规范与具体实施细则

内容从平台而出，平台是直接获利者，应承担相应的内容监管责任。版权管理规范与具体实施细则，既明确了新媒体平台的内容监管责任，以具体标准指导媒体平台的版权保护工作，又明确了版权侵权行为，给创作者以警示，从源头上杜绝侵权内容的产生。

2. 加大侵权行为打击力度

针对屡次侵犯版权的企业、网站，建立版权侵权“黑名单”，利用惩罚性赔偿机制，加大损害赔偿力度，对侵权行为予以震慑。而针对目前大量的跨境侵权行为，执法部门应加强与相关国家或地区进行跨境执法协作，共同打击网络侵权盗版，维护权利人利益。

（三）媒体：承担平台监管责任，加强行业联盟合作

1. 加强平台内容监管

平台应积极履行内容监管责任。以用户协议、页面提醒、平台内容导向等一系列手段明确平台版权保护要求，引导作品创作，从源头上限制 UGC 侵权内容的产生。同时，对侵权行为进行及时、彻底的打击，积极履行平台版权保护职责，营造良好的平台版权秩序。

2. 加快区块链版权保护平台的构建与使用

“人民版权”“媒体大脑 3.0”区块链平台的建设，助力党媒媒体融合环境下的版权治理；百度百家联合百度区块链实验室，探索新媒体内容版权保护模式；阿里巴巴引入区块链技术，为电商平台打假防盗，并将其拓展至图片、音视频等数字版权保护领域。区块链版权保护平台逐一建立，媒体应积极应用区

---

① 黄希：《司法领域加速应用区块链技术》，人民网，2019 年 8 月 15 日。

块链技术，更新版权保护手段，提高版权治理能力。

3. 积极发挥行业版权保护联盟的作用

成立行业版权保护联盟，是集行业之力共同保护版权、开发版权，合力打击版权侵权行为，从而共同维护版权市场秩序。行业联盟需关注行业需求，广泛开展合作，集中解决行业版权保护痛点；同时，积极探索版权产业模式，开发版权价值，提高版权收益。现有的新媒体版权保护联盟主要有中国新闻媒体版权保护联盟、中央财经媒体版权保护联盟等。

（四）社会：提高版权问题关注度，推进版权集体管理

1. 开放版权问题讨论

版权问题是一个公众议题，它既涉及作品创作者，也涉及所有使用作品的公众。现在大量用户也应势成为作品创作者，但不论作为创作者还是使用者，大家掌握的版权知识都相对有限，都有可能做出侵犯版权的行为。

在这种情况下，社会开放版权问题讨论具有重要意义。经实时案例的呈现、当事人的陈词、专家媒体的解读，公众既获得了丰富的版权知识，提高了版权保护意识，又以广泛的社会关注推进着版权问题的解决。“视觉中国黑洞事件”即是如此，其也成为近年来新媒体领域最受关注的版权事件之一。

2. 加强创作者行业道德约束

自媒体平台的繁荣孕育了大量的内容创作者，而 UGC 内容也是版权侵权的重灾区。据维权骑士统计，仅 2019 年第三季度自媒体内容侵权总量就达到近百万。[①] 社会应加强对内容创作者的道德约束，对版权侵权行为予以批评。如电影《少年的你》原著“融梗”事件，作者疑似抄袭的行为引起了业内创作者和读者的热议与批评，从而对小说创作领域的抄袭行为加以道德制约。

3. 完善著作权集体管理机制

我国著作权集体管理组织处于垄断地位，存在消极维权、侵害著作权人利益、收费账目不透明等问题。[②] 为发挥著作权集体管理的优势，更好地为著作权人服务，著作权集体管理机构应主动改革，建立公平、公开、准确、可靠的

---

① 《2019 第三季度内容行业版权报告》，维权骑士、鲸版权、士值传媒，2019 年 10 月。

② 胡开忠：《构建我国著作权延伸性集体管理制度的思考》，《法商研究》2013 年第 6 期。

许可费分配机制，充分公开账目信息，接受权利人与社会的监督等，[①] 真正确立著作权集体管理的规范性与权威性。

参考文献

《国家版权局等四部委在京召开“剑网 2019”专项行动通气会》，国家版权局，http：//www. ncac. gov. cn/chinacopyright/contents/520/410139. html，2019 年 12 月 26 日。

《2018 中国网络版权产业发展报告在京发布》，2019 中国网络版权保护与发展大会，http：//www. ncac. gov. cn/chinacopyright/contents/11357/399415. html，2019 年 4 月 26 日。

《2019 第三季度内容行业版权报告》，维权骑士、鲸版权、士值传媒，2019 年10 月。

《2019 微信知识产权保护报告》，微信知识产权保护团队，2019 年 10 月。

《“洗稿”乱象之下，平台该如何有效治理？百家号给出了一个最优解》，搜狐网，2019 年 4 月 8 日。

① 胡开忠：《构建我国著作权延伸性集体管理制度的思考》，《法商研究》2013 年第 6 期。

B.17

2019年传统媒体手机新闻客户端创新升级发展报告*

刘友芝　李子纯**

摘　要： 2019年，在媒体深度融合外推和内驱力量的共同作用下，我国传统媒体呈现出集体创新升级手机新闻客户端态势：以互联网思维增加了智能推荐、内容聚合、问政、生活服务、积分激励等服务用户的产品功能，总体网络传播力明显提升；然而，传统媒体此轮集体创新升级，主要限于产品功能的局部改版，整体性的市场战略发展方向亟待明晰和突破，传播力的提升尚未有效转化为影响力和舆论引导力，助长了用户某些畸形消费习惯；为适应移动互联网"下半场"和"智能化"时代的发展要求，传统媒体手机新闻客户端创新升级方向应为：以内容建设为根本，促进传统媒体深层次的体制机制、资本、技术、人才和商业模式等战略发展要素的系统化协同创新，打造自主可控的特色化融媒体服务平台。

关键词： 传统媒体　手机新闻客户端　产品功能　融媒体服务平台

* 本研究属于国家社科基金项目"以资本运营推动传统媒体与新兴媒体产业融合一体化发展研究"（项目编号：15BXW018）最终咨询研究报告的部分成果。

** 刘友芝，武汉大学新闻与传播学院教授，研究方向为媒介经营管理；李子纯，武汉大学新闻与传播学院硕士研究生，研究方向为媒介经营管理。

手机新闻客户端，又称新闻资讯类 App，是手机终端中新闻资讯承载量最丰富的聚合类新闻产品形态；2019 年 8 月我国手机新闻客户端用户规模达 6.2 亿，渗透率达 53.9%，意味着过半数的中国移动网民装有新闻资讯 App。[①] 然而，我国传统媒体手机新闻客户端的整体传播力、竞争力甚至影响力还较弱，在国家媒体深度融合外推和内驱力量的共同作用下，2019 年，各级传统媒体集体性地开启了一轮手机新闻客户端的创新升级。

一　现实背景

（一）外推力：媒体深度融合政策与实践示范

1. 媒体融合政策的纵深推进

2019 年，媒体融合进入纵深发展元年。2019 年 1 月 25 日，中共中央总书记习近平在主持中央政治局集体学习时做了重要部署，这是推动媒体融合向纵深发展的最权威信号。

近年来，媒体融合实践，也紧随政策导向的脚步不断实现创新，2014 年以来，各传统媒体纷纷努力在“两微一端”上开疆拓土，逐渐开始进行传统媒体的转型，在内容、渠道、平台、经营、管理方面都进行了一定程度的改革。如上海报业集团在内容方面着力，发展了上海观察、澎湃、界面等新媒体项目；湖南广电构建“芒果 TV 生态圈”，通过内容 IP 模式进行内容资源开发，创造了一系列衍生产品，以电视节目带动图书、手游、旅游业等协同发展；苏州日报报业集团打造“家在苏州” App，深耕社区生活，包含随手拍、社区百科、维修服务、志愿者等内容。[②] 而自 2019 年进入媒体融合纵深发展元年以来，传统媒介不仅实现了转型，推出了手机新闻客户端的新版本产品，还使其具有更强大的传播力、影响力，更加贴近用户，以期进一步取得媒体深度融合的实践成效。

---

① 《极光大数据新闻资讯行业研究报告：2019 年用户规模达 6.2 亿》，http：//vr.sina.com.cn/news/hot/2019－12－18/doc－iihnzahi8311659.shtml？utm_ source＝tuicool&utm_ medium＝referral，2019 年 12 月 18 日。

② 蔡木子：《我国媒介融合的主要表现形式及发展趋势》，《学习与实践》2017 年第 4 期。

2. “学习强国”App：媒体深度融合的实践范例

在推动媒体深度融合实践进程中，在国家层面，不仅在政策的战略思路上提供指导，在2019年，还为传统主流媒体提供了媒体深度融合可资借鉴的实践范本——“学习强国”App，这是一款由中宣部着力打造的时政新闻客户端的平台型产品。

“学习强国”App自2019年1月1日正式上线后，就占据了苹果和安卓两大应用商店下载量的前茅，并在2019年第一季度（2019年1月1日至2019年3月31日）App Store榜单中“霸榜”48天；同时，“学习强国”App仅在华为应用市场下载量便高达8731万次，腾讯应用宝下载量也高达554万次。① 短短三个月时间，“学习强国”App就在我国移动客户端市场中迅速成长为“爆款”级的产品，其成功因素，当然离不开国家的大力宣传和推广，然而，深层次地来看，更离不开“学习强国”App开发与运营团队新的媒体深度融合思维与运营模式的创新应用。

“学习强国”App一上线，便设有“学习”“视频学习”两大板块以及30多个频道，聚合了大量可免费阅读的期刊、古籍、公开课、歌曲、电影等资料。“学习强国”App成为一款移动客户端爆款，一方面，为广大党员和群众提供了非常好的学习入口，另一方面，其成功也为我国各级传统媒体促进媒体融合纵深发展提供了现实的实践学习范本。自“学习强国”App成功以来，央媒、省级媒体甚至县级媒体都以“学习强国”为范本，挖掘“学习强国”App可借鉴之处，将自身现有App产品进行迭代换新。可以说，在媒体融合的纵深推进路上，中宣部出品的“学习强国”App起到了重大的实践示范和推动作用。

（二）内驱力：传统媒体现有手机新闻客户端遭遇现实生存挑战

在国家层面的媒体深度融合政策和“学习强国”App现实的实践示范效应的双向外在推动下，当前我国大部分传统媒体已经意识到媒体深度融合的重要性和方向性，但当下推动传统媒体手机新闻客户端创新与转型升级的动力，

① 刘毅：《“学习强国”App提升用户体验的路径思考——与“今日头条”对比为例》，《新闻前哨》2019年第6期。

绝不仅仅外在地源于国家层面的媒体深度融合推动，更内在地源于传统媒体手机新闻客户端遭遇到了现实生存挑战。

1. 需求侧：手机新闻客户端用户行为特征的现实变化

伴随我国移动互联网进入4G时代的“下半场”时代，大众用户对新闻资讯的阅读习惯已悄然发生转变。根据极光大数据发布的《新闻资讯行业研究报告》，截至2019年8月，新闻资讯类App用户规模达6.2亿，渗透率达53.9%。这意味着过半数的中国移动网民均装有手机新闻客户端。进一步的问题是，对于手机终端用户而言，在众多新闻资讯类App中，影响其选择哪款App，以及打开且阅读时间的主要因素有哪些。上述报告进一步显示，短视频、音频、视频、直播等直观化的多媒体内容展现形式、丰富的内容和即时的资讯是用户最为关注的三个要素，54.6%的用户关注平台是否有音频、短视频、视频、直播等内容展现形式，52.4%的用户关注新闻资讯内容的丰富性，47.7%的用户关注新闻资讯内容的即时性（见图1）。而促使用户是否打开所选择的手机新闻客户端的排前三位的因素分别是：55.2%的用户是关注新闻资讯平台上自己感兴趣的自媒体，53.6%的用户是想看新闻资讯，而42.5%的用户是观看资讯平台上的短视频、音频和电子书等其他内容（见图2）。用户选择新闻资讯阅读的时间场景排前三位的分别是晚间休闲时间（占60.3%）、随时随地一有空就刷（占47.6%）、午餐及午休时间（占46.2%）（见图3）。可见，碎片化的休闲时间成为用户阅读新闻资讯的主要时间场景。用户新闻资讯阅读习惯趋于碎片化，他们的习惯也变成更多地“刷”新闻，而非从前坐在电视机前“等”新闻或在电脑前“搜”新闻。

然而，通过实践观察我们发现，我国大多数年轻与中年用户群体工作学习与生活方式“快节奏化”，客观上导致了这类用户群体阅读时间场景的“碎片化”特征，偏爱“刷”更直观的音频、短视频、视频、直播等内容展现形态的新闻资讯；传统媒体开发的手机新闻客户端虽然秉承了传统媒体专业化的PGC内容生产方式，但内容展现形态不具有时代性，过去两年大多仍然停留在以文字、图片为主导的形态上；内容承载的量不够丰富；而社交网络（微博、微信）上的内容质量虽良莠不齐，但满足了用户“碎片化”阅读时间场景下对热点新闻的即时性需求和特色自媒体号的需求；具有聚合功能的大型商业性手机新闻资讯客户端，虽然内容质量参差不齐，但却能满足用户对内容丰

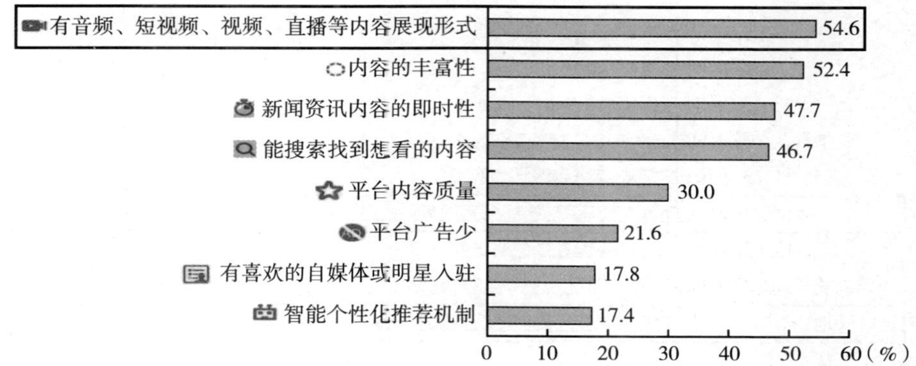

图1　用户选择新闻资讯平台的关注要素

资料来源：极光调研（Aurora Mobile，NASDAQ：JG）；数据周期：2019.08。

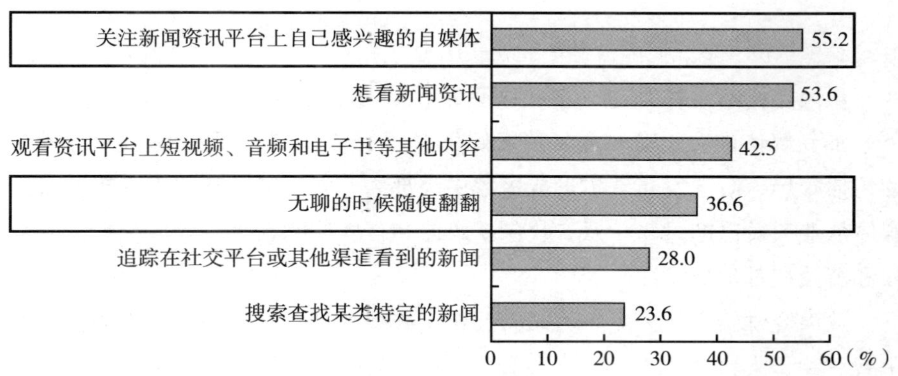

图2　促使用户打开手机新闻客户端的主要因素

资料来源：极光调研（Aurora Mobile，NASDAQ：JG）；数据周期：2019.08。

富性的基本诉求（一般用户手机端下载的新闻 App 数量很有限）。由此可见，在当下移动互联网 4G 时代下半场时代和即将开启的 5G 时代，以往我国大部分传统媒体创办的手机新闻客户端在产品基本功能与体验设计上，与用户客观上“碎片化”时间场景的基本阅读诉求不相符，因而，在我国整体的新闻资讯市场用户注意力资源竞争中，遭遇到了很大的现实挑战，即较少受到用户的主动下载，且用户持续使用意愿不高，造成大部分传统媒体创办的手机新闻客户端的用户日活量甚至月活量小的现实“尴尬”现象。

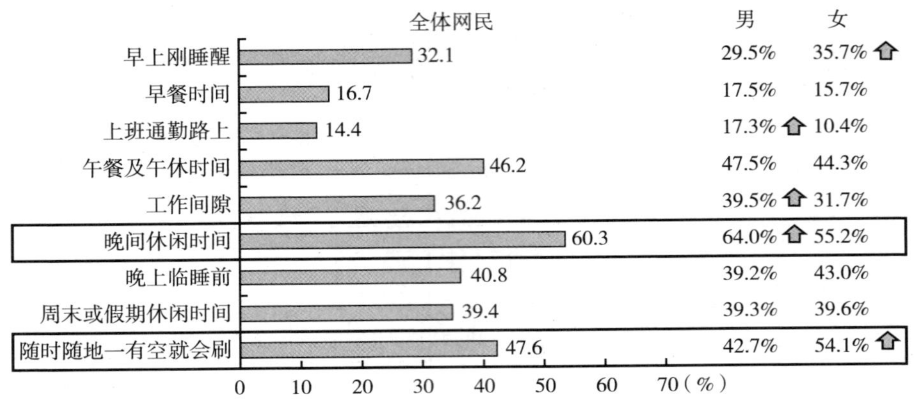

图 3　用户新闻资讯阅读的时间场景

注：表示在 95% 置信度上男性显著高于女性或女性显著高于男性。

资料来源：极光调研（Aurora Mobile，NASDAQ：JG）；数据周期：2019. 08。

2. 供给侧：多元化内容竞争的现实压力

从内容供给主体来看，在我国呈现出媒体、政务发布、自媒体“三分天下”的新媒体内容生态格局。传统媒体基本完成以“两微一端”为主体的移动传播布局，政务发布基本形成覆盖中央部委、省、区、县四级发布体系，自媒体从业人员已超过 300 万。政务新媒体和自媒体的勃兴，对传统媒体的发布权和解读权都形成了冲击。①

从内容供给主体的竞争力来看，传统媒体遇到了来自两个方面的强有力竞争者。一是来自“人人都有麦克风”的自媒体，少数出类拔萃的自媒体具有高超的内容生产及营销能力。传统媒体作为内容生产者，其产量占比在下降。二是来自以“智能聚合”“智能推荐”为利器的商业平台，商业平台虽然不是媒体但胜似媒体，具有很强的媒体属性。从流量看，聚合类和门户类平台的手机新闻客户端优势明显。② 面对内容供给侧这两股势力的夹击，传统媒体要想抢回用户注意力资源，必须推动其既有新闻客户端的不断升级，打破这二者的独有优势，并形成新优势。

① 丁伟：《新媒体内容生态演进的 8 个方向》，《新闻战线》2018 年第 11 期。

② 支庭荣：《我国媒体融合发展的内在逻辑与焦点问题》，《人民论坛 · 学术前沿》2019 年第 3 期。

3. 商业模式：突围坎坷

当前手机新闻客户端的商业模式主要有三类：一是承袭传统媒体时代的“二次售卖”模式，即将客户端内容免费卖给网民用户，再将用户流量卖给广告主，以各类网络广告为主要变现模式；二是以内容付费为主的“一次售卖”模式，俗称互联网时代的“付费墙”制；三是同时面向内容供给群体和内容消费群体开放的聚合型“平台模式”。上述三种商业模式的现实落地，都遭遇着不小的现实挑战，用户规模难以与商业聚合类传播平台抗衡，而用户黏性不及商业垂直类自媒体及其传播平台，对广告主的吸引力不够，广告变现模式难以落地。而新闻付费在我国也因用户付费意识弱、可供用户付费的优质原创新闻资讯持续供给困难而更遭坎坷。这一定程度上影响到新闻队伍的稳定性、内容生产以及产品更新的积极性。因而，传统媒体各类手机新闻客户端，迫切需要探寻自身现实可行的商业模式，以解决互联网主导时代下的现实基本生存之道，这已成为传统媒体创新升级既有手机新闻客户端商业模式的内生驱动力。

（三）媒体融合“下半场”转型的内在驱动：从“+互联网”到“互联网+”的升级

近几年手机新闻客户端的实践探索也未达到多数传统媒体的预期目标，相当一部分传统媒体创办的新闻 App 处于下载量少、活跃用户基本没有的状态；一段时间以来，继部分传统纸媒关门之后，许多地方开展了对新闻客户端的密集清理，2019 年上半年，上海、广东、浙江一些地方的媒体客户端纷纷进行选优、瘦身。① 我国媒体融合实践探索再一次走到了“十字路口”，下一步何去何从？倒掉的新闻 App 并不是生不逢时，而是基因不对。现在很多新闻 App 背后支撑的还是传统思维。从手机报、报纸电子版、新闻门户网站到新闻 App，一直都遵循着传统媒体以时间的线性流模型来提供滚动的新闻信息流满足受众需求。其实，受众已经变成用户，用户的新闻入口和新闻消费方式都发生了巨大变化。② 长期以来，传统媒体探索的融媒体产品，

① 《传统媒体的新闻客户端，也到了“断舍离”的窗口?》，搜狐网，http://www.sohu.com/a/317592486_644338，2019 年 5 月 20 日。

② 《传统媒体的新闻客户端，也到了“断舍离”的窗口?》，搜狐网，http://www.sohu.com/a/317592486_644338，2019 年 5 月 20 日。

忽视甚至轻视、无视每一个时代用户对主流新媒体终端产品形态的基本使用习惯，其结果，融媒体产品不能被广大网民用户首选使用。对于传统媒体而言，应清醒地认识到，长期以来，媒体融合与转型的实践之所以一直以来难以成功地实现“落地”，其实是以传统媒体的“受众”思维而非互联网的“用户”思维而践行的，是“+互联网模式”，虽然，传统媒体在自办的新媒体内容产品上仍然保留了其内容生产方面的优势，如内容价值观内核与严格把关的结构化内容生产流程，从而确保了其内容的基本质量，积累了较高内容“声誉”的无形资产，这对于主打传统媒体的核心内容竞争优势，具有长期的意义，但从现实视角来看，由于传统媒体在融媒体产品的打造上不重视互联网的“用户”思维，造成相当一部分传统媒体打造的手机新闻 App 还是传统媒体“平移版”的报媒或广电版产品形态，一部分是新闻网站版本的手机新闻 App 产品形态。其结果，传统媒体长期以来积累的内容竞争优势，并不能自动有效地转化为自家手机新闻 App 渠道上的核心现实竞争优势，有些传统媒体倾力打造的优质互联网融媒体“内容果”，免费或以廉价版权转化为第三方大众类互联网传播平台的“流量之王”，而天量的用户“流量”却沉淀不到自家新闻 App 上，有内容无用户，有用户无收入，相当一部分传统媒体旗下的手机新闻客户端吸引用户、聚拢用户的能力，难以满足主要商业模式现实变现的海量活跃用户规模基本要求，成为传统媒体媒体融合实践的现实“无奈”甚至“心痛”。

为此，近年来相当一部分传统媒体开始清醒地认识到长期以来的“+互联网”媒体融合思路和模式的现实局限性，并在“学习强国”App 示范效应下，开始转型到媒体融合“下半场”，从“+互联网”模式转型升级到“互联网+”模式。

二 现实、特点与成效

（一）现状：传统媒体手机新闻客户端呈现出集体性创新升级态势

一般用户的手机新闻客户端需要量只有 3～4 个，刚好对应中国媒体的层级分布，即中央媒体、省级媒体、市级媒体和县级媒体。[①] 因而我们也可将当前传统媒体客户端分为三级进行考察：第一层级是央媒主办的新闻客户端，第二层级是省级媒体的新闻客户端，第三层级是地市级以及区县级的融媒体新闻客户端。2019 年是我国移动互联网 4G 时代的“下半场”和 5G 元年，用户对手机新闻客户端的基本使用习惯发生了较大的变化，我国各个层级相当一部分具有创新意识的传统媒体，开始重视和研究用户的基本使用习惯特征，对以往有一定社会或市场影响力的手机新闻客户端进行选优，并对不适应 4G 时代用户基本使用习惯的产品功能和体验细节进行优化、完善，甚至是“调结构”。媒体融合“下半场”践行从“＋互联网”模式到“互联网＋”模式是创新升级的第一步，也是 2019 年我国传统媒体手机新闻客户端集体创新升级的主要现实体现。

1. 央媒级手机新闻客户端产品功能的升级改版

央媒即国家级媒体。央媒此次升级，是基于近年来用户对新闻客户端使用行为特征变化，同时致力于更好发挥央媒的主流品质内容特色。

2019 年，我国主要央媒带头对自身新闻客户端的产品功能进行了创新升级的改版。例如，人民日报新闻客户端于 2019 年 9 月 15 日发布人民日报 7.0.0 版本，推出“主流算法”开启智能个性化推荐功能，推动人民日报客户端实现从传统媒体到智慧媒体的战略转型，另外，还投入海量视频，使人民日报客户端新闻呈现视频化，兼具直播、视频、音频、图文、动态、话题等多种内容展示形态，推出新闻聚合类功能“人民号”。汇聚了 20000＋政务、媒体、自媒体等多元创作者，形成主流热点内容的聚合与分发，并推出移动政务服务厅等贴心便捷的问政服务和扶贫、公益等众多创新特色功能。2019 年底，人民日报再次发布 7.1.0 版本，此版本在 7.0.0 版本基础上上线了积分功能，可以通过积分兑换礼品。而央视新闻同年也对客户端进行了更新，于 10 月发布了 8.0.0 版本，此版本加入了微视频功能。同时，新华社在过去的一年也完成了两次功能更新：一次是在 2019 年 2 月 19 日发布的 6.0.0 版本，对以往的版本进行了一些个性化的改良，如增设互动投票功能、个人频道定制功能、升级本地资讯和身边的便民服务功能、积分兑换奖品功能；另一次是 7.0.0 版本，

① 黄国春：《“学习强国”传播模式与主流媒体的融合传播》，《青年记者》2019 年第 22 期。

该版本在原版本的基础上增加“新知频道”，为用户提供各种原创优质内容，如电子书、报告和有声书等，同时还完善智能语音功能，让“小新”智能语音更加智能。

2. 省级媒体手机新闻客户端产品功能的升级改版

省级媒体大多也在2019年对自身新闻客户端产品进行了改进，其中不乏一些优质省级媒体客户端。2019年，短视频、视频、直播等多媒体内容展示形态成为我国手机新闻客户端用户的首选要素。手机新闻客户端建设方面已有一定市场基础的省（直辖市）报媒，开始在原版手机新闻客户端中加入短视频、视频、直播功能，甚至重点布局短视频领域，如澎湃新闻的澎湃视频、新京报的“我们视频”。省（直辖市）广电媒体方面，浙江广电集团“中国蓝新闻”的“蓝媒视频”。东方卫视“看看新闻”的直播、视频；北京广电北京时间BTV的“时间视频”。湖北长江云的直播、视频等功能，都置于客户端首页上方或下方的显著位置。隶属于上海报业集团的澎湃新闻客户端，于2019年7月16日推出7.0.0版本，将此前版本分散的问吧频道、问政频道、湃客平台，以更为清晰的互联网思维，改造整合为具有社交聚合属性的“澎友圈”和具有精选UGC内容聚合属性的“澎湃号”，实现了外部优质信息生产者的引入以及其社交属性的强化。而南方报业传媒集团旗下的“南方+”新闻客户端，在2019年先后完成四次功能更新，在原产品的基础上先后加入了记者主页功能，实现了用户与记者的直接对话，新增了“城市精选”专区，根据地理位置为用户推送本地精选，完善“拍客报料”功能，为爆料提供收益与激励，同时还上线VR直播功能，增加用户现场感。2019年5月6日，湖北广电长江云客户端全新改版升级，此次改版秉承满足用户更好更快获取新闻资讯的理念，在滚动新闻、视听直播、信息搜索、界面设计等方面进行功能性提升，新的客户端更契合互联网传播特性；同时，长江云客户端增加了PGC和UGC共荣共生的新渠道，隆重推出“长江号”。[①] BTV的北京时间，也先后更新了5.0.0版本和6.0.0版本，更加强调、优化自身原创栏目特色，同时升级政务专区功能，完善北京本地服务提供功能。

---

① 《长江云App全新升级：重磅推出“长江号”构建政媒互动新生态》，湖北网台，http://news.hbtv.com.cn/p/1698643.html，2019年5月6日。

3. 地市区县级融媒体客户端产品功能的升级改版

在第三层级的地级市及区县级的新闻客户端中，也有不少进行了产品的更新和改进，浙江省安吉县县级媒体爱安吉于2019年4月16日更新4.2.8版本，新增文明超市功能，完善社区服务。浙江省长兴县掌心长兴客户端在2019年先后进行两次更新，增加便民应用，为用户提供更便捷的服务，随后又增加视频分享功能，实现多方式信息传达。作为江苏省县级媒体深度融合试点单位，下属于徐州市邳州广播电视台的客户端产品邳州银杏甲天下在2019年也实现产品升级，先后增加大邳圈分享互动模块、银杏号订阅模块、在线问政模块，牢牢抓住了县级媒体转型发展窗口期，大幅提升传播力、公信力、影响力。

总体来看，根据央视市场研究（CTR）对10家央媒和38家省级以上电视台（包含5家计划单列市）在五大渠道的新媒体产品进行的连续监测显示，仅第二季度正常更新的新媒体产品便达到7859个。而据七麦网客户端版本更新历史数据显示，各省级报业集团以及市县级传统媒体也大多进行了App的更新。2019年下半年，各主要传统媒体新闻客户端也在持续更新，2019年整年传统媒体旗下App创新升级形势向好，大量传统媒体对其旗下App进行了创新实践。

（二）特点：移动互联网思维下手机新闻客户端产品功能的局部改版

总体而言，在“学习强国”App示范效应的启示下，2019年各级传统媒体开启了对旗下手机新闻客户端的集体性创新升级，突出表现为，传统媒体新时代的“互联网+”思维明显增强，将以往滞后的PC端新闻网站版形态甚至传统电子报形态，改版为具有4G“下半场”时代手机新闻客户端基本标配功能的时代性产品形态，开启了集体性创新迭代，以更好更快地满足用户对高品质新闻的诉求，是一次媒体深度融合实践战略路径的“颠覆性创新”。

1. 洞察用户习惯，紧随时代潮流

此轮传统媒体手机新闻客户端产品形态界面功能大多适应移动互联网时代下用户的主流使用习惯，并进行创新改版，最显著的创新典范便是人民日报手机客户端。2019年9月15日，人民日报客户端新版7.0.0版正式上线，将以往客户端旧版首页上面的一级功能“闻”“评”“问”“听”“帮”“视”“图”设置改为新版手机客户端的“推荐”“热点”“视频”“锐评”“云课堂”“问政”“公益”等，新版客户端首页下面的一级功能，改为“人民号”“推荐”“直播”“我的”等，看似是手机客户端的首页上面和下面几个一级使用功能的改版，其实深层次地体现了人民日报客户端新版设计理念：从以往主要对内服务于人民日报内部采编发流程便利性的报纸电子版或 PC 端网站版形态，转型为主要对外服务于人民日报客户端广大手机用户群体的使用便利性的真正 4G 智能版形态；体现了新版客户端的改版理念“人民日报，更懂人民、做有品质的新闻”，在很大程度上，满足了当下移动互联网时代人民日报主流用户群体快节奏工作和生活场景下更快更精准地获取更多有价值的新闻、评论和公共服务的主流使用习惯。

澎湃新闻、南方 + 等新闻客户端，此前版本早已采纳了个性化推荐方式，帮助用户及时快速、花费更少时间获取更有价值的新闻内容或生活资讯，在 2019 年的产品更新中保留了这种分发方式，并对个性化推荐算法进行了一定程度的改进。部分传统媒体新闻客户端在 2019 年进行的产品改版和更新中加入了算法推荐机制。此外，在 2019 年的传统媒体新闻客户端更新的过程中，大多数客户端也引入了短视频传播方式，它们或开辟短视频新闻专栏，或将短视频融合到图文新闻中，方便用户随时随地全面了解新闻事件。

2. 多功能多场景，用户生活服务便利

当下在资讯类 App 中普遍存在一种趋势，其功能和作用都不止于提供新闻，而是贴近用户，开发众多功能，不仅让用户能看，将 App 作为了解信息的窗口，更要用户能用，便利用户生活、学习和工作。当前，使用新闻客户端的人往往被称为“用户”而非“受众”。与“受众”相比，用户对产品的消费不只局限于信息传播领域，他们对新闻客户端的使用不只是信息接收，还有购物、学习、缴费等，传统媒体新闻客户端也逐渐意识到，在信息爆炸的新兴媒体空间中，单纯依靠信息传播主业吸纳、留存用户的空间已越来越小。

而这也成为 2019 年传统媒体新闻客户端的创新方向，且此种倾向也更明显地体现在省级媒体和市、县、区级媒体的新闻客户端建设中。版本更新后的 BTV 的北京时间不再只是手机版的北京卫视，而是努力去融合北京地区的吃喝玩乐、办事查询和政务公开等；重庆市的“上游新闻”增设“帮帮”平台，完善帮你问、找答人、城事通便民服务功能；县级融媒体方面，便民服务特色体现得更加明显，将商超、问政、水电气费用缴纳纳入客户端，涵盖人民生活的方方面面。

3. 建立端内社群，活跃用户使用

以往的传统媒体客户端往往面临一个问题：虽拥有一定量的用户，但用户活跃度不够、客户端内信息全由媒介平台提供，缺乏新鲜视角，用户的关注度难以转化成参与度和好评度。因此，不管是封面新闻手机客户端借助新版本上线完成的“青蕉社区”全面升级，还是澎湃手机新闻客户端完成的五周年献礼之作“澎友圈”，都旨在打通各类用户数据，实现年轻态社交，重塑用户间沟通纽带，完善客户端内“原创 + 自媒体 + 社交”的内部生态。媒体社交化的核心是用户角色的升级，社交化意味着用户成为媒体的渠道、生产力和可沉淀资源，社群的建立、传统媒体新闻客户端主动社交化将在客户端内部生态建设中起到巨大作用。

4. 开发激励机制，增强用户黏性

传统媒体手机新闻客户端开始设立积分激励机制，其部分原因可能是受到“学习强国”App 的启发。为了有效了解用户学习进度，检验学习效果，增加用户黏度，“学习强国”App 采取了积分制，而这些积分不仅可以用来参与排名，还预留了积分兑换的入口，为提高用户学习积极性提供了另外的可能。①这一先例的成功，也先后引起了传统媒体新闻客户端的模仿与学习。在 2019 年的升级创新中，众多传统媒体新闻客户端引入了此种激励机制，例如，在新华社手机新闻客户端中，可用积分兑换优质内容的“新知”频道；“南方 +”新闻 App 的拍客报料可以直接获取稿费等。这些激励或换来了用户的大量注意力和用户黏性，或为新闻客户端制造新鲜血液，让优质 UGC 内容不断融入。

（三）成效：总体网络传播力明显提升

随着传统媒体新闻客户端创新实践大潮的到来，2019 年，各大传统媒体

① 刘毅：《“学习强国”App 提升用户体验的路径思考——与“今日头条”对比为例》，《新闻前哨》2019 年第 6 期。

通过不断创新、深化媒体融合实践，不论是用户使用度、App 排名、网络热度指数、网络口碑还是盈利能力方面都有所突破。

在用户使用度方面一个重要的指标便是 MAU 或 DAU 即月活度或日活度，一些主要的传统媒体客户端在这方面取得了较好成绩。由湖南广电集团打造的“芒果 TV”，是全国互联网内容生态的典型代表。据统计，截至 2019 年 5 月，“芒果 TV”手机 App 下载安装激活量超 7.35 亿，全平台日活量突破 6800 万，互联网电视终端激活用户数达 1.37 亿，运营商业务全国覆盖用户数达 1.47 亿。[①] 而月活增量排名较落后于芒果 TV 的央视影音，月活量也高达 2678 万，月活增量达到 164 万。而上海电视台的第一财经 App 在第二季度的平均月活达到 258 万，较上一季度增长 45 万，在 2019 年上半年增势较猛，成为除芒果 TV、央视影音外，传统广电媒体旗下月活增量表现最好的 App。而各大报业集团主导的新闻客户端，在月活方面也表现良好，据艾媒资讯数据，人民日报新闻客户端、澎湃新闻客户端在 2019 年第一季度月活量也突破百万量级，与百度新闻、UC 头条等知名互联网公司手机新闻客户端比肩而立。作为 2019 年县级融媒体建设的典型代表之一，浙江安吉新闻集团电视新闻收视份额已提升至 18.7%，广播用户超过 17 万，“安吉发布”微博粉丝超 40 万，微信公众号粉丝超 25 万，“最安吉”抖音号点击量超 1.5 亿次。

从 App 排名来看，根据七麦网公布的 iOS 系统新闻资讯类 App 综合排名情况来看，众多传统媒体手机新闻客户端在 2019 年的排名均有上升，有的则获得了大幅度上升。经笔者计算，人民日报手机新闻客户端在 2018 年的新闻资讯类 App 综合排名的均值为 19.79，而 2019 年均值达到 15.11；BTV 北京时间在 2018 年排名均值为 261.63，而在 2019 均值则达到 212；更有上升势头更为迅猛的传统媒体手机新闻客户端，如新京报在 2018 年综合排名均值约为 125.3，而 2019 年则达到 68.22；央视新闻在 2018 年综合排名均值为 50.39，而在 2019 年达到 36.36。另外，虽然澎湃新闻综合排名均值由 2018 年的 15.84 跌至 2019 年的 17.05，但跌幅不大，仍然排名靠前，依然能被看作非常有竞争力的传统媒体手机新闻客户端。

① 《〈中国媒体融合发展年度报告（2018～2019）〉：五个关键词解码媒体融合发展》，中国新闻网，2019 年 10 月 30 日。

从2019年手机新闻客户端的网络热度指数来看，根据2019年艾瑞咨询报告，人民日报和央视新闻两家传统媒体的手机新闻客户端的网络热度名列前茅（见图4）。

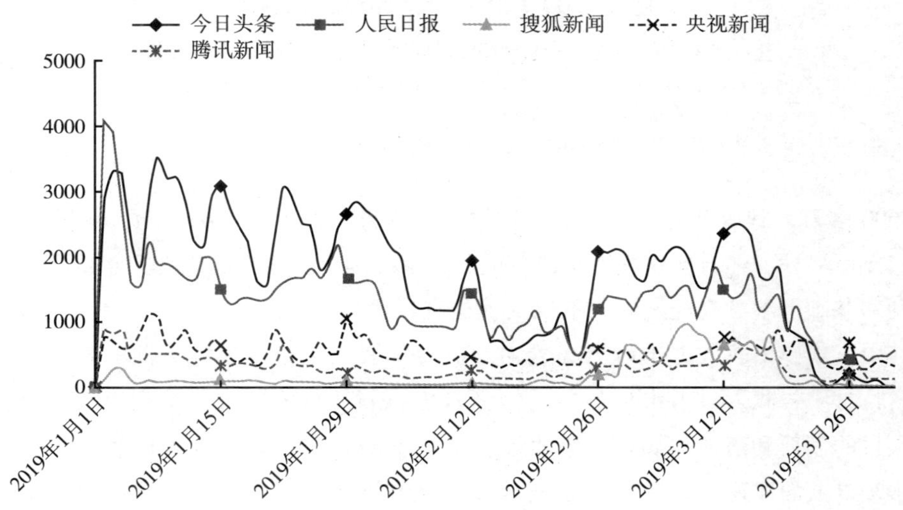

图4　2019年部分新闻客户端网络热度指数

注：网络热度指数指在从互联网平台采集海量信息的基础上，提取与指定事件、人物、品牌、地域等相关信息，并对所提取的阅读量、评论量、点赞转发量等进行标准化计算后得出的指数。商情舆情监测时间区间：2019年3月3～15日。

资料来源：艾媒商情舆情数据监测系统（yq. iimedia. cn）。

从2019年手机新闻客户端的网络口碑来看，网友对于央视新闻的网络口碑认同度最高，为46.9，高于第二名的腾讯新闻（45.5）和第三名的今日头条（44.1）（见图5）。

盈利能力曾是传统媒体转型与媒体融合中面临的最大现实难题，伴随着传统媒体不断地转型升级，传统媒体的媒体融合实践不断推进，传统媒体在新媒体上的重要新生力量——客户端不断升级与迭代，为传统媒体的商业模式转型和盈利能力增长打下了基础。2019年传统媒体向新兴媒体转型，盈利方面表现突出的典型代表为人民网，其成立的人民视频子公司，以短视频方式输出优质内容，丰富了其新闻客户端产品，并在其新闻客户端增值服务方面推出第三方内容审核平台。除此之外，湖北广电旗下长江云客户端全平台现有用户

腾讯新闻网络口碑

今日头条网络口碑

央视新闻网络口碑

图 5　2019 年部分新闻客户端网络口碑

注：网络口碑：客观实时反映网友对事件、人物、品牌的评论态度，数值范围 0 ~ 100；50 以上时，正向言论越多，数值越大，言论偏负面时数值常低于 45。商情舆情监测时间区间：2019 年 1 月 1 日至 3 月 31 日。

资料来源：艾媒商情舆情数据监测系统（yq. iimedia. cn）。

8600 多万，其盈利能力也有了非常显著的提升，2019 全年收入预计将超过 4 亿元。另外，还有四川报业集团打造的封面新闻手机客户端，在上年就实现盈利的基础上继续高速发展，不仅实现盈利，而且收入结构更加多元化和合理。其中，新媒体收入占比为 70% 左右，新媒体收入中技术赋能方面的收入大幅增长，广告收入只占 40% 左右。[①]。浙江安吉新闻集团通过一系列媒体智慧化项目的创新和落地化操作，集团综合优势不断释放，营业收入连续多年保持 10% 以上的增速，2018 年实现营收 2. 2 亿元。此外，其他传统媒体手机新闻客户端或渐渐引入电商功能，或蓄积优质内容进行出售，或搭建多边平台，通过创新和对客户端的更新找到了盈利多元化的出路，实现了盈利能力的增长，这也使它们在资本市场上表现得更加良好，扩宽了融资渠道，为进一步做大做强提供了基础。

三　主要问题与不足

2019 年，我国三级传统媒体机构旗下手机新闻客户端集体性创新改版，虽然总体网络传播成效较为明显，但仍然存在一些深层次的“老问题”，并产生了新的现实问题，影响其持续和整体的创新效果，有待在实践中进一步创新升级。

（一）部分新增功能，助长了某些用户的畸形消费习惯，有待完善

在媒体深度融合的探索过程中，众多传统媒介新闻客户端正不断向用户既

① 郭全中：《2019 年传媒经营盘点》，《青年记者》2019 年第 36 期。

有或正在养成的消费习惯靠拢。无论是当前的短视频还是基于算法的推荐分发模式都有着其固有弊端：这些都不利于培育用户理性思考能力、系统学习知识能力及创新能力。此外，单纯的物质奖励性积分制所吸引的用户，有相当一部分并不是真正喜爱阅读新闻资讯的受众，长此下去，有可能对真正喜爱阅读新闻资讯的用户产生“劣币驱逐良币”的不良社会后果。因此，这一物质刺激策略并不是留住用户的唯一策略，需要与手机新闻客户端吸引用户的其他元素（内容的质量、内容的多媒体呈现形态与用户使用习惯相符，内容的即时更新性、丰富性，内容获取的便捷性等多元因素）相配合，才是长期有效的。为此，传统媒体务必保持应有的冷静沉着与前瞻性，更要肩负深远的社会责任，积极主动地对人们的消费习惯进行培养与引导，不致社会坠入单一数字媒介消费的深渊。[①]

（二）网络传播力的提升，尚未有效转化为影响力和舆论引导力

虽说当前传统媒体的媒体融合实践正努力获得更大的传播力，且取得了一定成效，但媒体融合的任务并不止于此。传统媒体转型创办的手机新闻客户端与商业新媒体原创的手机新闻客户端一个很重要的不同点是最终目标不同。商业性质媒体主要追求的是利润，因此，传播力就是流量，流量变现就成为利润。而传统媒体在进军新媒体过程中不仅应有利润考量，而且肩负着重要的舆论引导功能，这便要求传统媒体新闻客户端要有更强的引导力、影响力、公信力。但就目前形势来看，除个别传统媒体新闻客户端外，众多传统媒体手机新闻客户端尚未取得强大而全面的影响力以及舆论引导能力。

（三）某些新增功能的改版，限于形式上聚合式设置，影响网络传播力的持续提升

传统媒体的媒体融合实践是一个不断创新的过程，其新闻客户端产品也紧随时代潮流而不断更新、改进。纵观传统媒体旗下手机新闻客户端此轮集体性的创新升级实践，主要体现为互联网用户思维指引下手机新闻客户端产品功能

① 黄晓新、刘建华、卢剑锋：《中国传媒融合创新现状、问题与趋势》，《中国传媒科技》2017 年第 4 期。

的局部改版，在原 App 产品功能上增加几个吸引用户的功能，推出了主流智能推荐功能、精选把关的 UGC 内容聚合功能、问政功能、生活服务功能、积分激励功能。应该讲，此轮传统媒体在原有产品功能上所增加的功能，是为适应当下 4G“下半场”时代新闻资讯用户对所有手机新闻客户端产品使用习惯的基本诉求，是所有手机新闻客户端产品吸引用户、聚拢用户的互联网基本标配功能，也是改版前传统媒体旗下手机新闻客户端对用户传播的吸引力和聚拢力不足的产品功能“短板”，上述基本标配功能的增加，在很大程度上弥补了传统媒体手机新闻客户端旧版产品功能设计方面的不足，相对这些客户端旧版产品功能有着明显的进步，总体网络传播力在短期内得以明显提升。然而，通过实际观察与使用，发现某些新增功能与原功能出现彼此不协调、不融洽甚至相互矛盾之处：某些新增的产品服务功能、视频号、UGC 号、社区互动服务号、问政服务、一站式城市智慧生活服务功能等聚合功能，目前大多还只是形式上的聚合性“拼单”，同一个聚合功能旗下的不同小栏目之间缺乏有机的关联；尤其是当前有许多省市尤其是地县区级融媒体客户端虽看上去是“麻雀虽小、五脏俱全”的充值、缴费、打车、购物、办事、问政等各种各样的功能，凡所应有，无所不有，但服务功能做得还不够“扎实细致”，实际服务尚未“落实到位”，其 App 在各大应用商店的评分还不甚理想，不乏“不好用”“麻烦”“××功能根本用不了”等用户评论，普通用户对这些新功能使用的初步体验并不能达到所期望的心理预期，在较大程度上影响着用户对新增功能的实际使用体验感。

（四）主要限于产品功能的局部改版，整体性的市场战略发展方向亟待明晰与突破

从整体上看，此轮传统媒体手机新闻客户端通过新增上述标配基本功能之后，发现改版后的某些手机新闻客户端，不断地往产品上添加功能和插件，变成无所不包的产品功能的堆砌，让新闻客户端变得越来越“重”，并且没有层次感，没有主次之分，不顾及用户的体验，[1] 并且某些产品功能的栏目分类逻

① 李燕：《新闻客户端应向微博和微信学习什么?》，https：//www. huxiu. com/article/17009. html。

辑主要是遵循传统媒体内部内容生产视角的“传者思维”，与普通用户使用手机新闻客户端的用户使用或阅读习惯不太契合，而某些用户实际上可能只青睐其中一两个产品功能，却不一定能及时方便地找到。这个问题从深层次来看，是产品市场发展方向的整体性战略缺位。此轮产品功能的改版是在不改变原有产品功能之上的新增功能，一些传统媒体改版的产品样式，某种程度上变为，将自媒体、商业传播平台和原创类专业媒体等三类手机客户端产品性质的产品功能“杂揉”在一起的超大型手机新闻客户端“杂货店”，影响了不同类型用户的使用体验感。

只有在产品顶层的市场战略发展方向明晰的前提下，此轮传统媒体集体性互联网用户思维下的产品功能局部改版，才具有切实的针对性，并主动加强内外部关键发展要素的整体协同配套创新，以确保产品新功能得以落实到位，产品功能的局部改版才能取得预期的实质性成效。由此可见，产品功能的局部改版的最终效果，是以产品市场战略发展层面的整体协同创新为前提的。

四　未来发展方向与对策

（一）未来战略发展方向：打造自主可控的特色化融媒体服务平台

进入移动互联网“下半场”和“智能化”时代，传统媒体手机新闻客户端的创新将迈向一个新的台阶，基于互联网与传统媒体双方实践发展历程的客观观察，拥有“自主可控的互联网用户服务平台”成为媒体赢得互联网传媒市场竞争力的战略“法宝”，是打通与用户持续有效连接的“最后一公里”。[①] 对于以内容为本的传统媒体而言，打造自主可控的互联网用户服务平台，就是打造特色化融媒体内容与服务平台。在新媒体内容生态体系全面而竞争激烈的移动互联网4G时代“下半场”，传统媒体难以与大型商业传播平台（亿级、千万级月活用户流量的平台）直接进行同质化竞争。为此，传统媒体新闻客户端的发展方向是强调特色化，主要是因为过于同质化，缺乏特色，难以为某

① 刘友芝、张晓敏：《新时代媒体深度融合战略路径的创新突破——从“以老推新”到“强新拉老”》，《编辑之友》2020年第1期。

一类用户群体所青睐，以致用户拉新、留存、促活面临现实困难。特色化意味着与竞争对手形成特色差异化的“区隔”竞争态势。与此同时，特色差异化与平台化规模效应并不矛盾，在激烈的市场竞争环境之下，特色差异化往往是走向平台化规模效应的现实可行之道。

为此，我国央媒级、省级及地市级等三级传统媒体以及具体传统媒体，下一步创新升级的战略发展方向是，将当下高度同质化的无差异化无特色的平台改造为具有明显特色的相对差异化融媒体服务平台，以统领整体的协同创新与突破。

（二）系统化协同创新：打造自主可控特色化融媒体服务平台

对于各级传统媒体而言，将旗下的手机新闻客户端打造为自主可控的特色化新闻资讯融媒体服务平台，将是一项“牵一发而动全身”的战略性系统化创新工程。本着移动优先发展战略，以有明显特色化的内容建设为内核和根本，并通过体制机制、资本、商业模式、技术、人才等方面系统化协同创新，实现传统媒体特色化融媒体服务平台建设的整体突围。

第一，特色化内容建设环节的协同创新是根本。近两三年来，我国移动互联网发展进入存量竞争阶段，内容价值正在回归，内容成为各大互联网企业争夺的重要入口，乱象也随之而来。传统媒体需要在内容建设的根本前提下，补齐互联网新型主流媒体在规模和传播上的“短板”，将传统媒体创办的手机新闻客户端打造为自主可控特色化新闻资讯的用户服务平台，以真正能够占领互联网舆论主阵地。

第二，总体管理体制机制战略创新是“龙头”。传统媒体实行事企合一的半行政半市场化运作，体制机制不够灵活，资本、技术、内容生产、经营管理、人才配给等全都被限制在体制内，资源分配不均等体制机制问题成为制约媒体深度融合的主要瓶颈，为此传统媒体特色化平台型手机新闻客户端的建设，需要创新战略性的总体管理体制机制：实行传统媒体与新兴媒体一体化深度融合发展的总体战略，在体制上实行专业化分工管理，即党委统一领导下的管理体制。

第三，科技创新，赋能特色化融媒体平台“智媒体”升级。传统媒体创办的手机新闻客户端，要想打造成为一个受用户青睐的自主可控的特色化融媒体平台，必须要有一个自主可控的技术平台，无论是通过引进技术人才自建技术平台，还是与技术服务商合作搭建技术平台，都是新型主流媒体必须补齐的“短板”。①

第四，体制机制创新下外部资本股权合作：外生型资本“输血”机制创新。由于互联网免费经营模式在我国成为主流，传统媒体要想成功打造一款特色化智能化融媒体平台型手机新闻客户端，是需要强大资本支撑的，尤其是在我国大部分传统媒体广告收入欠佳、自身财力有限的现实情形下，争取外部渠道的资本融资机制创新，相当于打通当下传统媒体特色化智能化融媒体平台的外部“输血”管道。

第五，商业变现模式创新：关键的内生型“造血”机制。传统媒体针对手机新闻客户端，可努力探索新的现实可行商业模式：针对 B 端机构用户，寻求体制内的“造血”盈利模式，一批先行开展媒体融合探索的传统媒体为重要政府部门及文化媒体单位开展网站建设、融媒体中心建设等技术增值服务、网络舆情监测服务以及其他政府购买服务（如形象宣传、制作新闻产品、策划活动、电子政务服务等），这是相当一部分传统媒体先行探索者的当下主要商业盈利模式。

第六，充足财力支持下的各类优秀人才招募与激励机制创新成为当务之急。技术、内容和人才是互联网与传统媒体连接的具体通道，是打造特色化智能化融媒体平台的落地化战略发展要素。由于缺乏技术人才，传统媒体的新媒体创新项目大多依靠技术外包，难以保障项目随着技术发展和用户需求而持续更迭；基于大数据的用户画像能力、内容生产能力和个性化推荐能力受到限制，数据新闻、机器新闻、传感器新闻等智能化内容生产技术的发展也较为缓慢，影响了内容生产、分发的成效，缺失传统媒体原创版权的保护等方面的技术人才，也影响了传统媒体内容建设的投入产出成效；打造自主可控的特色化新闻资讯服务平台，对于内容建设提出了更高的要求，需要大量优质原创内容生产人才和复合型内容产品运营人才，以团队专业分工与协作的现代性内容生产方式，满足用户对内容“深入浅出”的传播性诉求。与此同时，当下传统媒体商业模式变现困难，造成内容生产人员待遇不涨甚至下滑，党报总体稳

① 宋建武、陈璐颖：《建设区域性生态级媒体平台——打造新型主流媒体的路径探索》，《新闻与写作》2016 年第 1 期。

定，但吸引力显著下降；都市报、电视人才流失严重。此外，传统媒体中精通新媒体市场运营、人力资源管理、财务管理等的人才也普遍缺乏，再加上具有复合型新媒体集团领导力的人才稀缺，导致传统媒体的新媒体项目缺乏互联网市场化运作机制，原创内容的用户流量大多转移到大型互联网商业新媒体平台上，难以产生平台级、现象级的新媒体产品。当务之急，需要以总体体制机制、资本融资“输血”、商业模式“造血”等综合战略经营机制的协同创新，努力共同打造留住和吸引优质人才的激励机制。

参考文献

《极光大数据新闻资讯行业研究报告：2019 年用户规模达 6.2 亿》，http：//vr. sina. com. cn/news/hot/2019 - 12 - 18/doc - iihnzahi8311659. shtml? utm _ source = tuicool&utm_ medium = referral，2019 年 12 月 18 日。

艾媒咨询：《2019Q1 中国手机新闻客户端市场监测报告》，https：//www. iimedia. cn/c400/64308. html，2019 年 5 月 10 日。

蔡木子：《我国媒介融合的主要表现形式及发展趋势》，《学习与实践》2017 年第 4 期。

刘毅：《“学习强国” App 提升用户体验的路径思考——与“今日头条”对比为例》，《新闻前哨》2019 年第 6 期。

胡文：《“学习强国”为什么这么强？——兼谈其媒体策略对媒体融合的启发》，《新闻知识》2019 年第 6 期。

B.18

2019年政务新媒体短视频发展报告

郭森　马威　段晓薇　李思璇*

摘　要： 2019年短视频平台为政务新媒体创新传播形态、拓展传播效果发挥了有力的推动作用，是政务新媒体传播的重要形式，本文以政务短视频为研究切入点，分别从行政级别和行业系统两个类别着手，依托抖音和快手两大短视频社交平台，选取其中传播力、影响力排名靠前的政务账号进行数据分析，探讨政务新媒体中的短视频形式在不同行政级别和不同行业系统的表现形式、传播特征和不足之处，进而提出找准职能定位、加强作品创新，强化互动机制、重视用户体验，扩大平台范围、建立传播矩阵，借力政策扶持、优化内容管控等建议。

关键词： 政务新媒体　政务短视频　抖音　快手

一　2019年度短视频发展概述

短视频是继文字、图片、传统视频之后新兴的互联网内容传播形式。近年来，随着移动互联网普及、大数据以及人工智能等新技术加速应用，短视频以极低的技术门槛以及便捷的创作和分享方式迅速获得用户青睐，并超越长视频

---

* 郭森，法学博士，国家信息中心博士后，西北政法大学新闻传播学院副教授，研究方向为环境传播、网络政治传播；马威、段晓薇、李思璇均为西北政法大学新闻传播学院研究生，研究方向为环境传播、网络政治传播。

成为仅次于即时通信的互联网第二大应用类型。①

据统计，截至2019年6月，短视频用户规模已突破8.5亿，用户每日启动短视频App超27亿次，同比增长24.9%；用户每日观看短视频超3亿小时，较上年增加了约1.2亿小时，超六成用户安装了不少于两款短视频App。②

在短视频行业的竞争中，包括抖音、火山小视频、西瓜视频等在内的头条系短视频App攫取了大部分短视频行业增长红利。其中，抖音用户规模超5亿，领跑短视频市场，快手在众多头条系产品的围剿下依然保持第二的位置。短视频平台依托海量用户、内容生产与内容消费门槛降低迅速成为行业争抢流量的重点，截至2019年底，依据抖音和快手的公司财报数据，用户红利已经接近封顶，流量争夺渐趋天花板，未来发展重心倾向于优质内容的创作者，各大平台纷纷出台相关扶持政策，以期推动短视频平台优质内容生产，对部分有创作能力的UGC开放延长时长、批量生产、制作培训等权限和支持。同时，短视频平台向政务新媒体伸出橄榄枝，众多政务号、媒体号进驻抖音、快手平台，借助短视频形式扩大自身传播力、影响力。

二　短视频平台政务号的特征

短视频为政务新媒体带来了新的存在形式，在国家政策的倾斜与扶持下，政务新媒体矩阵从“两微一端”向“两微一抖”正式迈进。据统计，在抖音各类创作者中，政务类作者单个作品的平均播放量最高达到769196次，播放量高出排名第二的明星品类53%，可见政务类作者成为多元化内容生态中的重要力量。

（一）内容主题

在内容主题上，政务号不仅发布重大新闻、政务工作、安全法律知识、国家工程与科研成就等“主旋律”内容，还发布城市旅游文化、生活小窍门、创意活动接力等“接地气”内容，既贴近受众生活，又能满足受众多

① 董潇潇：《短视频行业发展的新情况与新特点》，《传媒》2019年第9期。

② 《Fastdata极数：2019年上半年中国短视频行业分析报告》，2019年7月。

样化的需求。视频时长以15秒以内居多，也有1分钟左右或3分钟乃至数分钟的内容。

（二）表达形式

政务号立足于自身的职能属性，依托短视频平台提供的背景音乐配合内容的制作特点，将文字、图片、视频、特效巧妙结合于一体，以受众喜闻乐见的形式进行内容生产。政务号在发布优质内容的同时，还善于利用短视频平台的附加功能，如在评论区与网民互动、创建话题、发起参与合拍等，借助短视频平台的社交属性与受众增进后续互动与交流。

（三）传播效果

基于短视频平台的用户和流量优势以及移动互联网传播迅速的特点，政务号发布的优质内容可以形成与以往传播形式相比更大的影响力，是高质高效的传播。如2018年“5·18”博物馆日，中国七大博物馆联合短视频平台发布的创意视频《第一届文物戏精大会》引发极大关注，累计播放量突破1.18亿次，点赞量达650万次，分享数超17万次，视频播放量相当于大英博物馆2016年全年参观总人次642万的184倍。①

（四）受众分析

据抖音年度财务分析报告，抖音平台中的女性用户占比显著高于男性，达到68%。年轻用户仍旧占据较大比重，18岁以下用户占比为33%，24岁以下用户占比为77%。② 因此政务号的表达方式契合平台受众特点，内容呈现符合受众女性化、年轻化的心理需求。如中国长安网与王俊凯合作发布的《圆梦一代》MV，引来众多青年粉丝的点赞。

三　不同行政级别政务媒体表现力分析

依据《2019年第三季度人民日报·政务指数微博影响力报告》《2019年

---

① 人民网舆论与公共政策研究中心：《政务短视频发展研究报告》，2019年5月。

② 洋葱智库、卡思数据：《抖音政务账号分析报告》，2018年6月。

移动政务服务发展报告》《省级政府和重点城市网上政务服务能力调查评估报告（2019）》以及相关电子报告的统计分析，综合选取影响力排名靠前的政务短视频号，国家级政务短视频号以共青团中央、中国长安网为代表，省市级以上海发布、北京发布为代表，区县级以佛山国家高新区、中国最美的乡村——婺源为代表，分别抓取上述短视频号的传播数据，进而分析不同行政级别的政务新媒体号在短视频平台的传播表现和不足。

（一）国家级政务短视频号的表现力分析

1. 关注内容与传播特点

（1）关注国家大事，聚焦社会热点

对共青团中央和中国长安网在抖音平台发布的短视频标题进行词频分析后，发现“中国”“香港”“我们”这三个标签出现频次最高，其次为“警察”“英雄”“民警”“暴徒”等社会群体性标签，再就是“平安”“牺牲”“现场”“姐姐”“男孩”“女孩”等（见图1、图2）。

图1　共青团中央抖音号标题词频分布

通过对视频内容的梳理发现，在政治类话题中，#阅兵#、#我爱你中国#、#我们要香港更好#等话题出现频次较高，且在8月达到高产。随着香港事件的推进与演化，截至2020年1月20日，涉及香港事件的短视频作品仍持续出现在国家级政务短视频号的传播中。此外，2019年3月的江苏盐城爆炸事件、4月的巴黎圣母院事件、6月的宜宾地震事件、7月的华为事件和孙杨颁奖事件

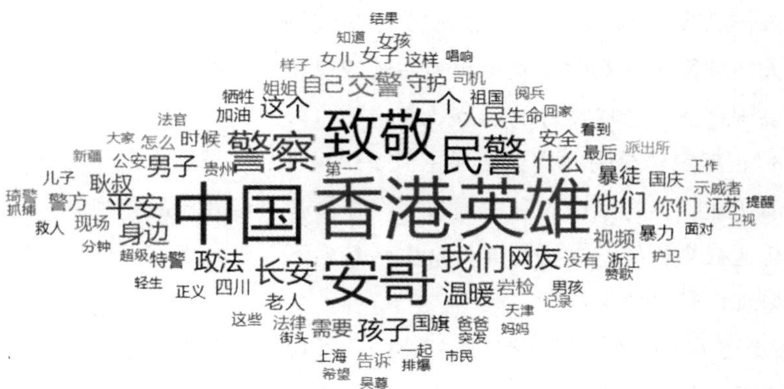

图 2　中国长安网抖音号标题词频分布

等热点话题均出现在共青团中央和中国长安网抖音、快手的作品列表中，与微博、微信等平台形成了矩阵传播。

（2）创新表达形式，以独特创意拉近粉丝距离

对共青团中央和中国长安网在抖音平台发布的短视频作品进行梳理，二者作品表达形式多样，其中微纪录片的传播效果较为突出。

2019 年 9 月 26 日，《中国有故事》系列微纪录片在全网开播，抖音、快手平台同步更新，该节目由共青团中央出品，以“90 后”为主体、平均年龄不到 30 岁的年轻人制作为新中国 70 周年献礼。纪录片的讲述者都是报社“95 后”年轻记者，他们穿上具有时代特点的服装，借助特效技术，出现在几十年前热火朝天的成昆铁路的建设工地上，出现在歌曲《咱们工人有力量》创作者马可弹奏的现场……具有青春感和代入感的“穿越”，激发了与用户贴近、再贴近的情感共鸣。

中国长安网则以真人出镜讲解的形式打造人设进行普法，以自编自演的故事场景吸引用户，走出了一条风格迥异、粉丝黏性强的运营模式。2019 年 8 月 1 日，中国长安网抖音账号发布了一条关于性侵话题的视频。视频中，网红阿纯男变女装扮演了受害人的角色，在引诱犯罪嫌疑人现身之时，受害者阿纯和二喜警官、唐豆豆警官三人配合将其制服。视频接近尾声，受害者身份的阿纯告知大家，独自出门一定要有防范意识。二喜警官和唐豆豆警官提醒大家遭遇性侵要及时拨打报警电话。内容贴近生活，用户互动踊跃，截至 2020 年 1

月底，该作品收获56.9万次的点赞数，996次转发量。此外，二喜警官、岩检酱等人还频繁出现在防诈骗等相关话题的视频中。以真人秀的形式编排犯罪案例，以剧普法，形成良好的示范效应。

（3）正反宣传合情并用，传递主流价值观

如前所述，共青团中央和中国长安网在抖音平台发布的短视频标题关键词大多为普通社会群体，这些群体日常生活看似不起眼，但每一个鲜活的个体通过视频呈现都是社会的缩影。

以#身边的温暖#为话题的一系列作品，呈现的是车祸现场围观群众的合力营救、流浪汉的拾金不昧、南京老人捡起国旗等画面。以#当人民需要的时候#为话题的一系列作品，展现的是民警救人的奋不顾身、消防人员救灾时的不怕牺牲。此外，“最美婚纱照”“最美一摔”“最美一跳”等类似主题作品进一步弘扬了社会正能量。2019年11月26日，中国长安网抖音账号发布了标题为“‘操场埋尸案’彻底查清”的视频，宣告杜少平及其同伙等19名涉案公职人员被依法依纪严肃处理，并以涉嫌故意杀人罪被提起公诉，评论区一则“正义有可能迟到，可从来不会缺席”的留言获得3946次点赞。截至2020年1月底，该作品收获10.5万次的点赞数，951次转发量。短视频类内容的传播内蕴社会主义核心价值观、外呈短小精悍的形态，可以达到以案说法、以剧传情的传播效果。

2. 短视频平台传播表现不足之处

（1）定位不清晰，同质化现象严重

截至2019年11月30日，该年度共青团中央抖音号共发布作品247个，快手号共发布作品294个。中国长安网抖音号共发布作品966个，快手号共发布作品1020个（见图3）。从整体上看，2019年上半年，共青团中央和中国长安网抖音号和快手号的作品月发布量较为稳定，而5～8月的作品发布量则呈上升趋势，且在8月均达到了高产。8月之后共青团中央的作品量整体呈下降趋势，中国长安网在10月、11月呈上升趋势（见图4、图5）。从数据来看，抖音和快手平台的作品量相差不大，后者略高于前者。

从发布平台的定位来看，快手用户以三、四线及以下城市为主，作品多为普通民众，氛围更接地气，呈现明显下沉特质。抖音用户以一、二线城市为主，多打造热门爆款作品，网红和头部用户拉动趋势明显。对共青团中央和中国长安网在抖音、快手平台发布的短视频作品进行梳理，两个平台的作品内容基本相同，但互动效果差距比较明显。例如，2019 年 1 月 7 日，中国长安网发布了一则民警搀扶老人的视频，在快手平台收获了 4.9 万次点赞量，145 条评论，而抖音仅有 678 次点赞，5 条评论。2019 年 8 月 2 日，共青团中央发布了一则欧洲人买中国风扇的视频，在快手平台收获了 14.4 万次点赞量，而抖音仅有 1.9 万次。

由此可见，快手平台的互动效果在下沉用户市场的反馈更好，受众更愿意在快手平台进行点赞、评论，在抖音上则以浏览为主。因此，在内容选择上，强化抖音的宣传属性或许是可行的选择。与抖音相比，快手平台的社交属性更强，但是其娱乐属性也更明显，适度增加普通人的生活日常内容，更能引发与用户的共鸣。

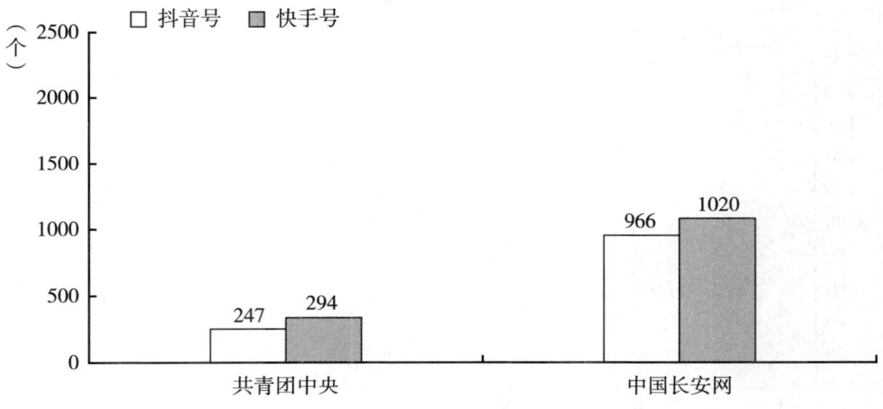

图 3　共青团中央和中国长安网抖音、快手号总作品量

（2）互动形式单一，用户黏性较弱

短视频类 App 最常见的互动形式就是点赞、评论、转发，如上文分析，短视频类内容的互动效果方面，快手较抖音更胜一筹。因此，积极探索互动新形式，增强用户黏性是政务类短视频号亟待解决的问题。

除了基本互动形式，共青团中央和中国长安网在抖音、快手平台也有其他尝试，但因频次太低，效果不是很明显。例如，2019 年 11 月 7 日，中国长安网为庆祝快手粉丝破千万，发布了一则抽奖活动的宣传视频，主办方根据用户留言点赞数依次排序，前 16 名可获得相机、打印机、电磁炉等奖品。评论数

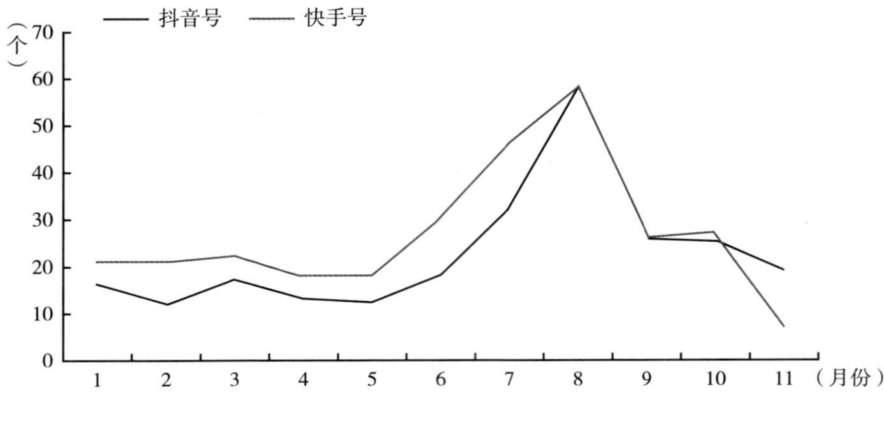

图 4　共青团中央抖音、快手号月作品量

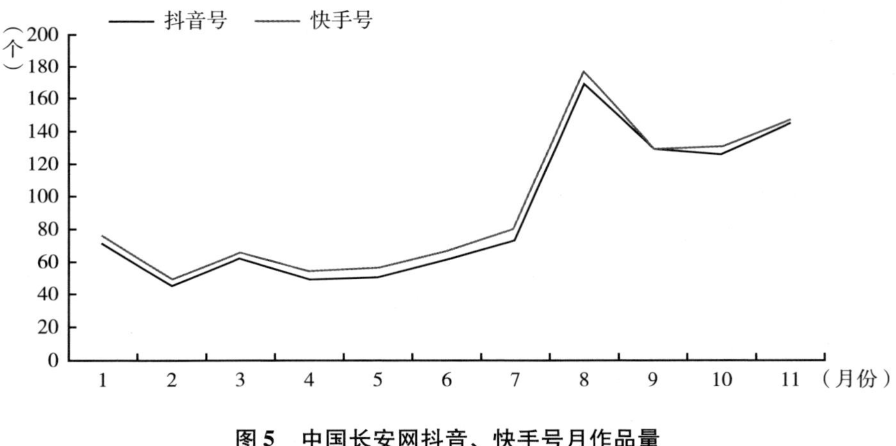

图 5　中国长安网抖音、快手号月作品量

有 24748 条，但数据显示，前 16 条评论中只有 6 条评论点赞量在百赞以上，剩下获奖的 10 条评论点赞量均为零，留言相对简单，官方均未回复。虽有奖品激励，但单向互动趋向明显，用户参与度不高。因此，未来要注重双向互动，及时回应用户，才能更为精准地把握用户需求，增强用户黏性，改善传播效果。

（3）悲情色彩浓厚，增加受众心理压力

通过图 1 和图 2 的词云图可以发现，类似于#寻找英雄#、#致敬英雄#等宣扬英雄主义的话题作品频繁出现在共青团中央和中国长安网的抖音、快手号中，这些作品多讲述的是警察牺牲等悲情故事。通过观察评论区，一方面受众接受英雄事迹的感染，另一方面，也从评论中看到英雄容易被道德绑架。

此外，家属接受采访时的泣不成声、葬礼现场的沉痛等画面也给受众造成心理压力，导致受众对警察等职业产生误解，评论区中很多人认为高危行业不可触碰。2019 年 1 月 7 日，中国长安网在抖音号发布了一组照片，标题为"'浙江第一悬案'主办警察去世"，评论区有人发出类似"这个社会怎么了"等质疑声音。10 月 27 日，中国长安网抖音号发布了一则民警遗体告别的视频，为了掩护群众撤离，三名警察中两名壮烈牺牲，其中一名警察的孩子还未出生。评论留言"刚出生的儿子没有了父亲，将来这孩子得受多大的影响"。国家需要英雄，但对英雄的呼唤也从侧面表明了国家和社会的动荡，让人产生不安感。作为政务号，未来的内容传播如何把握英雄的悲情故事应更为谨慎。

（二）省市级政务新媒体在短视频平台的表现力分析

1. 短视频号的传播内容与特点分析

（1）全方位多角度塑造城市形象

从上海发布、北京发布的抖音号作品标题关键词可以看出，"上海""北京"两个地名出现频率最高（见图 6、图 7），地域属性鲜明。对作品进行梳理还可以进一步发现省市级政务短视频号更多发挥的是城市形象的构建作用。

在推介经济领域发展成绩方面，上海发布抖音号发起了#进博的热度上海的温度#、#遇见上海#等话题，北京发布抖音号发起了#北京大兴国际机场#、#王府井#等话题，从地标建筑、城市基础设施等方面展现了上海和北京的经济发展水平。2019 年 11 月 13 日，上海发布和北京发布分别在抖音号发布了标题为"全网呼叫上海人"和"全网呼叫北京人"的作品，视频内容分别是上海、北京两地的 16 区，分别获得 17.1 万次和 2.2 万次的点赞。在文化领域，上海发布的魔都美食集锦系列作品赢得了市民的追捧。#高校拉歌#话题作品则展现了上海 31 所高校的校园风貌，表达了莘莘学子对祖国 70 华诞的美好祝福。此外，北京和上海分别作为中国的首都和第一大经济城市、对外宣传和对外贸易的窗口城市，经常承办各种大型文化、会展、外交活动，类似于亚洲文明对话大会和世界机器人大会等国际性会议在短视频平台都有出现，有着与其他地区和其他级别的短视频号相区别的内容。

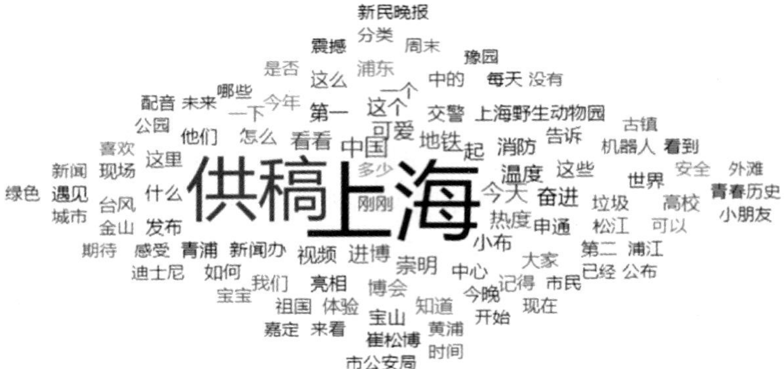

图 6　上海发布抖音号标题词频分布

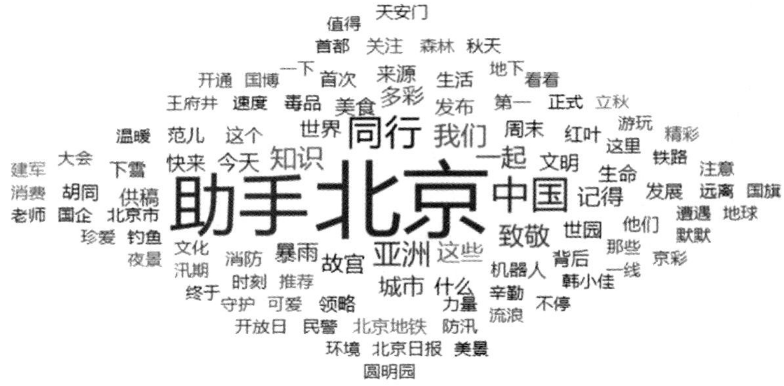

图 7　北京发布抖音号标题词频分布

（2）运用大数据等技术手段，创新“互联网+”城市服务

上海发布和北京发布分别是上海市政府新闻办公室和北京市政府新闻办公室的官方账号，除了进行宣传功能外，这些账号还承担着城市服务的功能。

抖音、快手等社交媒体平台的流量属性有利于政府政策的传播与扩散，加以利用可以更好地服务群众生活。上海发布和北京发布都曾借助大数据，把看似枯燥晦涩的政府工作用可视化的动态图表呈现。例如，2019 年 8 月 2 日，上海发布通过动态条形统计图展现了 2013～2019 年上海地铁工作日夜间进站客流排行，有用户留言：人民广场地铁站客流量实至名归第一。2019 年 9 月 6 日，北京发布在抖音发布了一则故宫游玩路线推荐视频作品，通过动态的箭头指引清晰地为用户指出最佳游览路线。这些作品为城市居民和外来旅游者提供了优化的服务体验。在政策发布上，北京发布专门制作了“新闻发布会”系列政务短视频，借助剪辑特效，将新闻发布会现场和动态数据图表剪切在一起，让用户有身临其境之感，生动形象地体现数据魅力，类似于“历史数据见证北京蓝”等“数解北京”系列作品让观众惊叹，有网友留言“这样的视频才有看的意义”。

2. 省市级政务新媒体短视频平台传播的不足之处

（1）区域发展不均衡，没有形成全方位的传播矩阵

截至2019年12月18日，上海市政府和北京市政府均没有开通快手官方账号，也未入驻其他短视频平台如西瓜视频、B站等，在多平台上没有形成良好的传播矩阵。

统计数据显示，上海发布和北京发布的年作品量、月作品量有较大差异，北京发布于2019年5月15日正式入驻抖音，其口号是“爱生活，爱北京”。目前拥有101个作品，总点赞数83.3万次，总评论数1.5万条。上海发布于2018年12月27日开始试运营，2019年1月16日结束试运行，正式上线抖音，目前拥有700个作品，总点赞数1060.8万次，总评论数14万条（见表1）。无论是从点赞量还是作品量看，北京发布都低于上海发布，同一量级的城市政务新媒体在短视频平台的发力呈现不均衡发展态势。

表1　北京、上海官方抖音号作品量、点赞数、评论数统计

ID	作品总量(个)	总点赞数(万次)	总评论数(万条)
上海发布	700	1060.8	14
北京发布	101	83.3	1.5

（2）原创力度不够，互动感不强

图6、图7显示，两个短视频号的“供稿”和“助手”分别是上海发布和北京发布抖音作品的第二大高频关键词，可见，上海发布的作品大多来源于其他渠道供稿，北京发布的作品大多来源于抖音小助手，两者的原创作品都较为缺乏。

统计用户留言发现，上海发布的700个作品中，2个作品的评论数过万，评论数在100～1000条的作品有94个，评论数在1000～10000条的作品只有1个，17个作品的评论数为零，其他作品评论数均不过百（见图8）。北京发布的101个作品中，评论数过万的作品为零，评论数在100～1000条的作品有8个，9个

作品的评论数为零，其他作品评论数均不过百（见图9）。可见，这一级别的政务新媒体在短视频平台的作品生产及内容吸引力方面还需要继续下功夫。

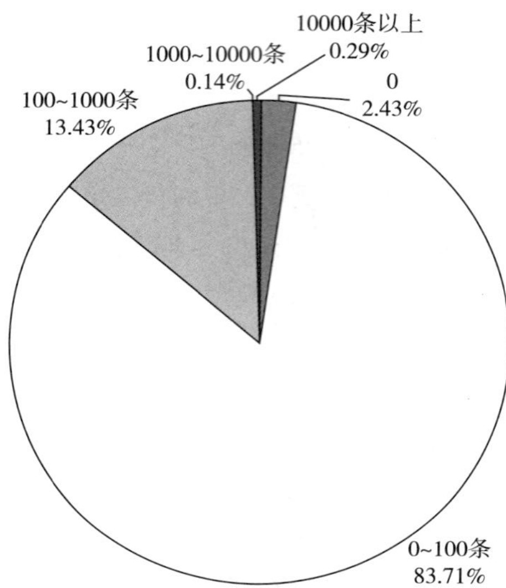

图8　上海发布抖音作品评论数及占比

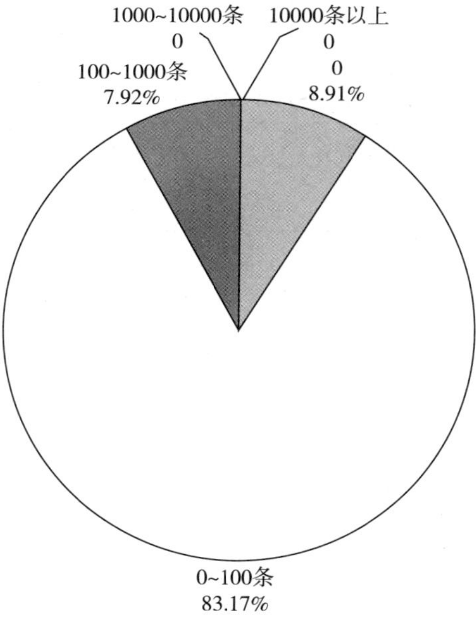

图9　北京发布抖音作品评论数及占比

（三）区县级政务新媒体在短视频平台的传播表现力分析

1. 短视频平台传播内容与特点

（1）市区级政务新媒体内容重经济，县乡级重人文

佛山高新区立足粤港澳大湾区。佛山国家高新区是广东省佛山市高新区的官方账号，于2018年6月4日开通抖音账号，截至2019年12月18日，共发布了26个作品，其中2019年的作品只有15个，从图10可以看到，佛山国家高新区的作品多涉及“人工智能”“国际”“大会”等名词，重点关注市区经济发展。而中国最美乡村——婺源的抖音号作品有443个，多转发抖音助手的话题作品，除了“助手”一词，“记录”“家乡”“农村”“婺源”“上饶”“江西”“美好”等关键词出现频率较高（见图11），反映当地风土人情的作品较多，且在中国最美的乡村——婺源的评论区可以发现，用户留言基本围绕“婺源”一词（见图12），留言内容与婺源当地的美食特产和群众生活状况相关。

图10　佛山国家高新区抖音号标题词频分布

（2）“走出去”与“引进来”相结合

佛山国家高新区的抖音作品强调经济领域的发展，梳理内容后发现，该短视频号主要从当地经济建设、人才培养两个方面展现区域风貌，为引进人才做准备，同时，深化国际合作，与国际接轨。例如，2019年12月11日，抖音号发布了一则采访视频，内容是佛山高新区党工委副书记就佛山市人才驿站的定位与政策解说。2018年，佛山高新区举办了首届人工智能大会。2019年10月

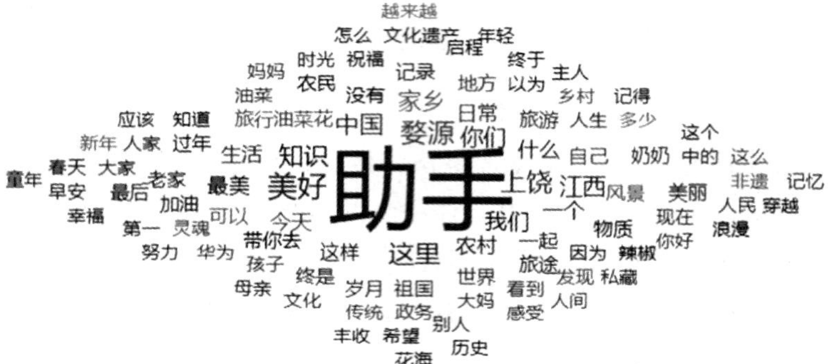

图 11　中国最美的乡村——婺源抖音号标题词频分布

图 12　中国最美的乡村——婺源抖音号评论词频分布

28 日，佛山高新区管委会承办的第二届人工智能大会闭幕。这些在短视频号都有呈现。

中国最美的乡村——婺源抖音号是婺源县文化广电新闻出版旅游局的官方账号。该抖音号重在通过自然生态、人文历史来反映当地生活，以自然景色和人文历史作为旅游开发和视频推介的重点。其宗旨就是吸引投资方，发展旅游产业，增加当地居民收入，提高当地知名度。2019 年 11 月 27 日，该抖音号转发了婺源民风民俗合集第 28 集，叙述了一名“90 后”退伍军人回乡传承国家级非物质文化遗产“菠萝漆技艺”的故事。基于短视频社交平台，为外界提供认识乡村的窗口，也为当地人提供展示平台，实现“走出去”与“引进来”的双向互动。

2. 区县级政务短视频号传播的不足之处

（1）流量属性突出，政务属性欠缺

随着新媒体技术发展与用户需求升级，政务新媒体的价值已经发生了位移，用户已无法满足简单的内容刺激与新颖体验，更需要能够获取改变生活、工作体验的政务服务内容，实现从内容输出到“服务交付”的运营升级，这是政务新媒体的发展趋势。沉迷于“标题党”以及卖萌求取点击量的平台会让用户产生审美疲劳。值得一提的是山东莘县的抖音账号——莘县信息港在流量属性与政务属性之间谋求平衡，既有关于供热公司的缴费通知、县区的停电通告、县医院的搬迁信息等看似平常却与群众密切相关的小事，也有威胁人民生命、财产安全的案件通报，还有《中国莘县》《舌尖上的莘县早市》等视频内容。莘县信息港虽运营时间短，但内容丰富，兼顾了政务服务和流量属性，既满足了用户获取政务信息的需求，也增强了用户黏性，为其他县级以下的政务短视频提供了借鉴经验。

（2）政府部门重视不足，短视频平台建设发展缓慢

从数据统计看，县区级政务新媒体普遍存在作品数量少、运营时间短、发布频次低的问题，没有形成相对完善的传播矩阵和规范的运营机制，部分地区官方账号影响力不及当地社会商业团体。对于基层政府来说，政务新媒体乃至短视频服务号是打通政务服务“最后一公里”的关键环节，应该引起足够重视。

受资金、人才的限制，这一级别的政府部门也不必一定开通自己的政务新媒体账号，更不必进驻所有的政务新媒体平台，可以选择整合资源与重点进驻的思路，避免精力分散与资源浪费。

四　不同行业系统的政务短视频发展分析

（一）2019年度发展概况

这一类别下的政务短视频号，从主体归属选择了公安、消防、检察院、法

院四类。依托清博数据政务抖音号榜单，[①] 从上述四类政务部门中分别选取传播力较强的账号作为研究重点，所选账号行政级别涉及国家级、省级、地市级，以期确保研究覆盖范围较为全面。2018 年被称为政务短视频发展元年，[②] 从表 2 可见，抖音政务账号大多开通于 2018 年，2019 年是政务短视频蓬勃发展的一年，上述四类部门的政务短视频凭借自身特点稳步发展。

表 2　四类代表性政务抖音号的基本信息

抖音号	开通时间	级别	定位	功能
四平警事	2018 年 5 月 14 日	地市级	四平市公安局官方抖音号	讲述正能量满满的故事
中国消防	2018 年 11 月 9 日	全国	中华人民共和国应急管理部消防救援局	关注阿消，那个随时随地守候着你的蓝朋友
山东省人民检察院	2019 年 3 月 2 日	省级	山东省人民检察院官方抖音号	讲述检察好故事，传递法制正能量
中国法院网	2018 年 8 月 2 日	全国	全国法院门户网站山东省人民检察院官方抖音号	普及法律知识，弘扬社会正气

1. 公安系统短视频政务号的发展情况

2018 年 9 月 14 日，公安部网络安全保卫局联合抖音，举办“全国网警巡查执法抖音号矩阵入驻仪式”，全国省级、地市级公安机关 170 家网警单位集体入驻抖音，开通抖音官方账号，搭建全国网警短视频平台工作矩阵。作为互联网虚拟空间的守护者，全国网警部门借助短视频平台，打造警务互动新模式。以“四平警事”账号为例，从题材来看，主要分为安全教育警示、正能量和普法情景剧；从形式上看，Rap、Vlog 等形式已成为时代潮流。[③] 这种以警察个人身份运营的自媒体，主动站在短视频风口，形成短视频与图文内容模态的结合，打破了公众对警察的刻板印象，极大地满足了用户的体验感与信息需求。

---

① 马亮：《政务短视频的现状、挑战与前景》，《电子政务》2019 年第 7 期。

② 李明德、张园：《政务短视频内容生态的评价维度与优化策略》，《电子政务》2019 年第 10 期。

③ 滕羽：《公安政务新媒体传播力问题分析与优化策略》，《青年记者》2019 年第 23 期。

2. 消防系统短视频政务号的发展情况

2018 年 11 月 9 日，“中国消防”抖音号开通后发布了第一条作品，发布当日获赞 6.9 万次、播放量 170 万次，31 天后获赞超 2000 万次，288 天后获赞 1.3 亿次、播放量 28 亿次。2019 年 4 月，全国消防救援队伍总队、支队级单位集体入驻抖音平台，消防政务抖音号已成为体量最大、影响力最高的政务短视频号集群之一。

3. 检察院系统短视频政务号的发展情况

2019 年 3 月 2 日，“山东省人民检察院”官方抖音号开通暨“公正风”主题活动启动仪式在山东省人民检察院举行。山东省人民检察院抖音号以发布一线检察官办案故事、捍卫公平正义的事迹为主要内容，并以此为阵地，灵活有趣与权威、真实、深刻相结合，以网友们喜闻乐见的方式，讲述检察好故事，传递法治正能量。

4. 法院系统短视频政务号的发展情况

2018 年 8 月 2 日，全国法院门户网站“中国法院网”正式入驻抖音、快手两大短视频平台，力求通过最贴近人民群众的渠道普及法律知识，传播法治好声音，展示人民法院工作，塑造法院人形象。中国法院网抖音政务号上线后短短 12 个小时，播放总量即达到 156 万次，获赞 3.2 万次，新增粉丝 1.1 万；快手政务号播放总量高达 1854 万次，获赞 46 万次。两个政务号上线第一天就引起了轰动。作为法院系统最早一批入驻抖音、快手平台的政务号，在这种用户数量巨大、覆盖地域广阔、价值观多元的平台上，中国法院网政务号更是肩负着舆论引导的重要责任。中国法院网政务号用新形式普法讲法，在最短时间、最大范围传递了有效信息，让网友看到真实、生动、亲切的法官形象，获得了网友的喜爱和认可。

（二）不同行业系统的政务抖音号表现力分析

从表 3 可见，四平警事抖音号获赞量和粉丝数分别达到 1 亿次和 1529.1 万，中国消防抖音号获赞量和粉丝数分别达到 1.7 亿次和 527.5 万，四平警事和中国消防两个抖音账号的获赞量和粉丝数明显高于山东省人民检察院和中国法院网。进一步对比发现，四平警事抖音号的获赞量和粉丝数在远高于山东省人民检察院和中国法院网的同时，四平警事抖音号的作品数小于山东省人民检察院和中国法院网，说明以四平警事为代表的公安系统在短视频作品内容制作和账号运营上是比较突出的。

表 3　四类政务抖音号的相关数据

行业类别	账号名称	获赞量(次)	粉丝数(万)	作品数(个)	日均作品数(个)
公安	四平警事	1.0 亿	1529.1	145	0.39
消防	中国消防	1.7 亿	527.5	749	1.83
检察院	山东省人民检察院	305.7 万	80.6	330	1.05
法院	中国法院网	2285.2 万	261.4	1251	2.50

1. 视频来源：原创作品占主体，视频总量差距较大

抖音平台中视频来源分为原创作品和转发视频，在抖音账号的页面中，作品一栏显示原创作品和原创作品数量，动态一栏显示原创视频和转发视频的总量。通过对上述四个账号的原创视频数以及转发视频数统计得到表 4，可见，四个账号的短视频作品主要为原创视频，转发视频数量占总视频数量的比例较小，作品数和动态数基本保持一致。由此可知，行业部门的短视频号系统都注重作品的原创性。原创内容的新鲜感能够吸引用户的注意力，还可以获得用户更多的认可。但从图 13 可见，四类政务抖音号发布短视频总量差距较大，中国法院网抖音号发布作品数量最多，达到 1294 个，四平警事抖音号发布作品数最少，仅为 162 个。适度增加政务短视频作品的发布量，能够加强受众对政府部门和行业系统的印象，也可以通过培养媒介习惯有效增强用户黏性。

表 4　政务短视频四类账号的原创视频和动态数

单位：个

账号名称	原创视频数	动态数
四平警事	146	162
中国消防	764	834
山东省人民检察院	338	343
中国法院网	1275	1294

2. 发布频次：作品发布频次与账号粉丝数和获赞量无明显正相关

通过统计四类账号的作品发布总数和开通账号时长，计算账号日均发布作品

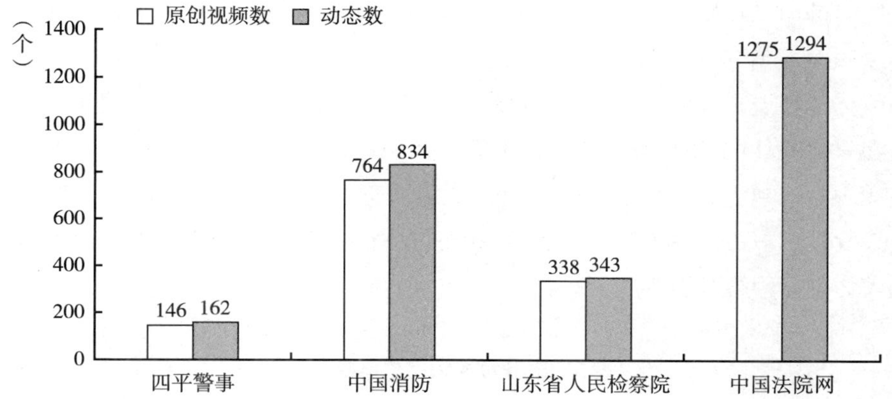

图 13　四类政务抖音号的原创视频数和动态数分布

数，从短视频作品日均发布数来看，中国法院网的日均作品数达到2.5个，高于四平警事的0.39个和中国消防的1.83个，但中国法院网的获赞量和粉丝数远不及四平警事和中国消防。由此可见，不能仅仅通过增加政务短视频的数量来达到提升账号传播力和影响力的目的。增加作品发布频次只是其中的一个变量，并不能与获赞数等评价结果形成正相关，还需对短视频内容质量和推广方式进一步创新。

3. 视频内容：主题特色鲜明，内容呈现同质化

通过对不同行业短视频账号的统计，主要内容为发布政务资讯、宣传普法、形象塑造等方面，主题特色鲜明，如四平警事通过原创情景剧进行普法宣传，短视频内容通俗易懂，故事化、接地气，宣传法律知识深入浅出，深受用户好评，获赞量和评论数可观。中国法院网抖音号通过短视频抓“老赖”也有不错的效果，特别是基于平台算法推荐可以直接精准推送给“老赖”的亲人朋友，解读法律知识，也通过社交媒体平台的社交关系网形成压力，敦促“老赖”主动还款，事半功倍。从视频内容来看，尽管行业特色鲜明，但不可避免存在同质化现象，具体表现为剪辑手法、故事内容、视频配乐的重复与雷同，政务短视频内容创作应力求创新，同质化作品会使受众逐渐失去兴趣，造成流量流失。

4. 用户分析：年轻人为主，女性用户占比偏低

用户数据的测量方面因山东省人民检察院抖音账号开通较晚，数据不足，因而选取四平警事、中国消防、中国法院网三个抖音账号为研究对象，通过统

计账号的用户数据制作年龄和性别统计表。从表5和表6可见，主要用户群为18～39岁的青年人，男性用户多于女性用户。符合抖音平台年轻人为主要用户群体的特点，也体现出男性用户对于政务短视频更加感兴趣。中国法院网抖音账号40岁以上用户数量多于四平警事和中国消防，可见这部分受众对于涉法短视频兴趣更大。性别分布方面，中国消防抖音账号受众的性别比例较均衡，女性用户占比高于四平警事和中国法院网，二者可在增强女性用户兴趣方面着力创新短视频内容。

表5　政务短视频用户年龄分布

单位：%

账号名称	6～17岁	18～24岁	25～29岁	30～39岁	40岁及以上
四平警事	10	36	33	17	4
中国消防	13	39	28	12	5
中国法院网	6	26	23	28	16

表6　政务短视频用户性别分布

单位：%

账号名称	男性比重	女性比重
四平警事	85	15
中国消防	59	41
中国法院网	74	26

五　政务短视频发展的优化建议

（一）挖掘用户数据找准定位，精心打造原创推陈出新

2019年是政务新媒体蓬勃发展的一年，各级各类政府部门纷纷开通政务新媒体短视频账号，在数量激增的同时，内容呈现同质化，质量也参差不齐。部分政务账号存在发布作品数量大、点赞和评论数量却很少的情况。当出现“爆款”短视频时，许多政务账号会拍摄制作与“爆款”同版作品，在拍摄手法、画面剪辑、音乐使用上大体一致，未见创新。虽然短时间内可以吸引受众

注意力，但容易造成受众审美疲劳，不利于形成稳定持续的受众黏性。因此，政务短视频需找准自身定位，结合行业和地域特色，对粉丝群体的年龄和性别构成进行数据分析，了解用户结构分布，制作更具创造性的短视频作品。无论是不同行政级别还是不同部门行业的政务新媒体，都以发布资讯、教育宣传、形象塑造为主要职能，未来政务短视频号应进一步明确定位，发挥职能特色，结合资源和素材的优势，创作个性化的视频作品。如地方法院政务号在普法短视频中加入方言和背景，使普法故事场景化，可以使本地受众的接受度更高。

（二）重视优化用户体验，强化互动反馈机制

优质的政务短视频作品离不开用户的参与，在评论区留言、点赞、转发等都是用户参与的形式。创作者在评论区与用户互动交流，通过引导和观察用户评论，可以了解政务短视频是否达到预期的传播效果和作用，根据用户意见和态度可以及时调整和改进政务短视频的内容、形式、传播策略。同时，创作者及时回复可以带来零距离交流和隔屏的注视感，拉近与用户的距离，增加亲切感和情感共鸣，增强用户黏性。在对本文选取的政务新媒体账号统计中发现，政务短视频的回复率并不高，甚至有些短视频中没有对用户评论进行回复。因此，强化互动反馈机制是政务新媒体重视用户体验的有效途径，通过加强交流与反馈，挖掘政务短视频的社交属性，形成充分的信息双向交流。此外，还可以通过创建话题讨论、参与评论抽奖等方式吸引用户，比如政务抖音号@四平警事发起的在评论区评论参与抽奖的活动，极大地调动了用户参与的积极性和主动性。加强与用户互动，提高互动频率和质量，是政务短视频传播效果提升的有效途径。

（三）扩大平台受众范围，建立新媒体传播矩阵

目前，尚有许多政务新媒体没有开通短视频账号，即使开通也没有全覆盖所有短视频平台，抖音和快手为入驻政务部门的主要平台，发展明显不均衡。政务部门入驻短视频平台是大势所趋，符合受众阅读信息习惯的改变，符合时代与技术进步的方向，未来必将有大量的政府部门入驻商业短视频平台。同时，政务部门不应局限于单一平台，应入驻不同短视频平台，结合不同短视频平台在风格定位、受众群体、运作模式等方面的特质扩大受众覆盖面，避免单一平台的传播效果有限。如西瓜视频、火山小视频、B站等平台，可有效扩大

短视频平台覆盖范围，形成政务短视频传播矩阵，针对不同用户群体，制作具有针对性的优质短视频内容，实现垂直化、场景化传播。国家级主流媒体正在打造视频阵地，如央视频等，政务新媒体可以配合入驻，实现主流媒体与商业媒体的短视频协同发展，形成合力，达到最佳传播效果。各短视频平台协同合作，建立起政务短视频传播矩阵，对提高社会治理现代化水平具有积极意义。

（四）借力政策扶持，优化内容管控

政务短视频也存在内容质量参差不齐、作品产出效率低的情况，甚至部分账号处于长时间无作品发布的状态，逐渐沦为“僵尸号”。优质的政务短视频制作实际上存在技术门槛，虽然不用专业影视公司来制作，但需要专业技能和经验的储备与积累。

因此，在政务短视频的发展过程中，应该结合行业特点、地域特色、资源优势等要素，在工作考核中纳入对政务短视频的考量，通过出台相关政策，加大对政务新媒体发展的资金投入，定期举办培训活动，对视频制作和平台运营进行全方位的指导，尤其对于相对落后的地区来说，更应加大硬件和软件的扶持力度，使其具备开设政务新媒体账号和制作政务短视频的基础条件，进而帮助实现高性价比，制作出优质政务短视频作品。对于部分政务短视频号的粗制滥造和“有账号无作品”的僵化现象，应加大考核精度和力度，防止浪费公共资源和政府资金投入。配套出台相应的评价激励机制，优化考核指标，将用户反馈纳入考核体系，定期对各政务短视频账号进行不同类别的评比，通过内容创意、剪辑手法、传播效果等多个维度展开，以期彼此之间取长补短，促进政务短视频的良性发展。

参考文献

董潇潇：《短视频行业发展的新情况与新特点》，《传媒》2019 年第 9 期。

《Fastdata 极数：2019 年上半年中国短视频行业分析报告》，2019 年 7 月。

人民网舆论与公共政策研究中心：《政务短视频发展研究报告》，2019 年 5 月。

洋葱智库、卡思数据：《抖音政务账号分析报告》，2018 年 6 月。

马亮：《政务短视频的现状、挑战与前景》，《电子政务》2019 年第 7 期。

B.19

2019年网信传播参与社会组织动员的实证研究

——以2019年新疆维吾尔自治区党委网信办“我为新疆代言”网络公益行动为例

狄多华　侯 锷*

摘　要： 习近平同志强调，网信事业代表着新的生产力和新的发展方向。① 在新时代网信事业背景下，2019年新疆维吾尔自治区党委网信办贯彻‘以人民为中心”的发展理念，积极发挥网信在网络传播、网络生态治理以及网络社会资源统筹等方面的职能优势，通过策划实施“我为新疆代言”网络公益行动等一系列活动，掀起了一场“现象级”的社会化传播新疆的文化运动。本文以“我为新疆代言”网络公益行动为观察样本，经研究得出，在“媒介化生存”的网络社会，网信传播是网信事业“先进生产力”中最具活跃性和引领性的一种新型生产力，并且在“满足人民新期待”中参与了社会治理体系和治理能力现代化的进程。

关键词： 网信生产力　新疆党委网信办　“我为新疆代言”

* 狄多华，新疆维吾尔自治区党委网信办副主任、新疆网信办智库研究员、第九批中央国家机关援疆干部，主要研究方向为网络传播、互联网法制、互联网舆情、信息化等；侯锷，博士，中国传媒大学媒介与公共事务研究院高级研究员，公共关系与战略传播研究所副所长，政务新媒体实验室主任，主要研究方向为政务新媒体、网络强国战略与治国理政。

① 2018年8月20~21日，中共中央总书记、国家主席、中央军委主席、中央网络安全和信息化委员会主任习近平在全国网络安全和信息化工作会议上发表的重要讲话。

一 “网信”作为信息社会治理组织的必要与必然

（一）媒介话语权力的重构与社会化传播权力和资源体系的形成

大众媒体时代的传播模式，是一种“传者—受者”二元对接的线性供需模式，信息传导与传播的信用体系和内容管理体系较为稳固，即官方话语中心主导的“信源”模式。而近年来，互联网尤其是开放式、交互式传播的新媒体传播范式，打破了信息传播的边界，模糊了信息“传者”与“受者”间的生产者、传播者的固定角色和功能，出现了UGC模式，将原有的“受者”从传播业务流程的末端拉入了信源生产供应链条的始端，以及“信息链”的任意交互环节。这种信息自身结构和生产模式的革命，让人类从既往的“知识社会”转向“信息社会”。

在网络信息社会，社会话语权力在经历了“去中心化”的“技术平权革命”之后，源于网络兼容现实主义所存在的职权、财富、学识、资历、经验甚至“颜值”等加权系数，网络社会又自发性实现了“再中心化”的话语权力排序重组，进而具有一定舆论传播力、引导力、影响力和公信力的“网络意见领袖”（Online Opinion Leader），以及在某一垂直专业行业领域占据主导社会化传播的“民间高手”——“达人”（Wise Man）开始出现。但是，传统话语权力格局离散分化之后，由于网络自传播环境中的“把关人”缺失，“泛网络民主”在现实中带来了传统媒体公信力消解和网络传播议程设置中否定历史文化、民族文化、民族传统、民族精神，甚至否定一切的历史观点和思想倾向于“历史虚无主义”的失序无序传播。

（二）网络社会“信息方式”的重构，让“网信”成为一项重要而独立的国家治理业务单元

著名的西方马克思主义批判理论家马克·波斯特（Mark Poster）秉承西方马克思主义的批判精神，并比照马克思主义的“生产方式”概念，创造性提出“信息方式”的概念。他认为，“信息方式”对“生产方式”替代的最重要成果，是“促成了语言的彻底重构，这种重构把主体构建在理性自律个体的

模式之外。这种人所熟知的现代主体被信息方式置换成一个多重的、撒播的和去中心化的主体，并被不断地质询为一种不稳定的身份”①。

当网络信息技术和移动媒介设备不断迭代更新、社会“公民”不断被动员上网而转身为“网民”，现实社会与网络社会因为行为主体的同一化融合而构成一个网上网下嵌入式发展的新型“社会共同体”，社会“生产方式”借助数字化信息化向“信息方式”的演绎趋势，既带动了整个社会体系深层次分化和网络新阶层的出现，也对新兴网络空间的社会治理提出了秩序管理与统治政治之需，我国互联网治理的权力机构组织建设也正起源于此。

（三）“网信”成为网络健康有序发展与网络资源体系的统筹领导者

当网络社会空间的“信息化自由贸易区”和“新信息财团”出现后，为了促进我国互联网空间的健康有序发展，十八大以来，依托于“网络实名制”和全面依法治网的渐进式治理，我国初步实现了对网络社会“市民化”的治理转型，② 中央网信工作领导机构与网络治理权力组织体系的建设也加速完成。

2018 年 3 月，根据《深化党和国家机构改革方案》，原“中央网络安全和信息化领导小组”升级为“中国共产党中央网络安全和信息化委员会”。与此同时，习近平总书记强调指出，“网络安全和信息化是事关国家安全和国家发展、事关广大人民群众工作生活的重大战略问题，要从国际国内大势出发，总体布局，统筹各方，创新发展，努力把我国建设成为网络强国”。“网信”（“网络安全和信息化”的简称，Cyberspace Security and Information Affairs）成为关乎党的执政安全、国家长治久安和社会各项事业兴衰的重大战略问题。“网信办”作为针对网络空间安全和网信事业发展的一个政治权力主体组织自此正式诞生，开始全面履行网络安全和信息化管理、网络信息内容生态治理等网络公共事务的领导、管理、协调、开发等综合职能。

---

① 〔美〕马克·波斯特：《第二媒介时代》，范静哗译，南京大学出版社，2005。

② 侯锷：《2017 年网络强国战略下社会新治理体系研究报告》，载《新媒体蓝皮书：中国新媒体发展报告 *No. 9*（2018）》，社会科学文献出版社，2018。

二　在“我为新疆代言”网络公益行动中，新疆党委网信办以“网络传播”作为最活跃的新型“先进生产力”的创新实践

2019 年 11 月 25 日，新疆维吾尔自治区党委网信办组织策划的“我为新疆代言”网络公益行动正式启动。截至 2020 年 1 月底，该活动不仅在全网立体化展示了新疆团结和谐、繁荣富裕、文明进步、安居乐业的良好区域形象，还取得了网络舆论社会重新认识新疆、认同新疆、向往新疆的良好传播效果，充分体现了新时代党委网信事业在网络信息传播、网络生态治理以及网络资源统筹等方面强大的组织动员能力，诠释了网络传播是网信“先进生产力”中最具活跃性和引领性的一种新型生产力的特质，主要有以下五方面特点。

（一）跨界创新的新时代网信担当

当前，随着国家对新疆治理战略综合施策的积极成效不断显现，新疆在面临社会稳定、经济发展两个“三期叠加”（增长速度换挡期、结构调整阵痛期和前期刺激政策消化期）的复杂形势下，也步入了实现新疆社会稳定和长治久安总目标的关键时期，同时新疆维吾尔自治区也正处于全国脱贫攻坚、全面建成小康社会“一盘棋”的决胜攻坚阶段。如何积极强化新时代党委网信职能，有效发挥网信在网络传播中的信息资源统筹协调等职能优势，助推全疆上下和疆内外凝心聚力落实总目标，并赋予网信事业在新疆发展方式转变和经济结构优化大发展时期的“网信经济”模式，探索“网信赋能新疆”的新增长路径，成为新疆党委网信办谋划的一项重要议程。为此，由新疆党委网信办策划实施，并由新疆维吾尔自治区党委宣传部、自治区文化和旅游厅指导的“我为新疆代言”网络公益行动启动，得到社会各界爱疆人士和广大网民的积极响应，短短两个月时间，全网传播量累计突破 10.3 亿人次（见图 1），充分展示了团结和谐、繁荣富裕、文明进步、安居乐业的新疆。

“我为新疆代言”网络公益行动除了多语种、多平台深入宣传党中央重大决策部署、治疆方略，还积极在网上开展形势政策宣传、主题宣传、成就宣传、典型宣传，网上正能量充沛、主旋律高昂，网上正面舆论势头强劲。与之相呼应，以推荐旅游资源为主的“达人西游”和以爱国教育为主题的“我和我的祖国·新疆心声”等系列网络主题传播活动，在全网累计传播量突破百亿人次，产生了积极且巨大的舆论效应和社会效益，除了在组织动员新疆网络媒体、自媒体和新疆网民践行社会主义核心价值观的溢出价值外，在更大范围宣介了新疆稳定红利的持续释放、旅游业蓬勃发展带给各族人民群众的幸福感、获得感，在全网形成了一个“现象级”的网络传播社会文化运动。

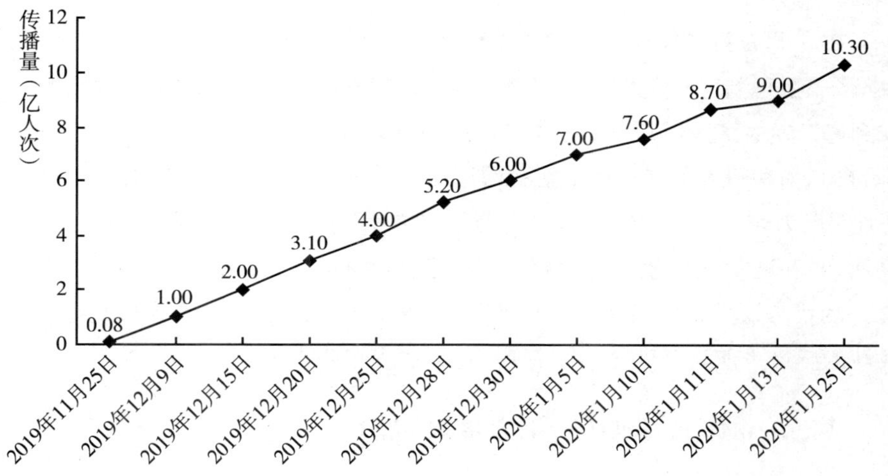

图1　“我为新疆代言”网络公益行动数据

相关统计数据显示，新疆网信作为统筹协调网络平台和空间信息资源的管理者，通过系列网信传播活动的实施，显现了巨大的社会动员能力和助推地方经济发展的强劲生产力（见表1）。

表1　新疆旅游接待与收入统计数据

年度	国内外旅客接待		旅游收入	
	数量(亿人次)	同比增长(%)	总收入(亿元)	同比增长(%)
2017	1.07	32.40	1822.00	30.00
2018	1.50	40.09	2579.71	41.59
2019	2.13	41.96	3632.58	40.81

注：数据截至2019年12月底。

资料来源：根据新疆维吾尔自治区文化和旅游厅官方网站发布数据整理。

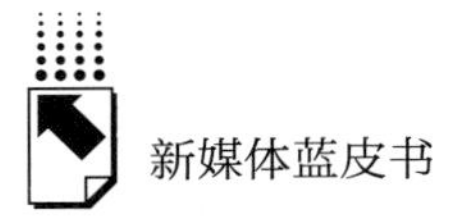

（二）向上向善的核心价值观动员

传播学理论认为，原为心理学概念的“共情”（Empathy）是构建“传播认同”重要的“共通的语义空间”。它是一种能深入受众主观世界，进而了解、沟通并抵达其感知信息、感触心理与感悟共识的能力。因此，要建立起“新疆共识”，首先要建立起“共情新疆”，包括情感共情和认知共情两个部分。

在“我为新疆代言”网络公益行动中，新疆党委网信办从“感恩党的好政策”“感恩新时代”的大时代背景出发，以新时代新疆治理所显现出的“平安利好”为主题索引，以相信“每一个人心里都有个向上向善的种子”和“珍惜和平和热爱美好是包括新疆网民在内的一切中国网民的共有品质和共同心愿”① 为切入点，设置了“‘和谐稳定之美’是大美新疆底色内涵”的情感议程，“和谐”让新疆的美丽更多了一些人性的温度和妩媚。因此，“和谐新疆”的代言议程设置便率先“命中”并触发出代言者心底的认知共鸣，这种共情的感染力所转化的传播“征服力”，引发了受众的情感共鸣。

（三）立体无界别的传播力量集结

在“我为新疆代言”网络公益行动中，新疆籍的知名人士和公众人物也在网络空间传播中起到了重要作用。这种独特的“乡音传播”成为新疆网络系列公益传播活动中的关键策源群体，他们是集群传播力的重要组成部分。

在“我为新疆代言”网络公益行动的传播链条上，以尼格买提、李亚鹏、佟丽娅、王宏伟、段奕宏等新疆籍的文化、体育、演艺、媒体等各行各业公众人物为引领，迅速吸引并集结了在疆留学生、模特、画家、书法家、主持人、摄影家、援疆干部、专家学者、公益团体、创业海归、小记者团队、香港企业家等50多个群体40万余人的积极参与，掀起了“我为新疆代言”的热潮。

从年龄结构看，“新疆代言人”群体呈现年龄跨度大的特点；从区域分

① 2020年1月11日，新疆维吾尔自治区党委网信办主任张军在“‘我为新疆代言’研讨会：如何为新疆代言——赋能新疆”主题活动上的讲话。

布情况来看，他们散布于包括港澳台在内的中国所有行政区域以及海外的韩国、英国等国家或地区，其中有艺术家、企业职工、党政机关干部，也有普通的环卫工人，甚至中小学生。中国传媒大学政务新媒体实验室主任侯锷对此活动评论："'我为新疆代言'的'我'已经突破了地域、文化与社会阶层的边界"。

（四）多元融合的全媒介整合传播

当媒体技术和传媒业态相嵌融合达到充盈，移动互联网和智能技术正在彻底革新和再造媒介形态、重构传媒业态，传媒正在模糊行业边界，传播进入了人人皆媒、万物皆媒、人媒合一、共同进化的智媒时代，"一体同构"的媒介化社会正在到来，传统意义上的"媒体"作为一个相对独立的行业或将不复存在。对此，习近平总书记也特别指出，推动媒体融合发展，要坚持一体化发展方向，通过流程优化、平台再造，实现各种媒介资源、生产要素有效整合，实现信息内容、技术应用、平台终端、管理手段共融互通，催化融合质变，放大一体效能。① 这种现代媒体融合与网信资源整合的逻辑应用（见图2），在新疆党委网信办组织策划的系列网络主题传播活动中也得到了深刻体现。

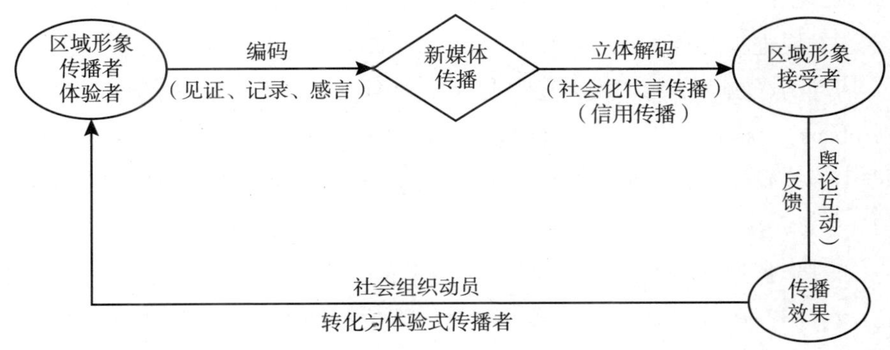

图2 "我为新疆代言"网络传播的信息资源生产力

① 2019年1月25日，中共中央政治局在人民日报社就全媒体时代和媒体融合发展举行第十二次集体学习时习近平同志的讲话。

深谙受众心理和信息消费市场的优质载体平台，为具有爆发力和影响力的主题传播提供了“舞台”，而与这些具有先进生产力机制的新兴媒介“嫁接”和“联姻”，成为新疆党委网信办在平台构建中首要的媒介策略。“我为新疆代言”网络公益行动形成了多元立体的整合传播。

（1）依托联合传播引导机制，统筹疆内外主流新闻媒体、商业媒体、自媒体等资源，最大限度地全方位、多角度、深层次予以传播，形成强大的传播合力。

（2）依托网信职能优势，发挥好中央和地方主流新闻媒体作用，联动人民网、新华网、千龙网、南方新闻网等 100 余家新闻网站，进行广泛宣传报道。

（3）依托平台优势，统筹协调疆内外新媒体资源，发挥其可视化传播、互动化传播、碎片化传播优势，组织有影响力的疆外网络达人、新疆纪检监察、新疆地震局、949 交通广播、平安天山、新疆共青团、新疆铁路、新疆我的家、新疆分享等 150 余家疆内政务新媒体、自媒体平台，并组织微博、腾讯、网易、今日头条、喜马拉雅等商业媒体传播活动新闻稿件，通过构建全媒体时代的立体宣传推介平台，立足个人、群体角度，集中生产原创短视频、音频、有声海报、Vlog、H5 等网络作品，发挥矩阵式传播同频共振效应，逐步形成覆盖全网的强大传播声势，充分展现稳定红利持续释放背景下，新疆和谐稳定、发展进步的新形象。

活动的影响力不断扩大，还引起了中国网英文、《台湾好报》，以及脸书（Facebook）、推特（Twitter）、优兔（YouTube）、探索中国（Explore China）、热点中国等媒体平台中英文关注报道，总阅读量超过 187.1 万人次，互动量超过 17.9 万人次。

通过新疆党委网信办的这一整套传播的“组合拳”，打通了“报、网、端、微、屏”各种资源，人在哪里移动传播的直播间就开设到哪里，精准有效的不间断传播也就在哪里，将世界拉回到了新疆，实现了新疆传播的全方位覆盖、全天候延伸、多领域拓展。

（五）信息富矿的集约化发掘开采

在我国，随着移动互联网的普及，全民不断被动员上网、参与表达，新媒体已经成为网民见证式参与和社会化表达的“采集器”“发射器”“交换器”。[①] 从网民在微博等社交媒体空间随时随地生产的每一个社会化节点的碎片信息来看，这种看似无组织、无意识下的群体性表达，客观上恰恰形成了社会化生产、协作化发掘和集约化开采的“信息富矿”。新疆党委网信办通过理念、内容、形式、方法、手段等的创新，在组织策划实施的系列网络公益传播活动中，使新疆的正面宣传声量、质量和水平有了明显提高。随着内容细分的各垂直领域的传播力量分批次、分路线、分主题纵深推进，形形色色代表着最前端科技影像应用的遥控无人机、超高清画质的360度全景相机、VR摄像机等先进媒介设备集结亮相新疆，“大美新疆”“平安新疆”“和谐新疆”“未来新疆”等主旋律题材在体验、感悟、升华中形成合奏交响。集媒体长文、H5图文音画、创意海报、移动短视频、Vlog，甚至小程序、明信片、台历等丰富的媒介呈现方式对新疆进行了集约化发掘和展示。在这种多视野构图、个性化解读、感悟式呈现、互动化确认的“在场主义”传播格局下，立体新疆解码出了真实新疆。

三　结语：“网信传播”是新时代协调互联网生产关系、激发社会生产力和发展活力的一种新型“先进生产力”

习近平同志强调，网信事业代表着新的生产力和新的发展方向，应该也能够在践行新发展理念上先行一步。[②] 这一重大论述，反映出网信对社会生产力内涵的作用，以及网信影响、推动改变社会关系正在发生深刻的革命性的变化是不可逆的潮流。通过对新疆党委网信办策划的“我为新疆代言”网络公益行动的实践效果来看，它有力地证实了网信传播是网信事业中一种新型“先进生产力”，社会组织动员、带动生产方式和生产关系优化整合乃至重构发展的可行性、有效性及其巨大的能量输出机制，成为这一“先进生产力”中最

① 侯锷：《2017年网络强国战略下社会新治理体系研究报告》，载《新媒体蓝皮书：中国新媒体发展报告 *No. 9*（2018）》，社会科学文献出版社，2018。

② 2016年4月19日，习近平总书记在网络安全和信息化工作座谈会上发表的重要讲话。

积极、最活跃和最具引领性的因素，正推动着新疆互联网经济和数字经济的蓬勃发展。

（一）网信生产力是社会组织动员再生产的领导力

习近平新时代中国特色社会主义经济思想，继承和发展了马克思经济思想，强调坚持解放和发展社会生产力，强调创新是引领发展的第一动力，并要求让创新成果更快转化为现实生产力。那么，从先进的网信生产力的本质属性看，它是以互联网络为基础（生产平台），以信息数据为资源（生产要素），以掌握核心技术（包括传播技能）的创新人才为驱动和依托（生产者），以网信职能服务为整合生产形式（生产关系），融合了人的思想和智慧创造的社会财富和社会治理的一种新模式。在新疆党委网信办策划组织的系列网信生产活动中，党委网信办的职能优势凸显并得到了充分的发挥，成为网络社会组织动员再生产的领导力。

（二）网信生产力是助推网络社会经济发展的策源力

现实中，党委网信部门既不是社会经济的生产主体也不是政府行政主体，更不是市场主体，而是受权党和国家对网络平台和信息内容空间进行综合治理、管理和领导的权力机构。但是，通过新疆党委网信部门的资源协调与策源能力的发挥，网信部门与文化旅游行政管理部门、新阶层统战部门、网络信息化技术开发及应用等相关部门的协同作战，既实现了网络传播资源的最大化利用，更在整合传播中扩大了网络信息生产规模，以网信优势资源聚焦网络扶贫、助力脱贫攻坚，实现了新疆区域形象、经济效益、文化效益、社会效益和政治舆论与巩固意识形态阵地的多重收效。

（三）网信生产力是协调网络社会关系和主要矛盾的综合治理能力

互联网正在全面融入并深刻影响政治、社会、文化、生活等人类社会的方方面面，习近平总书记指出：“信息是国家治理的重要依据，要发挥其在这个进程中的重要作用，要以信息化推进国家治理体系和治理能力现代化。”① 基

① 2016 年 4 月 19 日，习近平总书记在网络安全和信息化工作座谈会上发表的重要讲话。

于党委网信部门对网络社会资源、网络信息内容生态及其传播规律的洞察和认知，在当前国内外复杂的形势下，新疆党委网信办通过策划组织和开展一系列公益传播活动，不断加强网络正面宣传，创新网络宣传内容、宣传形式、宣传手段，加速民族融合、维护新疆稳定，凝聚了全网全社会在新时代的“新疆共识”，构建网上网下、疆内疆外的“同心圆”，巩固了网上网下有利于新疆发展长治久安和团结奋斗的共同思想基础，实现了网上舆论引导和线下社会工作、经济工作和意识形态工作的有机“三同步”。

参考文献

习近平：《习近平谈治国理政》（第二卷），外文出版社，2017。

中华人民共和国国务院新闻办公室：《新疆各民族平等团结发展的历史见证》，人民出版社，2015。

中华人民共和国国务院新闻办公室：《新疆的宗教信仰自由状况》，人民出版社，2016。

才让卓玛：《从区域传播迈向世界传播——边疆省区党报参与构建现代传播体系研究》，经济科学出版社，2018。

唐绪军主编《新媒体蓝皮书：中国新媒体发展报告 *No. 9*（2018）》，社会科学文献出版社，2018。

B.20
新时代地方新闻网站构建主流舆论新生态的实践
——以中国江西网为例

王宣海　刘　毅*

摘　要： 我国已进入移动互联时代，正从网络大国迈向网络强国。5G时代的来临，将有效推进中国经济社会的飞速发展和伟大变革。如何立足形势发展，坚定不移推动媒体深度融合、做大做强主流舆论，让主流媒体借助移动传播牢牢占据舆论引导、思想引领、文化传承和服务人民的传播制高点是当下业界的研究热点。作为地方新闻网站，江西日报社旗下的中国江西网结合自身实际情况，紧紧围绕“政府”“受众”“媒介”三个要素，构建主流舆论新生态，把主流媒体融合推向纵深，不断做强主流媒体，发挥主流舆论的引领作用。

关键词： 媒体融合　新闻网站　主流舆论　“五型”政府　受众　媒介

我国已进入移动互联时代，正从网络大国迈向网络强国。5G 时代的来临，将有效推进中国经济社会的飞速发展和伟大变革。对于推动媒体融合发展这一紧迫课题，习近平总书记提出：要立足形势发展，坚定不移推动媒体深度融

---

* 王宣海，江西日报社中国江西网（信息日报）总编辑，高级记者，中国新闻奖获得者，浙江大学、江西师范大学特聘专业硕士生导师，荣获“江西省先进工作者”称号，江西省百千万人才工程入选者，江西省宣传思想文化领域“四个一批”获得者，主持多项媒体研究课题；刘毅，江西日报社中国江西网编辑中心主任，主任记者，江西省青联第十届委员，江西省百千万人才工程入选者，江西省宣传思想文化领域“四个一批”获得者。

合。要加快推动媒体融合发展，做大做强主流舆论，巩固全党全国人民团结奋斗的共同思想基础，用主流价值导向驾驭“算法”，全面提高舆论引导能力。让主流媒体借助移动传播，牢牢占据舆论引导、思想引领、文化传承、服务人民的传播制高点。

作为地方新闻网站，江西日报社旗下的中国江西网结合自身实际情况，抢抓媒体融合机遇，紧紧围绕“政府”“受众”“媒介”三个要素，构建主流媒体舆论新生态，将主流媒体融合推向纵深，不断做强主流媒体，发挥主流舆论的引领作用。

一　媒体与政府强强联合：彰显主流舆论的公信力

习近平总书记指出，媒体融合发展不仅仅是新闻单位的事，还要把我们掌握的社会思想文化公共资源、社会治理大数据、政策制定权的制度优势转化为巩固壮大主流思想舆论的综合优势。

主流思想舆论在构建和谐社会、塑造国家软实力中具有重要的影响力。主流思想舆论建构中的关键要素是言论的自由和信息的透明、全面。政府要创造良好的政治环境，就要通过媒体等多种渠道为主流思想舆论的“自上而下”和“自下而上”提供交流的空间。可以说，保持舆论表达畅通，国家意识形态与舆论形成一致，是构建主流舆论的重中之重。在这方面，主流媒体所要担当的首要职责就是准确快速全面地发布政府关系国计民生的信息，这种“自上而下”的信息畅通是构建主流舆论的第一步。特别是在移动互联网时代，政府意见的全面表达和“自下而上”的群众与政府的互动交流意愿显得日益迫切，如今已成为引导、巩固主流舆论的关键一步。

（一）工欲善其事　必先利其器

2018 年 9 月，江西全省政府系统大力开展忠诚型、创新型、担当型、服务型、过硬型政府建设，一时之间，“五型”政府建设成为江西“出镜率”极高的词。为广泛宣传动员江西全省上下积极参与“五型”政府建设，江西省敞开大门接受企业和群众的监督、评议、批评，坚持把企业和群众满意不满意、高兴不高兴作为衡量“五型”政府建设成效的根本标准，把更好满足企业和群众的需求贯穿于工作的全过程和各环节。2019 年 1 月 9 日，由江西省“五型”政府建设领导小组办公室、江西日报社主管、中国江西网承办的省“五型”政府建设扩大社会参与加强社会监督平台应运而生。

与此前“应景”而建的各种“僵尸类”政务网站平台不同，江西省“五型”政府建设扩大社会参与加强社会监督平台在政策方面得到了江西省委、省政府的强力支持，平台的回复落实情况（线上回复和线下监督）已纳入江西省委、省政府对市县的高质量发展考核体系。2019 年 7 月，江西省政府办公厅还通过“五型”政府建设扩大社会参与加强社会监督平台梳理汇总了 100 个基层群众亟待解决的问题，由省政府办公厅机关 100 名干部认领，限定期限一对一帮助协调解决。这些举措让省政府相对应的责任人打开了直通基层之门，融入群众，广泛倾听群众呼声。

在江西省“五型”政府建设扩大社会参与加强社会监督平台上，网友可对江西各级政府部门的工作提出批评、建议和投诉；各级政府部门回复与否、办理落实情况及群众的反馈意见一目了然。借助江西日报社中国江西网的主流融媒体平台，网友的各种意见、回复积极的单位及多次不反馈不整改的单位会通过中国江西网所属的报纸、网站、手机报、客户端、微信、微博等多个平台整理发布，形成社会对各级政府部门浓厚的舆论监督氛围。

秉承“民生之事无小事，一枝一叶须躬行”的务实作风，“政府 + 媒体”的强强联合让江西省“五型”政府建设扩大社会参与加强社会监督平台毫无悬念成为江西省目前最重要的网络民意通道，其通过主流媒体平台充分展示了各级政府倾听民声、体察民情、汇聚民智的踏实作风，担当起政府与群众良性沟通的桥梁，努力提升了群众的获得感和幸福感，巩固壮大了主流舆论，为推动江西省“五型”政府建设起到了积极的作用。

（二）打开直通基层之门　夯实主流舆论之基

在江西省“五型”政府建设领导小组办公室、江西日报社的全体推动下，江西省“五型”政府建设扩大社会参与加强社会监督平台利用中国江西网作为本地主流媒体新闻舆论的传播力、引导力、影响力、公信力优势，保障了人民舆论表达的畅通，在符合法律和民主根本利益范围内，让政府和群众的意见互相沟通，对待公众关切的问题，政府及时回应、理性引导，维护了人民应有的权益，提高了政府公信力，有利于主流舆论的形成和巩固。

江西省“五型”政府建设扩大社会参与加强社会监督平台在做好政府与群众沟通桥梁的同时，进一步扩大社会参与度，将群众的诉求、建议落到实处，线上线下开展了多项活动，在赣鄱大地掀起了“五型”政府建设的热潮，目的就是要让干部积极作为，想办法帮助解决基层问题，在为民办实事、解难事中增进了与群众的感情，营造了全省上下团结和谐的良好氛围。

2019 年 2 月以来，由江西省政府办公厅和江西日报社指导，江西省政府官网和中国江西网联合举办的“新时代、新征程、新作为厅局长融媒体访谈”“打造‘五型’政府市（县、区）长有话说”在全省各地如火如荼地举行。截至目前，已完成 30 余场全媒体直播，全方位多角度地展示了江西各级政府在“五型”政府建设中的积极作为及亮点成效。

作为“五型”政府建设的一项重要内容，2019 年 11 月，由人大代表、政协委员、省政府参事、企业家、专家学者、媒体代表及社会各界人士组成的江西省“五型”政府建设监督员马不停蹄地奔走在各地基层一线、企业一线、项目一线，了解各地各部门“五型”政府建设情况，对照群众在省“五型”政府建设扩大社会参与加强社会监督平台上反映的难点堵点问题，真督实查，对不落实的单位、不落实的事项、不落实的人，做到紧盯不放、一督到底。每到一处，反响热烈。监督员一路看、一路问，脚步不停，将“五型”政府建设的浓厚氛围广泛传播到各行各业，让社会切实感受到江西省“五型”政府建设中出现的新变化，共同为江西的高质量跨越式发展聚力鼓劲。

二　以优质内容赢得受众：增强主流舆论的吸引力

目前，在新媒体发展日新月异的时代背景下，随着移动端的普及和网民数量的增加，传播格局去中心化特征明显，媒体由过去传播的主导者变成可供受众平等参与的公共空间。传统主流媒体的中心意义被弱化，民间舆论场的影响日益增强，公众站在个人立场，在互联网和移动端平台就热点事件发表观点，这与主流媒体倡导的主流舆论有时会产生不一致，因此，在千变万化的数字新闻时代，要提升主流舆论对受众的吸引力，媒体就必须要让受众对高质量的多媒体新闻内容在心理上产生依赖。当下，受众在选择和使用媒体方面拥有更多的权利和自由，研究和懂得受众在阅读新闻时的心理活动，策划制作更多更好的融媒体“优质内容”，无疑是赢得受众的不二法门。

（一）“老典型”的新形象：初心连环画

连环画作为一种古老的中国传统艺术，集绘画、文学等于一体，拥有独特的艺术生命力和表现力。连环画以简洁的语言、富有艺术性的画面，一度发挥了抚慰心灵、解放社会思想、提升人民群众审美能力的历史作用。与当前移动互联网短平快的传播方式相契合，中国江西网进一步创新传播手段，选择寓教于乐、人们喜闻乐见的连环画方式，另辟蹊径，将目光从传说故事、历史人物转移到当代的先进模范人物，是新闻内容制作手法上的突破，更是一种在传统文化基础上大胆创新的文化自信。

江西作为革命圣地，承载着中国共产党人的初心和使命。2019 年 5 月 20 日至 22 日，习近平总书记亲临江西重温初心，吹响了走好新时代长征路的“进军令”，发出了开展“不忘初心　牢记使命”主题教育的“动员令”。为深入学习贯彻习近平新时代中国特色社会主义思想，结合江西本地特色，以答好“时代之问”为导向，中国江西网推出全新策划专栏《初心连环画》，用连环画的形式聚焦发生在赣鄱大地上的正能量典型人物事迹，激励担当和使命，凝聚奋进力量，旨在进一步弘扬时代精神，引导全社会向“最美”人物学习“最美”精神，积极培育和践行社会主义核心价值观。

《初心连环画》栏目由信息日报、中国江西网、江西头条客户端共同打造，截至 2020 年 3 月底，已经推出毛秉华、龚全珍、李泉新、袁隆平、梅汝璈、邱娥国等 42 期人物作品。每期推出的连环画，利用专题、H5、图片等多元形式在中国江西网、信息日报、江西手机报、江西头条客户端、大江网微信公众号、民生江西微博等全媒体平台发布。《初心连环画》用新语态、新表达、新展现，让典型人物立体、饱满，也让“老典型”展现新形象。《初心连环画》既体现了地方新媒体的融合创新能力，也诠释了典型报道呼唤精耕细作的传播要求。

《初心连环画》栏目形式新颖有内涵，内容丰富且精练，受到江西省多位领导的高度认可和广大网友的好评，江西省委主题教育办多次指定典型人物创作，成为江西网络推送典型人物的品牌栏目，已有多家出版社联系集结出版事宜。该专题栏目系列作品推出后，悉数被省委宣传部、省委网信办全网推送，中宣部“学习强国”平台也同步予以推送，累计阅读人次超过5000万。

（二）26字的震撼：江西抗洪抢险纪实H5作品

2019年6月，一场万众一心防汛抗洪的战役在赣鄱大地打响。洪灾面前，中国江西网闻“汛”而动，在全省抗洪的关键时期推出《致敬这道洪水冲不垮的“堤坝”——江西抗洪抢险纪实》H5新媒体报道作品。

在报道策略上，中国江西网各地记者站派出前方记者赶赴防汛救灾现场，他们采用短、平、快方式，以滚动新闻为主，侧重采写突发的、鲜活的一线最新情况。把前方传来的各种形式的新闻素材汇总，进行二度开发，进行深度处理、深加工，防止报道流于一般形式，制作融媒齐动、给力传播的爆款作品，是《致敬这道洪水冲不垮的“堤坝”——江西抗洪抢险纪实》的创作初衷。

细节打动人心，报道选取了“哭、翻、托、奔、跳、牵、踩、骑、挡、围、拥、老、带、怕、抬、哄、跋、悲、砸、冲、疼、忍、吻、家、累、胜”26个关键字，每个字配以极具视觉冲击力的现场图片，全景化立体化展现防汛救灾一线赣鄱儿女手挽手、肩并肩、心连心抗洪抢险的英勇场景。把抢险救灾一线的党员干部、武警消防官兵、志愿者的形象淋漓尽致展现出来，辅以振奋人心、众志成城的背景音乐，以最简单的图文报道逐渐深化、深入，直击受众心灵。

该作品推出后反响强烈，此后，中国江西网又将该H5制作成短视频，在全省公共场所的电子屏幕上播放。作品受到江西省委多位领导的表扬和肯定，如江西省委宣传部专门在《新闻阅评快报》给予了肯定。省市新闻单位所属新媒体平台、各县级融媒体中心、各类政务新媒体平台纷纷转载推送。网民给予很多积极评价：“少一点娱乐无味的播报，多一点这样感人的宣传”“人民不会忘记你们”“你们就是人民最结实的堤坝”等。江西省委宣传部对该作品高度评价：“《致敬这道洪水冲不垮的“堤坝”——江西抗洪抢险纪实》H5作品用现场感人画面说话，生动鲜活、真实客观、视觉冲击力强、网上传播效果好，很好地反映了各级党委政府和人民风雨同舟、众志成城守护家园，是新媒体报道防汛救灾的一次值得推广借鉴的实践。”

（三）报网融合的力作："赣鄱扶贫志"系列报道

对于脱贫攻坚工作，党中央高度重视，获得了全国高度关注。作为江西访问量最大的地方新闻网站和江西发行量最大的都市类报纸，中国江西网和《信息日报》要在脱贫攻坚新闻报道中选准角度，扩大宣传报道影响力，提升宣传层次，凸显报道质量，营造强大舆论氛围，发挥尤为重要的作用。

在2019年全国扶贫日之际，中国江西网、《信息日报》隆重推出"赣鄱扶贫志"系列报道，全面展示了江西省在脱贫攻坚这场战役中取得的辉煌成就。

"赣鄱扶贫志"系列报道从策划到推出历时近一个月，在江西省扶贫办的支持和协助下，中国江西网在多平台同时推出了这一系列报道的不同形式。在《信息日报》上，24个彩色版面浓墨重彩，《山村蝶变：从"脏乱差"到"美如画"》《"第一书记"电商平台：消费扶贫帮江西产品和服务走出去》《"风景"变"钱景""田园"变"乐园"》《记万年县政协驻陈营镇马家村第一书记饶品文》等多篇鲜活的现场报道，从扶贫成就、乡村变化、先进人物典型、各地脱贫经验和精彩瞬间掠影等方面图文并茂、多角度立体式全方位展现江西脱贫攻坚各项工作波澜壮阔的画卷，向奋战在脱贫攻坚一线的人表达敬意。同时，专题报道的精彩内容在中国江西网官方微博微信、抖音号、橙视频、"江西头条"客户端等多个平台通过二次加工的图文内容及短视频加以推送，起到了良好的宣传效果。

在融媒体时代，综合运用融媒体手段来报道脱贫攻坚的主题，就要运用移动互联网思维、树立用户为王理念，用优秀的新闻作品吸引群众关注，壮大主流舆论，把脱贫攻坚一线的人和事与中央脱贫攻坚政策相呼应，用受众爱看的"故事体"新闻体现新时代的大主题。

三　用主流价值导向驾驭媒介：提高主流舆论的引导力

大众传媒，特别是党媒，作为党委政府和群众的交流中介，依靠先进的传播技术，承担着"上传下达"的重要作用，它可以传播、放大、引导、控制主流舆论的构建和发展方向，通过议程设置等方式深刻影响主流舆论。每种媒体形式充分发挥各自的传播优势，互相配合，使得传播内容不断深入，引导党委政府和民间舆论趋于一致，最终使主流舆论的影响最大化。因此，主流传媒要增强社会责任感，充分发挥其耳目喉舌的“媒介”功能，提高传播技巧和策略，利用新技术、新渠道，广泛传播主流舆论，引导受众。

（一）大数据：“智媒”时代舆论引导的重要工具

新闻、舆论每时每刻都在产生，新闻、舆论以及舆论导向已经成为一种软性的力量，在传媒手段高度发达的今天，各种新闻、舆论通过多种渠道快速传播。面对浩如烟海的新闻、舆论，在庞杂的信息世界里，什么才是主流的声音？我们如何才能更好地让受众注意到主流的声音？在这种背景下，重视舆情的监测、研究和引导，掌握当今社会舆论的方向就显得非常重要。

在大数据产业上，中国江西网重点打造“大江舆情研究中心”“大江大数据研究中心”“大江数据新闻实验室”三大品牌，形成核心竞争优势，成为大江传媒产业中有亮点、全国大数据服务市场有特色的大数据服务商，具体包括：进一步完善大数据产业链，构建大数据存储、建模分析、数据交易生态闭环；推动与高等院校、业界的产学研合作；通过共建研究院方式，深挖行业大数据服务市场，培养行业领域人才；推动建设大数据交易中心；等等。

大江舆情研究中心作为“基于大数据分析政务舆情监控分析平台”的主导研发机构，是由江西日报社大江网与江西省社科院社会研究所合作建立的网络舆情研究单位。它依托于大江网媒体资源优势、江西省社科院团队学术优势以及中科院智能信息处理重点实验室技术优势，是国内首个专注地方互联网舆情监测、研究的专业机构，也是省内从事舆情研究方面最早、最权威的专业机构，它研发了国内首个基于党委宣传部门工作流程开发的舆情系统。大江舆情研究中心承担着涉赣网络舆情信息整合跟踪收集分析工作（含网络新闻、论坛、博客、微博、留言），研究舆情传播规律，协助各政府机构、企事业单位认知、研判、引导网络舆情，提高应对公关危机事件处理能力，致力于服务江西发展，帮助各界人士更准确地了解江西社会、政治、经济、文化状况及公众对江西的主流诉求。同时，依托于江西日报传媒集团丰富的新闻、信息、图片、视音频等数据信息资源和强大的品牌影响力，遍布省内外的采集网络、领先的技术手段，从事面向政府机关、事业单位和大型企业为主的舆情监测、舆情预警、数据分析、舆情研判、应对处置、修复、宣传工作评估考核等研究工作。

大江大数据研究中心作为“基于大数据分析企业声誉风险管控平台”的主导研发机构，致力于为各类需要研究舆论的对象提供数据库平台和分析服务，在以大数据为基础的海量数据库内，将大数据分析与实际业务相结合，建立以舆论主题为中心、以数据助力舆情分析的流程。根据数据制定决策，为舆论引导需求处理所有数据和分析类型的任务；为话题设置了解受众心理、当前舆论环境、主要议题方向等提供多方位辅助服务；优化媒体内部运营模式，针对采编需求，增加数据收集、管理和分析环节，实现数据技术、资源和平台互补，并通过对网络舆情进行引导，助力政府提高应对公关危机事件的处理能力。

大江数据新闻实验室作为融媒体“中央厨房”大数据平台主要研发机构，定位为为县市区提供媒体融合及传媒数据解决方案。打通传统媒体网、报、端、台、刊内容数据，制定基于大数据分析技术的新闻线索采集、大数据智能写稿、传播效果分析、可视化展示的一体化解决方案。

近年来，中国江西网在江西日报社集团的大力支持下，积极推动建设大江大数据交易中心，通过利用云计算、数据分析、移动、社交及安全技术，对海量数据进行“精加工”，立足江西，为省内外快消品、金融、农业、能源、医疗健康等行业提供声誉监控、企业运营、市场营销、风险控制、产品评价、消费者分析、竞争情报等数据参考，最终为企业决策、提高运营效率、开拓业务价值提供导向。同时，积极推动“媒体融合与智慧政务”，以项目为龙头，以用户体验为导向，以大数据为支撑，着力打造区域性规模化智慧生活服务平台，提供云政务、云广告、云安全、云舆情、云软件等一系列大数据相关的服务。

（二）“码”上看：联通“两会”会场内外的新名片

每年的“两会”都是全国或一地重要的时政新闻聚集时段，往常通过广播、报纸、电视报道的“两会”最重要文件之一《政府工作报告》在传播形式和行文风格上有太多“政府公文”的印记，且传播承载的信息量因为时长、篇幅等原因也非常有限，其已然无法适应新媒体时代的受众需要。借助二维码连接移动互联网，可以为《政府工作报告》与受众之间搭建深度互动的桥梁，开启党媒时政宣传报道和舆论引导全新的“互动”时代。

2019 年江西“两会”的省《政府工作报告》，在报告首页首次创新地印上了由江西省人民政府办公厅、江西日报社策划，江西省人民政府网站、中国江西网制作的融媒体作品《“码”上看江西政府工作报告》二维码。该融媒体作品由 H5 版《数读江西政府工作报告！晒成绩亮任务!》、图解版《2018 年江西干了啥？2019 这样干》、互动版《省长邀你跑“赣马”！测一测 2019 江西政府工作报告知多少》，以及《十句诗读懂江西政府工作报告中的温度》《来！跟着江西省长读诗词》等组成。作品形式新颖多样、内容丰富生动，策划性强，生动展现政府工作报告的内容，让网友入耳入心，让党心、政心与民心贴得更紧，充分体现了中国江西网作为江西主流媒体在舆论上的导向作用、旗帜作用、引领作用。

参考文献

练蒙蒙、邵平：《新媒体主导纸媒融合发展的探索与实践》，《中国记者》2018 年第 9 期。

王宣海、胡武龙：《中国江西网探索媒体深度融合的两会实践》，《中国记者》2019 年第 4 期。

王宣海、邵平：《打造“中央厨房”，构建舆论高地》，《青年记者》2017 年第15 期。

欧阳昕、张涛：《融媒体时代传媒产业大数据运营路径选择》，《企业经济》2017 年第 9 期。

产 业 篇

Sector Reports

B.21
2019年新媒体产业发展报告

郭全中*

摘　要： 我国新媒体产业在网络协同和数据智能的双重驱动下，用户和产业规模、应用和服务的质量都得到了快速提升，而互联网巨头是我国新媒体产业的主导力量和促进新媒体产业进一步发展的核心力量。5G、区块链、海外布局等都将进一步促进我国新媒体产业大发展。

关键词： 新媒体产业　5G　区块链　海外布局

在互联网正式进入我国25周年的2019年，互联网基础设施不断完善，互联网用户数量快速增加，互联网产品和服务极其丰富，在此基础上新媒体产业

---

* 郭全中，管理学博士，中共中央党校（国家行政学院）文史教研部高级经济师，主要研究领域为基于互联网的产业融合、传媒经济与传媒管理等。

也已经成为传媒业的主导力量。且新媒体产业正在借助大数据、人工智能等新技术赋能其他产业，互联网巨头也在大力布局产业互联网，这给新媒体产业带来了新机遇。

一　新媒体产业发展基础良好

我国新媒体产业发展的基础扎实，一方面我国经济平稳增长、数字经济占比快速提升，另一方面我国互联网基础设施水平高、技术先进、用户数量多、互联网生态企业实力强，为新媒体产业发展提供了良好的外部环境。

（一）我国经济平稳增长，数字经济占比快速提升

1. 我国 GDP 同比增长6.1%

国家统计局数据显示，2019 年全年国内生产总值 990865 亿元，同比增长 6.1%，增速超过 6%，总额将近 100 万亿元。其中，第三产业增加值 534233 亿元，同比增长 6.9%。人均国内生产总值 70892 元，同比增长 5.7%，首次突破 1 万美元大关，与高收入国家差距进一步缩小。

2. 我国数字经济占比快速提升

根据中国信通院的数据，2018 年我国数字经济规模为 31.3 万亿元，占 GDP 比重 34.8%，数字经济发展对 GDP 增长的贡献率为 67.9%，贡献率同比提升 12.9 个百分点，数字经济成为中国经济增长的新引擎，成为带动我国国民经济发展的核心关键力量。2019 年中国数字经济规模为 35.9 万亿元，占比进一步提升。目前来说，数字经济的蓬勃发展将推动传统传媒业的转型升级，为新媒体产业发展提供源源不断的动力。

（二）我国互联网发展基础好

1. 网络基础设施更好

中国互联网络信息中心《第 44 次中国互联网络发展状况统计报告》（以下简称《互联网报告》）数据显示，截至 2019 年 6 月底，我国光纤接入用户规模 3.96 亿，占互联网接入用户总数的 91.0%，100M 以上宽带接入用户总数

占互联网宽带接入用户总数的77.1%。截至2019年第一季度末，固定网络宽带平均可用下载速率同比增长55.5%，移动宽带用户使用4G时的平均可用下载速率同比增长20.4%。

2. 网民数量和使用时长还在增长

第一，网民数量虽然增速放缓但还处于增长状态。根据《互联网报告》数据，截至2019年6月，我国网民规模为8.54亿，互联网普及率达61.2%；我国手机网民规模达8.47亿，手机网民普及率达到99.1%。

第二，网民上网时长持续增长。根据《互联网报告》数据，2019年上半年，我国网民的人均上网时长为27.9小时，较2018年底的27.6小时增长了0.3小时。

3. 与新媒体产业相关的应用网民普及率很高

根据《互联网报告》数据，我国与新媒体产业相关的搜索引擎、网络新闻、网络视频、网络游戏等应用的用户规模和网民使用率均很高，例如，2019年上半年，我国网络视频的用户规模已经高达7.59亿，网民使用率高达88.8%，这为我国新媒体产业发展打下了坚实的基础，具体见表1。

表1 2019年上半年我国互联网应用用户情况

单位：万，%

网民互联网使用情况			手机网民互联网使用情况		
应用	用户规模	网民使用率	手机应用	用户规模	网民使用率
搜索引擎	69470	81.3	手机搜索	66202	78.2
网络新闻	68587	80.3	手机网络新闻	66020	78.0
网络视频	75877	88.8	—	—	—
网络音乐	60789	71.1	手机网络音乐	58497	69.1
网络游戏	49356	57.8	手机网络游戏	46756	55.2
网络文学	45454	53.2	手机网络文学	43544	51.4
网络直播	43322	50.7	—	—	—
在线教育	23246	27.2	手机在线教育课程	19946	23.6
短视频	64764	75.8	—	—	—

资料来源：根据中国互联网络信息中心（CNNIC）《第44次中国互联网络发展状况统计报告》资料整理。

二　新媒体产业发展具体分析

（一）互联网广告继续高速增长，但内部分化严重

1. 总收入超过4300亿元

根据中关村互动营销实验室发布的《2019 中国互联网广告发展报告》，2019 年中国互联网广告总收入约 4367 亿元，同比增长 18.2%，增速虽然放缓但仍保持平稳增长态势。其中，来自电商平台广告收入为 1567.8 亿元，处于首位，占总额的 35.9%，同比增长 3%；搜索类平台广告收入为 624.5 亿元，居第二位，占总额的 14.3%；视频类平台广告收入为 545.9 亿元，同比增长 43%，取代新闻资讯类平台而成为第三大互联网广告投放平台，具体见表 2。

表 2　互联网广告收入行业分布

单位：亿元，%

序号	类别	收入	占比
1	电商广告	1567.8	35.9
2	搜索广告	624.5	14.3
3	视频广告	545.9	12.5
4	新闻资讯	515.3	11.8
5	社交广告	432.3	9.9
6	分类广告	187.8	4.3
7	工具	96.1	2.2
8	垂直	56.8	1.3
9	其他	310.1	7.1
合计		4367	100.0

资料来源：根据中关村互动营销实验室发布的《2019 中国互联网广告发展报告》整理。

2. 互联网公司头部效应明显但内部分化严重

第一，互联网公司广告头部效应明显。经过近几年互联网公司的不断迭代创新，我国互联网公司广告收入排位不断迭代，阿里巴巴、字节跳动、百度、腾讯、京东、拼多多、美团点评、快手等居前 8 位，且阿里巴巴、字节跳动、

百度、腾讯占据了我国互联网广告收入的绝大部分，头部效应更为显著。例如，2019 年前三季度，阿里巴巴的广告收入超过 1100 亿元，占互联网广告收入的 1/3 多，具体见表 3。

表 3　2019 年前三季度主要互联网公司广告收入

单位：亿元，%

序号	公司	第一季度		第二季度		第三季度		前三季度之和
		收入	增速	收入	增速	收入	增速	
1	阿里巴巴	301.19	31.0	419.54	26.9	413.00	25.5	1133.73
2	字节跳动	—	—	—	—	—	—	1400.00
3	百度	176.57	3.0	192.37	-9.0	204.34	-9.0	781.00
4	腾讯	133.77	25.0	164.09	16.0	183.66	13.0	481.52
5	京东	81.44	27.4	110.77	24.0	99.86	28.8	292.07
6	拼多多	39.48	256.0	64.67	173.0	67.11	126.0	171.26
7	美团点评	28.61	91.2	36.31	73.0	44.09	61.8	109.01
8	快手	—	—	—	—	—	—	130.00
9	新浪	27.18	6.0	30.49	-5.0	32.42	-5.0	120.76
10	小米	23.00	21.8	25.00	-0.6	29.00	-9.0	77.00
11	58 同城	19.41	30.1	27.06	23.8	27.98	20.1	74.45
12	搜狐	19.48	0.2	22.49	-3.6	23.56	7.0	65.53
13	趣头条	10.87	371.3	13.58	209.2	13.82	54.1	38.27
14	唯品会	8.59	70.7	10.22	61.0	11.36	41.4	30.17
15	汽车之家	6.43	10.1	10.28	10.5	9.24	2.6	25.95
16	欢聚时代	2.96	36.3	3.73	74.4	4.08	98.3	10.77
17	猎豹移动	4.98	-33.1	4.24	-44.0	3.53	-57.8	12.75
18	哔哩哔哩	1.13	60.0	1.68	75.0	2.47	80.0	5.28
19	斗鱼					1.96	68.5	1.96
20	陌陌	0.81	-32.0	0.76	-46.0	0.82	-30.0	2.39

注：其中字节跳动、百度、新浪等为全年数据。
资料来源：根据互联网公司财报资料整理。

第二，互联网公司分化更为明显。在新技术驱动新平台的快速迭代下，一方面，字节跳动、拼多多、美团、快手、小米等新平台异军突起，尤其是字节跳动超越百度仅次于阿里巴巴居第二位；另一方面，阿里巴巴、字节跳动、腾讯、京东、拼多多、美团、快手等都在高速增长。例如，字节跳动从 2018 年的500亿元增加到2019年的1400亿元，同比增长了180%；快手2019年广告收入在130亿元左右，同比增长5倍左右。但百度、新浪、小米、搜狐等则呈现负增长。其背后的深层次原因如下：一是整体基于大数据、人工智能等新技术的互联网公司发展迅速，尤其是字节跳动、快手等完全建立在大数据、人工智能等新技术基础上的互联网公司正呈现跨越式发展。二是短视频布局深且好的互联网公司成长性好。三是生态系统搭建好的互联网公司发展速度快，阿里巴巴、腾讯、字节跳动、美团等生态系统都相对成熟。四是类电子商务公司的广告收入基数大、增长快。目前，阿里巴巴已经成为我国广告收入最高的公司且依然保持高速增长态势，京东、美团等广告收入呈高速增长态势。

3. 互联网广告出现的新特点

第一，互联网广告收入增速放缓且行业集中度进一步提高。一方面，2019年我国互联网广告收入增速虽低于20%，但仍然保持18%以上的高增速，未来增速会进一步放缓但仍然会保持较高的增速。另一方面，行业集中度进一步提升。阿里巴巴、字节跳动、百度和腾讯4家广告收入占全部网络广告收入的80%以上。

第二，基于大数据、人工智能等新技术的互联网平台正在实现弯道超车。其中，字节跳动已经超过百度居第二位，快手除了直播之外也正在大力发力广告业务，广告收入增长很快。可以预测的是，我国互联网媒体公司将继续分化，技术领先、生态系统完备、短视频布局深的互联网媒体公司的发展会更好，占据的市场份额会更大。

第三，商业模式和盈利模式不断创新。一是电商直播、游戏等不断打破广告的边界，广告的边界不断外延；二是网红经济采取网红带货等新模式，不断扩大网络广告市场规模。

（二）我国游戏产业增速提升

1. 我国游戏产业市场实际销售收入超过2300亿元

2019年4月19日，《出版国产电脑网络游戏作品申请书》《出版国产移动游戏作品申请表》《出版境外著作权人授权互联网游戏作品申请书》已经上线，标志着我国游戏版号申报正式重启。相关数据显示，截至2019年12月23日累计下发26批国产网络游戏版号申请共计1448款，虽然相较于2017年的最高点 9384 款下降了 84.6%，但游戏版号审批更加注重质量，在一定程度上实现了供给侧改革。相较于 2018 年的游戏严格监管，即游戏版号冻结、总量调控等，游戏产业也遭遇了寒冬，2018 年我国游戏市场实际销售收入为 2144.4 亿元，同比增速仅为 5.3%。在游戏版号放开之后，我国游戏行业快速回暖。中国音数协游戏工委发布的《2019 年中国游戏产业报告》（以下简称《游戏报告》）显示，2019 年我国游戏产业实际销售收入为 2308.8 亿元，同比增长 7.7%，增速比 2018 年提高 2.4 个百分点（见表 4）；游戏用户已达 6.4 亿，同比仅增长 2.5%，增速明显放缓。

表 4　2015～2019 年我国游戏产业实际销售收入

单位：亿元，%

年份	销售收入	同比增速
2015	1407.00	22.9
2016	1655.70	17.7
2017	2036.10	23.0
2018	2144.40	5.3
2019	2308.80	7.7

资料来源：根据中国音数协游戏工委发布的《2019 年中国游戏产业报告》资料整理。

2. 游戏产业结构进一步优化

第一，海外市场销售增速高于国内市场。《游戏报告》显示，2019 年，我国自主研发游戏国内市场实际销售收入为 1895.1 亿元，同比增长 15.3%；中国自主研发游戏海外市场实际销售收入达 825.2 亿元，同比增长 21.0%。其中，在海外重点地区收入分布方面，美国占比 30.9%，日本占比 22.4%，韩国占比 14.3%，三个地区合计占比达到 67.6%。

第二，国内移动游戏市场占比进一步提升。根据《游戏报告》数据，2019 年，国内移动游戏市场实际销售收入 1581.1 亿元，占比 68.5%，同比增长 18.0%；客户端游戏市场实际销售收入 615.1 亿元，占比 26.6%，同比下降 0.7%；网页游戏市场实际销售收入 98.7 亿元，占比 4.3%。但同时，2019 年我国移动游戏用户规模已高达 6.2 亿，同比增长仅 3.2%；我国网页游戏用户规模从 2015 年的 3 亿下降到 2019 年的 1.9 亿，减少了 1.1 亿人。

第三，电子竞技游戏高速增长。2019 年，我国电子竞技游戏营销收入 947.3 亿元，同比增长 13.5%；用户规模从 2015 年的 2.2 亿增至 2019 年的 4.4 亿，翻了一番。

3. 主要游戏公司业绩良好但国内游戏上市公司整体亏损

第一，我国主要游戏公司业绩良好。我国虽然游戏公司众多，游戏类上市公司就有数十家，但游戏行业整体又是高度集中的行业，腾讯和网易两家的游戏收入应该超过 1500 亿元，占据我国整体游戏市场的 65% 以上。2019 年前三季度，腾讯游戏的总收入为 844.73 亿元，预计全年会超过 1100 亿元。2019 年，网易游戏收入为 464.18 亿元，世纪华通游戏收入为 151.1 亿元，净利润为 25.5 亿元，三七互娱游戏收入为 132.26 亿元，具体见表 5。

表 5　2019 年我国主要游戏上市公司发展情况

单位：亿元

公司	营业收入				总收入	净利润
	第一季度	第二季度	第三季度	第四季度		
腾讯	285.00	273.73	286.00	—	844.73	—
网易	118.50	114.33	115.35	116.00	464.18	—
世纪华通	—	—	—	—	151.10	25.50
三七互娱	—	—	—	—	132.26	21.44
完美世界	—	—	—	—	68.30	18.80
昆仑万维	—	—	—	—	36.90	12.80
游族网络	—	—	—	—	35.16	5.50
B 站	8.7	9.2	9.3	—	27.20	—
巨人网络	—	—	—	—	25.70	8.30
宝通科技	—	—	—	—	24.60	3.07
掌趣科技	—	—	—	—	16.13	3.60

资料来源：根据上市公司财报资料整理。

第二，我国上市公司游戏板块整体亏损但分化明显。根据 Wind 数据，预告业绩的 100 家上市公司中，有 24 家是游戏板块公司，其中 12 家盈利、12 家亏损，但是由于亏损上市公司亏损额较大，板块整体亏损额高达 119.65 亿元。

（三）我国在线直播产业快速创新

1. 我国直播产业市场规模或超700亿元

第一，我国直播行业用户破5亿。根据艾媒咨询的数据，2019年我国在线直播行业用户规模增长至5.04亿，同比增长10.6%，远远超过网民数量增速。预计2020年在线直播行业用户规模将继续增长至5.26亿。

第二，我国直播行业市场规模超700亿元。前瞻产业研究院等多个机构预测的数据显示，2019年我国直播行业市场规模或可超700亿元，而到2022年市场规模有望突破千亿元。

2. 我国直播行业主要公司业务快速增长

目前，我国直播行业中主要的公司有淘宝、快手、欢聚时代、虎牙、陌陌、斗鱼、六间房和企鹅电竞等，其中淘宝、快手是直播电商的典型代表，而欢聚时代、虎牙、陌陌、斗鱼则是游戏直播中的佼佼者。得益于我国直播行业的快速增长，该行业中的主要公司也高速成长，如快手2019年的直播收入300亿元，2019年前三季度欢聚时代的直播收入高达168.82亿元，具体见表6。

表6　2019年我国直播行业主要公司发展情况

单位：亿元，亿

公司	直播收入	净利润	直播月活跃用户数
快手	300.00	—	—
欢聚时代(前三季度)	168.82	41.19	1.578
虎牙	56.30	4.399	1.460
陌陌	90.65	19.15	1.141
斗鱼	46.89	1.43	1.640

资料来源：根据相关公司网络资料整理。

3. 创新能力强

第一，在线直播覆盖更多场景，短视频平台大力扶持直播业务。一方面，泛娱乐直播平台覆盖了音乐、舞蹈、综艺、游戏、户外、美食等场景；另一方面，短视频平台强势进入直播业务，不仅能完善自身的视频流内容生态，还能打破自身的业务边界，进入新业务领域。

第二，直播 + 电商模式大行其道。2019 年，在线直播平台陆续推出“直播 +”节目，发展最快的则是“直播 + 电商”模式，尤其是淘宝、快手等平台的赋能和助力，使得直播电商的商业价值快速变现。

第三，快手等领先电商直播，花椒领先娱乐直播，斗鱼领先游戏直播。根据艾媒咨询数据，快手、淘宝等在电商直播中领先，在娱乐类在线直播平台中，花椒直播与 YY 直播在用户偏好方面处于领先地位，其中 22.5% 的用户表示经常使用花椒直播平台。而在游戏直播平台中，斗鱼直播受欢迎程度最高，超过四成的用户表示经常使用斗鱼直播。

（四）国内云计算产业规模超过1200亿元

根据国务院发展研究中心国际技术经济研究所发布的《中国云计算产业发展白皮书》，2019 年我国云计算产业规模预计超过 1200 亿元，达到 1290.7 亿元人民币，但中国企业上云率还很低，说明我国云计算产业还有很大的发展潜力。

（五）我国大数据产业规模超过5000亿元

赛迪数据显示，2019 年，我国已经有 100 多家大数据产业园，预计 2019 年我国大数据产业规模为 5386.2 亿元，同比增长 22.8%。其中，大数据硬件市场规模为 2541.7 亿元，同比增长 13.2%；大数据软件市场规模为 1062.7 亿元，同比增长 29.2%；大数据服务市场规模为 1781.8 亿元，同比增长 35.3%。

（六）我国电影票房超过640亿元

根据国家电影局数据，2019 年全国票房 642.66 亿元，同比增长 5.4%，其中国产片份额达 64.07%；全国新增银幕 9708 块，银幕总数达 69787 块，银幕总数全球领先；全国观影人次达 17.27 亿，同比略有增长。尤其值得一提的是，2019 年全年，票房排前 10 名的影片中有 8 部为国产影片，票房过 10 亿元的 15 部影片中有 10 部为国产影片。但也需要指出，由于各种不利因素的影响，2019 年前三季度，全国拍摄制作电视剧备案数量比上年同期减少 27%，横店影视城开机率同比锐减45%；2018 年行业投资金额达到 537.77 亿元，而 2019 年前五个月投资金额仅为 2.62 亿元。

（七）我国区块链产业发展迅速

在 2019 年我国对区块链产业政策放松之后，我国区块链产业迎来了巨大机遇，而我国区块链专利数量和企业数已经处于高速增长态势。根据 Incopat 数据库的统计结果，截至 2019 年 11 月 27 日，我国在区块链行业的专利总数达到 1894 例，远超其他各国合计专利数量，在全球处于遥遥领先地位。根据链塔发布的《2019 中国区块链专利综合实力榜》，阿里巴巴排名第一，金融壹账通位列第二，中国联通位居第三。根据《区块链蓝皮书：中国区块链发展报告（2019）》，全国区块链企业近 28000 家，其中以北上广深为核心聚集地，广东省区块链注册企业占全国区块链注册企业的比例超过 50%，共计 16353 家。根据链塔的数据，截至 2019 年 9 月，国内与区块链衍生相关企业数量超过 10 万家，仅在 2019 年第三季度，相关企业激增超过 7 万家。

（八）我国电竞产业生态规模超过130亿元

根据企鹅智库发布的《2019 全球电竞行业与用户发展报告》，2019 年，中国的电竞用户预计突破 3.5 亿，产业生态规模将达到 138 亿元。据腾讯互动娱乐市场平台部副总经理戴斌介绍，2019 年上半年，腾讯电竞旗下赛事在版权授权上的收入破 4.5 亿元，而 2018 年全年仅为 3.7 亿元；在商业赞助方面，2019 年上半年，腾讯电竞完成了与 33 家企业的 51 个合作项目，赞助总额达到 4.4 亿元，而 2018 年为 2.8 亿元。

三　新媒体产业融资规模较大

（一）上市融资的有12家

据不完全统计，2019 年上市融资的传媒类企业主要有阿里巴巴、微盟、猫眼娱乐、斗鱼直播、新媒股份、网易有道、中信出版等 12 家，其中，在港交所上市的有阿里巴巴等6家，在美国纳斯达克上市的有3家，在美国纽交所上市的有1家，在深圳深交所上市的有2家，具体见表7。

表7 2019年上市融资的新媒体公司

上市公司	上市时间	上市地点	融资金额
微盟	2019-01-15	港交所	10.6亿港元
猫眼娱乐	2019-02-04	港交所	18.24亿港元
如涵控股	2019-04-03	纳斯达克	1.25亿美元
新媒股份	2019-04-19	深交所	11.61亿元
斗鱼直播	2019-04-22	纳斯达克	10.8亿美元
兑吧	2019-05-07	港交所	5.87亿港元
羚邦星艺	2019-05-21	港交所	2.24亿港元
中信出版	2019-07-05	深交所	6.5亿元
网易有道	2019-10-26	纽交所	3亿美元
中手游	2019-10-31	港交所	10.1亿港元
36氪	2019-11-08	纳斯达克	2415万美元
阿里巴巴	2019-11-26	港交所	1012亿港元

资料来源：根据上市公司资料整理。

在上市融资的12家上市公司中，以下几家具有代表性。一是阿里巴巴在香港做第二上市是2019年募资额最大的上市公司，共募资1012亿港元，占香港IPO市场全年募资总额的32.4%，是港交所有史以来第三大IPO，同时还是新上市制度下第三家同股不同权的上市公司，也为首个同时在美股和港股两地上市的中国互联网公司。此处需要说明的是，虽然阿里巴巴是电子商务公司，但是其主要收入来源于广告，所以此处也把其列入传媒公司。二是中手游曾是中国第一家赴美上市的手游公司，2015年中手游科技私有化退市，再到港交所上市。三是新媒股份在深交所创业板市场上市，主要运营与广东IPTV集成播控服务、互联网电视集成服务和内容服务配套的经营性业务。四是中信出版集团股份有限公司在深圳证券交易所挂牌交易，此次募集的资金中，4.1亿元用于“内容+”知识产权投资与运营平台建设项目，2亿元用于智慧生活服务体系建设项目。

（二）上市公司成为新媒体投资的核心主体

2019年，由于传媒业市场整体遇冷，虽然阿里巴巴、腾讯、百度等已上市的互联网巨头在新媒体产业的投资数量和金额大幅度下降，但是依然是新媒体产业市场投资的重要力量，且其他传媒类上市公司也有不少的投资，具体见表8。

首先，阿里巴巴、腾讯和百度投资数量多、金额大。一是阿里巴巴通过自己及其子公司等关联方分别投资了分众传媒、网易云音乐、B站、趣头条等。其中，对于B站和趣头条这两家腾讯之前也参与了投资。二是腾讯投资了快手、微盟集团、有赞、快看漫画、销售易等；三是百度投资了汉得信息等。

表8 2019年传媒类上市公司投资的企业

投资公司	被投资公司	投资额
阿里巴巴及其关联方	分众传媒	7.99%的股份
阿里巴巴、云锋基金	网易云音乐	7亿美元
阿里巴巴旗下的淘宝中国	B站	2400万股
阿里巴巴	趣头条	1.71亿美元
阿里巴巴	上海幻电	不详
腾讯	快手	10亿~15亿美元
腾讯旗下子公司THL H Limited	微盟集团	9682万股
腾讯	有赞	近10亿港元
腾讯	快看漫画	1.25亿美元
腾讯	销售易	1.2亿美元
腾讯领投	VIPKID	1.5亿美元
百度	汉得信息	5.5亿元
百度领投	北京凯声文化	超5000万美元
京东集团	新潮传媒	近10亿元
中国移动全资子公司中移资本控股有限责任公司	芒果超媒	16亿元
世纪华通	盛大游戏	298亿元
中文传媒	慈文传媒	9.29亿元
映客直播	积目	8500万美元
平治信息	网易云阅读等业务	1.5亿元
猫眼娱乐	欢喜传媒	3.9亿港元
B站	超电文化	多数股权
猎聘	问卷星	8.2696亿元
昆仑万维	闲徕互娱	22.7亿元
保利文化	数字王国	5.5亿港元
万达电影	万达影视	105.24亿元

续表

投资公司	被投资公司	投资额
浙数文化	四川迅游网络	5 亿元
浙数文化	羚萌直播	2.32 亿元
欢聚时代	上海创思	不详
电魂网络	厦门游动	2.9 亿元
盛天网络等	上海天戏互娱	4.2 亿元

资料来源：根据上市公司资料整理。

其次，其他上市公司也进行了大量的投资。一是世纪华通以 298 亿元收购盛大游戏，本次交易的业绩承诺 2018～2020 年实现的扣非后归属于母公司所有者的净利润分别为 21.36 亿元、24.94 亿元和 29.68 亿元。二是京东集团投资了新潮传媒近 10 亿元。三是中国移动通过 16 亿元战略投资成为芒果超媒的第二大股东。四是中文传媒收购另外一家上市公司慈文传媒。

（三）其他重要投融资事件

除了阿里巴巴、腾讯等互联网巨头以及其他上市公司之外，字节跳动、快手等也进行了一些重要投资。一是字节跳动投资虎扑 Pre－IPO 轮融资，字节跳动持股比例为 30%，跃升为虎扑的第二大股东；投资互动百科成为其第一大股东。二是快手领投知乎 F 轮融资。三是弘毅投资向新华网投资 3 亿元，这也是为数不多的民营资本投资国有传媒企业，具体见表 9。

表 9　2019 年其他重要投资事件

投资方	被投资公司	投资额
字节跳动	虎扑	12.6 亿元
字节跳动	互动百科	22.2% 的股份
字节跳动等	北京多氪信息	2400 万美元
字节跳动	上海墨鹍数码科技有限公司	不详
字节跳动	极课大数据	不详
红杉资本和高榕资本	头条系音乐 App 音遇	数千万美元
快手	知乎	4.34 亿美元
弘毅投资	新华网	3 亿元

续表

投资方	被投资公司	投资额
博流资本	一点资讯	4.48 亿美元
CMC	趣头条旗下米读小说	1 亿美元
四川文产基金等	封面传媒	5 亿元
兴开国际、盛大资本等	钛媒体	近亿元
信文资本等	北京长江文化	1.34 亿元
中金公司等	北京影谱科技	6.8 亿元
东方弘泰等	上海高竞文化	数千万元
中银投资、阿里巴巴等	北京旷视	7.5 亿美元
宜信财富母基金	北京兴致体育	3 亿元
复星星元领投	北京热云科技	过亿元
沂景资本	亿欧网	8000 万元
以太基金等	北京中基富海	3000 万元
得盛资本	木棉说	3000 万元
Topic 基金	北京分子互动	数千万元
兰馨亚洲	上海悦普	2500 万美元
新东方	视知	数千万元

资料来源：根据网络资料整理。

（四）2019年海外投资布局

2019 年，互联网巨头在各个领域大力进行海外布局。在新媒体产业方面，腾讯及其旗下的阅文集团是海外布局的重要力量，腾讯在游戏领域收购挪威游戏公司 Funcom 29% 的股权，进而成为该公司第一大股东；在社交领域投资印度内容和社交网络应用 Share Chat 2 亿美元，具体见表 10。

表 10　2019 年我国新媒体产业公司海外布局

投资公司	被投资公司	投资额
阿里巴巴	Vmate	1 亿美元
腾讯	挪威的 Funcom	3886 万美元
腾讯	印度的 Share Chat	2 亿美元
腾讯	Reddit	3 亿美元
阅文集团	泰国公司 OBU	1051.12 万美元

续表

投资公司	被投资公司	投资额
欢聚时代	BIGO	约 14.5 亿美元
字节跳动	英国的 Jukedeck	不详

资料来源：根据网络资料整理。

四　我国新媒体产业发展未来趋势

（一）新技术与新基建将促进新媒体进一步快速发展

1.5G、区块链等新技术将进一步拓展新媒体产业边界

5G 开始商用，作为新一代移动通信技术，将与物联网、VR、4K 等新技术一起决定着新媒体产业的新蓝图；区块链有可能成为未来的社会操作系统，正在对新媒体产业产生革命性影响。

第一，5G 移动通信技术决定新媒体产业新蓝图。2019 年 6 月 6 日工信部宣布，正式为中国移动、中国联通、中国电信和中国广电四家企业发放 5G 牌照，标志着我国 5G 正式开始商用，更标志着 2019 年是“5G 元年”。一方面，长期内 5G 能够打造万物互联的巨型生态系统。5G 作为新一代移动通信技术，相比于此前的 4G 等，不仅带宽、网速等基础技术能力得到了大幅度提升，而且互联网化、IT 化、智能化、灵活性水平更高，能够给用户带来极致的用户体验。另一方面，短期内 5G 给传媒业带来诸多新机遇。一是现有媒介形态迭代优化与创新。无论是现有的新闻客户端、微信、微博、视频尤其是短视频，还是直播、游戏等，都能借助 5G 技术得以优化；激活 VR、车联网等潜力大的媒介；面向产业互联网的新媒介形态、基于物联网的智能家居将大量出现。二是连接指数级增长与极致体验。用户数量还有较大的增量空间，物联网将提供数以百亿计的新链接，虚实结合时代下用户体验会更为极致。三是市场规模急剧扩大。基于用户的传媒业市场规模还有较大的空间，VR、车联网等将构建新产业链，产业互联网潜力巨大。四是 5G 技术彻底打破万事万物的边界，万物互联时代真正到来。

第二，区块链技术未来将重构新媒体产业。一方面，区块链核心优势明显。区块链具有高度去中心化、无信任的高度信任、价值传递、信息不可篡改性、隐私高度保护五大特征；区块链的本质是能完成既定社会目标的信息分散决策机制。且区块链的核心优势在于能够更好地传递价值，能够更好地保护用户隐私和帮助用户获取更多的权利，改变互联网的生产关系。可以看出，作为底层技术的区块链将与互联网技术一样，有可能成为新一代的信息基础设施和社会操作系统，而未来“区块链 +”将赋能传媒业，彻底重构传媒业。另一方面，基于区块链的传媒新生态将逐步形成。理论上讲，随着区块链技术的逐步成熟，区块链将成为整个社会的底层操作系统，区块链 + 传媒业将迎来新生态，将在理念、生态系统、商业模式等方面取得重大创新。一是科技向善的理念得到更好落地；二是更大范围的自组织传媒生态系统形成。

第三，人工智能技术更为系统化、中台化。在字节跳动、快手、阿里巴巴等整体人工智能技术更为先进的公司快速发展的示范下，互联网媒体公司开始通过人工智能技术的系统化、中台化改造，打造更为智能的智媒体。

2. 基于网络协同和数据智能的新基建将为新媒体产业进一步赋能

随着大数据、人工智能技术的发展，互联网平台的网络协同和数据智能能力越来越强，在这种情况下，C2B（用户到企业）商业模式成为可能，网络协同和数据智能所代表的新基建也为新媒体产业进一步赋能，尤其是 2020 年初的新冠肺炎疫情更加显现了新基建的巨大力量。

（二）互联网巨头成为新媒体产业的主导力量和投资的核心力量

阿里巴巴、腾讯、百度、字节跳动等互联网巨头为了打造更为健康的生态系统，在新媒体产业积极投资，经过多年的布局，已经成为我国新媒体产业的主导力量和新媒体产业投资的核心力量。

1. 阿里巴巴、腾讯出手最多

2019 年，在新媒体产业投资方面，腾讯投资数量最多，阿里巴巴投资额最多。天眼查数据显示，2019 年，腾讯、阿里、百度、京东、字节跳动等互联网巨头共投资 185 起，其中，腾讯以 94 起居首位，阿里以 34 起居第二位，字节跳动以 19 起居第三位。根据和讯财经报道，2019 年，阿里、腾讯和京东均保持了数百亿元投资规模，其中阿里巴巴以 1146. 10 亿元居第一位，百度的投资额达到了88.32亿元，字节跳动的投资额为22.17亿元。

2. 互联网巨头在新媒体产业的具体布局

第一，腾讯围绕主营业务加快布局。腾讯在新媒体产业投资的领域极其广泛，覆盖游戏、短视频、动漫、直播、影视、音频等细分业务。在游戏领域投资仅9起，同比下降52.63%，其中国内投资3起、国外投资6起。例如，以2.08亿元收购了英国上市游戏公司 Sumo Group。在动漫领域投资了4起，如1.25亿美元投资在漫画领域深耕4年的快看漫画。在短视频领域，重点投资了快手，具体见表11。在影视领域，重点投资了曾打造了火爆全国的偶像女团竞演养成类综艺节目《创作101》的好枫青芸公司，腾讯持有其10%股份成为第二大股东。

表11　2019年腾讯在新媒体领域的投资布局

投资公司	被投资公司	投资金额
腾讯	快手	10亿~15亿美元
腾讯旗下子公司 THL H Limited	微盟集团	9682万股
腾讯	有赞	近10亿港元
腾讯	快看漫画	1.25亿美元
腾讯	销售易	1.2亿美元
腾讯领投	VIPKID	1.5亿美元
腾讯	挪威的 Funcom	3886万美元
腾讯	印度的 Share Chat	2亿美元
腾讯	Reddit	3亿美元
阅文集团	泰国公司 OBU	1051.12万美元
腾讯	燃也文化(北京)	千万元
腾讯	广州百漫文化	数千万元
腾讯	厦门风鱼动漫	数千万元
腾讯	上海大鹅文化	不详
腾讯	上海阅客信息	不详
腾讯	北京小糖科技	不详
腾讯	英国的 Sumo Group	2.08亿元
腾讯	英国的 Antstream Arcade	不详
腾讯	瑞典的 Sharkmob	不详
腾讯	日本的 NXC Inc	不详
腾讯	瑞典的 Fatshark	5630万美元

资料来源：根据网络资料整理。

第二，阿里巴巴采取的是先投资，再并购，最后全资收购的高介入模式。2019 年，阿里巴巴在新媒体领域主要领投了网易云音乐等，入股了分众传媒、B 站、趣头条等，具体见表 12。

表 12　2019 年阿里巴巴在新媒体产业的投资

投资公司	被投资公司	投资额
阿里巴巴及其关联方	分众传媒	7.99% 的股份
阿里巴巴、云锋基金	网易云音乐	7 亿美元
阿里巴巴旗下的淘宝中国	B 站	2400 万股
阿里巴巴	趣头条	1.71 亿美元
阿里巴巴	上海幻电	不详
阿里巴巴	Vmate	1 亿美元
阿里巴巴	商帆	不详

资料来源：根据网络资料整理。

第三，字节跳动积极进行布局。字节跳动在快速发展的同时，积极通过投资来完善自身的生态系统，2019 年，主要投资了虎扑、互动百科等。其中，字节跳动投资虎扑 12.6 亿元，持股比例为 30%，成为虎扑的第一大股东（见表 13）。此外，通过投资互动百科也强化了在搜索领域的能力，并且以 5.3 亿美元投资理想汽车，对无人驾驶的期盼呼之欲出。

表 13　2019 年字节跳动新媒体产业投资布局

投资方	被投资公司	投资金额
字节跳动	虎扑	12.6 亿元
字节跳动	互动百科	22.2% 的股份
字节跳动等	北京多氪信息	2400 万美元
字节跳动	上海墨鹍数码科技有限公司	不详
字节跳动	极课大数据	不详
字节跳动	泰洋川禾文化	不详
字节跳动	上海冀律信息	不详

资料来源：根据网络资料整理。

第四，百度对新媒体产业投资数量少。2019 年，百度对外发起了 14 起投资，重点是企业服务、人工智能等。根据 IT 桔子数据，威马汽车、东软控股以及知乎，是百度投资金额最高的三家，都超过了 10 亿元。在传媒业领域投资了知乎、果壳、凯叔讲故事、七猫小说等头部优质企业，其中对知乎投资了 4.34 亿美元。

（三）互联网巨头积极进行海外布局

在国内市场增量空间越来越小和竞争日趋激烈的情况下，互联网巨头纷纷开启国际化进程，进行海外布局。目前，互联网巨头在海外布局时，为了降低时间成本，多采取并购海外标的的方式快速抢占国际市场。一方面互联网巨头可以快速获取市场，另一方面能够利用其先进技术为并购标的赋能。在传媒业海外布局方面，字节跳动取得了较好的成绩。字节跳动的国际化主要围绕核心业务展开，主要有资讯、短视频、2B 三个核心方向，2019 年主要收购了音乐领域的 Jukedeck。

参考文献

郭全中：《5G 时代传媒业的可能蓝图》，《现代传播》（中国传媒大学学报）2019 年第 7 期。

郭全中：《“区块链 +”：重构传媒生态与未来格局》，《现代传播》（中国传媒大学学报）2020 年第 2 期。

青松：《2019 年，互联网巨头们的钱去哪了?》，http：//www.360doc.com/content/19/1214/05/7661498_ 879613402.shtml，2019 月 12 月 14 日。

B.22
2019年智能音频场景化应用研究报告

孟威　夏涌　谢巧巧*

摘　要：　音频正从传统广播原点出发，进入网络音频迈向智能音频的过渡阶段，人工智能等技术的发展，极大地冲击着这个传统而又有魅力的行业，让人爱恨交织。本文从智能和场景化二元视角出发，研究智能音频行业在呈现形式、产品形态、内容分发、创新表达等方面的发展现状，针对智能音频追求的可获得性、嵌入性和便利性等诉求和特点，分析了现阶段智能音频场景化应用存在的算法伦理缺陷、技术突破缓慢、内容争夺加剧、行业监管相对滞后等问题，并为此提出了相应的对策和建议。

关键词：　智能音频　场景化　智能化

2019年，中国媒介技术日新月异，人工智能、大数据、5G等技术取得了显著进步，为整个互联网产业带来了崭新的机遇。互联网环境的发展走向以智能化、去中心化、大连接为主要特征的Web3.0时代，其中作为声音媒介在新媒体时代的强势形态——智能音频在整体业态的发展中呈现出新特点，且场景化的布局尤为引人瞩目。

场景化的概念最早缘起于戏剧学中的“场景”一词，后在传播学者戈夫

---

* 孟威，博士，中国社会科学院新闻与传播研究所研究员、网络学研究室主任、教授，创新工程国内外媒体融合项目主持人、首席研究员，主要研究方向为网络新媒体、舆论、媒介伦理、媒体融合等；夏涌，喜马拉雅成都公司高级经济师，研究方向为新媒体；谢巧巧，西华大学硕士研究生，研究方向为新媒体。

曼的“拟剧理论”中进一步阐发。戈夫曼从时空维度对“场景”概念进行考量，侧重于面对面交往的结构特征以及空间在情景中作为边界的物理属性。媒介生态学者梅罗维茨则在戈夫曼的基础上进行延伸，认为由媒介信息所引起的心理与行为的“情景”，更多的是一种感觉区域，而非纯粹的空间性指向。① 在 Web3.0 时代，“场景”一词增添了时代背景的新内涵。在本文中，对场景化的概念定义为以用户为中心，基于时间、空间、心理三维层面，提供的全方位、深层次、多角度的场景服务。

一　智能音频行业的整体现状

从传统广播、网络音频，再到以智能化和人性化为特征的智能音频，声音媒介始终在人们的生活中扮演着重要角色，与之相关的“耳朵经济”也日益焕发出新的活力。音频的发展过程从形式上而言，包括传统广播、网络音频和智能音频三个阶段。后者往往是在前两者基础上的内容、传播和技术的全面升级。

一般而言，网络音频是指区别于传统广播的媒介形态，即通过网络传播和收听的音频内容，包括音频直播、网络电台、有声书和音频节目等形式。智能音频则是基于人工智能、云计算和大数据等技术，致力于实现人机交互的声音媒介新形式，更加智慧与人性化。因此，所谓“智能音频的场景化”就是指以用户为中心，以智能技术为依托，从内容、系统、硬件三方面满足用户在时间、空间和心理三重维度下的音频收听需求而构建的场景应用（见图1）。

从目前来看，整个音频行业的发展尚处于从网络音频向智能音频的过渡阶段，智能音频的场景化应用还处于发展初期，主要表现为：①全网流量红利逐步见顶，急需开辟智能音频线下场景渠道；②智能音频场景化产品用户接纳程度提高，新形态不断丰富；③智能音频内容来源趋于一超多强，用户自生产方兴未艾；④主流媒体尝试智能音频表达，专注于内容创新等。

（一）全网流量红利逐步见顶，急需开辟智能音频线下场景渠道

从整体上看，移动互联网普及范围基本饱和，移动互联网用户增速明显放

① 叶雨浩：《移动互联时代新闻媒体的场景化应用》，《东南传播》2017 年第 7 期。

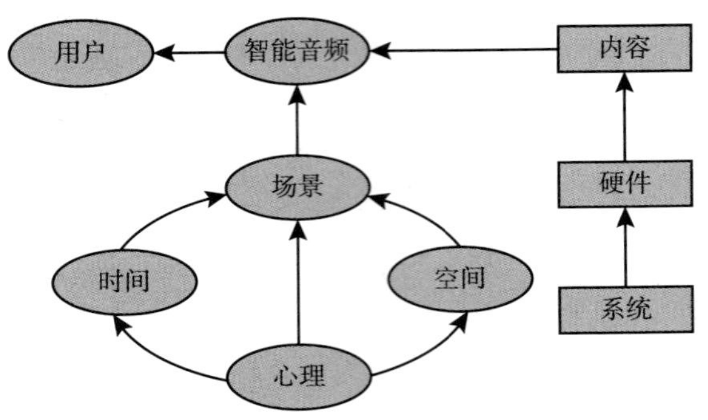

图1　三维场景应用示意

缓，人口红利基本见顶。

从内容呈现形式上看，2019 年互联网流量被各种形态的内容市场所瓜分。根据 2019 年上半年手机网民常用 App 的数据统计，使用网络音乐、网络音频类应用的时长占比，合计达到 19.5%（见图 2）。①

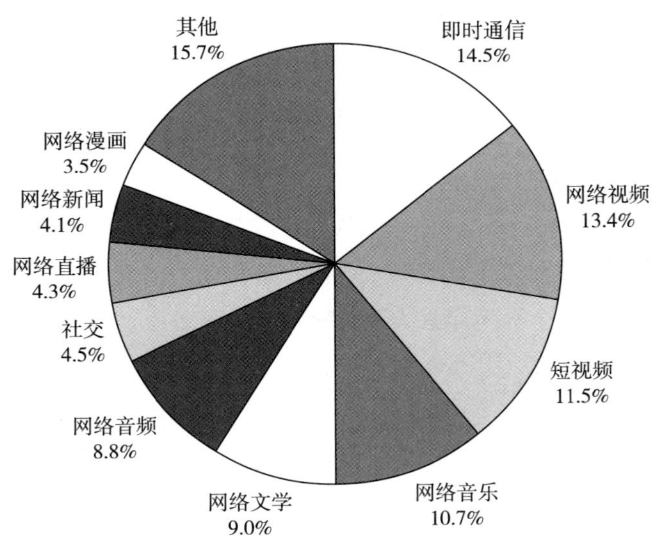

图2　各类应用使用时长占比

① 中国互联网络信息中心：《第 44 次中国互联网络发展统计报告》，http：//www. cnnic. cn/hlwfzyj/hlwxzbg/hlwtjbg/201908/t20190830_ 70800. htm，2019 年 8 月 30 日。

同时，根据艾媒咨询的中国在线音频市场统计数据，2019 年在线音频用户达到 4. 89 亿，预计将在 2020 年达到 5. 42 亿，增速明显高于移动视频和移动阅读。[①] 可见，即使在以视觉主义为主导的移动互联网产业中，网络音频市场仍呈现出良好的发展态势。

然而随着整体互联网产品流量红利见顶，与用户从 PC 端向手机端转移的趋势相似，深度挖掘、拓展触达广大用户的新产品市场已经成为各个智能音频入局者的当务之急。随着 5G 时代的到来，可以预见越来越多的智能视频、智能音频产品将迅速涌现，推动移动互联网向智能互联网的快速迭代，这其中如何实现智能音频与场景化趋势的适配，进而触发整个智能音频产业全方位的变革，将是决定音频行业未来发展的关键。

（二）智能音频场景化产品用户接纳程度提高，新形态不断丰富

随着移动互联网的普及，人们的生活空间和生活方式被不断的拓展和颠覆。音频的接入渠道和使用场景也大大丰富。根据艾媒数据，网络音频用户的收听呈现出时段广泛、收听场景多元的特点，包括吃饭休息（37. 7%）、入睡前（33. 0%）、户外运动（27. 7%）、通勤路上（25. 7%）等细分生活场景（见图 3）。[②] 与之相对应，市场上陆续出现了智能穿戴设备、语音故事机、车载智能音频终端、家居类智能音频、语音服务机器人等场景化产品。目前，芯片、传感器、语音语义识别等关键技术几经发展已处于比较成熟阶段，基本能满足日常生活场景中的智能硬件终端需求，未来将会有更丰富的产品品类诞生，涵盖智能家居、智慧出行、智慧医疗、智慧教育、智慧安防等更多场景化领域。

以智能音响为例，根据市场研究机构 Strategy Analytics 公布的数据，2019 年全球智能音箱出货量高达 1. 7 亿台，相比 2018 年增长了 70% 。智能音响全球出货量排名前五的厂商依次是亚马逊、谷歌、百度、阿里巴巴和小米，中国厂商独占 3 位。前五名中百度涨幅最大，同比增长 171% ，市场份额由 5. 7%

① 艾媒报告中心：《2019 ~ 2020 年中国在线音频专题研究报告》，https：//report. iimedia. cn/repo13 - 0/38953. html。

② 艾媒报告中心：《2019 ~ 2020 年中国在线音频专题研究报告》，https：//report. iimedia. cn/repo13 - 0/38953. html。

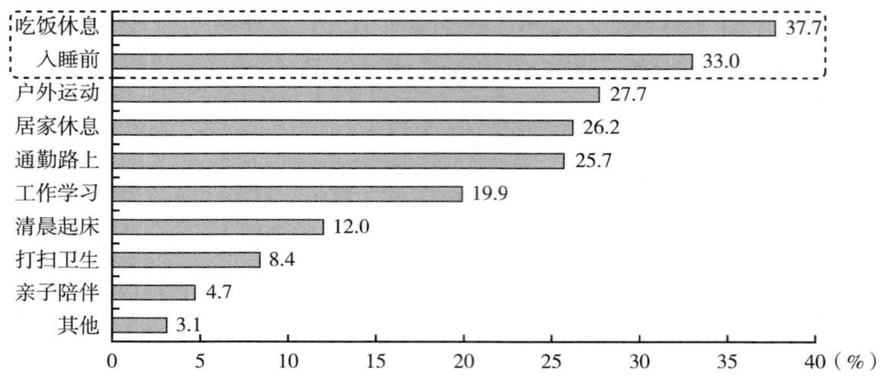

图 3　2019 年中国在线音频用户使用场景

增长到 10.6%，几乎翻了一番；阿里巴巴和小米则分别同比增长 94%、167%（见表 1）。①

表 1　全球智能音响市场出货量和市场份额

单位：百万台，%

厂商	2019 年第四季度		2018 年第四季度		2019 年较 2018 年增长
	出货量	市场份额	出货量	市场份额	
亚马逊	15.8	28.3	13.7	35.5	16
谷歌	13.9	24.9	11.5	30.0	20
百度	5.9	10.6	2.2	5.7	171
阿里巴巴	5.5	9.8	2.8	7.3	94
小米	4.7	8.4	1.8	4.5	167
苹果	2.6	4.7	1.6	4.1	65
其他	7.4	13.3	5.0	13.0	49
总计	55.7	100.0	38.5	100.0	44.7

资料来源：Strategy Analytics Smart Speaker and Screens Service。

此外，喜马拉雅也陆续推出了包括小雅智能音响、小雅 Nano 等多款平台自有产品，充分利用平台内容资源优势，深度连接用户，力求定位场景达到千

① 《2019 全球智能音箱销量揭晓：国产厂商前五揽三，苹果第六》，搜狐网，http：//www.sohu. com/a/373008691_ 126540，2020 年 2 月 14 日。

人千面的内容推送；荔枝则和百度旗下的小度智能音响达成合作意向，在其智能音箱平台上线了海量内容；蜻蜓 FM 则利用自身优势在车联网终端发力，已经内置汽车 800 万辆。

智能音响的深入发展极大地培养了用户使用习惯，为更多接入音频的智能硬件的升级和加入发挥了积极的示范作用。未来，以智能眼镜为代表的穿戴设备型场景化产品将会以崭新的人机协同和视频语音交互方式出现，为大众带来更多、更深层次的智能场景体验。

（三）智能音频内容来源趋于一超多强，用户自生产方兴未艾

中国音频市场从以传统广播为代表的萌芽期，到网络音频平台的建设期，再到智能音频的场景化时代，内容产业的行业格局趋于成熟，呈现出一超多强的局面。伴随着知识付费等领域的爆发式增长，音频在各平台的默默耕耘和持续发力下，成为继图文、视频等传播形式的重要补充，以及媒体融合深度推进的新兴助力，重塑了内容行业的价值中枢。

目前，喜马拉雅、蜻蜓 FM 和荔枝在用户总量、日活跃量和商业收益等方面优势明显，构成了音频内容行业的第一方阵，其中喜马拉雅市场占有率一骑绝尘，截至 2019 年 10 月 17 日，其手机用户超过 6 亿，同时拥有超过 5000 万的海外用户。根据艾媒报告，2019 年 6 月中国主要在线音频月活跃用户的数据，由高到低依次为喜马拉雅、荔枝、蜻蜓 FM、懒人听书等，[①] 其中第一名月活跃数量超过后三名的总和，音频内容一超多强的形态初见端倪。

从内容布局策略上看，经过前期的摸索，各大平台积极调整各自经营战略，从平台特点出发，深挖细分和垂直领域，致力于打造差异化的平台优势。深耕 PUGC 模式的喜马拉雅于 2018 年推出“万人十亿新声计划”，提升 UGC 内容生产能力，充分挖掘平台孵化内容的生产潜力。荔枝则专注于年轻用户群，相继推出“回声计划”和播客学院，通过培育海量主播和开发优质内容，在网络音频市场站稳脚跟。

从内容生产机制上看，中心化、机构化的趋势较为明显，由新知榜知识付

① 艾媒数据中心：《2019 年 6 月中国主要在线音频平台月活跃用户》，https：//data. iimedia. cn/page - category. jsp？ nodeid = 24711871。

费 2019 年 12 月新课榜前 30 精品课程可见一斑，头部 IP 和大咖内容依然占据主流，比如吴晓波、罗振宇等带来的知识跨年演讲，让知识付费再次成为内容创业行业的焦点。不过，随着语音交互能力的提升和平台开放性的不断拓展，继微博、微信自媒体时代之后，也可能会产生智能音频场景化时代特有的自媒体内容矩阵，生产出更多带有场景化元素的内容。

（四）主流媒体尝试智能音频表达，专注于内容创新

在以“融合智变　数化恒效”为主题的 2019 年广播行业峰会上，尼尔森网联发布的《2019 中国广播及音频应用发展报告》指出，在庞大的听众规模背后，网络收听方式升至 91%，而传统收听方式降至 41.7%，一升一降，显示出移动智慧转型的需求迫在眉睫。[①] 此外，自 2014 年 8 月 18 日《关于推动传统媒体和新兴媒体融合发展的指导意见》将媒体融合上升为国家战略以来，全国媒体掀起了新一轮的深刻变革。因此，在壮大主流舆论引导力、影响力，为群众提供权威信息服务的号召下，主流媒体充分运用智能音频的技术突破、渠道能力和传播效力正当其时。

一方面，以新华社、人民日报和央视客户端为代表的中央主流媒体率先布局智能音频新闻领域，与智能音频技术企业达成合作意向，开展内容生产创新。例如，2019 年新华社客户端推出了智能语音交互助手“小新”，开启了声音智能探索的新篇章。另一方面，国内各省市主流媒体也积极与技术企业、音频平台合作，通过内容批量化生产、机器人生产等方式，不断降低生产成本，提升生产效率，推动融合创新，利用平台企业铺设的大量智能音频场景化产品实现多渠道的分发和获益。比如，喜马拉雅与《半月谈》杂志合作，推出专属智能音箱，面向全国党员干部开放，内置了《学习纲要》等党建内容，在“不忘初心 牢记使命”主题教育期间，使得整个学习过程在立体、交互之余，更显温度。仅《学习纲要》音频版，多渠道播放量就达到 1.4 亿次。2019 年 3 月 7 日，阿里巴巴天猫精灵智能音响上线的《都市快报》音频节目同样获得了不错反响。由此可见，智能音频场景化产品基于伴随性、个性化和多场景收听的特点，为主流媒体的媒介融合转型提供了广阔的试验场。

---

① 《尼尔森网联发布〈2019 中国广播及音频应用发展报告〉》，《中国广播》2019 年第 8 期。

二　智能音频场景化应用中的问题

由于种种原因，现阶段智能音频场景化应用还存在算法伦理缺陷、技术突破缓慢、内容争夺加剧、行业监管相对滞后等问题，制约着场景化产品实现应有诉求，以及更大规模的应用和更丰富的呈现。因此，在智能音频的场景化进程中，上述实际问题亟待解决。

（一）智能音频算法伦理缺陷

从目前来看，算法作为智能技术的基础已经介入甚至在一定程度上主导着人类社会各领域的发展，同时算法也引发了是否透明、公平、自主等诸多伦理问题的讨论。① 目前智能音频算法主流的个性化推送原理正是利用大数据技术对海量的用户信息进行深度分析，通过人工智能对用户偏好与兴趣进行预测，做出用户画像，实现场景化定制服务。

但是实现精准推送的关键和基础——大数据算法，现阶段却存在较大缺陷。第一，算法制定的主观性造成算法推荐的偏差。人类自身存在的认知局限性、认识事物的片面性等问题，使得算法源头上的误差将永远存在。第二，用户依赖算法获取信息有陷入信息茧房泥淖的可能性。从用户的角度出发，平台算法的所谓个性化预测，本质上是一种放任自流的表现，更多时候会带来个性化标签的循环，导致信息边际价值大幅下降。第三，算法发展阶段的客观局限性。人工智能的发展分为三个阶段，包括运算智能、感知智能和认知智能。② 现阶段智能音频技术基本停留在对运算智能的加速使用和感知智能的浅层应用之上，情感识别等高智慧形态的认知智能应用尚在探索中。因此，整体尚不足以达到人性化思考和精细化预测的程度。第四，算法依托的运算数据基础有待提高。人工智能的自主学习效果一定程度上由数据的质量决定，目前割裂、离散、静态、不统一的数据制约了其准确程度和运算效率。

---

① 孟威：《新传播场景中的伦理追问》，《网络传播》2018 年第 4 期。

② 胡正荣：《智能化：未来媒体的发展方向》，《现代传播》（中国传媒大学学报）2017 年第 6 期。

（二）智能音频技术突破缓慢

2019 年 6 月 6 日，工信部正式向中国电信、中国移动、中国联通、中国广电发放 5G 商用牌照，我国正式进入 5G 商用元年。5G 技术具有通信高速率、低时延和大连接等特点。根据《人工智能发展白皮书》，理论上 5G 可以达到 100Mbps 至 1Gbps 的用户体验速率，优于人的生理反应时间的时延。[①] 这将对三维场景化的另外两个层面，即物理空间和心理需求的氛围塑造提供强大的基础支撑，必将有利于人工智能、大数据以及云计算等技术的升级发展，有利于物联网、车联网等场景领域布局和应用创新。

但是信息技术基础设施的建设与智能音频技术的划时代变革及场景化产业应用的突破性进程不能简单画等号，尽管目前语音交互技术不断成熟，多语种、拟人化开始成为主流，但是从技术变革的进程来看，更多关注点仍然聚焦在视频领域，这与视频行业在移动互联网时代取得的骄人成绩、形成的路径依赖有着密切的关系。一些声音认为 5G 通信技术投入商用会让 4K + 8K + AR/VR 的应用增加用户体验的真实感和沉浸感，拓宽场景化应用范围，然而对于原本以流量消耗少、通信网络要求低为优势的音频行业而言，5G 技术会是带来积极有利的发展机遇，还是拉开与视频行业的发展差距，答案仍然模棱两可。正是在以上质疑声中，许多人对智能音频命令的明确性、人机的交互性、传输的稳定性、声纹的独特性等优点选择性忽视，使得智能音频领域鲜有深度的研究，从创新的技术源头就被视频行业所压制，从而导致音频技术变革和应用突破显得缓慢而边缘。

（三）智能音频内容争夺加剧

无论是传统广播还是智能音频，实现优秀的音频内容与目标群体的有效连接是声音媒介发展的核心目标之一。运用智能终端设备为特定场景下的用户提供特定服务是实现智能音频全场景化的要义。基于上文中对“场景”时间、空间与心理三重维度的定义，对三维要求内容的覆盖才可能实现真正的立体场

---

① 中国信息通信研究院：《5G 经济社会影响白皮书》，http：//www. imt － 2020. org. cn/zh/documents/download/51，2017 年 6 月。

景化。因此，定位基于用户个性要求以及细分场景内容的重要性不言而喻。

目前，各大音频平台早已打响了内容资源的抢夺战，版权新玩家的入局一定程度上加速和限制了内容创作的自主性和垂直领域的深耕度。比如，作为音频行业头部的喜马拉雅在2018年已拥有市场上70%左右的畅销书有声版权，一方面实现广播剧、有声书、戏曲、脱口秀等形态的全覆盖，很大程度上满足用户个性化的收听需求，另一方面中心化的生产机制，削弱了腰底部主播和用户生产内容的积极性，从版权源头对内容的控制意味着整个音频内容市场面临着僧多粥少的局面，也可能对音频市场的内容生态产生长远影响。

此外，从目前智能音频的场景化应用产品来看，所谓的人机交互，存在对现有内容调取的“伪交互”，所谓的个性化推送只是从有限内容挑选的“有限”个性化，场景感知相对较弱。尤其是用户在场景中的UGC并未考虑具体入口，加上自媒体场景化内容生产的技术基础薄弱以及产品底层架构设计的脱节，造成智能音频海量内容自生产的实现难以达行。

（四）智能音频行业监管相对滞后

随着音频行业的快速发展，行业乱象频出。第一，智能音频作为典型的内容服务行业，侵权行为时有发生，其中以UGC的内容创作模式为侵权重灾区。虽然很多平台有版权提醒和公约，但个人内容生产者往往缺乏版权意识，同时审核机制难以尽善尽美，使得版权保护仍然任重道远。第二，部分音频平台以流量、商业为导向，算法缺失底线思维和正确的价值观，通过打擦边球的方式向用户推送违背社会主流价值观的内容，严重破坏了网络生态。针对这些现象，2019年国家网信办多次会同有关部门对音频行业乱象启动专项整治行动，首批依法依规对吱呀、Soul、语玩、一说FM等26款传播历史虚无主义、淫秽色情内容的违法违规音频平台分别采取了约谈、下架、关停服务等阶梯处罚，对音频行业进行全面集中整治。①

① 中华人民共和国国家互联网信息办公室：《网络音频：先正音，才好听》，http://www.cac.gov.cn/2019-07/08/c_1124721902.htm，2019年7月8日。

三　面向未来智能音频场景化建设的应对策略

（一）立足用户的主体性，巩固智能音频伦理价值

用户的媒介使用习惯、行为和心理会跟随不同的时代背景变化呈现出不同的形态。从以门户网站为代表的 Web1.0 时代，到以互动和社交为核心的 Web2.0 时代，再到智能化、大连接、去中心化的 Web3.0 时代，新的传播渠道、传播形态不断涌现，赋予了大众更多自主选择和生产内容的权利。① 受众观的变化说明了大众从无差别、被动的受众，演变成为掌握传播主动权的主导者，深入传播各个环节和过程。在互联网分布式逻辑下，去中心化特征显著，具体表现为大众作为用户主体地位的上升。②

因此，智能音频场景化应用作为一项重要传播渠道，一是要及时响应新一代用户对场景的多样化、内容的垂直细分化以及功能的完备性提出的更高的现实要求。二是要坚持从用户思维、逻辑和视角出发考虑算法的设计，统一各类场景化应用产品数据格式和接口，从而引导智能音频生产、传播、交互的各个环节，实现算法伦理价值的道德性、合规性和正向性的有机统一。三是要始终重视对音频平台的舆论引导作用和正能量的发挥，要让平台在面对诸如新冠肺炎疫情等突发事件时，在舆论主战场找准位置、及时发声。四是要推动社会各界在认识上对主流媒体、网络媒体一视同仁，推动二者的融合发展，充分发挥主流媒体内容生产优势和音频平台产品技术优势，通过掌握智能音频传播的主动权和控制权，让“算法”有导向、有价值、有底线、有温度，不断推出用户喜闻乐见的音频作品。

（二）利用情感识别技术，助力智能音频内容生产

人工智能在音频内容产业中的应用已成为必然趋势，智能音频想要在新的环境下提高生产效率和提升场景化服务水平，人工智能的深度应用必不可少。

---

① 孟威：《网络互动——意义诠释与规则探讨》，经济管理出版社，2004。

② 孟威：《互联网传播中的“受众主体性”》，《青年记者》2019 年第 33 期。

目前智能音频内容的智能化生产主要依靠语音合成和语音识别，这一点有力促成了三维场景化音频的内容生产与供应的现实性。比如，科大讯飞作为智能音频技术的“领头羊”，在2019年5月的新品发布会上推出了多语种AI虚拟主播“小晴”，可以用中文、英语、法语、日语、韩语、德语、西班牙语等七国语言及维吾尔族语、藏语两种民族语言完成语音播报。这正是一项结合语音合成、语音识别、人脸识别、人脸建模、图像合成、机器翻译等多项人工智能技术的应用。AI小晴的工作原理是通过提取声音样本，把握样本声音的节奏情感，然后结合特定音色进行转换结合，复刻模仿特定人的声音，实现了声音的再复制。① 这不仅在一定程度上可以解脱对人工的依赖性，取代传统音频生产流程中机械化工作的部分，增强独立生产音频内容的能力，而且有利于展现声音媒介拟人化魅力。只有实现对饱含多重感情的语音、语调、节奏和停顿等语音特征的智能化复刻和生产，才能更好地满足三维场景化核心要求——心理层面的需求。可以预见，未来将会有更加敏捷、更加准确的高级语音情感识别技术，通过海量大数据的长期学习，对智能音频内容生产的拟人化、类人化提供强大保障。

（三）借助云计算+区块链，推进智能音频泛在协同

如果说智能音频技术与智能音箱等硬件的结合实现了用户和音频内容的实时连接，那么云计算、5G和大数据等技术将致力于为用户提供垂直细分场景适配的个性化内容生产服务。“云”可以将软件、硬件、数据等计算资源从本地迁移至云端，实现资源共享，使得多方协作成为未来可能采用的内容生产模式。这与Web3.0大连接和去中心化的特征不谋而合，个人乃至机构不再为存储、提取和传输等问题烦扰，有利于降低个人、机构对音频内容的创作门槛，可以随时随地提取素材和远程协同，从而激发创作激情，促进智能音频的内容生产。

此外，区块链技术为协同式生产提供了信用保障和版权保护。在区块链技术的支持下，每个参与者都可以平等地加入数据库的创建和维护工作，因为每个节点的数据都会被同步，且任何单一节点无法篡改任何一个记录。将区块链

① 《A.I.虚拟主播小晴　多语种直播科大讯飞新品发布会》，搜狐网，2019年5月22日。

技术应用到智能音频内容生产中，可以实现信息生产过程全程可溯源、内容永久记录，有助于确保信息生产过程中的真实性，维护音频的内容质量。[①] 总的来说，云计算与区块链的结合可能解决内容传播的“伪交互性”、突破内容创作中心化的制约、彻底解决版权纠纷问题，有利于培育智能音频场景化时代自媒体自主产生和良性发展的土壤，推动内容的规模性、几何级数的增长，进而实现全场景中用户对细分内容随取随用的要求。

（四）提高场景适配水平，强化智能音频行业监管

单一的视觉感受并不能独立营造一个完全沉浸式的场景体验，声音媒介的重要性由此凸显。受麦克卢汉“感官平衡”理论的启发，智能音频将在视觉文化主导的内容体验中，通过视觉听觉的结合，给予人一种新的平衡，从而为用户带来深度的心灵视听体验。2019 年 7 月 20 日，咪咕通过提供 5G 网络全覆盖、5G + 真 4K 全程直播的服务举办了一场音乐盛典，使得现场观众体验了高清的多镜头和多视角的现场视频直播以及超高音质的音乐享受。[②] 这正是基于对对象、时间和地点的识别提供的个性化服务，它实现了场景之间的无缝转移。可以预见，随着内容制作的专业水平以及场景智能的应用水平提高，智能音频在交通、医疗、教育、旅行、文娱等具体场景中，将更能适配场景的沉浸式需求，未来必将大有作为。

与此同时，智能音频场景化应用的不断拓展、深化对监管治理提出了更高要求。以 2019 年 11 月 18 日发布的《网络音视频信息服务管理规定》为例，虽然该规定第一次将网络音频明确作为管理对象，明确了主管部门、资质管理、内容安全、技术要求、行业自律、违规处理等条款，提出了一系列切实可行的管理措施，但是该规定仅仅将监管的范围局限在信息服务领域。[③] 从目前来看，随着智能音频场景化产品的不断涌现，行业主管部门应扩大至工信、市

① 彭兰：《增强与克制：智媒时代的新生产力》，《湖南师范大学社会科学学报》2019 年第 4 期。

② 《5G 时代怎么看演唱会？2019 来电之夜探索新看法新玩法》，《中国日报》2019 年 7 月 22 日。

③ 中华人民共和国国家互联网信息办公室：《关于印发〈网络音视频信息服务管理规定〉的通知》，http://www.cac.gov.cn/2019-11/29/c_1576561820967678.htm，2019 年 11 月 29 日。

场监管、通信等部门，管理对象应扩大至技术研发、硬件制造与销售、网络设备等领域。未来，用数据驱动、技术驱动、产品驱动的思维，积极改造为自学习、自适应的监管手段，加快形成“用数据对话、决策、服务、创新”的数字化治理和监管新模式，才能适应智能音频场景化应用的极大发展。

四　结语

在以大连接、去中心化、沉浸化为特征的 Web3.0 时代，场景化的定义变得更加丰富多元。从特定时空的认识到心理维度的探讨，我们正在尝试从外部场景走进用户的内心世界。音频作为一种心灵触媒，在技术升级的过程中走向智能，在用户思维的实践中走向交互。智能音频的场景化应用要想获得长远的发展，必须从人类社会发展进入智能社会这一大背景出发，紧密结合技术发展和用户中心的二元动力，推动智能音频向内容定位更个性化、内容生产更智能化、用户体验更沉浸化的方向迈进，同时学会用技术赋能，利用人工智能的学习能力和创新手段，从用户视角不断进行总结与创新，赋予用户更多参与权利，才能真正让智能音频场景化应用大干快上、跨越发展。

参考文献

叶雨浩：《移动互联时代新闻媒体的场景化应用》，《东南传播》2017 年第 7 期。

郜书锴：《场景理论的内容框架与困境对策》，《当代传播》2015 年第 4 期。

彭兰：《场景：移动时代媒体的新要素》，《新闻记者》2015 年第 3 期。

中国互联网络信息中心：《第 44 次中国互联网络发展统计报告》，http：//www.cnnic.cn/hlwfzyj/hlwxzbg/hlwtjbg/201908/t20190830_ 70800.htm，2019 年 8 月 30 日。

艾媒报告中心：《2019 ~ 2020 年中国在线音频专题研究报告》，https：//report.iimedia.cn/repo13 – 0/38953.html。

B.23
2019年中国网络广告发展报告*

王凤翔**

摘　要： 2019年，我国网络广告呈现以下发展特点：我国网络广告市场规模达4367亿元，占该年广告市场规模的50.50%。电商内容传播领衔广告头部市场，拼多多崛起；搜索广告遭遇互联网巨头市场壁垒，搜索巨头智能生态开拓广告发展新契机；人工智能短视频广告平台异军突起，字节系、快手成为广告业中的“黑马”；以“全球化产品、本土化内容”市场策略，开拓海外网络广告新市场。加强互联网广告监测合作与法律法规监管，推动用户隐私保护。

同时，中国网络广告发展存在以下问题和挑战：广告巨头之间存在不正当竞争和同质化发展、数据泄露、滥用数据话语权、丧失创新能力的风险；广告智能化走“黑”，侵害用户权益，形成舆论冲突、社会矛盾与广告“黑产”；网络广告异常流量、异常点击问题依然严重；走向海外的网络巨头广告变现能力遭遇发展瓶颈与挑战。

因此，建议采取以下应对措施：尊重网络传播规律，创新网上内容生态建设，增加我国网络广告的附加值与话语权；主流媒体要跟上5G移动互联网时代步伐，突破体制机制阈限，推动新媒体与网络广告实现新发展；加强网络平台的信息技术引领，推动广告市场的行业自律建设；促进全球广告技术竞争，完善网络广告法律法规，推动区域市场监督与广告制定标准建设。

* 本文为国家社科基金“中国网络广告发展史”课题前期研究成果，课题主持人为王凤翔。

** 王凤翔，中国社会科学院新闻与传播研究所副研究员。

关键词： 网络广告 头部广告平台 广告智能化 数据壁垒

一 发展现状

（一）网络广告市场规模为4367亿元，占该年广告市场规模的50.50%，头部广告平台效应明显

国家市场监督管理总局数据显示，2019 年我国广告市场规模为 8647.28 亿元，年增长率为 8.54%。2018 年网络广告市场规模 3694 亿元，而 2019 年为 4367 亿元人民币，突破 4000 亿元大关，占该年广告市场规模的 50.50%，年增长率为 18.22%，年增幅放缓（见图 1）。

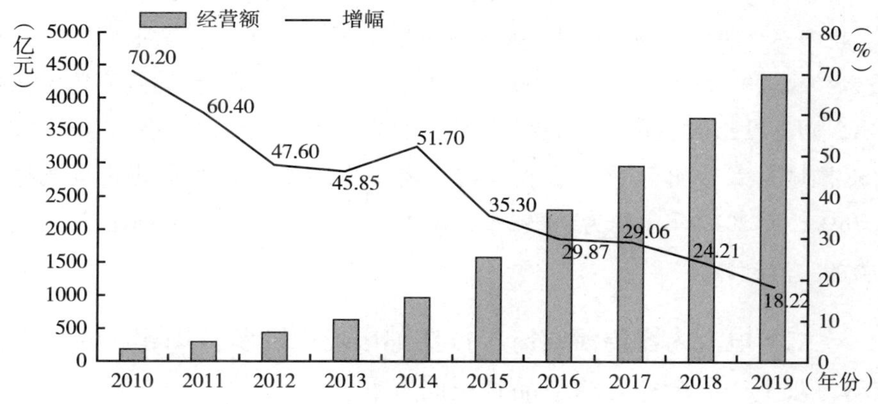

图 1 中国网络广告市场规模与年增长率

资料来源：国家市场监督管理总局。

发布广告的媒体平台依托各自优势，形成网络广告发展新秩序。中关村互动营销实验室数据显示，2019 年媒体平台广告主要包括电商广告、搜索引擎广告、视频广告、新闻资讯广告、社交广告与分类广告等。对比 2018 年，视频广告超过新闻资讯广告，排名第三（见图 2）。

广告头部平台效应明显。2019 年超过 1000 亿元广告市场规模的有阿里巴巴、字节系。腾讯、百度市场规模为 600 亿～800 亿元，其中 2019 年腾讯网络

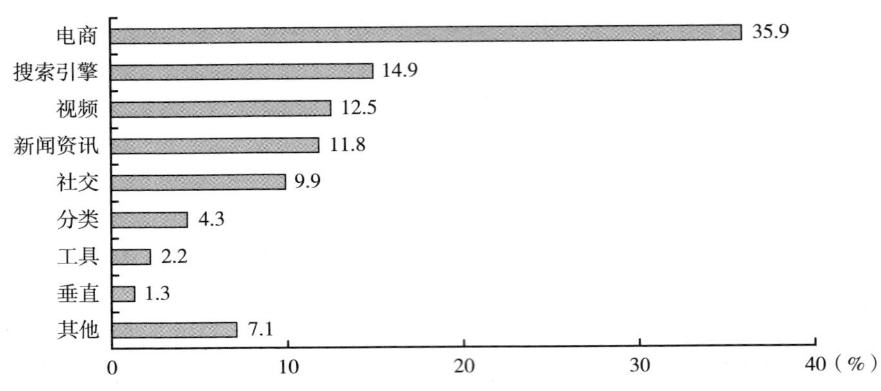

图 2　各类媒体平台广告的市场规模占比

资料来源：中关村互动营销实验室。

广告营收为 683.77 亿元，年增长率为 18%。京东市场规模为 400 亿～500 亿元。拼多多、快手市场规模为 200 亿～300 亿元，58 同城、新浪微博与新浪（含新浪微博）等市场规模为 100 亿～200 亿元。中关村互动营销实验室数据显示，阿里巴巴、字节系、百度、腾讯、京东、美团、新浪、小米、奇虎 360 和 58 同城为 2019 年网络广告收入前十名，占 2019 年网络广告市场规模的 94.85%，而 2017 年占比为 90.92%，2018 年为 92.67%，进一步凸显了网络广告的主流趋势。

（二）电商内容传播领衔广告头部市场，拼多多崛起，网络广告推动“双十一”全球狂欢节品牌正向发展

2019 年，电商平台广告占该年网络广告市场规模的 35.9%，年增长率为 3%，稳居网络广告平台市场规模第一。

阿里巴巴位列我国网络广告市场规模第一。其中，阿里巴巴 2019 财年 GMV 大盘增长 18.7%，年营收为人民币 3768.44 亿元。2019 年广告市场规模（主要包括淘宝天猫广告收入、天猫抽佣收入）1746.09 亿元，第 1～4 季度广告收入分别为 301.19 亿元、419.54 亿元、413.01 亿元和 612.35 亿元。

电商广告第二大户是京东。2018 年京东广告市场规模为 335.21 亿元。2019 年京东 GMV 首次突破 2 万亿元大关，第 1～4 季度广告市场规模分别为

81.44 亿元、110.77 亿元、99.86 亿元和 134.73 亿元，全年广告市场规模 426.8 亿元，年增长率为 27.32%。

电商广告第三大户是拼多多。2018 年拼多多广告市场规模为 153.56 亿元。2019 年拼多多 GMV 达到 10066 亿元，首破万亿元大关，5 年破万亿元交易量，创下电商行业发展新速度新纪录（阿里为 9 年，京东为 15 年）。2019 年实现营收 301.4 亿元，年增长率为 130%。其中，第 1 ~4 季度广告市场规模分别为 39.48 亿元、64.67 亿元、67.11 亿元和 96.88 亿元，全年广告市场规模为 268.14 亿元，年增长率为 132.45%。

2018 年唯品会广告市场规模为 30.14 亿元。2019 年第 1 ~4 季度广告市场规模分别为 8.59 亿元、10.22 亿元、11.36 亿元和 12.57 亿元，全年广告市场规模为 42.74 亿元，年增长率为 41.80%。

国家统计局数据显示，2019 年我国网上商品零售额为 10.6 万亿元，年增长率 16.5%。阿里巴巴年活跃买家数为 7.11 亿，拼多多年活跃买家数 5.85 亿，京东年活跃买家数 3.62 亿。2019 年“双十一”全球狂欢节各电商平台竞争激烈，天猫排名第一，占比 65.50%，总成交额为 2684 亿元，刷新 2018 年 2135 亿元的纪录，同比增长 26%。京东排名第二，总成交额为 705 亿元，占比 17.20%。拼多多排名第三，总成交额为 250 亿元，占比 6.10%（见图 3）。

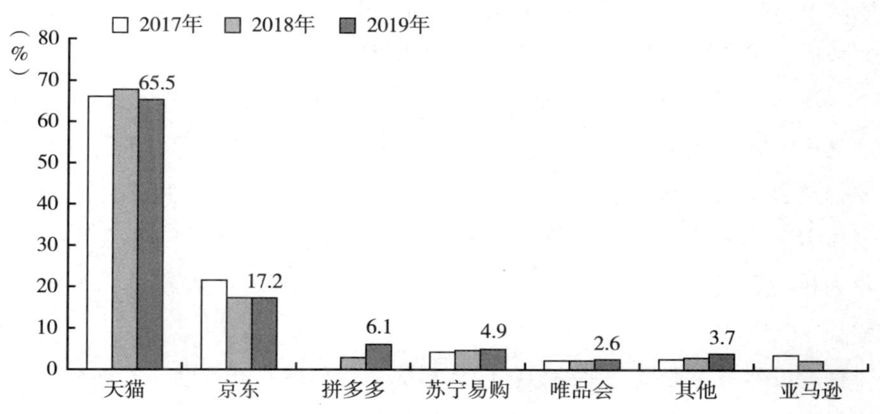

图 3　2019 年“双十一”各电商平台交易额占比情况

资料来源：中国产业信息网。

从平台时代迈向供应链时代，是我国零售业品牌的发展大势。“双十一”狂欢节共有超过20万个品牌参与市场营销。销售排前五的行业为手机数码、家用电器、护理美妆、服装和鞋包。各个品牌以内容广告形成竞争发展的格局，如欧莱雅、玉兰油、雅诗兰黛、兰蔻、资生堂、SK－Ⅱ、自然堂、后、百雀羚、护舒宝等产品，成为这个门类的前十名品牌。

（三）搜索广告遭遇互联网巨头市场壁垒，搜索巨头智能生态开拓广告发展新契机

2019年搜索类平台广告市场规模由2018年的21%降至14.9%，主要原因是电商类互联网公司实现了内部生态数据的闭环壁垒，腾讯社交系统、头条系等互联网巨头同样筑起了数据生态闭环与自身内部搜索优势，试图把搜索引擎排除在各自的数据闭环以外。

搜索引擎也在形成各自的数据壁垒与发展优势。百度形成“搜索＋信息流”的双引擎经营独特模式，[①] 百度与搜狗进军人工智能广告，形成广告传播的新场景。2019年，百度占国内市场规模的67.09%，占全球市场规模的1%，搜狗占18.75%，神马搜索占6.84%，360搜索、头条搜索与谷歌搜索等占2.08%。百度在PC端与移动端共同发力，搜狗在搜索、搜狗输入法、智能AI领域发力，2019年广告营收近80亿元，神马搜索发力移动搜索，在百度与搜狗大举进入移动搜索市场后，其市场规模有所减少。

百度2019年总营收为1074亿元，略高于2018年2013亿元的市场规模。其中，2019年网络广告收入为781亿元，占总营收的72.7%。2019年，百度打造百家号、智能小程序与托管页三大移动传播生态。其中，百家号内容创作者达260万、年增长率为38%；提升广告质量与用户体验的托管页营收为核心营销收入的25%；智能小程序的月活跃用户数超过3.1亿，同比增长114%。

百度虽然遭遇数据巨头的数据闭环挑战，但仍然瞄准互联网发展规律，正在构建智能时代的新型数据生态系统。百度经过投资经营与长期发展，形成了

---

① 王凤翔、张璐璐：《2018年中国网络广告发展报告》，载《新媒体蓝皮书：中国新媒体发展报告 *No. 10*（2019）》，社会科学文献出版社，2019。

符合自身发展的网络生态传播体系。在移动智能时代，百度通过投资与并购形成了以 AI 技术为基础、智能场景化的生态发展“树”，不仅使百度搜索引擎进一步成为网民的一种生活方式、生产方式与传播方式，还成为互联网搜索广告发展的强大动力。因此，搜索平台 AI 布局遥遥领先，搜索广告迎来新发展契机。

（四）人工智能短视频广告平台异军突起，字节系、快手成为广告业发展的黑马

2019 年短视频用户规模超 6.48 亿，已形成内容生产、分发与接收的上中下游完整产业链条。《2019 短视频营销白皮书》显示，36.7% 的广告主青睐短视频，并作为数字营销的重要媒体选择。互联网巨头 BAT 试图在垂直细分领域通过差异化路线，形成短视频平台矩阵，并依托人工智能与 5G 技术加强短视频市场竞合。《2019 年短视频行业深度分析报告》显示，目前短视频主要竞争者分为快手、字节系、BAT、新浪系、网易系等巨头，其中，快手、抖音形成短视频的主要角逐者，陌陌视频、360 视频、美图、爱奇艺为第二阵营。

抖音、快手等短视频公司颠覆传统电子商务模式。通过造“星”、引流以及与 MCN 合作深挖 KOL 商业价值，形成跨域跨境跨界电商合作、网红直播带货奇观，在 2019 年实现了信息传播与商业合作的新繁荣，创造了一个又一个的商业奇迹，并推动产品品牌与广告的良性循环。

字节系以自身的海内外数据闭环形成数据巨头，通过巨量引擎完善综合短视频、资讯、综合视频、问答等场景与品牌营销，把数据导入自身的广告联盟，形成广告发展优势与短视频数据寡头地位。

“穿山甲联盟”作为视频广告发展特色，提高游戏玩家变现率。2018 年 8 月，字节系推出视频化广告联盟产品“穿山甲联盟”。仅一年时间，“穿山甲广告联盟”覆盖全球 7 亿日活用户，日均广告请求量高达 360 亿次、日均广告展示量为 68 亿。为加强视频广告的市场争夺，“穿山甲联盟”先后推出并开展全屏视频、Playable（试玩广告）、开屏视频和 Banner 视频等广告形式。与国内大多数轻度和中度游戏加强合作，其合作游戏占据 AppStore 游戏榜的半壁江山。尤其是以激励视频广告完善游戏内经济体系，提高对游戏

玩家的总体变现效率。2019 年 7 月，“穿山甲联盟”进军日本市场（TikTok Audience Network，TAN），上线激励视频、Playable 和全屏视频，加强对海外游戏广告市场的争夺。

2018 年字节系广告营销收入超过 520 亿元。据咨询公司 R3 报告，2019 年上半年字节系广告收入为 500 亿元。据界面新闻数据，自 2019 年 11 月起，字节系日均营收超过 4 亿元。2019 年字节系广告营收超过 1400 亿元，仅次于阿里巴巴，年增长率近 280%。

快手《2019 磁力引擎年度报告》显示，快手营销平台升级为“磁力引擎”，头部客户超过 1000 家，活跃商家突破 100 万家，商业流量规模提升 600%，超额完成 2019 年营收目标。2019 年上半年，快手完成 100 亿元广告营收目标，7 月提高了商业目标，并采取系列营销行动，如发布 7 月“光合计划”，加强了广告索引升级与弹性储存。11 月上线短视频开屏广告，与阿里联动开启“双十一老铁狂欢夜”直播互动。据笔者估测，快手 2019 年广告营收为 200 亿～250 亿元。

（五）以“全球化产品、本土化内容”市场策略，开拓海外网络广告新市场

阿里巴巴推出“数字化出海计划”，涵盖“人货场”数字化、交易履约、数字化和信用体系数字化三个方面，有利于推动我国广告国际化。

蓝色光标 2017 年市场规模为 152.31 亿元，2018 年为 235.60 亿元，2019 年为 280.85 亿元，年增长率 19.3%。蓝色光标拓展营销智能化产品及其短视频、出海业务，形成新的核心竞争力。2019 年 4 月，参与投资的拉卡拉支付（300773.SZ）在深交所创业板上市，成为“A 股支付第一股”。

2019 年 2 月，海外抖音版 TikTok 全球下载突破 10 亿次。2019 年在苹果、谷歌的应用商店下载量超 15 亿次，第一、三、四季度位列“全球下载量最多 App 榜单”第一名，累计下载 16.5 亿次。全球最受欢迎的 5 个 App 中，只有 TikTok 不属于 Facebook 公司。

TikTok、Kwai 引领短视频国际化娱乐营销大潮，正在推动全球广告发展变局。TikTok 与内容创作者和营销公司分享受众和业绩数据，加强与 Instagram 等社交平台提供的数据分析工具的竞争，拟在 2020 年推出允许企业直接购买

广告的自助广告模式，变革烦琐且漫长的广告购买申请流程。[①] Sensor Tower数据显示，2019 年 TikTok 下载量超 7.38 亿次，全球收入约 12.24 亿元，是2018 年的 5 倍多。快手主产品国际版 Kwai 以及快手国际化团队 XYZ，推动快手的国际化市场竞争，重点布局拉美市场，以及东南亚、印度、俄罗斯等市场。其中在乌克兰、白俄罗斯等国家，下载率进入总榜前五，居视频榜第一。截至 2019 年 11 月，快手在巴西获 700 万用户，下载量位列第五。同时，各短视频公司加快布局印度市场，一方面，印度成为抖音最大海外市场，另一方面YY 欢聚时代 Likee、UC 的 Vmate，也在印度短视频市场开疆拓土，与印度本土短视频 Share Chat 形成市场竞争。

（六）加强互联网广告监测合作与法律法规监管，推动用户隐私保护建设

京津冀建设互联网广告监测平台。京、津、冀三地市场监管部门签署《京津冀广告业发展和监管合作协议》，共同建设互联网广告监测平台，推进三地网络广告数据共享，并强化联合执法协作，促进监管执法信息共享。

2019 年 3 月 1 日，《江苏省广告条例》实施，对弹窗广告困扰等现象做了明确规定。该条例是新《广告法》施行后出台的第一部规范广告活动的省级地方性法规。

加强用户隐私保护。公安部等三部门4 月联合发布《互联网个人信息安全保护指南》，5 月国家互联网信息办公室发布《数据安全管理办法（征求意见稿）》，明确指出用户有拒绝精准广告的权力。

二　问题与挑战

（一）广告巨头之间存在不正当竞争与同质化发展、数据泄露、滥用数据话语权、丧失创新能力的风险

推出符合 GDPR 要求和 CCPA 要求的全球化广告技术，推动广告市场从纯

① 张建中、萨费尔·卡里姆、朱莉娅·布厄斯汀：《抖音海外版 TikTok 的国际扩张》，《青年记者》2020 年第 7 期。

粹的数据驱动型向消费者选择型优先转变，是网络广告发展的未来大势。BAT、头条系等互联网平台试图构建信息壁垒与市场闭环，形成数据寡头。从“3Q 大战”到“头腾大战”“百头大战”，归根结底是数据霸权与广告竞争。各网络巨头通过人工智能等新技术争夺数据，运作不当会产生消极作用，损害消费者隐私权益，推动广告市场的不正当竞争与恶性发展。

大数据时代，数据代表每个账户的广告价值，通过数据就能获得广告红利。在网络信息技术语境下，数据存储存在严重安全隐患，即使谷歌、脸书这样的世界级互联网巨头也不例外，如 2019 年 5 月脸书公司所属 Instagram 近 5000 万条数据泄露，无密码即知明星广告价格，影响人数达数百万。网络平台为获利，把用户数据打包进行买卖，形成受人诟病的广告泛滥。我国互联网发展处于相对初期，互联网公司初期甚至以用户信息数据买卖来获得发展，诸多网络平台对用户数据的保护还远远不够，这给数据保护与广告业发展带来巨大隐患。

（二）广告智能化走“黑”，侵害用户权益，形成舆论冲突、社会矛盾与广告“黑产”

互联网广告黑灰产业已形成完整产业链，呈现智能精准化、平台规模化与产业系统化特点，对平台用户权益、正能量舆论环境与商业化生态有着极大危害。

一是侵害用户权益现象严重。2019 年 4 月 10 日，《人民日报》第 5 版刊文《开机广告别成“牛皮癣”》，批评开机广告损害用户知情权。12 月 4 日，《人民日报》第 19 版刊文《“弹窗广告”不能想弹就弹》，点名批评“弹窗广告”肆意而为的乱象。

二是“黑公关”广告扰乱舆论场。北京新华多媒体数据有限公司《2018～2019 网络“黑公关”研究报告》披露，互联网行业“黑公关”占比高达 65%。部分营销公众号为“10 万 +”、获取广告利益与市场关注，或本身存在“三观”问题，甘当“黑公关”打手，无所不用其极，甚至搭意识形态“顺风车”，故意散布谣言，撕裂社会共识，制造社会矛盾。

三是广告“黑产”虚假刷量严重。字节跳动于 2019 年 10 月开展为期 3 个月的“啄木鸟 2019”专项行动。字节跳动安全中心通告显示，该专项行动封禁涉嫌刷量作弊的抖音账号超 1.6 万个，拦截“黑产”刷赞刷粉类等虚假刷量请求 5.32 亿次，拦截“黑产”刷量注册抖音账号请求近 9000 万次。

（三）网络广告异常流量、异常点击问题依然严重

一是广告异常流量加大。秒针系统发布的《2019年度中国异常流量报告》显示，2019年网络广告异常流量占比31.9%，年增长率为1.7%。

二是广告异常点击行为严重。国双公司发布的《国内互联网广告异常流量白皮书2019》显示，2019年网络广告异常曝光占比32.2%，年增长率为4.2%；异常点击占比33.8%，首次超过异常曝光占比。

（四）走向海外的网络巨头广告变现能力遭遇发展瓶颈与挑战

一是海外网络巨头对我国进行限制。Facebook等国际巨头掌握全球化市场化的网络广告系统，对我国海外互联网企业使用其网络广告系统进行限制与禁止，以打击我国海外互联网企业的市场发展空间，从而维护其全球互联网霸权。

二是海外市场开拓，我国互联网公司变现难度比较大。TikTok、Kwai走向海外，也积累了相当多的用户，形成了海外影响力、传播力，但在变现上，一方面难以利用或没有形成自己的全球化网络广告系统，另一方面现有广告系统存在的共享问题与技术支持难以实现海外广告变现。同时，广告变现是否适应海外各种文化共性与市场惯性，需要市场实践的检验。

三是海外相关国家或地区的政治干涉、法律制约与行业打压。TikTok在美国遭遇政治打压，美国相关政治势力与舆论认为抖音是中国外宣的产物，同时遭到Facebook等网络巨头的行业碾压。在印度，TikTok也有遭遇法庭下架指令的历史。在海外，在维护用户隐私与青少年权益方面，TikTok等互联网公司遭遇罚款等打击。即使通过与谷歌等公司的广告合作获得发展，然而与海外互联网公司的广告市场竞争极为激烈。虽然前路漫漫，但发展光明。

三　对策建议

（一）尊重网络传播规律，创新网上内容生态建设，增加我国网络广告的附加值与话语权

尊重网络视频传播与文艺娱乐发展规律，抓住数字经济发展新特点新趋

势，创新电商广告、视频广告、社交广告、搜索广告、新闻媒体广告发展的形式，既要尊重网络隐私的普遍化诉求，又要探索市场经济规律，进一步建设网络广告发展新形态。

加强与丰富网上内容建设，推动网上新闻信息、舆论传播与文艺娱乐新发展新创新，尊重用户多元化利益与个性化诉求，积极利用网络传播新技术新产业新模式，增加网络广告传播附加值，推动网络广告生态更加健康。

抓住技术发展趋势，进一步推动网络广告智能化。在大数据语境下，以移动传播应用为核心，加快与创新网络广告系统的人工智能化建设，通过增强现实（AR）、混合现实（MR）、虚拟现实（VR）等信息技术推动视频广告发展，借助网络直播与网红带货等品牌传播形成网络广告发展的新业态新模式。

积极探索与构建海内外广告的发展路径。避免国内国外两张皮的发展模式，要按照海内外网络广告发展一盘棋要求，把握网络广告系统全球化趋势，统筹国内外广告发展，既要满足国内广告发展现实，又能促进海内外广告的相互借鉴，形成网络广告良性互动发展，以赢得网络传播与网络广告的发展权与话语权。

（二）主流媒体要跟上5G移动互联网时代，突破体制机制阈限，推动新媒体与网络广告实现新突破新发展

主流媒体坚持内容即广告的发展方向。在5G移动互联网时代，作为新闻信息的网上内容作为现代社会生产力要素的作用进一步凸显。而大多数专业媒体还是传统广告交易形式，没有专业化网络广告系统。这是其在互联网时代无法开展有效竞争的根本原因。因此，主流媒体要强化互联网思维、产业精神与政策破维，实施“新型党媒”及其平台的重塑战略，以更宽的视野、更大的力度，谋划构建可持续发展的运营管理机制，推动主流媒体的广告发展与经营突破。

构建网络广告良性发展的生态系统。立足5G时代，允许具有技术基础与市场能力的新媒体集团优先发展，坚持移动优先、视频为主与破维发展，在5G通信、智能城市、硬件制造、产业联盟、战略合作、跨界经营、融资上市等方面，可以先行先试、优先发展，形成成功经验、吸收失败教训，然后定向推广、有效发展，推动网络广告发展进入新阶段。

用得好是真本事。主流媒体、专业新媒体要深化BAT新型广告交易、广告技术与精准传播理念的基本认知，善于使用并有条件、有计划地推动开发自己的网络广告系统，或加入现有主要网络广告系统与第三方网络广告联盟，推动主流媒体经营的彻底转型与主流化发展。

（三）加强网络平台的信息技术引领，推动广告市场的行业自律建设

推动网络巨头严格自律，切实履行企业责任。网络广告技术要求比较高，网络巨无霸形成数据寡头，主管部门要完全监管的难度极大。因此，网络平台要切实履行主体责任，通过加强技术引领，推动网络巨头自律，这是未来一个重要发展方向。互联网企业要加强广告主及其用户数据的储备、管理与传输的规范建设与技术保护，坚守数据使用与广告传播的职业伦理、职业道德与职业精神，既能维护企业自身合法权益，又能维护用户权益，责无旁贷地夯实维护国家网络主权、安全与发展利益的基础。

强化互联网企业广告数据使用主体责任。借鉴GDPR，在广告数据重大泄露被发现的72小时内，互联网企业需要向监管机构报告，及时堵塞安全漏洞，有效更正数据库配置错误，科学规范第三方应用程序。互联网广告企业对通过网络暴露他人身份信息、买卖隐私信息与非法使用他人信息的个人与企业，要自查自纠，以个人与企业发布的隐私作为其征信依据。

（四）加强全球广告技术竞争，完善网络广告法律法规建设，推动区域市场监督与广告制定标准建设

面向世界科技前沿，有关部门要制定广告信息领域核心技术发展战略纲要，制定路线图、时间表、任务书，推动强强联合、协同攻关，建设全球性、高科技的网络广告系统，服务于国家重大需求，服务于国民经济主战场，服务于海外市场话语权争夺。

我国互联网巨头成立广告行业组织，或加强互联网行业现有组织建设，不断加强技术合作，积极主动地参与制定符合全球化推广的各类网络广告形态统一技术标准，及时有效地对新技术新业态广告形成中国技术标准与企业广告专利权。

从数据技术与发展安全高度，完善网络广告法律法规。加强全国或区域性

网络广告监管信息共享与技术共治，并共同施以市场打击与法律规惩，以维护广告市场发展良好秩序。对利用网络平台从事虚假点击、色情传播、赌博传播与极端思想传播，以及各类异常广告点击等虚假广告、不良公众号、“黑产”、“黑公关”等扰乱舆论场的市场主体及其行为，要积极监控、主动打击，构建风清气正的网络空间，为网络广告发展提供良好的网络生态传播系统。

参考文献

唐绪军主编《新媒体蓝皮书：中国新媒体发展报告 *No. 10*（2019）》，社会科学文献出版社，2019。

丁俊杰：《广告业的头部与长尾》，《中国广告》2019 年第 10 期。

刘珊、黄升民：《人工智能：营销传播“数算力”时代的到来》，《现代传播》（中国传媒大学学报）2019 年第 1 期。

雷蕾：《经济社会学视域下的互联网广告市场研究》，中国传媒大学出版社，2019。

〔美〕肯·奥莱塔：《广告争夺战：互联网数据霸主与广告巨头的博弈》，林小木译，中信出版集团，2019。

B.24

2019年网络视频直播发展研究报告*

王建磊**

摘　要： 2019年，熊猫离场，斗鱼上市。网络视频直播的整体数据、资本活跃度持续下降；与此同时，直播行业5家上市公司的表现不乏亮点，游戏、电商、真人秀直播作为支撑性业务带动整体业绩。这一年，以BAT为代表的互联网巨头在直播领域展开布局，以小红书、闲鱼为代表的独角兽公司试水直播，短视频平台快手和抖音也深度融合直播，而电喵直播、知乎直播、微信直播等新品牌的出现意味着行业进入深层的垂直细分——以上种种变动反映出直播行业已在市场力量主导下从高度发展过渡到成熟期。基于此，2019年是真正意义上的分水岭，进入下半场之后，在5G技术商用的普及背景下，直播将作为技术工具，搭载各种不同的产业模块进行重组和融合发展，也将作为社会基础设施，被医疗、物流、物联网等公共服务领域深度集成，回归技术源点的"智慧直播"未来定将在经济社会中继续扮演重要角色。

关键词： 网络直播　主播　5G

尽管网络视频直播的兴起可追溯至2005年创办的9158视频聊天网站，但是直播作为一个成熟的互联网商业模式大规模进入公众视野是在2016年

* 本文系国家社科基金项目"网络视频直播管理研究"（项目编号：17CXW020）的研究成果。

** 王建磊，博士，深圳大学传播学院副教授，硕士生导师，主要研究领域为视听新媒体、视听文化产业等。

前后。① 至今发展四年有余，经历了一个行业从崛起、高潮乃至走衰的全过程，体现出互联网时代新兴业务快速迭代和创新转型的特征。本报告从用户数量、投资规模、政策演变、市场主体等维度回顾了2016 年迄今的行业发展态势，以数据揭示行业变动，总结发展规律，展现新变化与新问题，并基于内外环境变量对网络直播的未来做出合理预测。

一　网络直播行业的基本态势

（一）用户趋稳：一半用户看直播

CNNIC 从 2016 年 6 月开始第一次统计直播用户，起始数据为 3.25 亿，而后每半年公布一次直播用户数据（见表 1）。从 2016 年至今，直播行业微增 1 亿用户，现有用户 4.5 亿左右，平均使用率超过 50%，也就是说，全国网民中有一半用户是看直播的。同时，部分行业发展报告（白皮书）显示，直播行业的主流用户集中在 18～28 岁的年龄段，以“90 后”和“00 后”为代表的年轻人成为行业发展的坚实根基。

分领域来看，游戏直播和真人秀直播作为主流直播平台的核心业务，其用户数量呈现出稳中有升的趋势，现有用户体量分别达到 2.6 亿和 2.1 亿，其中游戏直播因为行业的职业化趋势和内容的高质量呈现，用户结构更加优化，增长率高于真人秀及其他类型的直播。

表 1　网络视频直播的用户数据

单位：亿，%

项目	2016 年 6 月	2016 年 12 月	2017 年 6 月	2017 年 12 月	2018 年 6 月	2018 年 12 月	2019 年 6 月
直播总用户	3.25	3.44	3.43	4.22	4.25	3.97	4.33
平均使用率	45.8	47.1	45.6	54.7	53	47.9	50.7
游戏直播	1.17	1.46	1.80	2.24	2.15	2.30	2.43
真人秀直播	1.36	1.45	1.73	2.2	2.03	1.63	2.05

① 《基于“网络直播元年”的批判性思考》（唐延杰，2017）《网络直播元年的喜与悲》（时统宇，2016）等文章均采用“2016 作为直播元年”的说法。

（二）头部坚挺：一线主播收入走高

从业内来看，头部主播的数量及收入是衡量平台实力的关键指标，因而知名主播在几大平台之间的跳槽、签（毁）约经常成为行业热点，主播的个人隐私、恋情、绯闻等也容易上升为网络舆论事件。

本报告梳理了连续三年几大平台头部主播的收入情况，2017～2019 年创收情况如表 2 所示。

表 2　六大平台头部主播的创收情况

单位：亿元

年份	1 月	2 月	3 月	4 月	5 月	6 月	7 月	8 月	9 月	10 月	11 月	12 月
2017	—	1. 42	1. 87	1. 2	1. 5	—	1. 46	2. 5	3. 25	3. 1	4. 3	4. 7
2018	2. 6	2. 6	3. 1	2. 9	3. 81	3. 32	3. 15	3. 3	3. 6	3. 0	3. 93	5. 6
2019	3. 6	3. 29	4. 78	4. 53	4. 22	4. 31	3. 91	3. 89	4. 05	3. 96	4. 57	—

注：常规统计数据来自映客、花椒、一直播、美拍、陌陌、火山六大平台共计 1800 名头部主播。其中，2017 年 4 月、7 月的收入数据统计了 5 家平台，9 月的数据增加了 1 家平台；2019 年统计的平台增至 7 家，增添了“酷狗”。因为行业头部企业斗鱼、YY 的主播不在统计之列，研究认为，以上数据能够反映主播收入的相对真实情况，但总的统计数据仅供参考。

2019 年，主播单月创收情况较 2018 同期均有所增长，月均值为 4. 1 亿元，较 2018 年增长 21%。与 2018 年相比，2019 年前 1 万名主播的年收入门槛突破 12 万元，达到工薪一般水平。① 相较于 2018 年上半年，头部主播 TOP10 榜单门槛大幅提高，从之前的 958 万元提高到 1258 万元，而头部主播数量在六大平台中较 2018 年均有所下降。这意味着成为头部主播的难度升级。门槛的升高将导致头部主播的资源稀缺，进而对平台整体的创收造成影响。

同时，据陌陌发布的《2019 主播职业报告》，2019 年，受访主播中有 33. 4% 为职业主播，而 2018 年这一比例为 31%，2017 年仅为 27. 6%。本科学历主播直播 2 年以上的占比 22. 8%，硕士以上学历主播直播 2 年以上的占比 31%，可见主播的职业化趋势加强。②

① 《2019 直播行业半年报》，“今日网红” 公众号，http：//www. sohu. com/a/331536204_100035487。

② 199IT：《陌陌：2019 主播职业报告》，http：//www. 199it. com/archives/995592. html。

（三）投资线路：精准反映行业走势

资本对于市场风向的变化是最为敏感的。数据显示，该行业最早的公开投资发生在2008年，由IDG投资2000万美元给9158，① 首次融资数据即破亿元人民币，反映出直播行业的起点较高。2014年总投资额为36.1亿元左右，行业翘楚斗鱼平台开始被注资，完成了天使轮和A轮共1.5亿元；2015年总投资额为69.8亿元左右；2016年总投资额为188.1亿元左右；2017年总投资额为140.2亿元左右；2018年总投资额为224.4亿元左右；2019年总投资额则下降为4.8亿元（见表3）。② 从数据来看，行业的投融资高峰发生在2016～2018年，这也基本覆盖了直播行业的整个爆发期，2019年投资额骤减，资本从最初的蜂拥而至到大范围转移至短视频等其他领域，从2019年的情况基本可以判定，网络直播的资本风口期已过。

表3　2014～2019直播行业投融资数据

单位：次，亿元

项目	2014年	2015年	2016年	2017年	2018年	2019年
投融资次数	63	127	201	140	56	13
总投资额	36.1	69.8	188.1	140.2	224.4	4.8
代表性案例	斗鱼直播（1.5）	映客直播（0.9）	熊猫直播（7）	斗鱼直播（22.75）	快手直播（65）	小象互娱（1.25）

（四）管理政策：层次全面、可管可控

网络视频直播行业快速发展及其不断增大的社会影响力，引起了社会各界的广泛关注，也引起了行政管理部门的高度重视。为了确保网络直播所提供的精神娱乐服务和公共文化产品符合正确的舆论导向，目前针对直播行业已有三份纲领性的管理文件，即2016年9月由广电总局下发的《关于加强网络视听节目直播服务管理有关问题的通知》，2016年11月4日由国家互联网信息办公室发布

① 新芽投资：https：//www. newseed. cn/invest/26717。

② 前瞻产业研究院：《2019年中国直播行业投融资现状分析》，http：//www. sohu. com/a/351017321_ 473133，2019年11月1日。

的《互联网直播服务管理规定》，2016 年 12 月 2 日由文化部发布的《网络表演经营活动管理办法》，它们共同对该行业形成了不同角度和不同层面的规制与引导。

除了以上三个权威度高的官方文件外，2016 年 4 月，北京市网络表演（直播）行业协会连同百度、映客、花椒等 20 余家从事网络表演（直播）的主要企业负责人共同发布《北京网络直播行业自律公约》，这是国内第一份由行业协会发布的自律性条约；2019 年 1 月 28 日，武汉市软件行业协会联合武汉斗鱼网络科技有限公司和湖北省标准化学会对外发布了《网络直播平台管理规范》以及《网络直播主播管理规范》，首次明确了直播平台中有关主播监控、账号监管、平台巡查等多方面的内容，标准于 2019 年 1 月 29 日起正式实施。以上两份管理类文件均来自行业组织。此外，针对某类专项直播，比如 2018 年春节期间火爆一时的答题业务，国家新闻出版广电总局发布《加强网络直播答题节目管理》，及时对此特定类型直播进行引导规范。

应该说，来自不同机构、不同层面的行业规范，加上对于条例和规定的严格执行，共同对直播行业形成了监管与指引，从野蛮生长到有序繁荣，从灰色地带到可管可控，网络直播行业的健康发展离不开“提供依法管理、营造清朗风气”的政策保障。

（五）市场格局：五家上市公司和巨头游戏

直播行业从 2016 年开始发力，2017 年迅速扩张，但随即在 2018 ~ 2019 年进入盘整期。当资本退潮、用户红利消失之后，直播市场的转型调整会是一种必然。只不过难以想到，2019 年的直播行业格局变动竟然是从熊猫直播的倒闭开始的。熊猫直播（https：//panda. tv/）是成立较早的直播平台之一，也曾经号称国内最大的直播平台，以电竞和秀场为主要特色，经历到 B 轮融资，共融资 18 亿元左右，最终因为经营不善和管理混乱等问题而退出历史舞台。同年 7 月，斗鱼平台在经过曲折历程后终于在纳斯达克成功上市。这一退一进至少说明，直播网站要想短期内实现大规模盈利是一件困难的事。另外凡是现存的网站大都仍在持续烧钱，必须要通过不断融资或上市等手段予以支撑。

迄今，直播领域拥有 5 家上市公司，即陌陌、YY（欢聚时代）、映客、虎牙和斗鱼。应该说，这 5 家上市公司构成了行业第一梯队，也是行业顶流的代表。根据最新发布的财报，陌陌公司在 2019 年第三季度，净营收达 44. 516 亿元（约 6.228 亿美元），同比增长 22%，其中直播服务营收 32.754 亿元（约 4.582 亿美元），与上年同期增长了 18%；YY（欢聚时代）2019 年第三季度总营收 68.822 亿元，同比增长 67.8%；① YY 旗下的虎牙直播 2019 年第三季度总净营收为 22.651 亿元，与上年相比增长 77.4%，净利润为 1.232 亿元，同比增长 117.1%；映客在 2019 年上半年收益约为 14.86 亿元，较 2018 年同期下降 34.9%，上半年亏损为 2755 万元，其原因是“因创新产品及技术投入的加大”；斗鱼第三季度实现营收 18.59 亿元，较上年同期增长 81.3%，毛利润达 3.17 亿元，较上年同期大涨 450.5%，净利润达 7200 万元，同比增长 37%。可见，除了映客出现亏损外，其他直播平台的业绩称得上十分亮眼，这些成绩放在行业整体颓靡的背景下看实属不易。

除了以直播业务为核心的 5 家上市公司外，国内参与直播竞争的还有互联网巨头，如作为新入局者的网易在 2018 年成立的 LOOK 音乐直播、2019 年 2 月快手推出主打游戏直播的电喵直播、2019 年字节跳动引入了 1000 家公会成立的直播大中台等，发力直播业务。传统 BAT 巨头业已形成的布局有：百度以 Ala 直播、百秀直播、百度地图、百度视频、爱奇艺、奇秀直播为主；阿里则布局有淘宝直播、天猫直播、陌陌、优酷、火猫直播、来疯直播；腾讯旗下有 NOW 直播、花样直播、企鹅直播、腾讯视频、斗鱼、龙珠等，数量最为庞大。如此来看，直播似乎成为互联网巨头的标准布局，而大型母体的资本后盾为平台竞争奠定了基础，也进一步提升了行业集中度。

其他处于第三梯队的腰部平台只能找准定位，精攻内容，树立特色。如 2019 年 10 月，知乎直播经过一段时间内测运行后正式上线，主打知识传播和教育内容；一些小型直播企业面临巨大的竞争压力，不断进行战略层的并购、合作，如 2018 年 11 月 YY 与小米直播达成战略合作意向；2019 年 4 月，六间房直播（PC 端为主）正式并购花椒直播（移动端为主），完成资本收购与平台合并。总的来看，当前直播市场进入寡头竞争阶段。5 家上市公司的表现将成为直播行业重要的风向标，直接影响市场对直播的信心；BAT 巨头的直播业务依靠母体在资本和流量方面的扶持，也可保持业务稳增甚至逆袭；而在直

① 《欢聚时代发布 2019Q3 财报　总营收 68.8 亿全球月活达 4.7 亿》，https://baijiahao.baidu.com/s?id=1650042590515601749&wfr=spider&for=pc。

播业务逐渐沦为巨头游戏的情形下，小型平台只能在夹缝中抱团取暖，以达到资源整合和流量互引互补的目的。

二 网络直播行业的新变化与新问题

（一）内容细耕：追求优质与守正创新

第一，人人直播时代到来后，涌现了大量的走路、吃饭、工作、旅游等生活化的直播内容，这类内容大多显得“无聊”且“无意义”。尽管对个体而言，这种直播也许是个人生活得以在网络安放的方式，是一束再微小也值得记录的独特微光，但是从内容水准来客观评判，这些摄像头下的随意记录不能称为精品高质内容。

第二，直播应该对应哪些专属的内容？曾经，直播网站也输出过喊麦、ASMR、吃播等专属形态，不过这些内容多以过度猎奇和下限审美的方式吸引大众眼球，屡屡冲击社会道德和法律底线。随着行业调整与监管引导，喊麦、ASMR等形态退出直播舞台，这说明缺乏了正确导向和正能量的内容，必然不能走得长远。

第三，真正值得观看的直播内容应该是什么？这一问题关系到直播媒介真正的价值。2019年，直播平台继续为用户呈现高质自制内容。如YY直播和中国蓝公会联合出品的全国首档7×24小时不间断主播艺能生存直播真人秀节目《主播公寓》，尝试探索主播造型和全新的内容探索；YY直播还携手大张伟打造首档明星直播综艺节目《阳光彩虹跳跳糖》，定位于一档唱歌嗨聊的轻松搞笑类节目，大张伟也成为首位常驻直播平台的娱乐明星；陌陌直播突出大型夏日运动真人秀《燃烧吧！少女》，联合优酷视频、PP体育、咪咕视频同步播出，并邀请张继科、杨威、陈一冰等奥体明星担任嘉宾，将这档真人秀从内容、玩法和资源配置等方面进行了全方位升级……以上直播平台的持续发力可以说为业内的直播综艺制作、IP打造提供了新的思路。

直播媒介如果说作为传统媒体的有益补充，理应关注更多传统媒体无暇顾及或线性媒体无法实现之处。如2019年11月，斗鱼直播在世界最北人类居住区朗伊尔成功搭建了中国首个北极直播站点，不仅展现旖旎壮观的自然景观，而且共享天文地理的研究价值，这样的独特内容吸引了对科技、旅游感兴趣的人群的追捧。而为了完成对北极的直播，斗鱼经过近2年的策划筹备、长达10多天的技术调试，最终与北极直播相机信号成功接通，这种努力精神和专有的内容产品也是值得充分肯定的。

事实上，直播平台的内容一直在持续优化，这是由行业内部求变的动力和市场外部的竞争压力共同导致的。在视频网站、电视台、短视频平台的夹击下，直播媒介的内容创新其实并不容易，需要各直播平台持续追求高质，守正创新，在更多的融合领域放大直播的内容价值与社会影响。

（二）业务融合："+直播"成为平台标配

在传播学视角下，直播是一种代入感、交互感强和适合长时间沉浸的媒介形式，与之对应的短视频则更侧重于在较短时间内呈现最精华的内容，形成对多巴胺的连续刺激，可以说两种媒介形态各有不同的应用场景，所以，对平台谋求业务拓展来说，不管是传统的视频网站如优酷、B站，还是新兴的短视频平台如抖音、快手，甚至是社交产品如微信、陌陌，都将直播纳入平台的业务配置范畴，这意味着直播并不是完全独立的商业模式，它可以作为一种兼容性、开放性很好的技术形式融合到多种平台中去。这种变化也使得原来的垂直网站如斗鱼、虎牙、映客、一直播等的竞争对象扩大到所有开展直播业务的平台，因而使直播市场更加丰富多元，竞争也更加激烈。

一方面，原有的直播平台，仍然在"直播+"的战略层面做更多的纵深探索，"直播+"的概念进一步泛化。除了娱乐和媒介使用外，直播近两年在公益扶贫（公益）、在线教育、电商购物等领域逐步展现出更深层的社会价值，其中不乏成功及优秀案例。比如，作为直播行业的头部企业，斗鱼从2015年就开始开展公益直播，2019年3月初，斗鱼成立全国首个公益主播团，目前已有数百名主播参与，其中不乏明星主播；斗鱼公益针对贫困地区实施帮扶计划，具体做法包括扶持贫困地区的留守妇女创业就业、打造产品定制和售卖的产业链等。2019年开年，快手联合中国慈善联合会乡村振兴委员会，正式启动"电商赋能计划"[①]，为乡村新农人

① 《助力乡村振兴！快手"电商赋能计划"正式启动啦！》，腾讯网，https://new.qq.com/rain/a/20190103A1HAA8。

提供专业电商培训和支持，种种全新的扶贫模式的践行，体现出企业的社会责任与担当意识。陌陌直播主办的《给乡村孩子的科学课》于2019年7月正式启动，活动期间邀请到来自中国科技馆、北京自然博物馆、北京天文馆、国家动物博物馆等知名科学研究机构的专家学者，借助互联网直播技术向22个省区市的150所乡村学校，带去10场别开生面的科普教育课，为数万名乡村孩子开启科学之门。①

另一方面，融合了直播业务的其他平台，会更多考虑产品原有基因与调性，对新增的直播业务进行更细分的定位及追求更有特色的内容输出。比如，微信——国内最大的社交平台通过微信小程序来实现直播，用户可以边看直播边下单，然后使用微信支付，构成了一个流程通畅、操作便捷的闭环模式。微信拥有10亿用户量，且用户黏度、信任度和体验度俱佳，直播融入微信生态不可小觑，有可能对下一代微商甚至电商模式带来始料未及的革命。又如，快手以短视频起家，但是其直播业务同样齐驱并进，为了丰富内容生态，快手先后建立了游戏、体育、教育、媒体、政务、音乐、汽车等垂直领域的内容账号，扶持各领域的账号内容创作。而根据快手产品本身的调性和“主张人人平等”② 的算法，快手的直播内容从潮汕英歌舞到青砖青瓦脊兽、从京剧到唢呐，这些“普通人的直播”有更强的生活性和日常性，也体现出强烈的人文关怀，尽管少了一分“精致”但却多了一分“鲜活”，甚至可以在快手上看到各种面临失传的传统手艺，这样的内容正是当今直播界所缺的，这也构成了快手直播最大的产品特色。

（三）直播带货：商业模式上的强力推进

当用户打赏和传统广告形式在直播平台上逐渐乏力后，直播带货成为被高度重视的商业模式。所谓直播带货，指的是在直播内容中穿插对产品的介绍，或者直播内容本身就是一场广告秀，引导观看直播的用户下单购买，进而产生直接收益。从商品端看，直播提升了非标商品潜在线上渗透率；从用户端看，

① 《“给乡村孩子的科学课”启动“直播＋”赋能乡村科普教育》，搜狐网，http://www.sohu.com/a/341108291_161623。

② 快手研究院：《被看见的力量：快手是什么》，中信出版集团，2019。

直播能够发现用户非计划性购物需求；从产业链看，直播加快了供给端产品开发速度，实现了用户需求的即时响应。当前，直播带货已经成为主流电商平台的标配，从口红、面膜到奶茶、脏脏包、肉松小贝、爆浆蛋糕、冒烟冰淇淋、泡面小食堂等，这些网红“产品”吸引了无数年轻人围观下单，拍照发圈，直播经济赫然形成。

《2019 年淘宝直播生态发展趋势报告》① 显示，2018 年加入淘宝直播的主播人数同比增长 180%，2018 年淘宝直播平台“带货”超千亿元，同比增速近 400%。随着淘宝直播的爆发，腾讯在 2019 年也依托大量公众号中的 KOL 资源，推出腾讯直播，利用“小程序 + 电商 + 直播”的新组合快速切入赛道。因而，2019 年被定位为电商直播元年，不仅快手、抖音等平台在探索电商变现的道路上越走越远，而且小红书、闲鱼等内容社区平台上线直播功能，入局电商直播，开辟新的变现道路。

直播带货的核心依然是主播，主播在人格构建上要赢得用户的信任，同时在获客策略和营销策略上也要获得用户的认可。比如以李佳琦、薇娅为代表的带货网红的走红，让许多商家看到了主播强大的粉丝号召力，也看到了在营销策略上的新变化和可能性。这意味着主播与用户之间首先要形成情感纽带，在亲密度不断增强之后，才会形成更高的转换率，因而，主播与用户之间并不局限于“买卖关系”。同时，对于平台和 KOL 们而言，能否将影响力变现不仅与粉丝忠诚度有关，还与商品本身性价比以及带货方式有很大关系。从这个角度看，直播电商不只是替代了传统货架式电商，它不是历史上电视购物简单的升级版本，而是从整个产业链的角度提升了消费者与品牌商之间的链接效率。

统计数据显示，② 食品、美妆个护、家居用品是位居直播带货排名前三的品类；约 68% 的直播消费者表示是怀着好奇心态购买的，约 43% 的是出于对主播的信任或因为价格便宜，也有约 25% 的表示只是冲动而已。大部分人购买产品的单价在 100 元以内。

---

① http：//www. 199it. com/archives/855530. html.

② 《2019 直播行业半年报：7 平台流水近 150 亿；直播带货成火热风口》，“今日网红”公众号，http：//www. zhaihehe. com/？/news_ detail/2385。

一个有意思的现象是，除了薇娅、李佳琦、散打哥、辛巴等带货达人，李湘、谢霆锋、王祖蓝等明星外，还有一些特殊身份的人跨界入场、参与直播带货。如以副县长级别为代表的基层政治官员。其中有来自山东商河县的副县长卖扒鸡、来自辽宁北镇市的市委书记推销特色农产品，贵州长顺县副县长售卖农家鸡蛋……据《新京报》报道，自2018年下半年开始，全国有60多位贫困县的县长们集体扎堆玩起了直播，卖起了县域特产的农产品，成为脱贫攻坚工作中的一个新现象。[①] 而他们的做法不仅获得了网友的“接地气”“好公仆”等一致好评，还真真切切地实现了销售业绩，达到了把农产品推广出去和提升品牌知名度的目的。

不过，直播带货如火如荼，虚假宣传、数据造假、质量低劣甚至食品安全问题也紧随而至。如2019年10月，一款号称能实现“预防和缓解痛经”的“养宫宝”产品在一位微博红人的直播营销下悄然走红，但事后证明这款产品存在虚伪宣传以及质量问题，好在这位大V及时被平台喊停，其所在公会也发布了致歉声明；还有一些所谓洗脸神器、面膜等护肤日用品，成本只有几块却被包装成上千块的高端产品，而产品售出后不久就整体下架，以防消费者“找上门”，给维权造成极大困难。主播“天津李四”售卖的大闸蟹缺斤少两，品牌不对路；主播李佳琦售卖的不粘锅在直播时就出现了粘锅情形……这些乱象极大地影响了直播平台的公信力和好感度，需要平台方加大监管力度，进一步完善内容审核机制，完善自身平台支付和订单跟踪系统，约束平台商家建立完备的售后机制，建立网上巡查机制、网上“带货”信用体系，在全网开展各类数据打假行动等，同时需要多部门配合进行专项协同治理，进一步净化网络直播的营销环境。

（四）问题转移：从泛色情化到价值观迷乱

从早期的直播吃灯泡到主播过度饮酒猝死，再到新近的女主播虐待7岁继

---

① 《80后博士副县长突然火了，直播卖烧鸡，一口气吃下4只，网友评论亮了》，https://www.toutiao.com/i6775457221833654798/?tt_from=weixin&utm_campaign=client_share&wxshare_count=1×tamp=1579769080&app=news_article&utm_source=weixin&utm_medium=toutiao_ios&req_id=202001231644400101290321680422AAA6&group_id=6775457221833654798。

女、带其开房并做一些泄愤言行的直播,[①] 不间断地劲爆话题使得直播行业一直处于舆论风口。2018 年，笔者抓取的 1138 条与网络直播相关的负面新闻报道中，泛色情内容占据最大比例（40.16%）。2019 年，笔者采取同样的方式进行舆论监测，结果见表 4。

表 4　2019 年 1 月 1 日至 12 月 31 日网络直播的负面报道：编码与比例

单位：条，%

项目	范畴	关键词	数量	占比
网络直播 +	色情	色情、涉黄、淫秽、脱衣、天斗、ASMR、性暗示、挑逗、污言秽语	55	8.2
	诈骗	欺骗、诈骗、巨额打赏、转账、直播带货维权、直播带货纠纷、直播带货拉黑	231	34.5
	治安	扰乱治安、醉驾、破坏公物、造谣、传谣	49	7.3
	违法	赌博、吸毒、贩卖文物、贩卖动物、走私	28	4.2
	价值观	多金、审丑、虐待动物、虐待孩子、挣大钱、未成年	307	45.8
总量			670	100

数据显示，网络直播的负面报道总量较之 2018 年有接近半数的下降，说明针对直播行业的立法和执法均取得了相当的成效。但由于个别案例非常典型且影响较大，仍引起社会各界的高度关注。如 2019 年 8 月，一个声音好听且号称美女主播的“乔碧萝殿下”因为系统故障，直播时平时用来遮挡脸部的图片不见了，画面中显示出一位皮肤黝黑的中年女士，从公众想象中的妙龄美少女到中年大妈，网友们觉得感情上不能接受，进而引发轩然大波，导致所有直播平台将其联合封杀。2019 年 5 月，湖北警方通报破获了一起公安部督办的特大跨国网络淫秽色情直播平台案件，该平台注册会员量达到 90 万人，涉案金额达到 1600 万元。这个案件的破获对于泛色情网络直播行业而言是一个巨大的震慑，现在涉黄、淫秽的直播近乎从网上绝迹，但是游走在法律和道德中间地带的泛色情内容依然时有冒头，需要监管层持续高压。2019 年 10 月，承德市一名出纳三年多来挪用公款 1300 多万余元用于打赏 YY 主播，事发后

① 《无耻！女主播带孩子做低俗直播　网友怒斥：精神虐待》，搜狐网，https：//m. k. sohu. com/d/390718259？channelId = 1&page = 1。

引起舆论再次哗然。给主播过度打赏的社会事件层出不穷，但是以国有资产流失为代价于法不容，因而针对直播行业的多方管理依然不能松懈。

2019 年，直播行业出现的问题中，最大的变化是从泛色情的内容转变为价值观迷乱的内容，这类内容不一定违法违纪，但制作者以哗众取宠、无知无畏的心态博取点击率，一味追求成名或满足私欲，其中传达出的种种价值观值得重视关切。

还有一些难以监管到的问题，如个别主播素质不高，在直播时言行失范，常见于游戏直播和真人秀直播。如游戏主播“五五开”打游戏时脏话连篇，而这些詈骂语还成为一些网友效仿的模板，竟有人专门在网络上收录“五五开”常用的各种不文明用语，形成“形式词语表”加以传播，还有一些主播之间存在恶性竞争，各自雇佣水军在直播间骂战，造成恶劣影响。因为直播的受众群体主要是青少年，在他们的价值观尚且稳定和成熟之际，这些不文明言行对其造成的负面效应亟待引导。

三　网络直播的下半场：回归基础工具

2019 年，熊猫离场，斗鱼上市。一方面，直播的用户数据、资本活跃度在下降，外围唱衰的声音不断；另一方面，直播还支撑着 5 家上市公司，业绩表现均有亮点。此外，以 BAT 为代表的互联网巨头依然布局直播，以小红书、闲鱼为代表的独角兽公司主动试水直播，短视频翘楚快手和抖音也深度融合直播，而电喵直播、知乎直播、微信直播等新品牌的出现意味着行业进入深层的垂直细分——种种变动其实反映出直播行业已在市场力量主导下，从高度发展过渡到成熟期。

2019 年对直播行业而言是真正意义上的拐点，从行业内部来说，直播作为技术或媒介的优劣势已经廓清，尽管有短视频的猛烈冲击，但在整个视频生态中，直播仍有一席之地，并且在战略上不断与短视频业务深层融合，相互借力，在“直播 +”的各相关领域摸索出相对成熟的做法，因而业务求变与重塑也基本上告一段落。带着诸多经验、教训和新旧面孔，直播进入下半场，并会从以下几个维度稳步展开。

第一，直播从本质上说就是以实时互动为核心的一种技术工具，在新的媒介技术生态和社会语境中，直播或将成为基础性工具，可搭载各种不同的产业模块进行重组和融合发展。2019 年电商直播的崛起并不仅仅意味着直播与又一个行业成功“联姻”，更在于让众人看到了直播作为一种工具、一种内容形态的生命力和新的可能性。5G 时代的到来会使直播的这一潜能进一步被激发，其带来的变化将不仅仅体现为带宽成本的降低，还有更快的网速、更低的延迟、画面更为清晰等优化的用户直播体验。VR、AI、无人机、人工智能设备的加持，不仅使“直播 +”的领域获得大大拓展，还会给直播行业的变现带来更多可能，应该看到，未来的直播不是单纯的内容输出，而是融合各产业的媒介与渠道，直播会覆盖更多元娱乐、营销、服务场景，满足更年轻互联网群体的需求，成为新经济的重要构成部分和新服务场景的承载平台。从这一角度说，直播的技术价值会面临一次新的抬升。

第二，直播将作为一种社会基础设施具有更大的服务价值。直播平台不只是传统媒体组织的增量，或者仅仅沦为公众娱乐休闲的聚集地，在面向未来的国家建设进程中，直播完全可以作为一种服务全面深化改革和基层治理的以公共性为核心特征的数字基础设施。如对于在线教育、在线医疗、物流等领域来说，直播是一个高效率、低成本的解决方案，5G 技术商用的普及会更加强化这一点。那么作为数字时代的新基础设施，需要直播媒介对前沿科技的积极采纳及扩散，继续展现出良好的主体姿态，同时，要更加注重社会责任的担当与考量，在政治立场站位上更应有广泛的代表性。①

第三，对于直播平台（企业）来说，战略合作、并购、上市等资本层操作已经相当熟稔，这体现出一个成熟的市场主体应具备的基本商业素质。拥有这种思维和操作能力，直播平台体现出新时代的企业面貌与格局。如直播出海，无论是在东南亚的 Bigo、Live. me，还是在沙特阿拉伯的 Mico，直播平台所瞄准的市场已经不局限在国内，中国资本和产品开始在海外落地生根，直播行业的本土经验与异地文化正在碰撞出更多可能。又如直播企业投资和布局社交产品，在 2019 年，陌陌上线“瞧瞧”、映客收购“积目”、快手上线“喜翻”、YY 投资“追吖”……都是直播平台不断推出新社交产品、收购社交产品、入局社交领域的举措。而这些跨界操作，同样让外界看到直播行业的更多

① 姬德强：《媒体融合：打造数字时代的基础设施》，《青年记者》2019 年第 24 期。

变数，增强向好信心。

综上所述，未来的直播将不仅仅是内容输出，更是广阔范围的工具化应用，将作为基础数字管道而发挥作用。这意味着直播将真正回到技术源点，并以“智慧直播”的新貌，在未来经济社会中继续扮演重要角色。

参考文献

快手研究院：《被看见的力量：快手是什么》，中信出版集团，2019。

《直播经济：粉丝打赏不可为所欲为》，《中国青年报》2019 年 12 月 24 日。

雷文宣：《加强对猎奇类网络直播伦理失范的治理》，《传播与版权》2019 年第 11 期。

张蕾：《论网络直播发展的困局与趋势》，《东南传播》2019 年第 11 期。

严三九：《沉浸、隐喻与群体强化——网络直播的新景观与文化反思》，《学术界》2019 年第 11 期。

B.25
2019年中国数字报纸发展报告*

李　珠**

摘　要： 本报告是对2019年中国数字报纸发展情况的总结，主要分为两个部分：第一部分主要是介绍中国的数字报纸在2019年的发展状况，既有对总体情况的概括，也有对具体现象如对5G、人工智能的进一步运用、媒体融合的深入发展、版权维护的最新进展等方面的表述；第二部分则是对中国数字报纸发展趋势所做的分析，以及对国内数字报纸未来发展的建议。

关键词： 数字报纸　人工智能　媒体融合　区块链　版权保护

2019年中国报业的成绩是看得见的。在党报系统，无论是中央级、省级还是地市级在融合传播方面都取得了明显的进步，传播影响力进一步加强；就报业整体而言，与其他媒介形态的融合程度在加深，融媒体中心成为发展的趋势；在技术领域，不仅第一时间在新闻流程中引进新技术，而且成立各种研究院、实验室，以期发挥出它们最大的潜能；在版权方面，这一年又有了一些新的政策和思路。

一　2019年中国数字报纸发展情况

（一）新闻纸使用量小幅下降，印刷版报纸广告收入持续下滑

2019年12月4日中国报业协会发布的数据显示，2019年全国报业用纸量

* 本文为上海市高校人文社会科学重点研究基地——上海大学影视与传媒产业研究基地“新媒体发展”研究课题成果，课题主持人为吴信训教授。

** 李珠，博士，上海大学新闻传播学院讲师。

约为149.8万吨，比上年减少了16.3万吨，降幅为9.8%，呈继续小幅缓慢下降的态势。①

根据CTR媒介智讯的数据，2019年上半年，报纸广告在各类媒介广告中仍然是下降幅度最大的，刊例收入下滑了30.6%（见图1）。②

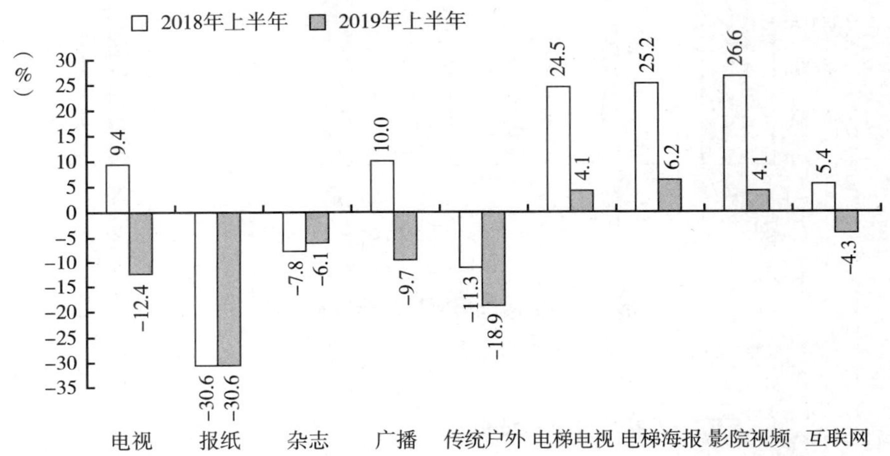

图1　各媒介广告刊例花费同比增幅

（二）中国互联网络发展良好

2019年8月30日CNNIC发布的《第44次中国互联网络发展状况统计报告》显示，截至2019年6月，我国网民规模达8.54亿，较2018年底增长2598万，互联网普及率达到61.2%，比2018年底提升了1.6个百分点（见图2）。③

截至2019年6月，我国网络新闻用户规模为6.86亿，较2018年底增长1114万，占网民整体的80.3%（见图3）；手机网络新闻用户规模达6.60亿，较2018年底增长734万，占手机网民的78.0%（见图4）。④

① 袁舒婕：《中国报业协会发布数据显示：国内新闻纸市场有序、供需平稳》，《中国新闻出版广电报》2019年12月5日。

② 《CTR：2019中国广告市场趋势》，中文互联网数据资讯网，2019年9月10日。

③ 中国互联网络信息中心：《第44次中国互联网络发展状况统计报告》，2019年8月30日。

④ 中国互联网络信息中心：《第44次中国互联网络发展状况统计报告》，2019年8月30日。

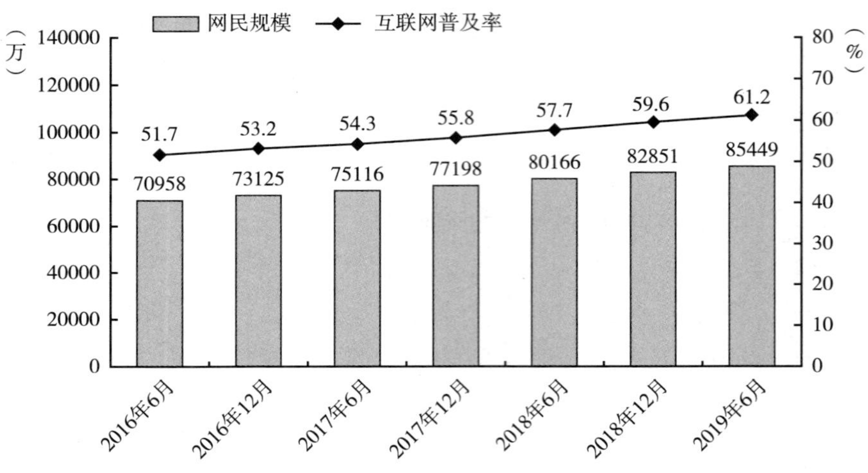

图 2　中国网民规模和互联网普及率

资料来源：《第 44 次中国互联网络发展状况统计报告》。

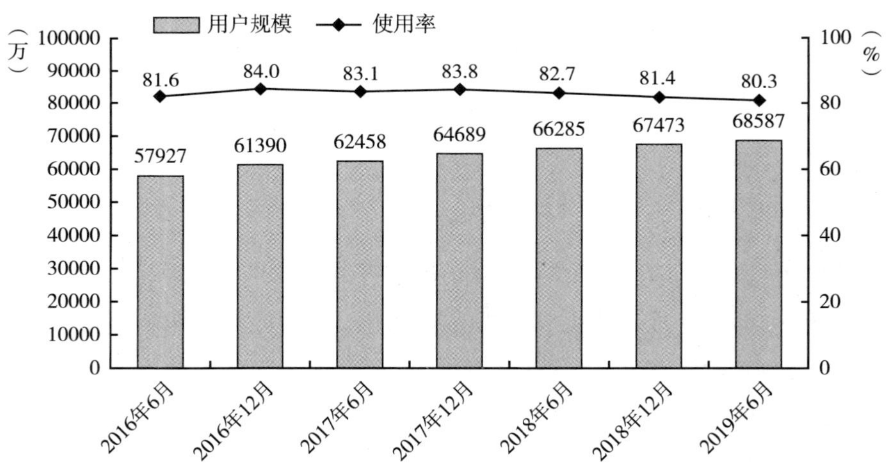

图 3　中国网络新闻用户规模及使用率

资料来源：《第 44 次中国互联网络发展状况统计报告》。

（三）报纸的停刊、休刊和转型还在继续

2019 年，又有一批报纸选择了停刊、休刊。这些报纸大多是各地报业集

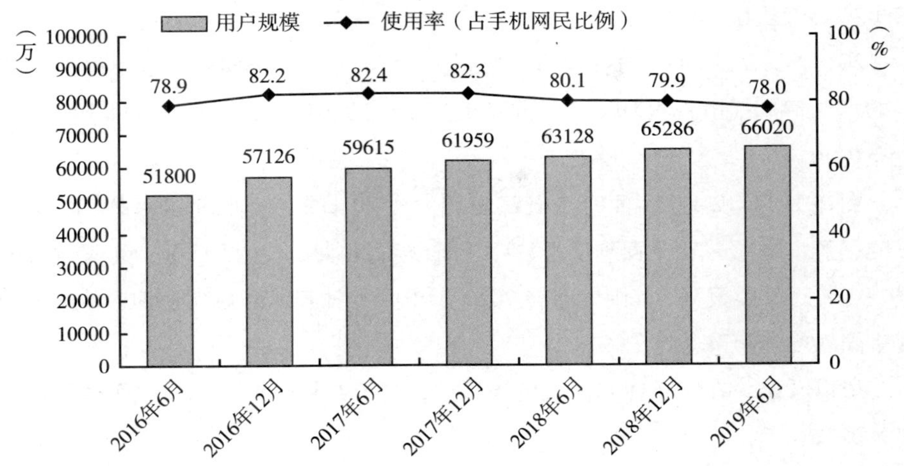

图 4　中国手机网络新闻用户规模及使用率

资料来源：《第 44 次中国互联网络发展状况统计报告》。

团旗下的二、三级报纸，由于纸质报纸发行量以及广告收入的萎缩，转型升级势在必行。

2019 年 3 月 27 日，《成都晚报》宣布于 3 月 30 日休刊，转型升级为互联网新兴媒体。①

2019 年 6 月 26 日，《四川通信报》宣布于 7 月 1 日正式停刊。②

2019 年 7 月 11 日，《长江信息报》宣布停刊，更名为《岳阳晚报》继续出版；③ 26 日，《发展导报》宣布休刊，转型为山西报业融媒体的一员；④ 26 日，《三晋都市报》宣布休刊；⑤ 31 日，《城市信报》宣布停刊，更名为《青岛西海岸报》继续出版。⑥

2019 年 8 月 30 日，《鄂尔多斯晚报》休刊，更名为《鄂尔多斯日报·都

① 《致读者》，《成都晚报》2019 年 3 月 27 日。

② 《停刊公告》，《四川通信报》2019 年 6 月 26 日。

③ 《告别与重聚》，《长江信息报》2019 年 7 月 11 日。

④ 《改革再出发——休刊致读者》，《发展导报》2019 年 7 月 26 日。

⑤ 《敬告读者》，《三晋都市报》2019 年 7 月 26 日。

⑥ 《致最亲爱的你》，《城市信报》2019 年 7 月 31 日。

市报》继续出版。[①]

2019 年 12 月 24 日的《上海金融报》,[②] 26 日的《梧州广播电视报》,[③] 27 日的《天津广播电视报》[④]、《北方时报》[⑤]，以及 31 日的《自贡晚报》[⑥] 等均宣布休刊。

而 2019 年 12 月 26 日的《七都晚刊》,[⑦] 29 日的《拉萨晚报》[⑧]，以及 31 日的《雅安新报》、[⑨]《百色早报》[⑩]、《浙中新报》[⑪]、《生活日报》[⑫]、《吉安晚报》[⑬]、《武汉晨报》[⑭] 等则宣布自 2020 年 1 月 1 日起休刊后，将加入本地的传媒集团融媒体矩阵。

可以看出，在宣布休刊停刊的报纸中，进行结构性调整和向融媒体转型的占大多数。

（四）全国党报融合传播情况[⑮]

2019 年 7 月 30 日，人民网研究院发布了《2019 全国党报融合传播指数报告》。该报告以全国 377 家党报为考察对象，对它们的融合传播情况进行了统计。与 2018 年相比，党报的网站开通率仍然保持最高，达到了 93.4%；聚合新闻客户端和微信平台的入驻率均超过 80%；拥有自有新闻客户端的党报达到 76.1%；入驻微博平台的达到 73.5%；开通抖音号的达到 50.7%（见图 5）。[⑯]

---

① 《并非休止符》,《鄂尔多斯晚报》2019 年 8 月 30 日。
② 《〈上海金融报〉休刊退订启事》,《上海金融报》2019 年 12 月 24 日。
③ 《休刊启事》,《梧州广播电视报》2019 年 12 月 26 日。
④ 《敬告读者》,《天津广播电视报》2019 年 12 月 27 日。
⑤ 《休刊启事》,《北方时报》2019 年 12 月 27 日。
⑥ 《休刊启事》,《自贡晚报》2019 年 12 月 31 日。
⑦ 《做深入人心的融媒体》,《七都晚刊》2019 年 12 月 31 日。
⑧ 《致读者》,《拉萨晚报》2019 年 12 月 29 日。
⑨ 《休刊致读者》,《雅安新报》2019 年 12 月 31 日。
⑩ 《今天，我们跟您说再见》,《百色早报》2019 年 12 月 31 日。
⑪ 《我们不说再见》,《浙中新报》2019 年 12 月 31 日。
⑫ 《是告别，更是相约》,《生活日报》2019 年 12 月 31 日。
⑬ 《别过，为明天今挥手》,《吉安晚报》2019 年 12 月 31 日。
⑭ 《休刊启事》,《武汉晨报》2019 年 12 月 31 日。
⑮ 《人民网副总裁唐维红发布〈2019 全国党报融合传播指数报告〉》，人民网，2019 年 7 月 30 日。
⑯ 《人民网副总裁唐维红发布〈2019 全国党报融合传播指数报告〉》，人民网，2019 年 7 月 30 日。

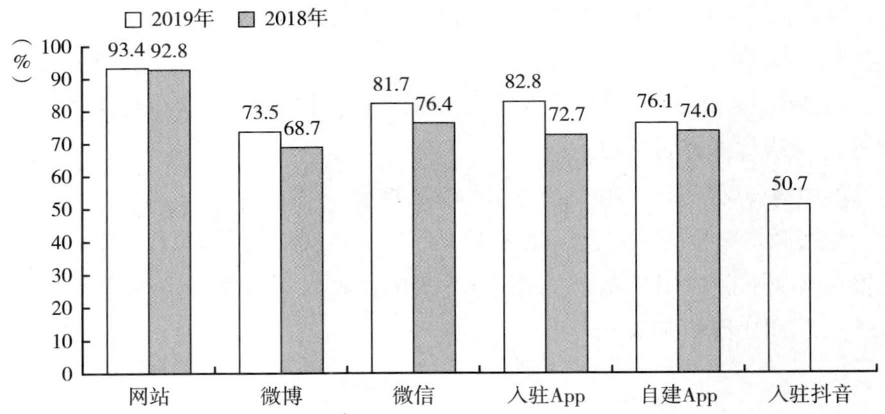

图 5　党报在各传播渠道的覆盖率

在各个渠道的覆盖率方面，省级党报除抖音平台外，其他渠道的覆盖率已达到100%；中央级党报除自建客户端和抖音平台外，其他渠道的覆盖率也达到100%；地市级党报与2018年相比，各渠道的覆盖率都有较明显的提升（见图6）。①

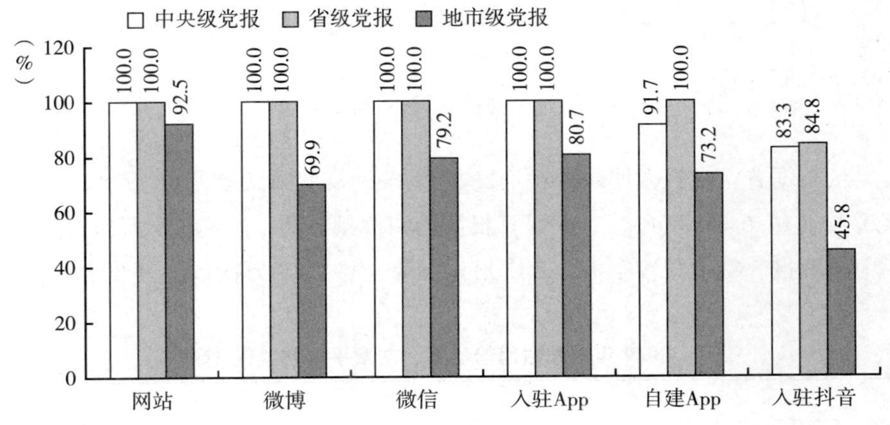

图 6　不同级别党报各渠道覆盖率

① 《人民网副总裁唐维红发布〈2019 全国党报融合传播指数报告〉》，人民网，2019 年 7 月 30 日。

具体说来，2019 年党报的融合传播有以下特点。①

1. 党报网络传播力显著增强

与 2018 年相比，党报及其网站原创报道篇均被转载 24 次，远高于上年的 14 次，网络传播力明显增强。

2. 微博在党报第三方传播平台中用户量最大

党报微博账号的平均粉丝量为 144.6 万，比 2018 年增加了 15%，远高于党报在其他平台的用户量（见图 7）。其中，@人民日报粉丝量最高，超过 8885 万，同比增长 53%。

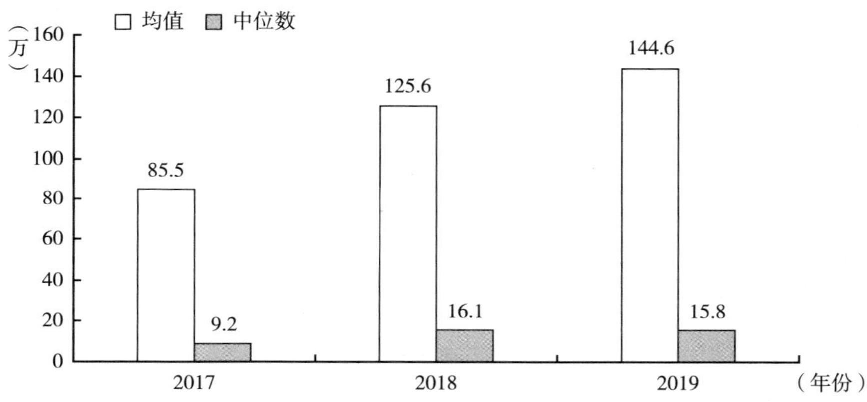

图 7　党报微博账号粉丝量

从数据看，党报微博账号日均发文 12 条，篇均阅读量为 11 万次，比 2018 年增长了 14.6%。其中，@人民日报篇均阅读量最高，达到 325 万次，其次是 @中国日报、@中国青年报、@广州日报等，都在 10 万次以上（见表 1）。

表 1　2019 年党报微博粉丝量、文章平均阅读量 TOP10

微博粉丝量		微博文章平均阅读量	
排名	账号名称	排名	账号名称
1	人民日报	1	人民日报

① 《人民网副总裁唐维红发布〈2019 全国党报融合传播指数报告〉》，人民网，2019 年 7 月 30 日。

续表

微博粉丝量		微博文章平均阅读量	
排名	账号名称	排名	账号名称
2	中国日报	2	中国日报
3	光明日报	3	中国青年报
4	军报记者	4	广州日报
5	广州日报	5	军报记者
6	南方日报	6	南方日报
7	中国青年报	7	杭州日报
8	新华日报	8	人民日报海外版
9	深圳特区报	9	光明日报
10	海南日报	10	法制日报

3. 党报微信传播力有所增强，中央级党报微信公众号保持领先

从数据看，党报微信公众号日均发文 5.5 篇，与 2018 年相比有所提高；每篇文章的平均阅读量为 4746 次，比上年同期增长了 3%；文章平均阅读量的中位数为 1211 次，也较上年略有提升。

在微信公众号传播力排名的前 20 位中，中央级党报有 7 个，省级党报有 5 个，地市级党报有 8 个（见表 2）。与 2018 年相比，中央级党报依然领先，省级党报增加了 2 个，地市级党报减少了 2 个。

表 2　2019 年党报微信公众号传播力 TOP20

排名	账号名称	排名	账号名称
1	人民日报	11	光明日报
2	中国青年报	12	西宁晚报
3	广州日报	13	CHINADAILY(中国日报)
4	侠客岛	14	内蒙古日报
5	长江日报	15	湖北日报
6	经济日报	16	北京日报
7	军报记者	17	梅州日报
8	海南日报	18	湛江日报
9	河北日报	19	长沙晚报
10	杭州日报	20	厦门日报

4. 党报自有客户端下载量不断增长，地市级、省级党报增幅较高

数据显示，在377家党报中，自建新闻客户端的有287家。党报的安卓新闻客户端下载量均值为245.1万，比2018年增长了29%；其中，地市级党报和省级党报平均下载量增幅较大，分别为29.2%和28.2%（见表3）。

表3　2018～2019年党报新闻客户端下载量比较

党报	均值		中位数	
	2018年	2019年	2018年	2019年
中央级报纸	2863	3387	422	233
省级党报	605	775.7	42	128.7
地市级党报	24	31	2.6	2.8

2019年党报客户端下载量过千万的有12个，百万级的有22个，十万级的有63个，万级的有124个，下载量不足1万的有65个（见图8）。95%的地市级党报客户端下载量为万级及以下。

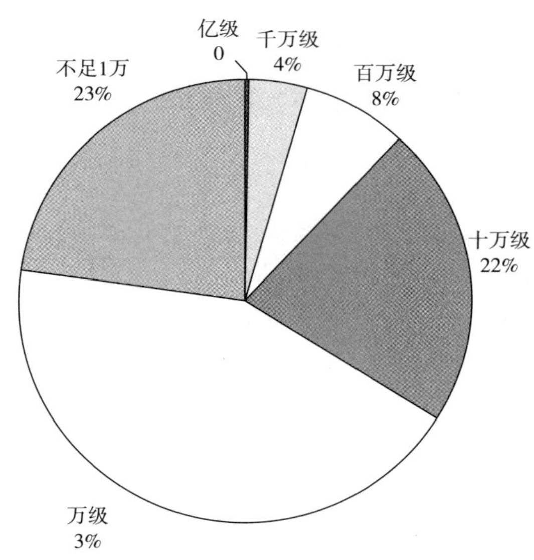

图8　2019党报新闻客户端下载量

5. 党报在聚合新闻客户端上的订阅量上升，今日头条入驻数量最多

至少入驻 1 个聚合新闻客户端并正常发布的有 312 份党报。今日头条的入驻量依然领先，为 220 份，搜狐新闻有 208 份，腾讯新闻有 171 份（见图 9）。

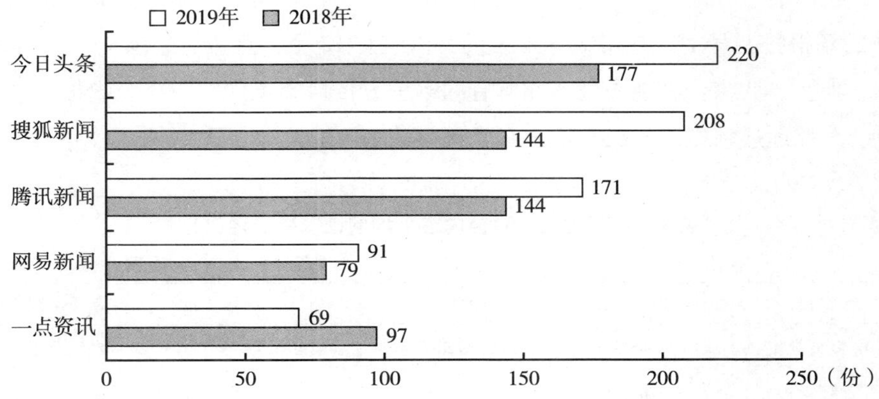

图 9　2018 年和 2019 年党报入驻聚合新闻客户端数量

2019 年党报用户订阅量比上年有较大提升，平均每家党报在五大平台的账号订阅总量为 17.1 万人，中位数为 1.4 万人。党报在今日头条号上的平均订阅量最高，为 17.7 万人，其次是搜狐号，为 4.3 万人（见图 10）。

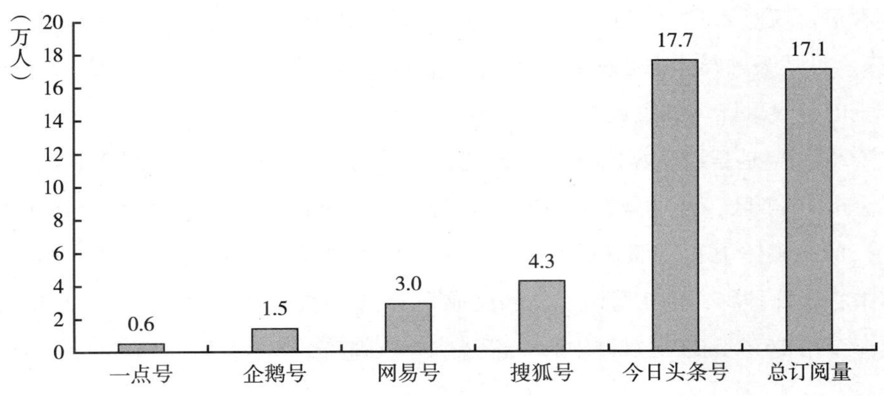

图 10　党报在聚合新闻客户端上的账号订阅量均值

6. 党报抖音号发展迅速，传播力惊人，地市级党报表现突出

统计结果显示，2019 年有 190 家党报入驻抖音平台，粉丝量均值为 19.7 万。其中，人民日报抖音号粉丝量最多，达到 2327.8 万。不过，有些党报抖音号发布短视频的力度远远不够，短视频的日均发布量仅 0.5 条。

在传播力方面，抖音号远超微博、微信及聚合新闻客户端，传播力排名前 20 的党报抖音号中，地市级党报表现突出，有 12 个，且排名靠前。

当然，从综合表现来说，在所有的第三方传播渠道中，中央级党报的平均阅读数都远远领先于省级和地市级党报（见表 4）。

表 4　党报第三方平台内容平均阅读、播放量比较

单位：条，个

党报	微信文章	微博文章	今日头条号文章	抖音号短视频
中央级党报	29412	792867	12469	5274694
省级党报	4017	23282	6215	500803
地市级党报	2622	16786	2621	547444

（五）县级融媒体中心井喷式增长

2019 年 1 月 15 日，国家广播电视总局颁布实施了《县级融媒体中心省级技术平台规范要求》，与中共中央宣传部联合发布《县级融媒体中心建设规范》，对县级融媒体中心的技术平台和基础设施建设提出了明确的要求，[①] 对于全国县级融媒体的发展具有重要的指导意义。

2019 年是县级融媒体在全国系统性、广泛性展开的一年。到 3 月底，天津全市 16 个区、甘肃全省 69 个县（市）和 10 个市辖区、贵州 88 个县（市、区）的融媒体中心全部挂牌；到 6 月底，江西省 100 个县（市、区）的融媒体中心全部挂牌；到 7 月底，新疆已成立 85 个县级融媒体中心；到 9 月中旬，上海全市 16 个区级融媒体中心全部建成并挂牌。[②]

---

① 张雪娇：《两个县级融媒体规范昨起实施》，《中国新闻出版广电报》2019 年 1 月 16 日。

② 黄楚新：《2019 县级融媒呈井喷式增长》，人民网，2019 年 12 月 19 日。

除此之外，还有很多地、市、县进行了融媒体中心的建设，举例如下。

2019 年 5 月 10 日，齐齐哈尔新闻传媒中心正式挂牌，这是黑龙江省的第一家融媒体中心。[①] 5 月 29 日，湖南省邵阳市成立武冈市融媒体中心、双清区融媒体中心。[②] 8 月 14 日，绍兴市新闻传媒中心、绍兴传媒集团正式挂牌。[③] 10 月 9 日，淮北市传媒中心正式成立。[④]

2019 年 7 月 15 日，河南省县级融媒体中心通过国家广播电视总局专家组的实地验收，成为国内首家通过国家标准验收的省级技术平台。[⑤]

2019 年 9 月 10 日，新华社县级融媒体专线正式上线。该专线是为了解决县级融媒体中心建设过程中面临的权威、优质内容供给不足等问题而设立的，专门为它们提供优质稿源。[⑥]

（六）人工智能、5G 等新兴技术的研究与运用

2019 年是人工智能落地的关键节点。从最初的新奇试用到深思如何为我所用，是报业在 2019 年对待人工智能技术的一个大变化。人工智能如此，5G 也是如此。

2019 年 2 月 27 日，全国“两会”新闻中心正式启用，为了给记者提供更高效快速的信息传输保障，新闻中心第一次实现了 5G 网络的全覆盖。[⑦]

2019 年 4 月 27 日，在北京世界园艺博览会上，新华社首次使用 5G 背包进行移动直播。[⑧]

2019 年 8 月 1 日，河南的大河报 · 天猫精灵音频新闻（“大河早点”）上线。“大河早点”是《大河报》与阿里巴巴 AI 实验室合作的成果，AI 语音交

---

① 《我省首家融媒体中心成立》，齐齐哈尔广播电视网，2019 年 5 月 10 日。

② 刘波、张雪珊、罗建峰：《我市首批县级融媒体中心揭牌成立》，《邵阳日报》2019 年 5 月 30 日。

③ 《刚刚！绍兴市新闻传媒中心、绍兴传媒集团正式挂牌》，浙江新闻网，2019 年 8 月 14 日。

④ 《淮北市传媒中心昨日成立》，淮北新闻网，2019 年 10 月 10 日。

⑤ 黄楚新：《2019 县级融媒呈井喷式增长》，人民网，2019 年 12 月 19 日。

⑥ 王鹏：《新华社县级融媒体专线上线》，《中国新闻出版广电报》2019 年 9 月 11 日。

⑦ 邢翀：《2019 年全国两会新闻中心启用　首次实现 5G 网络全覆盖》，中国新闻网，2019 年 2 月 27 日。

⑧ 张博：《5G：优势不断凸显　实践日渐深入》，《中国新闻出版广电报》2019 年 12 月 24 日。

互模式可以满足用户新的使用习惯。①

2019 年 7 月 15 日，人民日报社和中国联通签署了 5G 媒体应用战略合作协议，共同建设 5G 新媒体平台，结合虚拟现实、人工智能、4K 超高清视频等新技术，探索媒体融合的新模式。②

2019 年 9 月 19 日，中国青年报社与中视实业集团合作成立“融媒联合实验室”，共同探索 AI 主持人、VR、AR 等新兴技术在新闻实践和文化产品中的应用。③

2019 年 10 月 1 日，新华社在国庆阅兵庆典现场配备全球首台 5G + 8K 超高清转播车，凭借 5G 技术，实现 8K 全链条实况直播报道，多路直播信号同步落地。④

2019 年 10 月 18 日，全国首张 AR 直播报纸正式出版，该报由江西日报社制作，基于 AR（增强现实）技术的 AR 直播功能是其亮点。⑤

2019 年 11 月 6 日，新京报社启动 2020 年“石榴计划”，宣布将建立 5G 智能新闻实验室，研究如何利用 5G、AI 智能和新技术，更好地服务于新闻工作。⑥

2019 年 12 月 12 日，新华社首个智能化编辑部正式建成，并在新华社新媒体中心开始使用。“媒体大脑”摄像头新闻机器人和“鹰眼”智能监测系统用于超早期记录突发事件、发现新闻热点；“现场云”移动采集系统和智能手机、AR 智能眼镜等智能硬件进行现场新闻全息直播和全媒体形态的新闻素材采集；“媒体大脑”、AI 合成主播、时政动漫平台等智能化工具和平台，可以自动生产出 30 多个品类的全媒体产品；用户画像技术，可以对用户进行对象化精准推送；智能版权评价系统和区块链技术，可以精准评估传播效果。⑦

---

① 韩为卿、吴明娟：《〈大河报〉音频版上线》，人民网，2019 年 8 月 6 日。

② 许晴：《人民日报社与中国联通签署 5G 合作协议》，《中国新闻出版广电报》2019 年 7 月 17 日。

③ 李想：《中国青年报社与中视实业集团联手催化融合质变》，《中国青年报》2019 年 9 月 20 日。

④ 张博：《5G：优势不断凸显　实践日渐深入》，《中国新闻出版广电报》2019 年 12 月 24 日。

⑤ 雷萌：《在江西南昌开幕的 2019 世界 VR 产业大会上〈江西日报〉推出全国首张 AR 直播报纸》，中国新闻出版广电网，2019 年 10 月 21 日。

⑥ 倪伟、吴娇颖：《新京报 16 周年发布“石榴计划”将建 5G 新闻实验室》，搜狐网，2019 年 11 月 6 日。

⑦ 杜一娜：《新华社建成首个智能化编辑部》，《中国新闻出版广电报》2019 年 12 月 23 日。

（七）视频化战略推动新闻客户端的上线与升级

2019 年 5 月 4 日，封面新闻客户端升级到 5.0 版，“无视频、不传播”成为封面新闻客户端的定位与特色。① 5 月 5 日，济南市移动直播平台爱济南 8.0 升级上线，不仅实现了媒体记者采编发全程在线操作，而且为机构和个人预留了入口，可以实现内容生产的开放共享。②

2019 年 9 月 19 日，人民日报客户端 7.0 版和短视频客户端“人民日报 +”正式上线，这两个客户端体现了主流算法，能更智能地满足受众的需求。③

2019 年 10 月 19 日，浙江省天目新闻客户端正式上线。这是浙江在线为服务长三角一体化发展国家战略而倾力打造的新闻视频客户端。客户端还接入了“浙里办”等优质服务资源，可提供多项民生服务。④

2019 年 10 月 25 日，新京报社总编辑李海宣布，报社在坚持视频优先、移动优先战略的同时，推出双视频战略。所谓“双视频战略”，指的是动新闻与泛资讯，即将新闻视频化推广到全领域。⑤

（八）版权保护获得新进展

2019 年 1 月 8 日的中国报业版权研讨会通过了《2019 中国报业版权研讨会倡议书》，呼吁构建互联网时代报业的版权交易环境。⑥

2019 年 1 月 11 日，黄志杰在微信公众号“呦呦鹿鸣”发布的文章《甘柴劣火》再次引发了人们对“洗稿”这一现象的关注，对于该文是否涉嫌抄袭和侵权，在传媒圈和法律界引起了广泛的争议。⑦

---

① 杜一娜：《封面新闻客户端 5.0 版发布》，《中国新闻出版广电报》2019 年 5 月 6 日。

② 《前方高能！爱济南“最大尺度”升级来了！8.0 版耀世登场!》，齐鲁晚报网，2019 年 5 月 5 日。

③ 《人民日报智慧媒体研究院成立　体现主流算法的人民日报客户端 7.0 版和“人民日报 +”短视频客户端正式上线》，《人民日报》2019 年 9 月 20 日。

④ 黄琳：《浙报集团天目新闻客户端上线》，《中国新闻出版广电报》2019 年 10 月 23 日。

⑤ 杜一娜：《新京报社将实施双视频战略》，人民网，2019 年 10 月 29 日。

⑥ 赵新乐：《传统媒体——“原力觉醒”之后，更要抱团维权》，《中国新闻出版广电报》2019 年 1 月 17 日。

⑦ 袁舒婕：《媒体多维关注“洗稿”之争》，《中国新闻出版广电报》2019 年 1 月 24 日。

2019 年 1 月底，中国报业协会向最高人民法院提交了《关于将〈现代快报〉诉今日头条一案作为指导性案例的建议》，建议希望将该案侵权应承担高额赔偿的判决结果作为今后类似案件审判时的重要参考依据。①

2019 年 7 月 30 日，在第四届全国党报网站高峰论坛上，由人民网发起的党媒版权联盟正式成立。②

2019 年 11 月 24 日，中共中央办公厅、国务院办公厅联合印发《关于强化知识产权保护的意见》，提出了加快在著作权等领域引入侵权惩罚性赔偿制度、大幅提高侵权法定赔偿额上限、加大损害赔偿力度、加大行政处罚和刑事打击力度、加强诚信体系建设、调动社会力量积极参与知识产权保护治理，完善知识产权仲裁、调解、公证工作机制等一系列要求。③

2019 年 11 月 26 日，新华智云科技有限公司发布了“媒体大脑 3.0 融媒中心智能化解决方案”，该方案可以实现版权的有效保护。借助区块链技术和 AI 内容风控方向，作者可以轻松地进行确权，及时掌握作品的传播情况，发现侵权行为时，可以使用电子取证工具进行证据固定。目前，该方案已在江西省融媒体中心、齐鲁智慧媒体云等平台落地④。

（九）媒体智库成果喜人，建设更加深入

2019 年，光明日报社参与主办的“中国特色新型智库建设”高层论坛、中国智库治理暨思想理论传播高峰论坛和珞珈智库论坛，人民日报社参与主办的国家治理高峰论坛，中国经济时报社主办的中国经济前瞻论坛，在业内已有很好的口碑；新华社瞭望智库发布的“‘十三五’金融行业示范案例评选”、《中国城市夜经济影响力报告（2019）》等，对相关领域的发展有一定借鉴意义……⑤

---

① 赵新乐：《中国报协向最高法呈送〈关于将〈现代快报〉诉今日头条一案作为指导性案例的建议〉》，《中国新闻出版广电报》2019 年 1 月 31 日。

② 杜一娜：《党媒版权联盟成立》，《中国新闻出版广电报》2019 年 8 月 1 日。

③ 《中共中央办公厅　国务院办公厅印发〈关于强化知识产权保护的意见〉》，中华人民共和国中央人民政府网站，2019 年 11 月 24 日。

④ 赵新乐：《区块链助力解决盗版与“洗稿”问题》，《中国新闻出版广电报》2019 年 11 月 28 日。

⑤ 杜一娜：《智库建设：参与社会治理提供智慧服务》，《中国新闻出版广电报》2019 年 12 月 24 日。

2019 年 7 月 9 日，智融网络舆情研究院正式成立，这是由国家计算机网络应急技术处理协调中心重庆分中心和华龙网合作建立的本土官方媒体舆情研究智库机构，将致力于政府治理、社会治理、区域发展等领域的舆情战略研究。①

2019 年 12 月 12 日，南方产业智库和南方文化产业智库成立，使南方传媒智库矩阵成员增加到 12 个；同日还推出了南方传媒智库数据服务平台，这一系列的举措，使南方报业从“融媒”向“智媒”转型。②

二　中国数字报纸的发展趋势分析和发展建议

（一）中国数字报纸的发展趋势分析

2019 年数字报纸延续了 2018 年的发展势头，在党报的发展、版权的保护、技术的应用等方面又有了一定的突破。在可见的未来，中国的数字报纸的发展趋势如下。

1. 地市县的跨媒体整合正在走向“融为一体，合而为一”

就我国报业的情况来看，中央级报纸在媒体融合方面做得已经非常出色，省级报纸多数也做得不错，相对而言，地市县的报纸由于种种限制，还有很多不足。

对于地市县的报纸而言，由于资源有限，与广电等其他媒体进行整合优化是媒体融合的一条可行之路。早在 2004 年，我国有些城市就有了对“报纸 + 广电”的跨媒体融合模式的尝试，初期简单的相加并不能带来很好的传播效果，所以后续乏力。习近平总书记在 2016 年初提出媒体融合要尽快从“相加”转入“相融”阶段的要求之后，银川市率先将自己的“报业 + 广电”整合成银川市新闻传媒集团并开始运营，从而掀起了各地不同媒介形态整合的热潮。2018 ~ 2019 年，县级融媒体中心、地市级融媒体中心纷纷建立。为了落实“相融”的指导思想，打破报纸和广电之间的行业壁垒，建立新闻采集的

① 杜一娜：《重庆智融网络舆情研究院成立》，《中国新闻出版广电报》2019 年 7 月 11 日。

② 李贺、李苗：《解密 2.0 版南方传媒智库矩阵》，“南方 +”，2019 年 3 月 12 日。

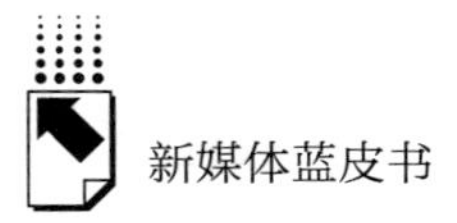

“中央厨房”和适合媒介特点的分发机制、优化生产与传播流程，打造一体化的主流媒体平台，国家广播电视总局在2019年初出台了针对县级融媒体建设的指导意见，而新华社则在11月上线了县级融媒体专线，对县级融媒体中心进行扶持。

国家花大力气做了这么多工作，主要的目的就是帮助地方媒体完成从“报业+广电”到全媒体的转型，真正实现“融为一体，合而为一”。可以预见，在未来的几年里，对于它们的媒体融合工作，国家还会保持相当大的投入和帮扶力度。

2. 越来越多的数字报纸会走上从融媒向智媒转型的道路

互联网刚出现的时候，传统报纸转型的第一步是数字化和信息化，从而有了数字报纸的概念。随着互联网技术的升级，数字报纸开始越来越多地走向融合，成为“融媒”。现在，随着技术的进一步提升，尤其是人工智能、5G的出现，报纸正在向智能化发展，开始了向“智媒”的转型。

智能技术越来越多地被运用到新闻内容的生产与传播的各个领域，带来了报业的巨大变化：借助算法，智能系统可以在第一时间发现新闻，采集素材，并自动生成、发布和推送资讯；借助算法，智能系统可以为内容找到需要它们的读者，为用户提供他们需要的内容；借助算法，智能系统还可以与用户进行交流，形成交互式体验，提高传播效果。

智能技术也为“智媒”的智慧服务提供了支持。近几年，各大报业集团纷纷组建传媒智库，利用报纸在信息采集方面的优势为国家相关部门出谋划策。在智库建设中，借助算法，智能系统可以迅速进行数据的采集和分析，并根据用户的要求给予其订制化的内容产品，保证服务的高品质和专业化。

3. 5G的普及会使视频化成为行业发展的基本战略

2019年6月6日，工信部正式发放5G商用牌照，这标志着中国正式进入5G商用元年，而在接下来的两年里，5G网络将会在全国普及，给人们的生活带来巨大的变化，这个变化，也包括媒体。

和4G相比，5G是一个里程碑式的进步，将极大地改变包括报纸在内的传媒状态。比如，5G将提升移动网络的作用，形成万物智能互联的大环境；5G高速率、低延时的特点，会使视频流成为信息的主要表达形式，直播将不再受到流量的限制……

从2019年的“两会”开始，媒体意识到5G在内容提供方式上会给从业者更多的创新空间，给用户更为丰富的运用体验。为此，一些报社反应迅速，开始重新制定自己的战略，比如封面新闻提出了全员视频化生产和全屏视频化传播的目标，新京报社提出的双视频战略，都将移动直播、全视频化作为未来发展的重心。

5G网络结合人工智能技术，对视频形态的提升将会是革命性的，视频新闻可以产生沉浸化效果，使受众不仅能了解新闻，还可以在事件的发生地实地观察。这种视频新闻形态，让参加体验的受众连声惊叹，而这只是目前专业人士开发出来的一种，相信接下来会有更多视频新闻的样式出现，也会有更多的媒体将视频化列为自己的基本发展战略。

4. 版权保护在不断加强的同时也会遇到新的挑战

2019年，报业通过了《2019中国报业版权研讨会倡议书》，成立了党媒版权联盟，向最高人民法院提交了《关于将〈现代快报〉诉今日头条一案作为指导性案例的建议》，希望通过业内成员的互相合作、互相监督提高保护版权的自觉意识，通过最高法院对典型判例的肯定巩固已获得的版权保护成果。

2019年11月中共中央办公厅、国务院办公厅联合印发了《关于强化知识产权保护的意见》，将知识产权保护放在一个大的工作格局中，强调多种手段的综合运用，要求司法、行政、市场、中介、协会等知识产权保护相关主体各司其职，形成强大合力。它体现了中央对知识产权保护工作的高度重视，对于版权保护也有着重要的意义。

然而，我们也不能不看到，各种新的问题总是会冒出来，并随着时间的推移变得越来越引人注目。2019年，网上关于“洗稿”是否侵权、如何认定，以及人工智能生成的内容应不应该受到保护、侵权者的责任如何认定这两个问题引发了大讨论，各界人士意见不一。相信在今后还会有类似的新问题出现，对于版权保护来说，解决旧问题，研究和处理新问题，可能会是一种常态，只是希望这个过程能够快一些。

（二）对中国数字报纸的发展建议

2019年的中国数字报纸总的来说发展得不错，党报在数字化进程中始终走在前列，影响力进一步增强；业界对新技术依然保持着高度的热情，乐于尝试新事物，借助技术的春风，短视频、直播的传播方式受到从业者的青睐，区块链技术受到作者和执法者的垂青。当然新的技术也带来了新问题，最典型的就是人工智能的版权问题。针对发展建议，还是要从以下几个方面来说。

1. 内容是根本

这个话题其实是老生常谈，但仍然非常有必要拿出来说一说。

2019 年中国 5G 商用开始，一项新技术又加入媒体技术应用的队伍。新华社在国庆报道中的那些震撼人心的实时直播，采用的就是 5G 技术，它给受众留下了深刻的印象。

新技术确实重要，它让新闻报道不再受版面的限制，施展的空间更大。但同时我们不能忘了，新技术是手段，它给了内容更好的呈现方式，而内容，才是新闻报道的根本。无数的事实告诉我们，新闻报道的价值，永远来源于真实的、第一手的资料，来源于和采访对象面对面的交流，来源于对实地细致的勘察和调研，这是不变的真理。

技术让我们的工作更加便利，这是好事，但是不能忘了，内容的寻找和制作才是报纸工作的重头戏，人们记住一家报纸、一位记者，从来都只是因为它或他/她报道了真实的、有价值的内容，而不是给了一堆人云亦云的花架子。

2. 保持对新技术的敏感

前面强调内容的重要性，是因为有些新闻从业者一味追求形式的花哨，忽视了内容的创作，以为靠技术就可以打遍天下，这是不对的。技术和内容相辅相成，内容相对来说更重要一点。对于内容而言，技术的价值在于提供了丰富的手段，可以将内容更好地找到、表现出来，并准确推送给需要它的用户。

之所以说要保持对新技术的敏感，是基于这样几方面的原因：一是媒体间竞争激烈，在独家新闻难得的情况下，在技术上保持优势就显得很重要了；二是新技术对媒介的作用是有一个认识过程的，5G 是新技术，我们知道有了它，视频和直播不会再受到流量的困扰，所以现在有些敏感的媒体已经将视频和直播作为自己的主打，占据先机，但是 5G 的作用肯定不止于此，并且它和人工智能结合在一起又会产生什么效果？谁能先发现、先利用，就能在接下来的一段时间获得优势，有些媒体建立实验室、研究院，也是出于这样的考虑。

3. 版权保护需要持续的关注和努力

版权保护取得了一定的成绩，媒体行业和政府相关部门为此做了大量的工作。这两年，随着民众版权意识的增强，中国的版权环境已经有了好转，这是无可置疑的。

然而，我们也发现，旧的问题解决了，新的问题又出现了。前者，比如区块链技术由于具有去中心化、信息不可篡改、集体维护、可靠数据库、公开透明等特征，已经被我国司法部门认可用于取证，这不能不说是一个好消息。2019 年 11 月底新华智云科技有限公司发布的“媒体大脑 3.0 融媒中心智能化解决方案”，也是利用这项技术完成了版权确权、取证等一系列版权保护的工作，虽然还有需要改进的地方，但毕竟奠定了良好的基础。后者，比如现在困扰人们的人工智能的内容生产算不算是创作、受不受版权保护的问题，传媒界和法律界的人士正在为此引经据典地进行争论。不过目前，英国、新西兰、爱尔兰等国已经确定人工智能生产的内容属于版权保护的范围，还有些国家也开始为此修法，这些做法给了中国一定的启示。

有鉴于此，我们应该意识到，版权保护是一项长远的工作，不能因为有了一点成绩就止步不前，要保持长久的关注和不懈的努力。

参考文献

赵蓓、张洪忠：《2019 年人工智能技术在中国传媒业的应用与思考》，《新闻与写作》2019 年第 12 期。

刘莹：《人工智能技术和大数据在新闻媒体中的应用》，《传播力研究》2019 年第 20 期。

《媒体融合发展五年记》，《中国报业》2019 年第 15 期。

郝天韵：《媒体融合：因势而谋　不断创新》，《中国新闻出版广电报》2019 年 12 月 24 日。

黄楚新、郑智文：《回望 2019：中国传媒业的新变化、新问题及新趋势》，《传媒》2020 年第 1 期。

Abstract

Annual Report on Development of New Media in China No. 11 (2020) is the latest annual report on the development of new media compiled by Journalism and Communication Research Center of Chinese Academy of Social Sciences. The 2020 volume is divided into general report, hot issues, researches, communication and industries. These five parts comprehensively analyze the development of China's new media, interpret its trends, summarize the problems and conclude on the profound impacts of new media.

The year of 2019 marks the 25th anniversary of the official entry of the Internet into our country. Along with the continuous improvement of the Internet infrastructure, the rapid increase in the number of Internet users and the extremely rich Internet products and services, the development of new media has become the leading force in the media industry. The new media industry energizes other industries by means of new technologies such as big data and artificial intelligence, and Internet giants vigorously layout the industrial Internet, bringing new opportunities for new media. In 2019, driven by network collaboration and data intelligence, the number of users, the scale of industry, the quantity and quality of applications and services have developed rapidly. 5G, block chain and overseas market have further promoted the development of new media.

The general report of this book comprehensively summarizes that the digital economy with data as the key factor of production has provided strong impetus for the economic and social development of our country since 2019, with the application of 5G technology. New media has become an important helper in professional and intelligent social governance, and the modernization level of network governance capacity has been enhanced. At present, the development of the Internet and new media in our country has shown the following characteristics: the construction of an all-media communication system has been continuously promoted, new technologies have driven the expansion of the boundaries of Internet applications, the COVID-19 epidemic has become a practice and effect inspection site for the construction of new media for government affairs, and the development of industrial Internet and the digital transformation of life services have been accelerated. The role of new information technology and new media platform in supporting epidemic prevention and control and resumption of work and production has become prominent, and information-driven leading role has been strengthened. Livestream e-commerce has become a phenomenal online sales mode. Contents of short video evolved from wild production to high quality. Remarkable results have been achieved in the special Internet rectification of new technologies, applications and hot spots. In terms of network security equal emphasis has been placed on both security and controllability and openness and innovation. Internet enterprises have achieved staged results in overseas market and new media development abroad have become an important means of telling the story of China.

This book contains reports from dozens of well-known experts and scholars in the field of new media research. These reports profoundly discussed essential topics of the social media and the mentality under the spread of the COVID-19 epidemic, the construction of county-level media convergence centers, the first year of livestream e-commerce, the development of smart media, Vlog of mainstream media, the development of Internet public opinion field, changes of netizens in reading news, network advertising, mobile short video, new media copyright, and new media industry. At the same time, it also makes an empirical study on the participation of local network information communication in social organization mobilization.

The book holds the view that since 2019 with new media development, some issues cannot be ignored: cyber security risks caused by digital economy globalization are aggravating, digital governance capacity needs to be improved, and the construction of a community of cyber social governance is to be strengthened urgently.

Keywords: New Media; 5G +; Internet; Network Governance

Contents

I General Report

B. 1 "5G +": A New Starting Point for China's New Media Development

Tang Xujun, Huang Chuxin and Wang Dan / 001

Abstract: In 2019, the commercialization of 5G is officially started. The digital economy with data as the key factor of production provides strong impetus for the economic and social development of our country. New media has become an important helper in professional and intelligent social governance, and the modernization level of network governance capacity has been enhanced. At present, the development of the Internet and new media in our country has shown the following characteristics: the construction of an all-media communication system has been continuously promoted, new technologies have driven the expansion of the boundaries of Internet applications, the COVID-19 epidemic has become a practice and effect inspection site for the construction of new media for government affairs, and the development of industrial Internet and the digital transformation of life services have been accelerated. The role of new information technology and new media platform in supporting epidemic prevention and control and resumption of work and production has become prominent, and information-driven leading role has been strengthened. Livestream e-commerce has become a phenomenal online sales mode. Contents of short video evolved from wild production to high quality. Remarkable results have been achieved in the special Internet rectification of new technologies, applications and hot spots. In terms of network security equal emphasis has been placed on both security and controllability and openness and innovation. Internet enterprises have achieved staged results in overseas market and new media development abroad have become an important means of telling the story of China. With the continuous development of new media, some issues cannot be ignored: cyber security risks caused by digital economy globalization are aggravating, digital governance capacity needs to be improved, and the construction of a community of cyber social governance is to be strengthened urgently.

Keywords: 5G; Livestream E-commerce; Digital Governance; Media Convergence; All Media Communication System

Ⅱ Hot Topics

B. 2 The Research about Social Media Epidemic Information Dissemination and Public Psychology

Zhao Shuguang, Li Yuanyuan, Niu Lili and Liu Chenfei / 029

Abstract: The outbreak of COVID-19 was accompanied by an outbreak of "information outbreaks" . In this study, 3070 subjects were randomly selected in the form of a questionnaire to investigate their epidemic information transmission mode on social media, mental health status during the epidemic and the interaction mechanism between them. The results showed that social media epidemic information makes the public immersed in communication, the public experienced mass depression and generalized anxiety during the epidemic, social media "immersion" has an inverted u-shaped shpae with psychological status. The communication behavior of social media and psychological state form a mutually accelerating "top" . The more immersed the epidemic information was in social media, the more frequent the secondary transmission was, and the worse the public's mental health was, and vice versa.

Keywords: Social Media; Epidemic Information; Flow; Accelerating Top

B. 3 The Report of China Media Convergence in 2019

Huang Chuxin, Liu Meiyi / 050

Abstract: In 2019, China's media convergence has further developed in depth, the media industry has shown a new climate and a new format, 5G has promoted major changes in media industry, and the all-media landscape has reshaped the industry ecosystem. County-level media actively explored the construction of the converged media center and achieved significant results. Short video relied on the huge user scale and flow base to continuously improve the business model. The mainstream media actively created a new type of media matrix and enriched the practice of reporting on major topics. Radio and TV media created the model of broadcasting with newspaper to accelerate transformation and upgrading. However, the print media is facing more severe living conditions. Issues such as the rigidity of the county-level converged media center's system and mechanism is prominent. The chaotic content of the media industry challenges the bottom line of media ethics and social morality, which restricts the effect and process of media convergence. The media industry urgently needs to understand problems in the process of convergence correctly and find countermeasures and outlets.

Keywords: New Media; Traditional Media; Media Convergence; County-level Media Convergence

B. 4 The Development Status, Problems and Countermeasures of County-level Media Convergence in 2019

Qian Xiaowen, Zhou Hongxiu and Zhang Dang / 073

Abstract: 2019 is a pivotal year for the construction of county-level media convergence nationwide and a year of rapid development. From a quantitative point of view, there is a blowout development. From a quality point of view, it has gradually entered a deepening stage with significant results. Generally speaking, the main characteristics of county-level media convergence construction are: first, the diversification of construction models, mainly including central media + county-level media convergence mode, enterprises + county-level media convergence mode, and the construction of multi-political media convergence centers mode; the second is the in-depth integration of functions; the third is the intelligentization of media technology. At the same time, there are also problems such as backward employee management mechanisms, serious content homogeneity, and insufficient "blood-making" capabilities. Aiming at these problems and their causes, this article proposes several countermeasures to optimize the construction of county-level media convergence.

Keywords: County-level Media Convergence; Construction Modes; Intelligentization

B. 5 Report on the First Year Development of Livestreaming E-Commerce in China in 2019 *Ouyang Rihui* / 087

Abstract: Information creates value. Live broadcast creates information and realizes value through e-commerce. After taking the innovation relay baton of e-commerce, livestreaming e-commerce has become the most dynamic mode of social e-commerce in four years, and the year 2019 is the first year of livestreaming e-commerce. This report introduces the status quo of livestreaming e-commerce in terms of the trading scale, business model, MCN institutions, live scene, and the profile of both the livestreaming hosts and audiences. And the characteristics of livestreaming e-commerce, as well as the problems, are also analyzed. Policy recommendations are put forward on the basis of predicting the development trend of livestreaming e-commerce, i. e. , strengthening the construction of industry standards and regulations, normalizing the order of industry competition, stipulating the responsibilities of the parties involved, and promoting platform of livestreaming e-commerce to undertaking the responsibility of monitoring, etc.

Keywords: Livestreaming E-commerce; Livestreaming Marketing; Industry Chain

B. 6 A Quantitative Study on the Changes of Chinese Netizens' News Reading Habits

Kuang Wenbo / 105

Abstract: This study conducts an empirical survey with a sample size of 30000 people. The analysis confirms that new media is the main channel to obtain news information. Mobile media is the most important source of news and information. Few people only get news information from traditional media. Social media represented by WeChat and Tik Tok are the most important new media to obtain news information in China now. Tencent WeChat is the most widely used news information access platform. Through the analysis of quantitative data, it can be seen that when Chinese netizens receive news and information, they tend to obtain information from new media channels such as WeChat, weibo and Tik Tok through mobile terminals, and the share of traditional media such as TV and paper media in information dissemination is greatly reduced. In terms of user trust, WeChat group is regarded as the information dissemination platform with the fastest update speed and the most trustworthy. In contrast, users' trust in other communication channels is generally not high, including traditional media such as print media and TV, which are generally regarded as "authoritative". With the advent of 5G, users' reception of audio and video content will greatly increase, while that of text content will correspondingly decrease.

Keywords: New Media; Internet Users; Mobile Media; Reading Habits

B. 7 Research Report on the Development of China's Internet Public Opinion Field in 2019

Liu Pengfei, *Qu Xiaocheng* / 120

Abstract: With the accelerated application of AI, big data, 5G and other technologies, the rapid development of smart media has promoted the evolution of new media forms and reshaped the media ecology and network public opinion pattern. The participation of young Internet users, urban and rural residents have promoted the change of the structure of Internet users in China. The temperatures of public opinion on public health emergencies, enterprises, science and technology, network supervision, international affairs and other related types of issues are on the rise. Internet information communication has gathered increasing positive energy, while micro videos and intelligent media will continue to deepen the ecological impact of public opinion. Urban image communication has been put on the agenda, and the service of media convergence centers and government new media has been upgraded. In conclusion, the ecological governance system of network information content has been improved.

Keywords: Public Opinion; Micro Videos; 5G; Media Convergence; Ecological Governance

B. 8 Research on Vlog Narrative Framework and Optimization Path of Mainstream Media in 2019

Li Mingde, *Qiao Ting* / 144

Abstract: The vlog news practice of mainstream media in 2019 is remarkable. Under the theoretical perspective of news narratology, construct the narrative framework categories of mainstream Vlog narratives, and investigate 81 Vlogs in mainstream media through content analysis, qualitative comparison, and co-word analysis. The study found that the mainstream media Vlog in 2019 has a positive and strong voice, a positive energy theme, a combination of professional production content and user production content, mature content organization, and launched many private narrative works that fit the characteristics of Vlog, forming individuals, grassroots, and mainstream narrative structure, but in terms of expression boundaries, plot organization, scene focus, content innovation, use of audio-visual elements, etc, have yet to be explored. This paper proposes to change the role of narrator and improve comprehensive literacy; explore individual expressions and adhere to objective principles; create brand IP and strengthen content style; balance front and backstage, coherent narrative logic; dig interactive functions, and innovate content expression optimization paths.

Keywords: Mainstream Media; Vlog; Narrative Framework; People's Video

Ⅲ Investigation Reports

B. 9 Report on China's Social Governance Development under the National Cyber Development Strategy in 2019 *Hou E* / 166

Abstract: In 2019, the Fourth Plenary Session of the 19th Central Committee of the CPC formally proposed "Social Governance System" as an important content of "adhering to and improving the socialist system with Chinese characteristics, promoting the modernization of national governance system and governance capacity", and proposed the concept of "Social Governance Community" for the first time. This report is based on the important exposition of XiJinping's new socialist ideology of China with regard to the National Cyber Development Strategy, and analyzes the development performance of China's Political New Media in 2019 in implementing the "profound understanding of the role of the Internet in national management and social governance". It is pointed out that "Internet governance", "Social governance" and "National governance" have formed an Convergence Governance System, and have gone to "Governance Convergence" through "Media Convergence". Meanwhile, this report puts forward the top-level design suggestions of "Six Reengineering" of Idea-reengineering, Organization-reengineering, System-reengineering, Function-reengineering, Platform-reengineering and Process-reengineering on how to realize the transformation of institutional advantages into governance efficiency under the guidance of National Cyber Development Strategy.

Keywords: National Cyber Development Strategy; Social Governance; Modernization of National Governance System and Capacity ; Governance; convergence; Political New Media

B. 10 Report on the Development of China's Short-video in the Mobile Internet Erain 2019 *Yu Xuan* / 184

Abstract: This paper studies China's short-video in the mobile internet era in

2019 from four parts, including overview, focus, problems and trends. Overall, in 2019, the short-video user market maintained growth; the commercialization accelerated in an all-round way; the platform competitive landscape was stabilizing and the game of DOU and KUAI was upgrading; the content growth slowed down and moved in a diversified and order direction. Focusing on the industry, there were three distinct features: the abrupt rise of content e-commerce, the overall sinking of the user market, the grow-up of local Vlog. However, scattered and fragmented MCNs which were in false prosperity, and the problems of false advertising and data fraud under the highly commercialization damaged the development of short video industry in 2019. Looking forward to 2020, systematic construction around short-video e-commerce will become the focus of business, and specialized and refined content on targeted markets will release greater value.

Keywords: Short-video; Short-video Platform; Short-video Content; Short-video E-commerce; Vlog

B. 11 China Internet Audio Development Report in 2019

Yin Le, *Zheng Xiayu* / 200

Abstract: In 2019, the penetration rate of global Internet audio increased rapidly and the development tendency of Internet audio industry in China was great. In this article, China's Internet audio development in 2019 is placed in the space-time coordinates of global Internet audio development and domestic industry development. This article summarizes the status of development and discusses the characteristics and problems of Internet audio development in terms of external environment, market subject and content ecology in the era of intelligence. In 2020, the second half development tendency of Internet audio industry in China is predicted. Also, development suggestions are proposed from content production, integrated innovation and industry governance.

Keywords: Internet Audio; Intelligent Audio; 5G Technology; Full-scene Ecology

B. 12 The Report on Overseas Social Media Accounts of Chinese Cities in 2019

Wang Pan, Lu Yongchun and Yang Yang / 215

Abstract: The content and brand communication of the city's overseas social media accounts is an important part of the overseas image communication of Chinese cities. This study selected 106 well-known cities in China as samples, counted and analyzed the activity data of 439 Facebook, Twitter, Youtube and Instagram accounts that maintained operation in each city in 2019, and analyzed the content of popular posts. Studies have found that Beijing and the pearl river delta city clusters, Yangtze river delta city clusters and bohai sea cities accounts active degree is high, which actively promote the Chinese culture, showing China's image. "Web celebrity city" social account user stickiness. This study proposes to integrate communication resources, strengthen the ability of agenda setting, pay more attention to cultural identity strategies in cross-cultural communication, and enhance two-way interaction with overseas social media users.

Keywords: City Image Communication; Overseas Social Media; Cross-cultural Communication

B. 13 2019 Western Media Development Report

Qi Yalin, Liu Jingjing / 233

Abstract: In the past year of 2019, western media adopted a two pronged strategy. On the one hand, they did more. The mergers and acquisitions of media produced Big Mac to fight against monopoly of technology platform. They turned to podcasts and videos to build a close relationship with young users and sought more business possibilities when there were bottlenecks in paid subscriptions. On the other hand, they did less. They returned to slow news production and maintained user stickiness with quality content. Platform media entered the melee in order to grab more market share, at the same time, they strengthened the support to the journalism and the privacy protection of users in order to recover the reputation. Local journalism was struggling to survive, exploring new business models with the help of many parties.

Keywords: Western Media; Subscription Paid; Local Journalism; Platform Melee

B. 14 The Development of Intelligent Media Report in 2019

Lei Xia / 248

Abstract: The application of AI technology in the field of news was more extensive in 2019. Also, the human-computer cooperation was further strengthened, and the combination of AI and media was further deepened. Under the guidance of national policies and the stimulation of market competition, more and more new media application scenarios and consumption scenarios are being created. Intelligence and efficiency of AI media will enhance the users' experience. Collaborative, intelligent, interactive, visual and immersive experience is the future trend of intelligent media. Strengthen the guidance and management, cultivate the consciousness of human-computer cooperation, deepen the concept of media convergence and focus on the needs of the users will be on the right way of intelligent media.

Keywords: Intelligent Media; Human-computer Cooperation; Intelligence; Interaction; Visualization; Immersion

B. 15 A New Way for Social Media to Spread Abroad in 2019: Take Li Ziqi's Popularity on YouTube As An Example

Ji Fangfang / 261

Abstract: In 2019, Li Ziqi, a video blogger from China, has gone viral on YouTube. This phenomenon is an excellent case for studying the multiple paths of Chinese culture to the world. From this article, we believes that combining with the social media industry theory, the rise of social media and the Chinese celebrity culture provide a new opportunity for the spread of cultural soft power. We show that analyze the content and the correspond comments uploaded on Li Ziqi's channel on YouTube to discuss which specific type of Chinese culture that Li Ziqi use the global online community to express. Based on the above discussion, the article recommends that international communication should encourage the development of diverse subjects, while external communication subjects need to find "empathy points" of cross-cultural communication to change "strong communication" to "strong effect", so that we can achieve the goals of cultural mutual learning and common aspiration of people.

Keywords: Social Media; Internet Sensation; YouTube; Li Ziqi; Cultural Soft Power

Ⅳ Communication Research

B. 16 2019 China New Media Copyright Protection Report

Zhu Hongjun, *Song Xiaowen* / 273

Abstract: With joint efforts of justice, administration and new media platforms, China has made a great progress in new media copyright protection since 2019. The infringements like piracy of articles in we media, mini programs of WeChat and new films have been effectively reduced. Photography protection has got more attention and the blockchain protection platforms have been built and widely used. On the other hand, the emergence of new technologies and new business forms has brought new challenges to copyright protection. The discussions and judgements of copyright affairs with artificial intelligence, live streaming, film and television commentary show and "punchline integration" have impacted the existing Copyright Law. Emerging difficulties of cross-border infringements, and ever existing problems in safeguarding rights——We also have a lot of things to do. In response to this situation, this article then puts forward suggestions in China's justice, administration, media platforms and society, and calls for a joint effort to cope with the new changes.

Keywords: New Media; Copyright Protection; Copyright Infringement; Copyright Management

B. 17 Innovation Development Report on Mobile News Clients of Traditional Media in 2019 *Liu Youzhi, Li Zichun* / 287

Abstract: In 2019, under the combined effect of the Deep media convergence of external and internal driving forces, China's traditional media has shown a collective innovation on the mobile news clients: adding product functions such as smart recommendation, content aggregation, political affairs, life services, and points system incentives to provide services for users with the internet idea, which has been significantly improving the overall network communication ability. However, this round of collective innovation of traditional media centers on the partial revision of product functions, there are still some problems. First, the direction of overall market strategies needs to be clarified. Second, breakthrough and the improvement of communication power has not yet been effectively transformed into influence and public opinion guidance. Third, some abnormal consumption habits of users have been encouraged. In order to meet the development requirements of the "second half" of the mobile internet and "Intellectualization" era, the direction of innovation of traditional media mobile phone news clients should be improved in three aspects. First, regard content construction as the core and fundamental part. Second, promote systematic and coordinated innovation of strategic development elements such as deep-seated institutional mechanisms, capital, technology, talents and business models of traditional media. Third, create an independent and controllable characteristic convergence media service platform.

Keywords: Traditional Media; Mobile News Client; Product Features; Characteristic Convergence Media Service Platform

B. 18 The Report of Government New Media Short Video Development in 2019

Guo Miao, Ma Wei, Duan Xiaowei and Li Sixuan / 309

Abstract: The short video in 2019 has played a strong role in promoting the development of new government media. The short video of government has become one of the important forms of government communication. This article selects the government accounts that have strong communication power and influence from Douyin and Kuaishou platforms from the two aspects of administrative level and department category, analyzes these government accounts, and discusses the short videos of new government affairs at different administrative levels and The characteristics and deficiencies of development between different department categories, finally proposed to find the functional positioning and strengthen the innovation of works; strengthen the interaction mechanism, pay attention to user experience; expand the platform scope, establish a communication matrix; policy support, strict supervision and other short videos on government new media Development of effective optimization strategies.

Keywords: New Media of Government Affairs; Short Video of Government Affairs; Dou-yin; Kuai-shou

B. 19 An Empirical Study on the Participation of "Cyberspace and Information Communication" as a New Type of "Advanced Productivity" in Social Organization Mobilization: Take the "I Speak for Xinjiang" Online Public Welfare Campaign by the Xinjiang Uygur Autonomous Region Party Committee Cyberspace Office in 2019 as an Example

Di Dohua, *Hou E* / 331

Abstract: Xi Jinping emphasized that the Cyberspace and information industry represents a new productive force and a new development direction. Under the background of the Cyberspace and information cause in the new era, The Xinjiang Uygur Autonomous Region Party Committee Cyberspace Office of the Party committee of Xinjiang Uygur Autonomous Region will implement the development concept of "people oriented" in 2019. They gave full play to the functional advantages of network communication, network ecological governance and network social resources co-ordination. Through planning and implementing a series of activities such as "I speak for Xinjiang" network public welfare action, they set off a "phenomenon level" social communication new Xinjiang cultural movement. This paper takes the network public welfare action of "I speak for Xinjiang" as the observation sample, and studies that in the network society of "media survival", the "Cyberspace and information communication" is the most active and leading new productivity in the "advanced productivity" of the Cyberspace and information cause industry, and participates in the process of modernization of social governance system and governance capacity in "meeting the new expectations of the people".

Keywords: Cyberspace and Information Productivity; The Xinjiang Uygur Autonomous Region Party Committee Cyberspace Office; "I Speak for Xinjiang"

B. 20 The Practice of Building a New Ecology of Mainstream Public Opinion on Local News Websites: Take Jiangxi News Network of China as an Example

Wang Xuanhai, *Liu Yi* / 342

Abstract: China has entered the era of mobile Internet, and is moving its step from a big country of network to a powerful country of network. The coming of 5G era will effectively promote the rapid development and great change of China's economy and society. Based on the development of the situation, how to promote the deep integration of the media unswervingly, make the mainstream public opinion bigger and stronger, and with the help of mobile communication to let the mainstream media firmly occupy the communication commanding heights of public opinion guidance, ideological guidance, cultural heritage and serving the people, is the current research hotspot in the industry. As a local news website, Jiangxi News Network of China, a subsidiary of Jiangxi Daily, combined with its own situation, closely centering on the three elements of government, audience and media, constructs a new ecology of mainstream public opinion, pushes the integration of mainstream media to a deeper level, constantly strengthens the mainstream media, and plays a leading role of mainstream public opinion.

Keywords: Media Integration; News Website; Mainstream Public Opinion; The Five-type Oriented Government; Audience; Media

V Sector Reports

B. 21 New Media Industry Development Report in 2019

Guo Quanzhong / 352

Abstract: Under the dual drive of network collaboration and data intelligence in China's new media industry, the number of users, industry scale, number of applications and services, and quality have all developed rapidly. The core force for the further development of the media industry. 5G, blockchain, overseas layout, etc. will further promote the great development of China's new media industry.

Keywords: New Media Industry; 5G; Blockchain; Overseas Layout

B. 22 Report on the Scenario Applications of Smart Audio in 2019

Meng Wei, Xia Yong and Xie Qiaoqiao / 372

Abstract: Audio is evolving into smart audio from the traditional broadcast media and online audio. The development of artificial intelligence and other relative technologies has greatly impacted this traditional and attractive industry, bringing challenges and opportunities. From the dual perspective of intelligence and scenario application, this thesis studies the current status of the development of the smart audio industry in terms of presentation form, product type, content distribution and innovative feature. Based on the pursuits of smart audio, including availability, suitability and convenience, this thesis analyzes the existing problems of scenario application of smart audio, including ethical shortcomings of algorithms, slow technological breakthroughs, intensified content competition, and the lag of industry supervision. Finally, corresponding measures and suggestions are proposed.

Keywords: Smart Audio; Scenario Application; Artificial Intelligence

B. 23 The Report on the Development of China's Internet Advertising in 2019 *Wang Fengxiang* / 386

Abstract: China's online advertising presents the following development characteristics: The scale of online advertising market in China is 436. 7 billion yuan in 2019, which is 50. 50% of the advertising market in the year. E-commerce content communication leads the head market of advertisement and strives for the rise of PinDuoDuo. Artificial intelligence short video advertising platform is emerging, and Bytes & Kwai become the unexpected winner of advertising industry. Search ads encounter market barriers of Internet giants, and search giant smart ecology opens up new opportunities for advertising development. With the market strategy of globalized products and localized content, some internet companies open up new overseas online advertising market. The relevant departments strengthen Internet advertising monitoring cooperation and supervision of laws and regulations, and promote user privacy protection simultaneously.

Inevitably, advertising has development problems and realistic challenges as follow. There are risks of data leakage, abuse of data discourse and loss of innovation among advertising giants. Intelligent advertisings take improper path, which infringe on the rights and interests of users, form public opinion conflict, social contradiction and advertising black production. The cashability of Internet giants' advertisements going overseas encounters development bottlenecks and political challenges. The problem of abnormal traffic and abnormal click is still serious.

Therefore, the following countermeasures are recommended. Firstly, we should respect the law of network communication, innovate the ecological construction of online content, and increase the added value and discourse power of Internet advertising in China. Secondly, mainstream media should keep up with 5G mobile internet Era, break through the threshold of system and mechanism, and gain new breakthroughs and new developments in the use of new media and online advertising. Then, we should strengthen the information technology leadership of the network platform, and promote the construction of self-discipline in the advertising market. Finally, we should strengthen the competition of global advertising technology standards, and improve the construction of Internet advertising laws and regulations.

Keywords: Internet Advertising; Head Advertising Platform; Intelligent Advertising; Data Barrier

B. 24 Research Report on the Development of 2019 Network Live Video Industry *Wang Jianlei* / 399

Abstract: In 2019, Panda Live Platform left the industry and Douyu Live Platform successfully became the listed company. The overall data and capital activity of Webcast continued to decline; at the same time, the performance of five listed companies in the industry had many highlights, with games, e-commerce and live reality show as supporting businesses to drive the overall performance. Baidu, Tencent and Ali, the Internet giants have launched a layout in the field of Webcast. The unicorn company, represented by xiaohongshu and Xianyu, began to try this industry, and the short video platform like Tiktok and Kwai were also deeply integrated with Webcast. The emergence of new brands such as Meow Live , Zhihu Live and WeChat Live meant that the industry has entered a deep vertical subdivision. Based on above, 2019 is the real watershed. Since then, the Webcast has entered the second half. It can be concluded that: in the context of the commercial popularization of 5G Technology, the Webcast will be used as a technical tool, carrying a variety of different industrial modules for restructuring and integration development; it will also be used as a social infrastructure, deeply integrated by the Medical, Logistics, Internet of things and other public service fields. " Smart Webcast" returning to technology source will continue to play an important role in the future economic society.

Keywords: Webcast; Network Anchor; 5G

B. 25 Development Report of Domestic and Foreign Digital Newspaper in 2019 *Li Zhu* / 414

Abstract: The report is a summary on the development situation of domestic digital newspaper in 2019, it's mainly divided into two parts: the first part describes the development status in the field of digital newspaper in China in 2019, there is not only a summary of the overall situation, but also the expression of specific phenomena, such as 5G, the further use of artificial intelligence, the in-depth development of media convergence, the newest progress in copyright maintenance; The second part analyses development trend of the domestic digital newspaper, as well as makes suggestions to the future development of it.

Keywords: Digital Newspaper; Artificial Intelligence; Media Convergence; Block Chain; Copyright Protection

皮 书

智库报告的主要形式
同一主题智库报告的聚合

皮书定义

皮书是对中国与世界发展状况和热点问题进行年度监测，以专业的角度、专家的视野和实证研究方法，针对某一领域或区域现状与发展态势展开分析和预测，具备前沿性、原创性、实证性、连续性、时效性等特点的公开出版物，由一系列权威研究报告组成。

皮书作者

皮书系列报告作者以国内外一流研究机构、知名高校等重点智库的研究人员为主，多为相关领域一流专家学者，他们的观点代表了当下学界对中国与世界的现实和未来最高水平的解读与分析。截至 2020 年，皮书研创机构有近千家，报告作者累计超过 7 万人。

皮书荣誉

皮书系列已成为社会科学文献出版社的著名图书品牌和中国社会科学院的知名学术品牌。2016 年皮书系列正式列入“十三五”国家重点出版规划项目；2013~2020 年，重点皮书列入中国社会科学院承担的国家哲学社会科学创新工程项目。

S 基本子库
UB DATABASE

中国社会发展数据库（下设 12 个子库）

整合国内外中国社会发展研究成果，汇聚独家统计数据、深度分析报告，涉及社会、人口、政治、教育、法律等 12 个领域，为了解中国社会发展动态、跟踪社会核心热点、分析社会发展趋势提供一站式资源搜索和数据服务。

中国经济发展数据库（下设 12 个子库）

围绕国内外中国经济发展主题研究报告、学术资讯、基础数据等资料构建，内容涵盖宏观经济、农业经济、工业经济、产业经济等 12 个重点经济领域，为实时掌控经济运行态势、把握经济发展规律、洞察经济形势、进行经济决策提供参考和依据。

中国行业发展数据库（下设 17 个子库）

以中国国民经济行业分类为依据，覆盖金融业、旅游、医疗卫生、交通运输、能源矿产等 100 多个行业，跟踪分析国民经济相关行业市场运行状况和政策导向，汇集行业发展前沿资讯，为投资、从业及各种经济决策提供理论基础和实践指导。

中国区域发展数据库（下设 6 个子库）

对中国特定区域内的经济、社会、文化等领域现状与发展情况进行深度分析和预测，研究层级至县及县以下行政区，涉及地区、区域经济体、城市、农村等不同维度，为地方经济社会宏观态势研究、发展经验研究、案例分析提供数据服务。

中国文化传媒数据库（下设 18 个子库）

汇聚文化传媒领域专家观点、热点资讯，梳理国内外中国文化发展相关学术研究成果、一手统计数据，涵盖文化产业、新闻传播、电影娱乐、文学艺术、群众文化等 18 个重点研究领域。为文化传媒研究提供相关数据、研究报告和综合分析服务。

世界经济与国际关系数据库（下设 6 个子库）

立足“皮书系列”世界经济、国际关系相关学术资源，整合世界经济、国际政治、世界文化与科技、全球性问题、国际组织与国际法、区域研究 6 大领域研究成果，为世界经济与国际关系研究提供全方位数据分析，为决策和形势研判提供参考。

法律声明